INTERROS des LYCÉES

Français

1re L·ES·S

Marie-Aude de Langenhagen
Anne Cassou-Noguès

Nathan

AVANT-PROPOS

Nous avons conçu cet ouvrage pour vous aider à préparer le plus efficacement possible l'écrit de l'épreuve anticipée de français (E.A.F.), que vous passerez à la fin de la classe de première.

- La **méthode** pour réaliser les différents exercices (questions et travail d'écriture) est exposée de manière élémentaire et progressive, afin de vous permettre de comprendre comment on construit un devoir. On pourra suivre chaque étape de sa réalisation à partir d'un exemple.
- Un ensemble de **plans détaillés** de commentaire, de dissertation et d'écrit d'invention sont proposés à titre d'entraînement. Grâce au travail préparatoire qui introduit certains sujets, on apprendra à lire et comprendre les énoncés afin d'éviter le hors-sujet.
- Des **copies commentées** serviront d'exemple. Ce sont des devoirs d'élève réalisés en cours d'année, qui ont été fidèlement reproduits : seules les fautes d'orthographe y ont été corrigées. **Nous remercions tous nos élèves pour leur contribution à la réalisation de ce livre.** Chacun pourra s'y reconnaître et prendre conscience des qualités qui sont valorisées dans une copie, tout autant que des défauts et des maladresses qu'il convient d'éviter.
- De nombreuses **copies modèles**, exemples de devoirs rédigés par nos soins, feront prendre toute la mesure des exigences de l'épreuve.
- L'ouvrage est organisé en quatre grandes parties consacrées aux différents exercices de l'épreuve : **questions, commentaire, dissertation, invention**. Chaque partie s'ouvre sur un rappel méthodologique, suivi par six chapitres correspondant aux objets d'étude au programme des classes de première (**roman** ; **poésie** ; **théâtre : texte et représentation** ; **convaincre, persuader, délibérer** pour les séries ES et S ; **autobiographie** et **réécritures** pour la série L.).

Cet ouvrage ne propose pas de recette miracle ! Rien ne remplace l'apprentissage régulier des notions au programme, l'écoute attentive de votre professeur de français, ainsi qu'un entraînement constant aux différentes épreuves du baccalauréat. Cet ouvrage a vocation de vous accompagner dans un travail que l'on vous souhaite sérieux et consciencieux. Bon courage !

Les auteurs

L'astérisque (*) renvoie au lexique p. 371

SOMMAIRE

Partie 1 LES QUESTIONS 13

La méthode expliquée 14

Chapitre 1 Le personnage du roman du XVIIe siècle à nos jours

COPIES COMMENTÉES

Sujet 1 En quoi les textes peuvent-ils être qualifiés de réalistes ? (*Louise 3,5/4*) 19

Sujet 2 En quoi ces passages sont-ils originaux ? (*Françoise 2,5/4*) 21

COPIES MODÈLES

Sujet 3 Comment le romancier met-il en scène l'Histoire ? Justifiez votre réponse. 23

Sujet 4 Quel est le registre dominant dans les extraits ? Justifiez votre réponse. 25

Chapitre 2 Écriture poétique et quête du sens du Moyen Âge à nos jours

COPIES COMMENTÉES

Sujet 5 Comparez les textes du corpus. (*Jennifer 2,5/4*) 27

Sujet 6 Repérez, pour chacun des textes, ce qui fait qu'il s'écarte de la définition suivante de la pluie : « eau qui tombe en gouttes des nuages sur la Terre » (*Élodie 2,75/4*) 30

COPIES MODÈLES

Sujet 7 Quels poèmes illustrent le vers de Victor Hugo (texte 2) : « *[Sur la poésie] je fis souffler un vent révolutionnaire* » ? 32

Sujet 8 1. Quelle image du poète se dessine dans ces quatre poèmes ? 34

2. Identifiez le registre de chacun des poèmes. Justifiez votre réponse . 35

Chapitre 3 Le texte théâtral et sa représentation du XVIIe siècle à nos jours

COPIES COMMENTÉES

Sujet 9 Quel(s) extrait(s) (document 1, 2 ou 5) suscitent ou susciteraient la désapprobation de Diderot ? (*Jean-Baptiste 3/4*) 36

Sujet 10 Comparer les textes du corpus (*Mélanie 3/4*) 39

COPIES MODÈLES

Sujet 11 Où se trouvent les didascalies ? Quels intérêts présentent-elles ? 43

Sujet 12 Comment la versification contribue-t-elle au grandissement épique ? 45

Chapitre 4 La question de l'Homme dans les genres de l'argumentation du XVIe siècle à nos jours

COPIE COMMENTÉE

Sujet 13 En quoi le texte 1 se distingue-t-il des autres ? (*Diana 3,5/4*) 47

COPIE MODÈLE

Sujet 14 Comparez les différents textes du corpus 50

Sujet 15 Comparez les différents textes du corpus 52

Chapitre 5 Vers un espace culturel européen : Renaissance et humanisme

COPIE COMMENTÉE

Sujet 16 Quelles sont les stratégies de persuasion mises en œuvre par Rabelais et Montaigne ? (*Sara 3,5/4*) 54

COPIE MODÈLE

Sujet 17 En quoi les sonnets du corpus sont-ils représentatifs de l'esprit renaissant ? 56

Chapitre 6 Les réécritures du XVIIe siècle à nos jours

COPIES COMMENTÉES

Sujet 18 1. Comment Anouilh et Cocteau ont-ils modernisé le mythe antique d'Orphée ? 58

2. Sur quel aspect du mythe d'Orphée chacun des documents met-il l'accent ? Justifiez rigoureusement votre réponse (*Nawal 3/4*) ... 59

Sujet 19 1. Comparez l'extrait de Sénèque (texte 1) et celui de Racine (texte 2) 61

2. Dressez le portrait de Phèdre d'après ces quatre textes (*Gaspard 3,5/4*) 62

COPIE MODÈLE

Sujet 20 1. Justifiez le rapprochement entre les textes 1 et 4 et entre les textes 2 et 3 64

2. Quel est le registre dominant de chacun de ces extraits ? 65

Partie 2 LE COMMENTAIRE 67

La méthode expliquée 68

Chapitre 1 Le personnage du roman du XVIIe siècle à nos jours

PLAN DÉTAILLÉ

Sujet 21 Vous ferez le commentaire de l'extrait de *La Princesse de Clèves* de Madame de La Fayette. 78

COPIES COMMENTÉES

Sujet 22 Vous commenterez le chapitre XXXV de *L'Insurgé* de Jules Vallès. (*Paul 13/16*) 82

Sujet 23 Vous ferez le commentaire du texte de Céline. (*Valentin 13/16*) 87

COPIE MODÈLE

Sujet 24 Vous ferez le commentaire du texte de Stendhal 92

Chapitre 2 Écriture poétique et quête du sens du Moyen Âge à nos jours

PLANS DÉTAILLÉS

Sujet 25 Vous commenterez le poème de Joachim Du Bellay, *Sonnet XII, in Les Regrets* 96

Sujet 26 Vous commenterez le calligramme de Guillaume Apollinaire, *Il pleut* 98

COPIE COMMENTÉE

Sujet 27 Vous commenterez la fable *Les Obsèques de la lionne*, de Jean de La Fontaine (*Anne-Diandra 10,5/16*) 100

COPIE MODÈLE

Sujet 28 Vous commenterez le poème de Paul Verlaine, *Après trois ans* 103

Chapitre 3 Le texte théâtral et sa représentation du XVIIe siècle à nos jours

PLAN DÉTAILLÉ

Sujet 29 Vous ferez le commentaire de l'extrait de Théophile de Viau, *Pyrame et Thisbé* 107

COPIES COMMENTÉES

Sujet 30 Vous commenterez la scène d'exposition du *Tartuffe*, de Molière (*Élodie 13/16*) 109

Sujet 31 Vous ferez le commentaire de la tirade du roi dans la scène de *Le Roi se meurt* d'Eugène Ionesco de *« Je me permets de souhaiter le bonjour à votre Majesté... »* à *« Vous voyez, Majesté. Cela se confirme de plus en plus »* (*Jean-Baptiste 11/16*) 112

COPIE MODÈLE

Sujet 32 Vous ferez le commentaire de l'extrait d'*Hernani* de Victor Hugo . 115

Chapitre 4 La question de l'Homme dans les genres de l'argumentation du XVIe siècle à nos jours

PLAN DÉTAILLÉ

Sujet 33 Vous ferez le commentaire de la fable *La Fille*, de Jean de La Fontaine 120

COPIES MODÈLES

Sujet 34 Vous commenterez la fable *La Jeune veuve*, de La Fontaine 123

Sujet 35 Vous commenterez l'extrait de *Candide*, de Voltaire 127

Chapitre 5 Vers un espace culturel européen : Renaissance et humanisme

PLAN DÉTAILLÉ

Sujet 36 Vous commenterez le texte de Montaigne, « De l'institution des enfants », *Les Essais*, I, 26, 1580-1592 130

COPIE MODÈLE

Sujet 37 Vous commenterez le poème de du Bellay, « Las, où est maintenant », *Les Regrets*, 1558 133

Chapitre 6 Les réécritures du XVIIe siècle à nos jours

PLAN DÉTAILLÉ

Sujet 38 Vous ferez le commentaire de l'extrait de Jean Anouilh, du début à la ligne 20 (« .... chaque fois »), en tenant compte du fait que le texte est une réécriture du mythe antique 137

COPIE COMMENTÉE

Sujet 39 Vous ferez le commentaire de l'extrait du *Songe d'une nuit d'été* de William Shakespeare (*Margot 12,5/16*) 140

COPIE MODÈLE

Sujet 40 Vous ferez le commentaire de l'extrait de *La Curée*, d'Émile Zola 144

Partie 3 LA DISSERTATION 149

La méthode expliquée 150

Chapitre 1 Le personnage du roman du XVIIe siècle à nos jours

PLAN DÉTAILLÉ

Sujet 41 En quoi les sentiments ressentis par des personnages de romans nous instruisent-ils ? Vous répondrez à cette question en vous appuyant sur les textes du corpus et sur vos lectures personnelles. 161

COPIE COMMENTÉE

Sujet 42 La seule fonction du personnage de roman est-elle de refléter la société dans laquelle il vit ? (*Louise 14,5/16*) 164

COPIE MODÈLE

Sujet 43 Michel Butor intitule un de ses romans *La Modification* (texte 4). En quoi ce titre est-il susceptible d'évoquer les relations du lecteur au roman qu'il lit ? Vous répondrez à cette question en vous appuyant sur les textes du corpus et sur vos lectures personnelles. 169

Chapitre 2 Écriture poétique et quête du sens du Moyen Âge à nos jours

PLANS DÉTAILLÉS

Sujet 44 La poésie ne doit pas décrire mais seulement suggérer 174

Sujet 45 Pourquoi décrire un paysage en poésie ? 177

COPIE COMMENTÉE

Sujet 46 La poésie a-t-elle pour unique but l'expression de sentiments personnels ? (*Julien 12/16*) 179

COPIE MODÈLE

Sujet 47 Paul Éluard affirme que « le poète s'engage dans son temps et mène les hommes au combat… » 182

Chapitre 3 Le texte théâtral et sa représentation du XVIIe siècle à nos jours

PLAN DÉTAILLÉ

Sujet 48 Peut-on s'identifier au personnage de théâtre ? 187

COPIE COMMENTÉE

Sujet 49 Peut-on tout montrer au théâtre ? (*Mélanie 12/16*) 190

COPIES MODÈLES

Sujet 50 Dans le « Au lecteur » de *L'Amour Médecin*, Molière affirme que « les comédies ne sont faites que pour être jouées ». 194

Sujet 51 Le théâtre est-il une copie de la réalité ? 198

Chapitre 4 La question de l'Homme dans les genres de l'argumentation du XVIe siècle à nos jours

PLAN DÉTAILLÉ

Sujet 52 Victor Hugo fustige le *« penseur qui se mutile/Et s'en va, chanteur inutile,/Par la porte de la cité »* (Les Rayons et les ombres). Pensez-vous que les écrivains doivent ainsi être toujours au service de la population ? 203

COPIES COMMENTÉES

Sujet 53 Pensez-vous plus efficace de parler des sujets graves sur un ton léger et humoristique ou sur un ton sérieux ? (*Gaylord 11/16*) 206

Sujet 54 La Fontaine dédie son recueil de fables au Dauphin, fils du roi, encore enfant. Pensez-vous que les fables soient uniquement destinées aux enfants ? (*Diana 12/16*) 209

COPIE MODÈLE

Sujet 55 Émile Zola, dans ses *Nouveaux Contes à Ninan* (1874), rêve d'« aplatir le monde d'un coup de [sa] plume ». C'est-à-dire que, pour l'auteur, la littérature a le « pouvoir d'intervenir sur le monde

et les consciences pour les transformer ».
Commentez cette affirmation en vous appuyant sur les textes du corpus, ceux étudiés en classe et vos lectures personnelles. 212

Chapitre 5 Vers un espace culturel européen : Renaissance et humanisme

PLAN DÉTAILLÉ

Sujet 56 La poésie renaissante est-elle seulement dédiée à l'expression des sentiments personnels ? 216

COPIE MODÈLE

Sujet 57 En quoi la réflexion sur l'éducation est-elle caractéristique de l'humanisme ? 219

Chapitre 6 Les réécritures du XVIIe siècle à nos jours

PLAN DÉTAILLÉ

Sujet 58 Réécrire, est-ce imiter ou innover ? 223

COPIE COMMENTÉE

Sujet 59 Quel intérêt le lecteur peut-il trouver à lire une réécriture ? (*Aube 11,5/16*) 226

COPIE MODÈLE

Sujet 60 Les mythes sont-ils toujours d'actualité ? 230

Partie 4 LE SUJET D'INVENTION 233

La méthode expliquée 234

Chapitre 1 Le personnage du roman du XVIIe siècle à nos jours

PLANS DÉTAILLÉS

Sujet 61 Vous êtes un courtisan du temps de Henri II, mais vous portez sur cette cour un jugement négatif. Rédigez les réflexions que vous inspirent ce spectacle que vous jugez hypocrite. 244

Sujet 62 Transposez le texte de Céline en le transformant en un texte de niveau soutenu et donc plus conventionnel. 246

COPIE COMMENTÉE

Sujet 63 Deux écrivains dialoguent. L'un soutient que la littérature doit poétiser le monde ; l'autre que la littérature doit au contraire reproduire fidèlement le monde. (*Constance 11/16*) 248

COPIE MODÈLE

Sujet 64 À l'image de la *Princesse de Clèves*, vous êtes un héros de roman qui soupçonne une trahison amoureuse. Rédigez dans un monologue intérieur vos pensées tourmentées. 251

Chapitre 2 Écriture poétique et quête du sens du Moyen Âge à nos jours

PLAN DÉTAILLÉ

Sujet 65 Imaginez le monologue intérieur de la femme à qui s'adresse le poète, Pierre Reverdy (texte 2) 254

COPIE COMMENTÉE

Sujet 66 Un journal publie des propos ironiques et injurieux envers un certain type de poésie jugée obscure ou incompréhensible, en concluant par ce vers de Boileau : « *Ce que l'on conçoit bien s'énonce clairement* ». Vous répondrez à ces propos en faisant l'éloge de l'« obscurité » en poésie (*Sandrine 11,5/16*) 256

COPIES MODÈLES

Sujet 67 Imaginez la réponse que Monsieur Prud'Homme adresserait au poète. Ce texte aura la forme d'une lettre et respectera le registre que Paul Verlaine prête à ce personnage 259

Sujet 68 Vous êtes un des Parisiens, contemporain de Victor Hugo, à qui s'adresse le poème *Chanson*. Vous répondez au poète qui vous accuse de ne pas vous révolter contre l'ordre impérial 261

Chapitre 3 Le texte théâtral et sa représentation du XVIIe siècle à nos jours

PLAN DÉTAILLÉ

Sujet 69 Vous projetez de mettre en scène *Tartuffe*. Vous réécrivez la scène d'exposition en supprimant le personnage de Madame Pernelle ... 264

COPIES COMMENSTÉES

Sujet 70 À la sortie d'une représentation de *Roméo et Juliette*, deux spectateurs contemporains débattent. L'un défend l'idée que le théâtre doit être spectaculaire ; l'autre, qu'il doit rester un spectacle suggestif (*Quentin 12/16*) 266

Sujet 71 Les trois personnages font de l'honneur et du courage des valeurs absolues. À votre tour, faites un éloge lyrique d'une valeur qui vous semble fondamentale dans notre société moderne (*Guillaume 8/16*) 269

COPIE MODÈLE

Sujet 72 Imaginez le discours que Racine tiendrait à Diderot pour défendre sa conception du théâtre et du langage poétique 271

Chapitre 4 La question de l'Homme dans les genres de l'argumentation du XVIIe siècle à nos jours

PLAN DÉTAILLÉ

Sujet 73 À un ami qui vous écrit que la littérature n'a pas pour but d'apprendre à réfléchir mais de distraire et d'émouvoir, vous répondez que c'est elle, plus que les autres arts, qui donne une juste vue du monde 274

COPIES COMMENTÉES

Sujet 74 Vous avez réuni des fables de différents auteurs en un recueil que vous souhaiteriez voir publier. Pour cela vous adressez une lettre à un éditeur pour lui montrer l'intérêt d'une telle publication (*Diana 11/16*) 276

Sujet 75 Hector, contre la guerre, s'oppose à son père, Priam, et vient appuyer l'argumentation de sa femme, Andromaque. Écrivez le dialogue entre les deux hommes (*Jean-Baptiste 11/16*) 278

Chapitre 5 Vers un espace culturel européen : Renaissance et humanisme

PLAN DÉTAILLÉ

Sujet 76 À la manière de Montaigne, décrivez ce qui serait, selon vous, le programme d'une éducation idéale. NB. Il va de soi que votre texte sera écrit en français moderne. 281

COPIE COMMENTÉE

Sujet 77 Sous la forme d'un entretien, publié dans la presse écrite, entre un journaliste et Charles Baudelaire, vous imaginerez la défense que ce poète moderne pourrait faire du texte « étrange » et, plus généralement, de toute poésie dont le sujet n'est pas considéré comme convenable. Il se posera en digne héritier d'un Ronsard, adepte d'une poésie macabre. 283

Chapitre 6 Les réécritures du XVIIe siècle à nos jours

PLAN DÉTAILLÉ

Sujet 78 Rédigez la parodie d'un texte de votre choix. Avant d'écrire cette parodie, vous proposerez, dans une très brève préface, les raisons de votre choix 287

COPIE COMMENTÉE

Sujet 79 « *C'est trop long d'attendre le matin. C'est trop long d'attendre d'être vieux...* » (texte 2, l. 7). Continuez la réflexion d'Orphée d'Anouilh sur la vie et sur ses aspirations de jeune homme (*Nawal 11,5/16*) 289

COPIE MODÈLE

Sujet 80 « *Aurait-elle la force de s'empoisonner un jour ?* ». Écrivez un monologue délibératif dans lequel Renée (texte 4) se demande si elle doit mourir ou vivre 291

Corpus 295

Lexique 359

Conseils généraux pour la réussite de l'épreuve

1. La rédaction en temps limité

En quatre heures, vous devez rédiger les réponses aux questions ainsi que le travail d'écriture. Vous n'avez donc pas le temps de rédiger l'ensemble de votre travail au brouillon. Le plan détaillé, pour le commentaire et la dissertation, et la feuille de route, pour le sujet d'invention, doivent vous permettre de rédiger le développement directement sur votre copie.

2. La présentation de la copie

Votre copie doit être soigneusement présentée.
Pour le commentaire et la dissertation, sautez deux lignes après l'introduction et avant la conclusion. Sautez une ligne entre chaque grande partie. Revenez à la ligne pour chaque sous-partie. Ne sautez jamais de ligne à l'intérieur d'une partie.
Pour le sujet d'invention, la présentation dépend de la forme du sujet demandé.
Un début de paragraphe se marque par un retrait, un alinéa : commencez à deux carreaux de la marge.
Le titre des œuvres se souligne, celui d'un chapitre se place entre guillemets. En revanche, le titre d'un poème se souligne ou se place entre guillemets ; l'essentiel est de garder la même méthode dans votre copie.
Toute citation tirée du texte se met entre guillemets.

3. Quelques conseils de rédaction

Toute idée doit être introduite par un connecteur logique : *tout d'abord*, *ensuite*, *enfin*, *aussi*, *en outre*, etc.
Il est recommandé de réserver un paragraphe par idée : le paragraphe commence par une phrase d'introduction partielle qui énonce l'idée ; viennent ensuite l'explication, le développement de cette idée et un exemple ; enfin une phrase de conclusion partielle récapitule la démonstration et la transition annonce l'idée suivante.
Un exemple doit être développé et illustré. Il ne faut en aucun cas être allusif. Ainsi, écrire : « C'est comme dans *Si c'est un homme* » ne suffit pas. Il faut dire : « Primo Levi, dans *Si c'est un homme*, raconte son expérience de déportation et souligne les souffrances qu'il a endurées à Auschwitz ».

Partie 1

LES QUESTIONS

La méthode expliquée

La première partie de l'épreuve du baccalauréat est constituée de questions (une ou deux maximum), notées sur 4 points au total. Ces questions portent sur un corpus de documents, c'est-à-dire un groupement de trois à six documents. Tous ces documents ont un lien avec un ou plusieurs des objets d'étude du programme de premières générales.

Extrait du B.O.

« Les sujets prennent appui sur un ensemble de textes, corpus, distribués au candidat, éventuellement accompagnés par un document iconographique, si celui-ci contribue à la compréhension ou enrichit la signification de l'ensemble. Ce corpus pourra également consister en une œuvre intégrale brève ou un extrait long (n'excédant pas trois pages). Il doit être représentatif d'un ou de plusieurs objets d'étude du programme de première. »

B.O., 26-28 juin 2001.

Rappelons que quatre objets d'étude sont communs aux séries L, ES et S :
- le personnage du romandu XVIIe siècle à nos jours ;
- écriture poétique et quête du sens du Moyen Âge à nos jours ;
- le texte théâtral et sa représentation du XVIIe siècle à nos jours ;
- la question de l'Homme dans les genres de l'argumentation du XVIe siècle à nos jours.

En série L viennent s'ajouter deux objets d'étude : vers un espace culturel européen : Renaissance et humanisme, et les réécritures du XVIIe siècle à nos jours. Les questions invitent à saisir les convergences et les différences entre les textes du corpus afin d'en proposer un commentaire synthétique. Il ne s'agit en aucun cas d'analyser de manière exhaustive chacun des textes individuellement. Les questions sont souvent mal traitées en raison d'une mauvaise lecture du corpus et des consignes contenues dans les questions. Pour bien répondre aux questions et ainsi obtenir le maximum de points, il faut prendre le temps de lire attentivement le corpus.

1. Lire efficacement le corpus

1) Lecture analytique du corpus

Nous vous proposons une grille de lecture (sous forme de tableau) afin d'exploiter les textes du corpus. Tout d'abord, vous devez repérer l'auteur, le titre, la date et le contexte du texte en vous aidant du paratexte, c'est-à-dire de l'ensemble des informations qui entourent le texte. Repérez ensuite le genre, les thèmes majeurs, la forme du discours, ainsi que le registre grâce à une première lecture, rapide. Enfin, vous devez réfléchir à la visée du texte, son but. Dans un premier temps, il s'agit de remplir les colonnes concernant les différents textes du corpus. La dernière colonne (convergences/différences) ne sera à remplir que dans un second temps (voir Lecture synthétique ci-après).

Exemple d'application : le roman , corpus 4

	Texte 1	Texte 2	Texte 3	Convergences Différences
Auteur Titre	Diderot *Jacques le Fataliste*	Céline *Le Voyage au bout de la nuit*	Butor *La Modification*	À remplir dans un second temps
Date Contexte	1778 Les lumières	1932 Entre-deux-guerre	1957 Nouveau roman	
Genre	Roman	Roman	Roman	
Thèmes majeurs	Prémices du récit des amours de Jacques	Description de Rancy, malaise du narrateur	Description du wagon du train de nuit, état d'esprit d'un voyageur	
Forme du discours	La forme narrative domine, mais le narrateur interpelle directement le lecteur.	Narrative et descriptive	La forme descriptive domine. Les parties narratives sont rédigées à la deuxième personne du pluriel.	
Registre*	Satirique	Réaliste	Réaliste	
Visée du texte	Surprendre le lecteur (remet en cause la fonction principale d'un *incipit* romanesque, qui est d'informer).	Faire une peinture sans concession du quotidien d'un médecin dans une banlieue parisienne défavorisée.	Saisir les plus petits changements d'état d'esprit d'un voyageur («vous»). Effet de surprise.	

2) Lecture synthétique du corpus

Après ce travail analytique (texte après texte), un travail synthétique s'impose. Dans la dernière colonne du tableau (Convergences-Différences), il s'agit de confronter les documents afin de mettre en évidence ce qui fait l'unité ou la diversité du corpus proposé.

Exemple d'application : le roman, corpus 4

	Texte 1	Texte 2	Texte 3	Convergences Différences
Auteur Titre	Diderot *Jacques le Fataliste*	Céline *Le Voyage au bout de la nuit*	Butor *La Modification*	Auteurs différents
Date Contexte	1778 Les lumières	1932 Entre-deux-guerre	1957 Nouveau roman	Deux romans du XXe siècle
Genre	Roman	Roman	Roman	Même genre : le roman
Thèmes majeurs	Prémices du récit des amours de Jacques	Description de Rancy, malaise du narrateur	Description du wagon du train de nuit, état d'esprit d'un voyageur	Thèmes différents
Forme du discours	La forme narrative domine, mais le narrateur interpelle directement le lecteur.	Narrative et descriptive	La forme descriptive domine. Les parties narratives sont rédigées à la deuxième personne du pluriel.	Formes du discours différentes
Registre*	Satirique	Réaliste	Réaliste	Registre différent
Visée du texte	Surprendre le lecteur (remet en cause la fonction principale d'un *incipit* romanesque, qui est d'informer).	Faire une peinture sans concession du quotidien d'un médecin dans une banlieue parisienne défavorisée.	Saisir les plus petits changements d'état d'esprit d'un voyageur (« vous »). Effet de surprise.	Même volonté de surprendre le lecteur : par le refus d'informer, par le refus d'embellir, par le recours au « vous ».

Conclusion

Le tableau fait apparaître les enjeux du corpus. Les textes appartiennent à un même genre – le roman – et visent le même effet – la surprise – mais par des procédés différents.

2. Analyser les questions

À la lecture du corpus doit succéder un décryptage précis des questions. Cette lecture des énoncés peut être rendue délicate par la diversité des questions proposées et leur technicité. Il est donc impératif de bien identifier les connaissances requises et les étapes à suivre.

1) La diversité des questions

a) Les questions sur le genre d'un texte

À quel genre appartiennent les textes ? (roman, poésie, théâtre, texte d'idées, texte biographique).

b) Les questions sur le sens d'un texte

La question peut être formulée de différentes façons :
• quel est le thème commun dans les textes du corpus ?
• quelle est la thèse soutenue dans chacun des textes ?
• étudiez l'énonciation dans les textes du corpus.

c) Les questions sur le registre*

On pourra vous demander :
• quel est le registre* des textes du corpus ?
• quel est l'effet produit par le texte sur le lecteur ?

d) Les questions sur les formes du discours

Plusieurs questions sont possibles :
• à quelle forme du discours appartiennent les textes ?
• quelle est la forme du discours qui domine dans les textes ?

e) Les questions comparatistes

La question peut être formulée de différentes façons :
• comparez les textes du corpus (il faut alors étudier les ressemblances puis les différences) ;
• quels points communs et quelles différences remarquez-vous entre les textes 1 et 2 ?
• comparez les textes du point de vue de l'énonciation ou du registre*, etc.

f) Les questions d'illustration

La question sera ainsi posée :
• en quoi les textes du corpus illustrent-ils le document 2 ?

2) Comprendre la consigne

Prenez le temps d'identifier les mots clés de la question (savoir votre cours vous sera indispensable) et de définir les étapes à suivre (relever, nommer une figure de style, interpréter, etc.). Effectuez-les au brouillon avant de vous lancer dans la rédaction au propre de votre réponse.

Exemple d'application : le roman, corpus 4

Question	En quoi ces passages sont-ils originaux ?
Mots clés	« originaux » : surprenants, remarquables par leur capacité à déranger le lecteur dans ses habitudes.

3. Rédiger les réponses

Les réponses aux questions doivent être entièrement rédigées et justifiées, c'est-à-dire appuyées sur des citations du texte. En effet, il faut toujours interpréter les citations relevées dans le texte.
En outre, il faut organiser de façon rigoureuse votre réponse. Deux types de plans sont possibles, vous adopterez :
• soit le plan analytique, vous rédigez alors un paragraphe par texte du corpus (premier paragraphe : fonction de l'autobiographie dans le texte 1 ; deuxième paragraphe : fonction dans le texte 2 ; etc.) ;
• soit le plan synthétique, vous regroupez les procédés communs aux textes étudiés (premier paragraphe : fonction de témoignage ; deuxième paragraphe : fonction introspective ; etc.).
Dans la mesure du possible, préférez le plan synthétique, plus efficace.
Pensez aussi à faire une phrase d'introduction pour indiquer votre objectif dans la réponse et une phrase de conclusion pour rappeler ce que vous avez démontré.

Exemple d'application : le roman, corpus 4

[Introduction]
Les extraits de *Jacques le fataliste* (texte 1), *Le Voyage au bout de la nuit* (texte 2), *La Modification* (texte 3) qui nous sont proposés dans ce corpus sont originaux en ce qu'ils dérangent le lecteur dans ses habitudes. Si les thèmes sont assez communs – le récit des amours d'un des protagonistes, la vie d'un médecin ou encore un voyage en train – la forme est au contraire surprenante

[Première originalité]
Tout d'abord, les trois passages cherchent à impliquer le lecteur. Dans le texte 1, le narrateur interpelle le lecteur (« *Vous voyez, lecteur, que je suis en beau chemin* ») : il le fait ainsi pénétrer dans les coulisses de la fiction (« *Si j'entame le sujet de leur voyage, adieu les amours de Jacques* ») et l'empêche de s'identifier aux personnages ou d'entrer dans l'histoire. Dans le texte 2, l'implication est plus discrète, elle passe par l'emploi du pronom indéfini « *on* » (« *Quand on arrive vers ces heures-là* »). Enfin, dans le texte 3, l'emploi de la deuxième personne du pluriel « *vous* », donne l'impression au lecteur d'être lui-même le personnage du roman (« *vous restituant vous-même à cette tranquille terreur* »).

[Deuxième originalité]
Diderot, Céline et Butor s'attaquent également à la langue littéraire : ils surprennent par l'emploi d'une langue simple ou même familière. Ainsi, Diderot et Butor emploient des phrases courtes, parfois nominales (« *Et pourquoi cela ?* », texte 1 ; « *Qui a voulu cette veilleuse* », texte 3), tandis que Céline utilise un niveau de langue familier, à l'image de la langue parlée par Bardamu, le protagoniste. La syntaxe est parfois incorrecte et traduit une contraction orale (« *Y a qu'à suivre* »).

[Troisième originalité]
Enfin, les trois passages traduisent l'éclatement progressif de la notion de « héros » romanesque. Le récit des amours de Jacques ne passionne pas le narrateur et semble un sujet parmi d'autres (« *Qu'est-ce qui m'empêcherait de marier le maître et de le faire cocu* »). Bardamu est un personnage résigné, sans aucune qualité exceptionnelle (« *J'y étais cependant pour rien, moi, si Bébert n'allait pas mieux du tout. J'avais fait mon possible* »). Enfin, le « héros » de *La Modification* n'est pas identifié – il s'agit d'un « vous » ambigu – et il semble moins important que le cadre dans lequel il évolue qui est, pour sa part, précisément décrit (« *ce bleu qui reste comme suspendu dans l'air, […], ce bleu aidé ce perpétuel tremblement […]* »).

[Phrase de conclusion]
Ainsi, les trois passages sont originaux : ils remettent en cause les habitudes du lecteur et renouvellent de ce fait le genre romanesque.

Chapitre 1

LE PERSONNAGE DU ROMAN DU XVIIe SIÈCLE À NOS JOURS

Sujet 1

Corpus 1, p. 216

En quoi les textes peuvent-ils être qualifiés de réalistes ?

Analyse du corpus

Le corpus est composé de quatre extraits de romans. Ils sont sensiblement de la même époque (ils ont été publiés entre 1834 et 1872) et s'inscrivent dans une esthétique commune. En effet, Balzac (texte 1) est considéré comme le père du réalisme et l'attention extrême qu'il porte au cadre dans lequel va se dérouler son roman *Le Père Goriot* en est la preuve. Stendhal et Flaubert (textes 2 et 3), ensuite, ne marchent pas servilement dans ses pas mais ne cessent de s'interroger sur les relations entre le roman et le réel. Zola (texte 4), enfin, est le chef de file du mouvement naturaliste qui s'inspire du réalisme tout en s'en démarquant. Pour les naturalistes, le roman ne copie pas le réel mais en donne une vision, un point de vue. Notez que deux des extraits sont situés dans les premières pages (textes 1 et 3). Ces dernières ont pour but d'informer et de séduire tout à la fois.

Louise 3,5/4
La question est bien comprise et la réponse clairement organisée, illustrée par des exemples précis. Très bon travail malgré des formulations parfois un peu lourdes.

Nous allons montrer en quoi on peut considérer ces quatre textes, respectivement extraits de *Le Père Goriot*, *La Chartreuse de Parme*, *Madame Bovary* et *La Curée*, sont réalistes[1].

Tout d'abord, on constate que ces textes multiplient les références au réel[2]. Ainsi, dans le texte 2, Stendhal évoque des lieux réels que l'on

1) Méthodique.

2) Le choix d'un plan synthétique est judicieux.

peut encore visiter *aujourd'hui comme* Milan ou Parme. De même Zola (texte 4) évoque des lieux parisiens (« du côté de la Madeleine et des Tuileries »). Les textes font aussi référence à l'Histoire. *La Curée* met en scène un spéculateur qui profite des grands travaux haussmanniens (« Il ne se doute guère de l'armée de pioches qui l'attaquera un de ces beaux matins, et certains hôtels de la rue d'Anjou ne reluiraient pas si fort sous le soleil couchant, s'ils savaient qu'ils n'ont plus que trois ou quatre ans à vivre »)[3].

Ensuite, on s'aperçoit que les auteurs donnent l'illusion au lecteur qu'ils peuvent assister à la scène. Ainsi, ils sont amenés à détailler tout ce qui est sensible[4], comme si le lecteur percevait lui-même la scène. Ils précisent les sensations visuelles (texte 1 : « ce cabaret en porcelaine blanche ornée de filets d'or effacés à demi » ; texte 3 : « des losanges de velours et de poils de lapin » ; texte 4 : « le rayon qui glissait entre deux nuages »), olfactives (texte 1 : « Elle sent le renfermé, le moisi, le rance »), ou encore auditives. En effet, le discours rapporté donne à entendre les paroles des personnages. Flaubert et Zola recourent au discours direct (texte 3 : « Monsieur Roger, lui dit-il à demi-voix » ; texte 4 : « Oh ! vois, dit Saccard [...] il pleut des pièces de vingt francs dans Paris ») et Stendhal au discours indirect libre (« la jeunesse, ou du moins la vie active recommencerait pour moi ! »).

Enfin, pour compléter cette illusion, les narrateurs invitent le lecteur à participer à la scène[5]. En effet, Balzac s'adresse à un lecteur potentiel (« si vous le compariez à la salle à manger ») comme si ce dernier pouvait effectivement visiter la pension Vauquer. Quant à Flaubert, il emploie le pronom « nous » pour associer le lecteur au groupe des spectateurs (« Nous étions à l'Étude »).

Ainsi les quatre textes apparaissent bien réalistes même si certains[6] fourmillent d'images qui font rêver.

3) D'une part, la citation est un peu longue : vous perdez inutilement du temps. D'autre part, elle n'est pas très bien choisie puisqu'elle repose sur une personnification qui tend à contredire le réalisme du texte.
4) Si l'idée est pertinente, la formulation manque de légèreté.

5) Formulation trop vague, qui n'a pas grand sens.

6) Restriction maladroite : d'une part, la question ne vous invitait pas à évaluer le degré de réalisme des textes mais à recenser les procédés qui tendaient au réalisme ; d'autre part, cet effet d'annonce est très vague et n'a donc pas grand intérêt.

Sujet 2

Corpus 4, p. 303

En quoi ces passages sont-ils originaux ?

Analyse du corpus

Le corpus est composé de trois extraits de romans. Si une homogénéité générique existe donc, une hétérogénéité temporelle est présente. Deux textes datent du XXe siècle (textes de Céline et de Butor) tandis que le texte de Diderot est plus ancien (XVIIIe siècle). Donc, rien ne semble devoir réunir sur un plan esthétique ces trois passages. Néanmoins, un point commun fort les unit : les trois auteurs manifestent une forte audace dans leur écriture romanesque et font preuve d'inventivité afin de réinventer les codes du roman et de renouveler le genre.

Françoise 2,5/4
La question est comprise mais il n'y a <u>aucun</u> travail de justification. Vous devez impérativement citer des passages des textes du corpus si vous voulez obtenir tous les points. C'est vraiment regrettable, car l'essentiel est vu et souvent avec beaucoup de finesse.

Nous allons montrer en quoi on peut considérer ces trois extraits de romans, bien qu'ils aient été publiés entre le XVIIIe siècle et le XXe siècles, comme originaux. Autrement dit, il s'agira de montrer quelles sont les innovations introduites par les auteurs dans les extraits et en quoi ces textes rompent avec le roman traditionnel[1]. Les innovations sont communes aux trois extraits[2].

Tout d'abord, les trois auteurs cherchent à impliquer le lecteur et à le faire participer au texte alors que dans le roman traditionnel, le lecteur n'est jamais pris à parti. Dans le texte de Diderot, le lecteur est interpelé, dans le texte de Céline, le pronom « on » concerne tout le monde ; enfin chez Butor, le « vous » crée une communauté identitaire entre le narrateur et le lecteur, qui se sent acteur du texte[3]. C'est sans doute chez Diderot que l'innovation est la plus forte. En effet, il ne cesse de prendre à parti le lecteur, de

1) Excellente analyse de la question. Les enjeux de la question sont saisis.
2) Bon effort pour comparer les trois extraits du corpus.

3) Tout ce que vous dites est parfaitement juste, mais il faut appuyer vos propos sur des citations tirées des textes du corpus.

le déranger dans sa lecture afin de le faire entrer dans le laboratoire de l'écrivain pour qu'il perçoive les artifices de la fiction[4].

Autre innovation commune : la volonté de simplifier la langue littéraire et de la rendre naturelle. D'habitude, la langue littéraire est soutenue et recherchée. À l'inverse, dans nos extraits, les auteurs veulent user d'un langage simple et naturel, voire populaire et hyperréaliste chez Céline. Ainsi, Diderot n'hésite pas à utiliser des phrases brèves, presque elliptiques qui miment un langage oral et naturel ; de même, Butor construit des phrases simples, parfois nominals[5]. C'est Céline qui fait preuve de l'audace la plus forte : il recourt à un niveau de langue familier, qui reflète le niveau social des protagonistes, qui vivent dans une banlieue minable, Rancy[6].

On pourra pour finir noter que la notion de « héros » est mise en crise dans les trois extraits du corpus. Ainsi, chez Diderot, le sujet de conversation entre Jacques et son maître n'est pas exaltant ou sérieux. Chez Céline, le héros-narrateur, Bardamu, n'a aucun idéal et aucune perspective de vie : il ne se bat même plus pour le triomphe du bien car il s'est résigné à la mort de Bébert. Chez Butor, le récit repose sur un attachement quasi-clinique à des objets insignifiants, des détails sans importance comme les nuances du bleu[7].

Nous avons donc montré que Diderot, Céline et Butor étaient des écrivains audacieux, qui régénéraient les codes du genre romanesque.

4) Excellente remarque mais prouvez-le en citant le texte !

5) Orthographe ! « nominales ».

6) Je réitère ma remarque : il faut justifier votre propos.

7) Même remarque : c'est vraiment dommage, car vos remarques sont très fines.

8) Bon effort pour conclure votre question.

Sujet 3

Corpus 2, p. 299

Comment le romancier met-il en scène l'Histoire ? Justifiez votre réponse.

Analyse du corpus

Le corpus est composé de trois extraits de romans. Ils appartiennent tous les trois à des époques différentes. *La Princesse de Clèves* de Madame de La Fayette apparaît comme le premier roman d'analyse dans lequel l'auteur décortique les effets dévastateurs de la passion amoureuse. Il relève d'une écriture classique. *L'Insurgé de Vallès* a été publié en 1886 et met en scène les aventures d'un héros-narrateur fortement engagé et acteur de l'histoire de la Commune. Enfin, le dernier extrait est signé Claude Simon et est tiré de *La Route des Flandres*. Il est un texte qui reflète les innovations esthétiques du Nouveau Roman. Ce qui réunit ces trois extraits, c'est qu'ils plongent leurs héros au cœur de l'Histoire. Sans pouvoir parler de roman historique, chaque texte exhibe un personnage en prise avec les événements de son temps.

La question porte sur la manière dont l'Histoire est présente et représentée dans les trois extraits du corpus, c'est-à-dire dans *La Princesse de Clèves*, *L'Insurgé* de Vallès et *La Route des Flandres* de Claude Simon. Ainsi, il convient de se demander si le romancier fait une place importante à l'Histoire, s'il la présente de manière objective ou, au contraire, prend parti et, enfin, il s'agit de voir si les romanciers proposent un traitement réaliste du motif historique ou, au contraire, s'il y a une poétisation de la matière historique.

Tout d'abord, on peut constater que, si les trois romanciers ancrent leur intrigue dans un contexte historique précis et identifiable, la place réservée aux détails et précisions historiques n'est pas la même. C'est Mme de La Fayette qui offre dans *La Princesse de Clèves* le plus de détails précis et minutieux sur l'atmosphère qui règne à la cour de « Henri II ». La romancière n'hésite pas à donner des noms de personnages historiques (« Madame de Valentinois, Mlle de Marck », ...) ou à proposer des détails sur les mœurs de ce temps (« galant ») et sur l'importance attachée au paraître (récurrence du terme « beau »). Claude Simon, à l'inverse, refuse de livrer tout détail réaliste : aucun nom de lieu n'est précisé, aucun détail n'est donné sur les armes utilisées ou sur l'uniforme porté par les soldats. À lire seulement cet extrait, on ne peut situer le passage dans un temps précis ; le lecteur ne peut dire autre chose que « le texte se passe en temps de guerre ». Vallès adopte une position intermédiaire : certaines références historiques sont présentes (« Paris, Satory, Perquisition ») et permettent de comprendre que le texte se déroule sous la Commune, mais il est vrai que le texte insiste davantage sur les sentiments et les émotions du narrateur (« rancunes, fureurs, peines… »).

Ensuite, c'est le point de vue des romanciers ou de leurs personnages sur la matière historique qui change. Dans les textes de Mme de La Fayette et de Vallès, un point de vue subjectif est livré. Cela est tout à fait logique dans l'extrait de *L'Insurgé* puisque le texte est écrit à la 1re personne et nous livre donc les sentiments personnels et intimes d'un Communard ardent et enflammé (ponctuation expressive, récurrence du « je »). Dans le texte de Mme de La Fayette, la prise de position est moins claire, mais la récurrence des hyperboles mélioratives (« magnificence », « belles personnes », « admirablement faits ») trahit la secrète admiration du narrateur (et de l'écrivain ?) pour cette période de la Renaissance. À nouveau, le texte de Claude Simon est à part. Aucun jugement de valeur sur la guerre n'apparaît. Au contraire, on est en présence d'une description d'une précision clinique (longueur de la phrase), quasi-chirurgicale, qui réveille les sens du lecteur (« rose, tambourinant, tac-tac-tac… ») mais qui ne trahit aucun jugement du narrateur sur les combats.

Enfin, on peut voir dans nos textes une tension entre traitement réaliste de l'Histoire et traitement poétique de la matière historique. Les trois romanciers, malgré une volonté de réalisme, écrivent l'Histoire et donc manifestent un souci esthétique. Leur écriture de l'Histoire diffère. Mme de La Fayette mise sur l'accumulation de détails historiques (recours à l'énumération) pour créer un fort effet de réel et engendrer dans l'esprit du lecteur une image précise de la « magnificence » et de la splendeur de la cour. L'écriture doit se faire tableau. Chez Vallès, l'Histoire est traitée sur un mode lyrique et pathétique. Elle est vécue comme tragédie (lexique du malheur et de la souffrance) par le personnage, qui est confronté à l'idée de sa mort prochaine (« Satory »). Enfin, Claude Simon a choisi de poétiser très fortement la matière historique. L'abondance des images (métaphores : « chevaux-jupons » ; comparaisons : « comme une sorte de vaporeuse moiteur ») souligne et exhibe cette esthétisation du réel. Sous sa plume, cette « boucherie héroïque » qu'est la guerre devient un spectacle presque sensuel.

Ainsi, Mme de La Fayette, Jules Vallès ou Claude Simon ont choisi de représenter, selon des modalités différentes, l'Histoire dans leurs romans.

Sujet 4

Corpus 3, p. 301

Quel est le registre dominant dans les extraits ? Justifiez votre réponse.

Analyse du corpus

Le corpus est composé de quatre extraits de romans. Ils appartiennent tous les quatre à des époques différentes. *La Princesse de Clèves* de Madame de La Fayette (1634-1693) apparaît comme le premier roman d'analyse dans lequel l'auteur décortique les effets de la passion. *La Nouvelle Héloïse* est un roman de Jean-Jacques Rousseau (1712-1778) dont on connaît plus souvent les textes autobiographiques (*Les Confessions*, 1765-1770) ou philosophiques (*Du Contrat social*, 1762). Ce roman s'inscrit en fait dans la continuité des autres œuvres dans la mesure où l'on peut considérer Saint-Preux, héros du roman, comme le double épanoui de l'auteur et où la plupart des thèmes chers à l'auteur sont débattus par les personnages. *René*, roman de François-René de Chateaubriand (1768-1848), a une forte teneur autobiographique. Il apparaît comme un texte-clé pour l'esthétique romantique. Enfin, *Belle du Seigneur* est considérée comme l'œuvre majeure de l'écrivain et diplomate Albert Cohen (1895-1981) : ce roman met en scène les amours tragi-comiques de Solal, personnage central de la tétralogie rédigée par Albert Cohen, et Ariane.

Le registre dominant dans ces extraits de *La Princesse de Clèves* (texte 1), *La Nouvelle Héloïse* (texte 2), *René* (texte 3) et *Belle du Seigneur* (texte 4) est le registre lyrique. Chateaubriand unit les deux acceptions de ce terme : « Notre cœur est un instrument incomplet, une lyre où il manque des cordes ». En effet, la notion de lyrisme est associée à la fois à l'expression de sentiments intimes (« Notre cœur ») et à la musicalité (« un instrument », « une lyre ») qui permet de les transmettre au lecteur.

Tout d'abord, les personnages de ces quatre romans expriment des sentiments : Madame de Clèves, de la jalousie (« et ce mal qu'elle trouvait si insupportable était la jalousie avec toutes les horreurs dont elle peut être accompagnée »), Julie, des remords (« je ne vois plus que ma honte »), René, de la mélancolie (« Un secret instinct me tourmentait ») et Ariane, du plaisir (« divers petits rires, gazouillis incompréhensibles »). Le champ lexical des sentiments est donc très abondant dans ces extraits (texte 1 : « aimait », « passion », « inclination » ; texte 2 : « tourments », « souffrir » ; texte 3 : « passions », « ravissement », « enchanté » ; texte 4 : « J'adore »). Les personnages exposant leurs émotions les plus intimes, trois des extraits sont écrits à la 1re personne du singulier. Toutefois, même l'extrait de *La Princesse de Clèves*, malgré le choix d'une narration à la 3e personne, dévoile les sentiments du personnage par le biais d'une focalisation interne

(« Elle trouvait », « elle pensait »). La violence des sentiments exprimés se traduit par l'accumulation d'hyperboles (texte 1 : « Jamais affliction n'a été si piquante et si vive » ; texte 2 : « Elle n'eut que trop de raison » ; texte 3 : « cette foule de sensations fugitives » ; texte 4 : « je suis très attirée ») et l'emploi récurrent d'exclamatives passionnées (texte 1 : « Quels retours ne fit-elle point sur elle-même ! » ; texte 2 : « Mon Dieu ! » ; texte 3 : « Levez-vous vite, orages désirés [...] ! »).

Enfin, pour que le destinataire puisse éprouver à son tour les sentiments évoqués, le locuteur fait appel à sa sensibilité par des interrogatives rhétoriques (texte 2 : « Qu'avait-elle à regretter sur cette terre ? » ; texte 3 : « Mais comment exprimer cette foule de sensations fugitives, que j'éprouvais dans mes promenades ? ») et des images. Ainsi, Chateaubriand assimile le paysage à ses états d'âme (« Les sons que rendent les passions dans le vide d'un cœur solitaire, ressemblent au murmure que les vents et les eaux font entendre dans le silence d'un désert »). La dimension musicale du lyrisme de ces textes se fait également entendre. Il s'agit là encore de sensibiliser le destinataire. Ainsi, le rythme binaire souligne les sentiments de Julie (texte 2 : « Elle me voyait sans guide et sans espérance, accablée de mes malheurs et de mes fautes ») et de René (texte 3 : « Tantôt j'aurais voulu être un de ces guerriers [...] ; tantôt j'enviais »). De même, le dialogisme dynamise le monologue d'Ariane et laisse deviner sa joie enfantine (texte 4 : « à qui ai-je l'honneur monsieur ? je m'appelle Amundsen madame, vous êtes norvégien je suppose ? oui madame »).

Ainsi, même si le texte 2 a des accents pathétiques et le texte 4 des accents humoristiques, le registre dominant dans ces quatre extraits romanesques est le registre lyrique. En effet, ils tendent à faire partager au lecteur les sentiments éprouvés par les personnages.

Chapitre 2

ÉCRITURE POÉTIQUE ET QUÊTE DU SENS DU MOYEN ÂGE À NOS JOURS

Sujet 5

Corpus 5, p. 306

Comparez les textes du corpus.

Analyse du corpus

Ce corpus est composé de quatre poèmes extraits des *Poèmes saturniens*, recueil de jeunesse datant de 1866. Verlaine reste encore fidèle à des formes traditionnelles : en effet, les poèmes 1, 2 et 4 sont des sonnets* ; de plus, les quatre poèmes sont versifiés et composés d'alexandrins. Ce n'est que plus tard que Verlaine fera de la musicalité un élément majeur de sa recherche et prônera l'emploi du vers impair (en particulier l'heptasyllabe) qui « *ne pèse ni ne pose* » (*Art poétique*). Les quatre poèmes présentent également une unité thématique : le « je » lyrique y ouvre son cœur et dévoile ses sentiments et opinions. Ainsi, le corpus est très homogène.

Jennifer 2,5/4
L'essentiel est vu et vous vous appuyez souvent sur des analyses stylistiques précises. En revanche, votre réponse est souvent confuse et vous ignorez la notion de registre* pourtant éclairante ici.

Pour comparer les textes du corpus, nous allons d'abord étudier les points communs, puis les différences[1].

Pour les points communs[2]. Les textes du corpus sont tous du même auteur, Paul Verlaine. Ils sont tous extraits du même recueil, *Les Poèmes saturniens*. Ils sont donc tous datés de la même année, 1866. Parmi ces quatre poèmes, trois d'entre eux sont des sonnets*, c'est-à-dire

1) Bien. Il faut toujours rappeler la question et annoncer le plan.
2) Faites des phrases complètes ; évitez les phrases nominales et le style télégraphique.

3) Il faudrait introduire une formule pour indiquer pourquoi vous n'avez cité que deux des poèmes.

4) Le « je » lyrique qui s'exprime dans les poèmes n'est pas nécessairement le poète. Les textes poétiques ne sont pas tous autobiographiques.

5) Vous montrez une véritable qualité d'analyse et vous repérez des procédés d'écriture variés. Néanmoins, l'accumulation rapide d'analyses de détail crée une certaine confusion. De plus, on ne comprend pas pourquoi vous évitez la notion de registre*, qui s'impose ici (lyrique, pathétique, satirique).
6) Bien pour la conclusion.

7) Bien. Vous ne vous contentez pas d'observer, vous commentez.

8) Relever des verbes d'action ne suffit pas à démontrer que la forme du discours est narrative.

9) « Aimer » est un verbe de sentiment.

qu'ils sont composés de quatorze vers, répartis en deux quatrains et deux tercets. Le mètre utilisé est l'alexandrin* (texte 1, v. 1 : « *Ayant poussé la porte étroite qui chancelle* » ; texte 2, v. 1 : « *Je fais souvent ce rêve étrange et pénétrant* »)[3]. Ces poèmes respectent donc, du point de vue formel, la tradition poétique. Enfin, dans les quatre poèmes, le poète exprime des sentiments. Dans le premier texte, il exprime la nostalgie qu'il[4] éprouve en retournant dans un jardin dans lequel il n'était pas allé depuis longtemps. Les points de suspension du vers 6 traduisent son émotion : « *Rien n'a changé. J'ai tout revu : l'humble tonnelle/De vigne folle avec les chaises de rotin...* ». Dans le poème *Mon Rêve familier*, l'interjection déplorative du vers 6 (« *hélas !* ») exprime le regret du poète qui ne parvient pas à rencontrer dans la réalité la femme de ses rêves. L'interrogation rhétorique dans ce même poème (« *Est-elle brune, blonde ou rousse ?* ») dit d'ailleurs l'imprécision de ce rêve. Le vocabulaire des sentiments est très présent dans le poème 3 (« *Tristement* », « *plaie* », « *désespérant* ») et souligne le désarroi dans lequel se trouve le poète. Enfin, dans le dernier poème, Verlaine exprime son mépris des bourgeois avec des jeux de mots (« *maire et père de famille* »)[5]. Ainsi, ces quatre poèmes présentent une forme versifiée et servent au poète à exprimer des sentiments[6].

Étudions maintenant les différences. Le poème 3 se distingue des autres par sa forme. Il n'est composé que d'une seule phrase ne formant qu'une seule strophe, ce n'est donc pas un sonnet*. Verlaine n'est pas prisonnier d'une forme unique[7]. Les formes du discours et les thèmes sont également différents. « Après trois ans » est un récit (verbes d'action : « *poussé* » « *promené* »[8]) qui met en scène le retour du poète dans un jardin après quelques années d'absence (« *j'ai tout revu* », « *comme avant* »). « *Mon rêve familier* » est aussi un récit (verbes d'action : « *fais* », « *aime* »[9]) qui raconte les rêves du poète. « *Promenade sentimentale* » est plutôt une description (imparfait : « *dardait* », « *berçait* »[10]) qui dépeint le paysage[11] dans lequel se promène le poète (« *nénuphars* », « *étang* », « *brume vague* »). Le dernier poème est un portrait (verbe « *être* »[12]) de Monsieur Prud'Homme. Ainsi, le poète varie les thèmes et les formes du discours.

Les quatre poèmes du corpus présentent donc des ressemblances et des différences.

10) Insuffisant. L'imparfait est aussi un temps du récit. Pour une description, l'imparfait doit être associé à des verbes d'état et à des connecteurs de lieu.
11) Parlez de paysage état d'âme. Le paysage ici sert à évoquer les sentiments du poète.
12) Démonstration insuffisante, rédaction incomplète.

Sujet 6

Corpus 7, p. 309

Repérez, pour chacun des textes, ce qui fait qu'il s'écarte de la définition suivante de la pluie : « eau qui tombe en gouttes des nuages sur la Terre » (lexique, images, typographie, lyrisme).

Analyse du corpus

Le point commun le plus évident entre ces quatre poèmes est le thème de la pluie (*Variation sur la pluie : histoire d'eau, Il pleut, Pluie*). De plus, les quatre poèmes ont été écrits à la même période, entre 1911 et 1920, avant et après la Première Guerre mondiale. Cette précision est importante car Apollinaire a combattu et a été gravement blessé pendant le conflit : il est mort au lendemain de la guerre. L'originalité de ce corpus tient à la présence de deux calligrammes, le premier est signé Reverdy, le second Apollinaire. Ainsi, les textes allient la banalité thématique à l'originalité formelle.

Élodie 2,75/4

Bon travail dans l'ensemble. L'essentiel est compris. Vous devez toutefois exploiter tous les textes du corpus et faire un effort de rédaction. Certains termes employés sont impropres, la syntaxe manque de soin, quant aux citations, elles ne sont pas toujours bien introduites.

Cet ensemble de poèmes, tous écrits dans la première moitié du XXe siècle, ne s'apparente pas à la définition ordinaire de la pluie, que l'on trouverait dans le dictionnaire. Tout d'abord, nous étudierons dans quelle mesure ces poèmes s'en distinguent par leur forme, puis par leur subjectivité[1].

Le dictionnaire, ayant pour but d'apporter un complément d'information, la définition se doit d'être exprimée clairement, de manière à être accessible à tous, comme c'est le cas de la définition qui nous est proposée : « *Pluie : eau qui tombe en gouttes des nuages sur la Terre* ». Cette définition est simple et explicite. Cela s'oppose à la poésie[2], puisqu'en effet, parmi ces poèmes, il y a un calligramme, un poème en prose, un poème en vers libres, un en octosyllabes[3].

1) Bonne introduction, qui rappelle la question posée et annonce le plan synthétique adopté.
2) Exprimez l'opposition plus clairement. La volonté didactique de la définition s'oppose avec la conception esthétique de la poésie.
3) Précisez quel poème est un calligramme, quel poème est un poème en prose, … d'autant que vous ne suivez pas l'ordre des textes. Il semble que vous considériez le poème de Reverdy comme un poème en prose. En réalité, il relève du calligramme.

La versification[4] se veut esthétique comme dans le texte 2, qui forme une goutte, ou le calligramme du texte 3, qui imite le mouvement descendant de la pluie. L'esthétique, associée à la mélodie des poèmes[5], rend ces derniers plus difficiles à comprendre. De plus, les poètes emploient de nombreuses images. Ainsi, Reverdy (texte 2) assimile les gouttes de pluie à « *Trois étoiles/Des diamants* ». Cette image embellit le réel, mais obscurcit le sens. Ainsi, la recherche esthétique, qui se traduit par l'abondance d'images, la mélodie et la forme[6] constituent un frein à la compréhension et éloigne le poème de la définition claire du poème.

De plus, les poèmes proposent une vision subjective de la pluie[7]. Cette subjectivité apparaît d'abord dans le champ lexical des émotions, disséminé dans tous les poèmes : « *yeux brillants* », « *regret* », « *dédain* », « *pleurent* », etc.[8]. Les poètes ont chacun une subjectivité différente en ce qui concerne la pluie. Dans le poème 2, la pluie est associée aux larmes et à la tristesse : « *Et vos yeux brillants* »[9]. Dans le poème 3, elle est associée à la nostalgie : « *Il pleut des voix de femmes comme si elles étaient mortes même dans le souvenir* ». Dans le poème 4, elle est associée à la rêverie : « *La pluie argente mes beaux rêves* »[10]. Assimiler un sentiment à la pluie est un moyen de la décrire subjectivement. De plus, les poètes embellissent le réel et décrivent plus leurs sensations que la réalité. Ils insistent sur la lumière de la pluie (« *étoiles* », « *diamants* », texte 2 ; « *argente* », texte 4)[11], et sur la musique (« *ancienne musique* », « *voix de femmes* », texte 3). C'est donc leur propre vision de la pluie qu'ils donnent et pas une vision générale[12].

Ainsi, la pluie, vue et entendue par les poètes, a peu de choses à voir avec celle que définissent nos dictionnaires : les poètes peuvent nous faire ressentir des émotions et le dictionnaire nous laisse indifférents[13].

4) Le terme est inadéquat : on ne peut pas parler de vers pour le calligramme d'Apollinaire.

5) Vous n'avez fait aucune analyse sur la mélodie des poèmes. Il aurait par exemple été bienvenu de repérer des procédés rythmiques dans le texte 4, poème versifié.

6) Vous auriez dû reprendre les différents points de votre démonstration dans l'ordre (forme, mélodie (?), images).

7) Marquez plus nettement le lien avec la question posée en opposant cette subjectivité de la poésie à l'objectivité de la définition.

8) La citation est mal introduite. Une citation non incluse syntaxiquement dans la phrase se met entre parenthèses.

9) Il faut commenter les citations. C'est à vous d'expliquer qu'on observe un glissement des gouttes de pluie aux larmes qui rendent les yeux « brillants ». Sinon, on ne comprend pas pourquoi vous citez ce passage.

10) Variez les formulations. On vous évalue aussi sur votre expression, qui doit être claire et variée.

11) Cette fois-ci, la citation est correctement introduite.

12) Dans ce deuxième paragraphe, vous ne tenez aucun compte du texte 1.

13) Conclusion maladroite. Vous ne récapitulez pas vos deux axes : le premier est oublié.

Sujet 7

Corpus 6, p. 307

Quels poèmes illustrent le vers de Victor Hugo (texte 2) : « [Sur la poésie] je fis souffler un vent révolutionnaire » ?

Analyse du corpus

Au premier abord, les poèmes de ce corpus semblent n'avoir que peu de points communs : ils datent d'époques différentes (le plus ancien (1558) est celui de du Bellay, poète de La Pléiade, vient ensuite un poème de Hugo (1856), poète romantique, puis un sonnet de Mallarmé (1868), poète symboliste, et enfin un poème de Rimbaud de 1872). Ils ont des formes différentes (les textes 1 et 3 sont des sonnets, le texte 2 est un poème versifié composé de strophes d'alexandrins, tandis que le texte 4 est un poème en prose) et traitent de thèmes différents (du Bellay évoque ses sentiments intimes, Hugo et Rimbaud exposent leur conception de l'écriture poétique, quant à Mallarmé, il décrit le crépuscule). Pourtant, ils présentent un point commun : leur poéticité est en effet mise en avant par des auteurs en quête d'une écriture spécifique, qui refuse la banalité et les règles pré-établies.

Hugo affirme dans un poème des *Contemplations* (1856) avoir « *sur les bataillons d'alexandrins carrés,/[fait] souffler un vent révolutionnaire* ». Il revendique ainsi le droit de bouleverser les règles de la poésie traditionnelle. En effet, nous observons, d'une part, qu'il remet en cause le rythme de l'alexandrin*, par des enjambements* qui donnent au vers la fluidité de la prose (« *Et je dis : Pas de mot où l'idée au vol pur/Ne puisse se poser, tout humide d'azur* », v. 12-13), des contre-rejets* qui mettent un mot en évidence (« [...] *Pourquoi/Ceux-ci toujours devant, ceux-là toujours derrière ?* », v. 1-2), ou des déplacements de la césure, qui quitte le centre de l'alexandrin* (« *Et je mêlai, parmi les ombres débordées* », v. 10). D'autre part, Victor Hugo réclame un droit de cité en poésie pour tous les mots du dictionnaire. Il n'est plus question de n'employer que des mots rares et recherchés au détriment du vocabulaire courant (« *Plus de mot sénateur ! plus de mot roturier !* », v. 8), ni d'accumuler les figures de style (« *Syllepse, hypallage, litote,/Frémirent* », v. 14-15). Nous allons montrer quels sont les poèmes de ce corpus qui illustrent ces propos.

Mallarmé, dans le poème traditionnellement connu sous le titre « *Sonnet* en -yx* » (texte 3), semble s'attacher à une forme aristocratique. Il écrit en effet un sonnet* en alexandrins*, reprenant une forme vieille de plusieurs siècles, qu'illustrait déjà J. du Bellay en 1558 (texte 1). Pourtant, un souffle révolutionnaire se répand sur ses vers. Les alexandrins* n'obéissent pas au rythme régulier 6/6. Ainsi, le vers 12 suit un rythme original en 2/8/2 (« *Elle, défunte nue en le miroir, encor* »). De plus, les nombreux enjambements* contribuent également à saper la régularité rythmique des vers : « *Mais proche la croisée au nord vacante, un or/Agonise selon peut-être le décor* » (v. 9-10). Enfin, nous notons l'emploi de termes extrêmement rares, employés moins pour leur signification que pour leur sonorité. Ces véritables « *bibelot[s] [...] sonore[s]* » confèrent au texte une grande obscurité, qui va à l'encontre de la tradition lyrique de la poésie.

Rimbaud se révèle tout aussi révolutionnaire dans son « *Alchimie du verbe* » et l'on ne peut être surpris qu'il rêve de « *guerres de religion étouffées, révolutions de mœurs, déplacement de races et de continents* ». Il fait un pas de plus que Victor Hugo dans la révolution poétique et renonce aux vers pour écrire un poème en prose. Il refuse désormais toute règle préétablie et décide de régler lui-même « *la forme et le mouvement de chaque consonne* » et de suivre « *des rythmes instinctifs* ». Cet acte révolutionnaire lui permet de transformer la musique de la poésie en un art total, qui mêle forme, couleurs et musique, de manière à toucher « *tous les sens* ». Dans cette poésie nouvelle, tout est permis au poète, qui peut employer des termes familiers (« *idiotes* ») et évoquer des réalités triviales (« *livres érotiques sans orthographe* »).

Ainsi, le mouvement révolutionnaire, initié par Hugo et les poètes romantiques, se prolonge aussi bien dans la poésie symboliste de Mallarmé (texte 3) que dans les poèmes en prose du voyant Rimbaud (texte 4).

Sujet 8

Corpus 8, p. 311

1. Quelle image du poète se dessine dans ces quatre poèmes ?
2. Identifiez le registre de chacun des poèmes. Justifiez votre réponse.

Analyse du corpus

Ce corpus réunit quatre poèmes engagés d'époques très diverses : du XVIe siècle (Agrippa d'Aubigné) au XXe siècle (Éluard), les poètes ont crié leur colère ou chanté leur enthousiasme dans leurs vers. Le corpus propose ainsi trois blâmes (textes 1, 2 et 3), rédigés dans des registres différents (polémique* pour les textes 1 et 3) ; satirique* pour la fable de la Fontaine) et un éloge (texte 4). D'Aubigné et Hugo s'en prennent à des figures politiques de leur temps (Catherine de Médicis et Napoléon III), La Fontaine préfère moquer l'ensemble des courtisans, avides de pouvoir et de reconnaissance tandis qu'Éluard célèbre les vertus de la liberté. Les formes poétiques choisies par les auteurs présentent une forte hétérogénéité : Hugo et Éluard adoptent une poésie qui se rapproche de la chanson ; La Fontaine préfère, quant à lui, le genre de la fable*.

Question 1

Dans les quatre poèmes du corpus, le poète s'engage : il apparaît comme une conscience politique qui juge. Dans trois des quatre poèmes, la voix poétique condamne et fustige le pouvoir en place. Dans *Les Tragiques*, d'Aubigné s'en prend violemment à Catherine de Médicis. Tout au long de l'extrait, la Reine est condamnée à être une sorcière, qui pousse « *hurlements* », « *sifflements* » et « *cris* » ou « *[i]dôlatr[e] Satan* ». Ces termes dépréciatifs, qui disent le pouvoir maléfique de la Reine, sont associés à une apostrophe qui use d'un tutoiement irrévérencieux (« Reine, tu as rempli... ») : la poésie se fait alors geste déictique. De même, dans la fable « Les Obsèques de la lionne », La Fontaine s'en prend à l'ordre social établi. Les courtisans sont moqués et comparés à des animaux. « Singe[s] », ils imitent le comportement royal ; « caméléon », ils s'adaptent à l'air du temps pour plaire au souverain. Sans identité propre, ils ne sont que ce que le « Prince » veut. Ainsi, le fabuliste fustige une société du paraître, régie par la seule volonté de plaire au monarque. Enfin, le texte de Hugo montre du doigt un régime impérial jugé inique. Les « Courtisans » de l'Empire n'ont qu'une préoccupation : s'engraisser sans se soucier de la misère du peuple. La métaphore* filée de la nourriture (« *attablés, orgie, soif, buvez, coupe, verre, Mangez* ») mêlée à celle de l'argent (« *Boursier, usurier* ») montre un régime impérial corrompu et vautré dans la débauche et l'« orgie ». Les « *Courtisans* » sont apostrophés de façon véhémente

(v. 1, 8) et montrés du doigt. Dans ce poème, Hugo est non seulement voix politique mais aussi prophète et guide. Il interpelle le «*peuple des faubourgs*» (v. 22) afin de lui montrer la voie de la sagesse et de la raison : celle de la «*Vérité*», de la «*Probité*», vertus alliées à la «*Gloire*» et à la «*Liberté*». Un seul texte n'est pas une dénonciation : celui de Paul Éluard, qui propose, en pleine Occupation (1942), un éloge de la liberté. Le poète souhaite «*écri[re]*» le mot «*liberté*» sur tous les supports. L'anaphore* de la préposition «Sur» («*Sur les images dorées*» ; «*sur la santé revenue*», ...) montre bien l'obstination du poète à défendre cette valeur républicaine fondamentale face à la capitulation française et la tyrannie nazie.

Ainsi, dans les quatre poèmes du corpus, la voix poétique est engagée et politique. L'acte d'écrire est un geste déictique, qui fustige les désordres de la cité ou appelle à l'événement d'un ordre social plus juste.

Question 2

Les poèmes d'Aubigné et de Hugo relèvent du registre* polémique. Ainsi, ils usent tous deux d'apostrophes directes, qui montrent du doigt, pour le fustiger, le régime ou le monarque en place. Dans *Les Tragiques*, Catherine de Médicis est interpellée en une apostrophe méprisante («*Reine, tu as rempli*») : le tutoiement dit tout le mépris du poète pour la souveraine. De même, Hugo tutoie le «*Boursier*» ou l'«*usurier*» et les apostrophe afin de les condamner. Un vocabulaire dépréciatif domine dans les deux poèmes : Catherine de Médicis est comparée à une sorcière, entourée de «*démons*», de «*sorciers*» et de «*diables*» ; les hommes de Napoléon III sont des ivrognes, assoiffés de sang et d'or («*ventrus, coquins et riches*» ; «*la table emplit l'École militaire*»). De plus, la ponctuation expressive dit la colère du poète contre l'Empire («*et vive le salaire !*») et son enthousiasme pour les valeurs démocratiques («*Liberté !*»). L'usage de la première personne, qui apparaît sous une forme redondante («*moi, je*»), renforce de même la force de conviction du propos. Le texte de La Fontaine condamne aussi l'ordre social établi mais sur un ton moins véhément. La fable relève du registre* satirique : les comparaisons* animalières dépréciatives («*Peuple caméléon, peuple singe du maître*») ainsi que la rime antithétique «*être/paraître*», qui dit la superficialité des courtisans, font entendre le ton railleur du fabuliste, qui n'hésite pas à s'impliquer dans la fable par le biais du pronom personnel de la première personne («*Je définis la cour*») et à livrer une morale irrévérencieuse, qui moque la crédulité royale («*Flattez-les [les rois], payez-les d'agréables mensonges/[...] Ils goberont l'appât*»). Enfin, le poème d'Éluard appartient au registre* lyrique. Le poète crie son amour de la liberté par l'usage de la première personne du singulier («*J'cris ton nom*») et de l'anaphore* de la préposition «*Sur*». Le poète tisse un lien presque amoureux avec la liberté, dont il fait un synonyme de vie («*oiseaux, enfance, saisons, Je recommence ma vie*»).

Ainsi, le blâme se décline sur un registre* polémique ou satirique ; l'éloge sur le mode lyrique.

Chapitre 3

LE TEXTE THÉÂTRAL ET SA REPRÉSENTATION DU XVIIe SIÈCLE À NOS JOURS

Sujet 9

Corpus 10, p. 318

Quel(s) extrait(s) (document 1, 2 ou 5) suscitent ou susciteraient la désapprobation de Diderot ? Lequel ou lesquels répondraient davantage à sa conception du théâtre ? Justifiez votre réponse.

Analyse du corpus

Ce corpus comprend exceptionnellement cinq textes. De plus, il peut surprendre par son hétérogénéité : il regroupe des textes classiques (texte 1) et des textes contemporains (texte 5), des textes de théâtre (textes 1, 2 et 5) et des textes théoriques (textes 3 et 4). En réalité, on ne doit pas placer tous les textes sur le même plan : les textes de théâtre sont là pour illustrer la pensée théorique de Diderot. Ce dernier s'interroge sur le naturel au théâtre : doit-il être ou non assimilé au naturel de la vie quotidienne ?

Jean-Baptiste 3/4
La thèse de Diderot est clairement définie et la réponse organisée de manière cohérente. Toutefois, vous ne justifiez pas toujours suffisamment ce que vous affirmez, ce qui vous conduit à une lecture sans finesse du document 2.

Dans *Le Paradoxe sur le comédien* (document 3), Diderot veut nous montrer la différence entre une scène de théâtre et la réalité[1]. Pour cela, il nous présente deux situations relativement identiques : un épisode réellement arrivé et une scène de théâtre. Il va comparer[2] la première scène de *Iphigénie* à une anecdote sur Henri IV, qui savait qu'on lui voulait du mal.

1) Bien. Il faut en effet commencer par définir la conception du théâtre défendue par Diderot.

2) Supprimez le futur proche (préférez un présent) de manière à alléger votre style.

« *Connaissez-vous une situation plus semblable à celle d'Agamemnon dans la première scène d'Iphigénie que la situation de Henri IV, ...*[3] ». Diderot nous[4] explique qu'il est peu probable ou même « *absurde* » d'imaginer que Henri IV a pu[5] utiliser les mêmes mots que Agamemnon. Diderot propose une caricature de la tirade* d'Agamemnon, telle qu'elle aurait pu être prononcée par Henri IV « *Oui, c'est Henri, c'est ton roi qui t'éveille* »[6]. Diderot critique donc le théâtre qui est, pour lui, trop différent de la réalité[7].

Cette thèse est confirmée dans *Les Bijoux indiscrets* (document 4)[8]. Il s'agit d'une expérience imaginaire : la narratrice amène quelqu'un qui ne connaît rien au théâtre voir une pièce, en lui disant que ce qu'il va voir est réel. Très vite, l'étranger se rend compte que ce qu'il voit n'est pas réel : « *il doit m'éclater au nez dès la première scène et me déclarer ou que je me joue de lui ou que le prince et toute sa cour extravaguent* ». L'invraisemblance du théâtre est ici mise en évidence. Ces deux documents nous montrent que Diderot préfère le théâtre réaliste où les acteurs s'expriment et se comportent comme dans la vie[9].

Voyons maintenant quels extraits répondent à cette conception du théâtre. C'est le cas du document 5, extrait de Dissident, il va sans dire de Michel Vinaver. La scène représentée s'apparente à une scène de tous les jours entre une mère et son fils. Ils parlent de choses simples : garer une voiture, acheter des vêtements, se réveiller à l'heure[10]. Toutes ces choses[11] constituent ce que nous faisons dans la vie de tous les jours. De plus, le vocabulaire employé est familier : « *je devais être crevé* », « *ça me sidère* ». Ce texte répond donc bien à la conception théâtrale de Diderot[12].

En revanche, les documents 1 et 2 n'y correspondent pas. La première scène d'*Iphigénie* utilise un langage soutenu (« *exaucés* », « *outrage* »), constitué[13] de rimes (« *éveille* »/ « *oreille* » ; « *bruit* »/« *nuit* »). C'est, d'après

COPIES COMMENTÉES

3) Toute modification du texte original se manifeste dans une citation par des crochets.

4) À éviter. Ne vous mettez pas en avant.

5) Attention à l'emploi des temps. Après « imaginer », il faut employer le subjonctif (« puisse »).

6) Encore une citation non incluse syntaxiquement dans la phrase, qui aurait dû être entre parenthèses.

7) La reformulation de la thèse défendue par Diderot n'est pas assez précise. Il condamne le théâtre de convention et prône un théâtre réaliste.

8) Il n'y a aucune raison de revenir à la ligne : vous développez toujours la même idée.

9) Reformulation claire et pertinente, qui met en évidence deux aspects du réalisme (le langage des personnages et leur situation).

10) Toute affirmation doit être justifiée !

11) Utilisez un vocabulaire plus précis. Vous êtes aussi évalué sur la correction de votre français.

12) Bonne conclusion partielle.

13) Vocabulaire inadéquat : « agrémenté ».

14) Votre démonstration est incomplète. Il fallait aussi envisager la situation des personnages. Soulignez les références aux dieux et à la mythologie, qui évacuent tout réalisme.

15) Votre démonstration est à nouveau incomplète. Cette fois-ci, c'est le langage que vous avez négligé.

16) Il faut une conclusion.

Diderot, « un langage pompeux », « un langage de poésie ». On est loin de sa conception idéale du théâtre[14]. Le document 2, extrait de *Le Roi se meurt* de E. Ionesco, présente une situation extravagante : un roi, « *pieds nus* » et « *boitant* », accompagné de deux filles opposées et caricaturales, l'une douce et gentille, l'autre trop sévère. Cela ne représente en rien la réalité. Ce document susciterait donc la désapprobation de Diderot[15, 16].

Sujet 10

Corpus 11, p. 321

Comparez les textes du corpus.

Analyse du corpus

Les quatre scènes qui composent ce corpus sont des scènes de dénouement. Les textes 1 et 2 sont les dénouements de tragédies baroques, le texte 3, celui d'une tragédie classique et le texte 4, celui d'un drame romantique. Dans ces quatre dénouements, un personnage au moins meurt. Toutefois, selon que les textes respectent (3) ou non (1, 2 et 4) les bienséances, la mort est cachée ou exhibée sur scène. Soyez prudent dans vos analyses : le texte de Shakespeare est traduit, vous ne pouvez donc pas le commenter de la même manière que les autres. Pensez en particulier que l'irrégularité dans le mètre employé est due à la traduction.

Mélanie 3/4
De bons éléments de réponse (remarques pertinentes, justifications précises), mais l'analyse des différences aurait mérité d'être approfondie (manque de temps ?). Revoyez les notions de « tragédie » et de « tragique ». Montrez-vous plus sensible à l'inscription d'un texte dans un mouvement littéraire (baroque, classique, romantique).

Les quatre textes du corpus présentent des similitudes ainsi que des différences. Commençons par traiter les points communs de ces extraits de pièces de théâtre[1]. Tout d'abord, il s'agit dans tous les cas de tragédies[2] et probablement de scènes finales. En effet, les quatre textes évoquent l'idée de mort[3], donc de destin funeste[4]. Dans l'extrait de *Roméo et Juliette* de Shakespeare (acte V, scène 2), le personnage de Juliette projette d'accompagner son amour dans la mort, ce qui est une situation tragique[5] : *« Qui me ranimerait en me faisant mourir »*, v. 9 ; *« Toi poignard chéri/C'est ici ton fourreau/Repose, laisse-moi mourir »*, v. 14-16. De plus, comme il s'agit de la fin de la pièce, on peut parler de dénouement* tragique causé par la mort des principaux personnages (*« le poison fut, je vois, sa fin prématurée »*, v. 3 ; *« Repose, laisse-moi*

1) Inutile. La première phrase suffisait à rappeler la question posée et à annoncer le plan.
2) Non. *Hernani* n'est pas une tragédie mais un drame. Revoyez la notion de tragédie.
3) Ce qui est surtout remarquable, c'est que trois des textes montrent la mort sur scène.
4) La mort et le destin funeste sont deux choses différentes. Le destin suppose l'existence d'une puissance surnaturelle réglant le cours des événements.
5) C'est la lutte des héros contre leur destin qui rend la scène tragique, pas leur mort (le dénouement* de *Bérénice* de J. Racine est tragique, pourtant, aucun des personnages ne meurt).

mourir », v. 16), accompagné du champ lexical de la mort présent dans ces relevés.

Dans le texte de Théophile de Viau[6], *Pyrame et Thisbé*, il s'agit aussi de la fin de la pièce (acte V, scène 2) qui se trouve être une tragédie car l'histoire ressemble à celle de *Roméo et Juliette*[7]. En effet, son amant mort, Thisbé veut se tuer pour le rejoindre. On remarque un champ lexical de la mort reflétant cette idée (« *et regardant Pyrame/Trépassé devant moi je n'ai point perdu l'âme* », v. 1-2 ; « *Ô mort ! s'il se peut que plus que lui je meure* », v. 46). Le dénouement* est tragique car la pièce s'achève sur cette mort conjointe lors du monologue* de Thisbé.

Pour ce qui est de *Phèdre* de Racine, la scène 7 de l'acte V est la dernière de cette grande tragédie[8]. On assiste, encore une fois, à la mort de l'héroïne, traduite par un champ lexical de la souffrance et du trépas (« *Par un chemin plus lent descendre chez les morts* », v. 15 ; « *Déjà jusqu'à mon cœur, le venin parvenu/ Dans ce cœur expirant jette un froid inconnu* », v. 18-19). La dernière réplique de Panope (« *Elle expire Seigneur* », v. 24) illustre l'idée d'un dénouement* tragique[9].

Enfin, dans l'extrait de *Hernani* de Victor Hugo, la scène qui se trouve être une tragédie[10] est aussi en fin d'œuvre (acte V, scène 6). L'idée de mort est présente par le biais d'un champ lexical : « *mourir* », v. 1 ; « *c'est une mort affreuse* », v. 20 ; « *Mort !* », v. 54. L'idée de tragédie est exprimée par la mention du terme « *fatalité* » à la ligne 37[11], qui est l'une des caractéristiques du genre[12].

Les similitudes concernant la tragédie et l'idée de mort étant traitées, voici une deuxième idée commune aux quatre textes du corpus : l'amour et la personnalité de femme courageuse par la force de son amour. Pour ce qui est de Juliette dans l'œuvre de Shakespeare, ou de Thisbé dans la pièce de Théophile de Viau, on peut parler de femmes amoureuses et courageuses

6) Il n'y a pas de raison de revenir à la ligne. Consacrez un paragraphe par idée (ressemblances/différences), mais pas un paragraphe par exemple.
7) La ressemblance est notable, on peut même parler de réécriture. Shakespeare met d'ailleurs en scène les aventures de Pyrame et Thisbé dans *Le Songe d'une nuit d'été*.

8) Évitez les jugements de valeur.

9) Là encore, vous confondez la mort avec la dimension tragique. Une scène peut être tragique sans que les personnages meurent et inversement.
10) Non. *Hernani* est un drame.

11) Vers ! Même si l'alexandrin* est disloqué, la scène est bien versifiée.
12) Non. Si la présence d'une fatalité caractérise la tragédie, ce n'est pas l'élément essentiel pour un drame.

face à la mort. On remarque donc un champ lexical de l'amour (*« mon cher amour », « Je veux baiser tes lèvres »*) pour *Roméo et Juliette* et pour *Pyrame et Thisbé* (*« nos corps amoureux »*, v. 32 ; *« son amitié fidèle »*, v. 41)[13] traduisant la passion amoureuse des femmes envers leurs amants morts[14]. Elles sont aussi courageuses car elles n'hésitent pas à se donner la mort dans l'espoir de rejoindre leur amour. Cette idée est présente dans le texte de Shakespeare (*« Et tu n'as pas laissé même une goutte amie/Pour me venir en aide après »*, v. 5-6 ; *« Toi poignard chéri/C'est ici ton fourreau/Repose, laisse moi mourir »*, v. 14-16) comme dans celui de Théophile de Viau (*« Nous les joindrons là-bas et par nos saints accords,/Ne feront qu'un esprit de l'ombre de deux corps »*, v. 35-36 ; *« Enfonce là-dedans, rend-toi plus rude et pousse/Des feux avec ta lame ! Hélas ! elle est trop douce »*, v. 53-54). Cela montre bien l'amour et le courage des femmes dans ces textes.

Dans la scène de *Phèdre*, l'héroïne coupable de mensonge et d'amour incestueux fait presque preuve de courage en se donnant la mort par amour pour Hippolyte qui, lui, reste en vie[15]. On peut appuyer ces idées par des citations[16] : *« Osai jeter un œil profane incestueux »*, v. 3 ; *« Déjà je ne vois plus qu'à travers un nuage/Et le ciel et l'époux que ma présence outrage »*, v. 20-21.

Enfin, pour ce qui est de l'extrait d'*Hernani*, Doña Sol est courageuse car elle s'empoisonne la première pour précéder son mari sur le chemin de la mort (*« Mais j'ai bu la première et je suis tranquille »*, v. 18). Le champ lexical de l'amour rythme la scène et la rend touchante pour le spectateur (*« Viens ô mon jeune amant/Dans mes bras »*, v. 33-34 ; *« Mon amour, tiens-toi vers moi tourné »*, v. 58).

Voilà pour ce qui est des similitudes permettant de regrouper les quatre textes.

Pour ce qui est des différences, une divergence s'impose sur le thème de la mort. En effet,

13) Rédaction à revoir. Indiquez à l'intérieur de la parenthèse à quel texte vous faites référence pour éviter les confusions.

14) Attention à l'orthographe ! Chacune des deux femmes n'a qu'un seul amant, l'accord se fait donc au singulier (« leur amant »).

15) Hippolyte est déjà mort, victime d'un monstre envoyé par Neptune, à la demande de Thésée.

16) Alléger les formulations. Les citations peuvent être introduites directement entre parenthèses, à la suite d'une affirmation.

elle est simultanée pour le couple dans *Hernani* alors qu'elle est décalée dans le temps dans le cas de *Roméo et Juliette* ou de *Pyrame et Thisbé* (« *le poison fut, je vois, sa fin prématurée* », v. 3[17] ; « *Elle tombe sur le corps de Roméo* » ; « *Mais mon Pyrame est mort sans espoir qu'il retourne* », v. 25 ; « *Je ne pouvais mourir d'un coup plus gracieux* », v. 55). Enfin, le personnage de Phèdre dans la tragédie racinienne meurt seul et éprouve un sentiment de culpabilité (« *Et sa mort à mes yeux dérobant sa clarté/Rend au jour qu'il souillait toute sa pureté* », v. 22-23). Voici la différence la plus marquante entre ces quatre textes.

Cette étude présente bien les ressemblances et les différences qu'il peut y avoir entre les textes du corpus.

17) Précisez quel texte vous citez (texte 1, v. 5 : « … » ; texte 2, v. 8 : « … »).

Sujet 11

Corpus 9, p. 316

Où se trouvent les didascalies ? Quels intérêts présentent-elles ?

Analyse du corpus

Ce corpus de textes de théâtre est composé de trois extraits de scène d'exposition*. C'est ce que le spectateur découvre lorsque le rideau se lève, ce que le lecteur découvre en ouvrant le livre. Mis à part ce point commun, les textes sont assez différents les uns des autres : la comédie de Molière s'ouvre sur un dialogue animé, en alexandrins, celle de Marivaux commence par un dialogue en prose, pour ce qui est de la pièce de Beckett, les dialogues viennent tardivement, après une longue didascalie initiale qui décrit le décor et met en scène Hamm dans une pantomime muette. Il convient donc de se demander, en lisant ce corpus, si ces trois scènes remplissent bien les deux fonctions de la scène d'exposition : donner les informations nécessaires au spectateur pour comprendre l'intrigue et captiver son attention.

Un texte théâtral est composé de dialogues et de didascalies*. Ces dernières peuvent être externes, elle apparaissent alors dans une police de caractères différente de celle des dialogues (texte 2 : « COELIO, entrant », l. 9), ou internes, elles sont alors incluses dans le dialogue (texte 1 : « *Vous marchez d'un tel pas qu'on a peine à vous suivre* », v. 2). Les noms des personnages sont les seules didascalies* externes de la scène d'exposition* du *Tartuffe* (texte 1), qui comprend en revanche des didascalies* internes (« *d'où vient que vous sortez si vite ?* », v. 6). On sait en effet que Molière montait lui-même ses pièces de théâtre, il n'avait donc pas besoin de rédiger de longues didascalies* externes. Les didascalies externes sont plus nombreuses dans *Les Caprices de Marianne* (texte 2) : elles précèdent le dialogue (« Une rue devant la maison de Claudio ») ou s'insèrent entre les répliques* (« *Elle sort* »). Figure aussi dans cette scène une didascalie interne (« voici son mari qui la suit »). Enfin, les didascalies* prennent une ampleur démesurée dans la scène d'exposition* de *Fin de partie* (texte 3). Elles interviennent avant que ne commence le dialogue.

Les didascalies* ont plusieurs fonctions. Elles indiquent à l'acteur qui doit l'incarner, au lecteur qui doit l'imaginer, le mouvement, les gestes du personnage. Ainsi, Madame Pernelle parcourt la scène d'un pas rapide, poursuivie par les membres de sa famille (texte 1 : « *Vous marchez d'un tel pas qu'on a peine à vous suivre* », v. 2) ; Marianne et son amant Cœlio se croisent sans se parler (texte 2 : « *Elle sort./COELIO, entrant* »). Les gestes de Clov sont extrêmement précis (texte 3 : « *Il tourne la tête, regarde la fenêtre à droite. Il va se mettre sous la fenêtre à droite* »). Les didascalies* donnent également des informations sur la voix des personnages, sur la manière dont il faut prononcer les répliques* (texte 3 :

« *voix blanche* »). Le mouvement et l'intonation sont révélateurs du caractère des personnages : Madame Pernelle apparaît une femme coléreuse, Cœlio, un jeune homme timide, tandis que Clov ressemble à une marionnette désarticulée, privée d'humanité. Les didascalies* informent également le lecteur du lieu où se déroule la scène (texte 1 : « *je sors de chez vous* », v. 9 ; texte 2 : « *Une rue devant la maison de Claudio* » ; texte 3 : « *Intérieur sans meubles. Lumière grisâtre* »). Enfin, les didascalies* sont révélatrices des intentions du dramaturge et de sa conception du théâtre. Molière est un auteur classique, il écrit des pièces pour des scènes étroites et mal éclairées où les mouvements doivent être restreints : les didascalies* sont peu nombreuses. Musset s'inscrit en faux contre les règles du théâtre classique. En effet, les didascalies* montrent que la sortie (celle de Marianne par exemple) ou l'entrée d'un personnage (celle de Cœlio) n'entraîne pas de changement de scène. Enfin, Beckett fait preuve d'un évident désir de troubler le lecteur et le spectateur, de bouleverser ses habitudes théâtrales, par un très long prologue muet, par des personnages et des décors repoussants. Les didascalies* sont des sources d'information pour le metteur en scène et les acteurs d'une part, pour le lecteur, d'autre part, mais elles sont également révélatrices d'une esthétique.

Sujet 12

Corpus 12, p. 325

Comment la versification contribue-t-elle au grandissement épique ?

Analyse du corpus

Ce corpus n'est composé que de trois textes ; pourtant, ils sont assez longs et l'ensemble est imposant. Il n'en faut pas moins lire les trois scènes avec la plus grande attention. Elles présentent un point commun formel. La première scène est une tirade* ; dans la deuxième, la tirade de Don Ruy Gomez n'est interrompue que de brèves interventions de Don Carlos ; de même, on peut assimiler la troisième scène à une tirade de Cyrano, qui n'est interrompu qu'une seule fois (le texte est essentiellement découpé par l'abondance des didascalies). Ces trois tirades, en alexandrins, présentent également un point commun thématique : Rodrigue dans *Le Cid* (texte1), Dom Ruy Gomez dans *Hernani* (texte 2) et Cyrano dans *Cyrano de Bergerac* (texte 3) sont les défenseurs de l'honneur.

Les trois textes de ce corpus sont des textes théâtraux versifiés. L'alexandrin* est le mètre employé dans la tirade* de Rodrigue (texte 1), dans le dialogue entre Don Ruy Gomez et Don Carlos (texte 2), et dans le dialogue entre Cyrano, Roxane et Le Bret (texte 3). Ces trois extraits mettent en scène un héros épique : Rodrigue qui vient de remporter une victoire contre les Maures, Don Ruy Gomez qui s'oppose au Roi pour perpétuer l'honneur de sa famille, Cyrano qui mène un combat désespéré contre la mort. Nous allons montrer en quoi la versification contribue au grandissement épique.

La versification est avant tout une question de rythme. L'alexandrin* est traditionnellement composé de deux mesures, deux hémistiches, de six temps, six syllabes. Corneille exploite cette particularité dans *Le Cid* pour souligner le courage des troupes qui accompagnent Don Rodrigue : « *Les plus épouvantés reprenaient leur courage !* » (v. 6). La pause rythmique au cœur de l'alexandrin* permet d'opposer « *épouvantés* » à « *courage* ». Victor Hugo, au contraire, préfère détourner ce rythme traditionnel et découper l'alexandrin* en quatre mesures égales de manière à mettre en valeur les qualificatifs qui désignent les glorieux ancêtres de Don Ruy Gomez, ancêtres qu'il se doit d'honorer en faisant preuve de la même détermination : « *C'est l'aîné, c'est l'aïeul, l'ancêtre, le grand homme* » (v. 2). Edmond Rostand ne fait pas autre chose quand il sacrifie l'hémistiche pour mettre en évidence la récurrence du verbe « battre », qui dit le courage de Cyrano, même à l'heure de la mort : « *N'importe : je me bats ! je me bats ! je me bats* » (v. 17). Ainsi, les auteurs exploitent le rythme de l'alexandrin*.

De plus, les dramaturges peuvent jouer sur le rythme d'un groupe d'alexandrins*. Ainsi, les enjambements*, par lesquels la phrase déborde le rythme de vers, disent l'abondance des ennemis contre lesquels le héros doit se battre (texte 1, v. 33-36 : « *Nous les pressons sur l'eau, nous les pressons sur terre/ Et nous faisons courir des ruisseaux de leur sang,/Avant qu'aucun ne résiste ou reprenne son rang.* » ; texte 3, v. 13-14 : « *les Compromis,/Les Préjugés, les Lâchetés !...* »). Les auteurs multiplient donc les effets rythmiques en se servant de l'enchaînement des vers, pour mettre en valeur la valeur du héros épique.

Enfin, l'agencement des vers permet de souligner certains mots, caractéristiques de la dimension épique de ces trois scènes. Ainsi, les mots placés à la rime résonnent plus fortement. C'est le cas des termes « loyales » et « royales » puis « honneur » et « seigneur » (texte 2, v. 22-25). Ces quatre termes, au lieu d'être associés, s'opposent dans la bouche de Don Ruy Gomez qui sait qu'il ne pourra pas être loyal à son roi parce que celui-ci lui demande de bafouer son honneur. Il choisira donc l'honneur plutôt que la loyauté. Inutile de souligner, dans le dénouement* de *Cyrano de Bergerac*, la force qu'acquiert le mot « panache », retardé par la dislocation de l'alexandrin* en plusieurs répliques*, et mis en valeur à la fin du vers et de la pièce. Les mots situés à l'hémistiche, juste avant la courte pause qui scinde l'alexandrin* en deux mesures, sont tout aussi importants. Dans le récit du Cid, les termes à l'hémistiche exposent le stratagème du héros : « *cachée* » (v. 14), « *silence* » (v. 23), « douter » (v. 24). Pour emporter ce combat épique, Don Rodrigue a en effet dû cacher la présence de ses hommes aux ennemis et miser sur l'effet de surprise. La versification permet donc d'attirer l'attention du spectateur sur les mots qui caractérisent le héros épique, sa bravoure et son honneur.

Ainsi, Corneille, Hugo et Rostand exploitent toutes les ressources de la versification pour donner un souffle épique à ces trois scènes.

Chapitre 4

LA QUESTION DE L'HOMME DANS LES GENRES DE L'ARGUMENTATION DU XVIe SIÈCLE À NOS JOURS

Sujet 13

Corpus 15, p. 335

En quoi le texte 1 se distingue-t-il des autres ?

Analyse du corpus

Ce corpus est composé de quatre fables, quatre apologues* en vers : les trois premières sont de La Fontaine, la dernière de Hugo, qu'on connaît plutôt pour ses poésies engagées, ses romans, ses pièces de théâtre. Quand vous avez des fables à étudier, vous devez considérer à la fois l'art du récit, ce qui charme le lecteur, et la dimension morale, ce qui instruit le lecteur. Votre objectif est de comprendre comment ces deux exigences (plaire et instruire) s'articulent.

Diana 3,5/4
Votre réponse met en évidence l'essentiel et s'appuie sur des analyses précises.

Nous allons étudier en quoi le texte 1 se distingue des autres[1].

En effet, la fable de La Fontaine est différente des textes 2, 3 et 4. La première différence se trouve au niveau de la forme et de la structure. Dans le texte 1, la forme est explicative[2]. Nous le voyons grâce à la présence de la première personne du singulier (v. 1 *« Je chante »*[3], v. 6, v. 13, v. 16), qui montre que l'auteur exprime son opinion[4] et dans ce cas précis, il présente la façon dont il écrit, nous le voyons[5] grâce aux verbes

1) Bien. Il faut toujours commencer par une phrase d'introduction qui annonce votre objectif.
2) Pour plus de clarté, il faudrait parler de « forme du discours ».
3) Pour faciliter la lecture, placez plutôt les références (numéro de ligne, de vers) après la citation.
4) Attention ! N'assimilez pas forcément « je » et l'auteur !
5) Faites des phrases courtes et variez les formules !

6) Maladroit. La Fontaine n'explique pas les fables mais présentent leurs objectifs.
7) Cette phrase surprend. Vous avez annoncé que vous alliez étudier les différences et vous présenter un point commun, la forme du discours !
8) À éviter ! Employez un vocabulaire précis et adéquat.
9) L'analyse du pronom ne suffit pas pour affirmer que le passage que vous mentionnez est une morale. De plus, votre formulation est beaucoup trop générale pour être éclairante (quel comportement ?).
10) L'analyse est insuffisante. Il faudrait également étudier le temps des verbes par exemple.

11) L'exemple est mal choisi car ce verbe se trouve dans un passage au discours direct. Il s'agit d'un impératif !

12) Vocabulaire. Ce qui caractérise un récit, ce n'est pas le déroulement logique, mais l'enchaînement chronologique.
13) On comprend mal pourquoi vous laissez de côté le texte 2, puis les textes 2 et 3, alors que la démonstration pourrait se faire tout aussi aisément.

14) Vous aviez annoncé une étude de la forme et de la structure, or, vous n'avez analysé que la forme du discours, ce dont rend compte votre conclusion. Attention aux effets d'annonce !

employés (v. 1 « *chante* », v. 6 « *sers* »). Ces verbes permettent à l'auteur d'expliquer ses œuvres[6]. Dans les autres textes, la forme explicative est aussi présente[7]. Dans *La Jeune veuve*, il y a[8] une morale du vers 1 au vers 16 : le pronom indéfini « *on* » (v. 2, 12 et 13) permet une généralisation et montre que c'est un comportement que beaucoup de personnes ont[9]. Dans *Les Deux coqs*, il y a une morale dans les vers 29 à 32. Cette morale permet de donner un conseil aux lecteurs : présence de la première personne du pluriel (v. 31)[10]. Et dans le texte 4, une morale est également présente, du vers 25 au vers 31. Hugo explique le comportement de l'ogre et donne un conseil aux lecteurs (v. 25 « *Or c'était maladroit* », v. 28 « Que l'exemple vous serve ; aimez, mais soyez fin »). Pourtant, les textes 2, 3 et 4 sont essentiellement narratifs. Ils sont en effet composés d'une morale et d'un exemple qui illustre cette morale. Nous le voyons grâce aux temps du récit, présent de narration (dans le texte 2, v. 18 : « *Attends-moi, je te suis* »[11] ; dans le texte 4, v. 5 : « *peigne* » ; v. 6 : « *se présente* ») et passé simple (dans le texte 3, v. 1 : « *survint* » ; v. 3 : « *vint* »). Ce sont des récits brefs qui suivent un déroulement logique[12], avec d'abord la présentation des personnages (texte 4 : « *Un brave ogre [...]/[...] d'une fée* », v. 1-2 ; texte 3 : « Deux coqs », v. 1[13]) et la situation initiale (texte 4 : « *L'ogre [...]/Se présente au palais de la fée* », v. 5-6), puis une péripétie (v. 16 « *L'ogre se mit alors à croquer le marmot* ») et enfin une situation finale (v. 24 « *Le bon ogre naïf lui dit "Je l'ai mangé"* »). Nous avons donc vu que les textes 2, 3 et 4 sont narratifs et explicatifs, alors que le texte 1 n'est qu'explicatif[14].

Nous allons maintenant voir que le texte 1 se distingue des autres par son enjeu. Ce texte a pour but d'expliquer au fils du roi (v. 11 « *te dira* », v. 13 « *t'entretenir* »), mais aussi aux autres lecteurs, le rôle (v. 6 « *pour instruire les Hommes* », v. 4 « *légères peintures* ») et le fonctionnement (v. 4 « *Tout parle en mon ouvrage* », v. 6 « *Je me sers d'animaux* ») des fables. La Fontaine explique pourquoi et comment il écrit ses fables[15]. Dans les autres textes, cette définition est appliquée : ce sont des fables qui ont pour but de donner un conseil (dans le texte 3 : « *Défions-nous du sort, et prenons garde à nous* », v. 31) ou de dénoncer un comportement (dans le texte 2 : « *Aux soupirs vrais ou faux celle-là s'abandonne* », v. 10).

Ainsi, le texte 1 définit les fables, alors que les textes 2, 3, 4 sont des fables, qui appliquent cette définition[16].

15) Il aurait fallu expliquer davantage et commenter les citations : les fables ont un double objectif (instruire et plaire) et elles mettent en scène des personnages allégoriques (les animaux adoptent des comportements humains).

16) Cette phrase de conclusion récapitule bien votre démonstration et met en lumière l'essentiel.

COPIE COMMENTÉE

Sujet 14

Corpus 14, p. 333

Comparez les différents textes du corpus.

Analyse du corpus

Le corpus proposé présente une très forte unité thématique. En effet, les quatre textes proposent une condamnation de l'amour-propre et de l'orgueil. Pour dénoncer ce vice qui empêche l'homme de se voir tel qu'il est, les auteurs usent de formes argumentatives variées : La Fontaine et Balzac recourent à une argumentation indirecte par le biais de l'apologue*. Ils font ainsi le pari d'instruire en plaisant. À l'inverse, Pascal et La Rochefoucauld préfèrent user de la forme plus directe de l'essai*, et font, eux, le pari d'instruire en mettant l'homme face à sa vérité et à sa misérable condition.

Les quatre textes du corpus présentent des ressemblances et des différences.

Tout d'abord, une homogénéité chronologique soutient le corpus. Trois des quatre textes ont en effet été publiés dans la seconde moitié du XVIIe siècle. La Rochefoucauld publie ses *Maximes* en 1664, La Fontaine, sa première édition des *Fables* en 1668 et les *Pensées* de Pascal seront éditées à titre posthume en 1670. Seul le texte balzacien est plus tardif (première moitié du XIXe siècle) mais Balzac ne cesse de revendiquer La Fontaine et sa fable « La fille » comme source d'inspiration de son récit du *Bal de Sceaux*.

Cette unité chronologique du corpus engendre une ressemblance thématique entre les textes. Les quatre extraits traitent d'un même thème, celui de l'amour-propre ou de l'orgueil et présentent une même visée morale : dénoncer ce vice. Les trois textes classiques (La Rochefoucauld, La Fontaine, Pascal) sont ainsi rédigés en plein contexte augustinien. Dans la seconde moitié du XVIIe siècle, la pensée austère et rigoriste de Saint Augustin influence considérablement l'univers des lettres. Convaincu que, depuis le péché originel, l'homme est corrompu, Saint Augustin ne cesse de peindre l'homme comme un être vicié, rongé par trois concupiscences, que sont la volupté, la curiosité et l'orgueil. Les moralistes du XVIIe siècle reprennent la pensée du Père de l'Église et font de l'homme un être imbu de lui-même, aveuglé par l'amour-propre. Ce mot d'« amour-propre » ouvre les textes de Pascal et de La Rochefoucauld. Placé au seuil du texte, il s'annonce comme centre de la réflexion (« *La nature de l'amour-propre* », texte 3 ; « *l'amour-propre est l'amour de soi-même* », texte 1). Les deux moralistes énoncent ainsi leur vision de cette concupiscence, synonyme d'amour démesuré de soi (« *n'aimer que soi* », texte 3 ; « *l'amour de soi-même* », texte 1). Pascal et La Rochefoucauld ne cessent de qualifier l'amour-propre de manière dépréciative afin d'en dénoncer le caractère dangereux et trompeur. Pour Pascal, l'amour-propre empêche l'homme de se percevoir avec lucidité. Vice flatteur, il conduit l'homme à « couvrir ses défauts et aux autres et à soi-même » (l. 10) et fait sombrer l'homme dans les affres du « *déguisement* », du « *mensonge* » et de l'« *hypocrisie* ». De même, chez La Rochefoucauld, la métaphore* du masque est usitée : l'amour-propre est un vice « *caché* », « *couvert des yeux les plus pénétrants* », qui fait de l'homme un « *aveugle [...]* », condamné à manquer sans cesse sa vraie image. La fable de La Fontaine et le portrait balzacien traitent, mais de façon moins explicite, de ce même motif de l'orgueil pour le condamner également. Dans « *La Fille* » (texte 2), l'héroïne est peinte comme étant « *un peu trop fière* » (v. 1) et rejette avec dédain et mépris des soupirants qu'elle juge indignes d'elle : « *Quoi, moi ? quoi, ces gens-là ? l'on radote, je pense* » (v. 11). Émilie (texte 4) n'est pas moins difficile. Convaincue d'être « *assez belle pour avoir le droit de choisir parmi tous les princes du monde* » (l. 2), elle éconduit avec hauteur tous ses soupirants (« *elle se plaisait à exciter des demandes qu'elle rejetait toujours* », l. 7). La fille de la fable sera punie puisqu'elle devra finalement se contenter d'un « malotru » pour époux ; rien n'est dit dans l'extrait 4 du sort que connaîtra Émilie, mais Balzac la compare à l'héroïne de Molière, Célimène (« *ce rôle de Célimène* », l. 8), coquette médisante et orgueilleuse qui finira délaissée par l'homme qu'elle aime. Ainsi, nos quatre textes présentent une même visée morale : dénoncer l'amour-propre.

En revanche, la dénonciation ne se fait pas sur le même mode. Les auteurs usent ainsi de différentes formes argumentatives pour fustiger ce vice corrupteur. La Rochefoucauld et Pascal recourent à l'essai*. Ils proposent en effet des textes théoriques et généraux sur l'orgueil. L'article défini à valeur généralisante (« *l'amour-propre* ») ainsi que l'usage du présent de vérité générale (« *est, veut, rend* ») soulignent le tour abstrait et doctoral de la réflexion. Seule la métaphore* filée du masque vient donner un peu de chair concrète au discours (« *déguisement, mensonge* », texte 3 ; « *caché, couvre, cache* », texte 1). La Rochefoucauld et Pascal font de la critique directe leur arme. La Fontaine et Balzac ont préféré, quant à eux, l'apologue* pour dénoncer de façon implicite l'amour-propre. Ils dressent le portrait de deux femmes imaginaires (« *un peu trop fière, la belle* », texte 2 ; « Grande, svelte, démarche imposante », texte 4) dont les aventures sont relatées. La fable raconte la lente mais inéluctable dégénérescence de la fille (« *Ses soins ne purent faire/qu'elle échappât au temps* ») ; le récit balzacien narre les refus d'Émilie (« *des demandes qu'elle rejetait toujours* »). Le lecteur doit percevoir ces personnages comme symboliques : invité à une lecture allégorique, sous les chairs de la « *fille* » ou d'Émilie, c'est l'orgueil qu'il doit percevoir afin de prendre conscience de ses dangers.

Par conséquent, qu'ils recourent à la critique directe (essai*, textes 1 et 3) ou indirecte (apologue*, textes 2 et 4), les quatre textes du corpus présentent une même finalité : fustiger « *le plus grand des flatteurs* », l'amour-propre.

Sujet 15

Corpus 16, p. 338

Comparez les différents textes du corpus.

Analyse du corpus

Ce corpus est composé de deux essais* (textes 1 et 3), d'un apologue* (texte 2) et d'un dialogue argumentatif* (texte 4). Pour traiter ce sujet, une bonne connaissance de l'objet d'étude « Convaincre, persuader, délibérer : formes et fonctions de l'essai, du dialogue et de l'apologue » s'impose ! Au-delà de la différence formelle et de la variété des stratégies argumentatives, ces textes critiquent de manière argumentée la guerre, ses violences, son inutilité. Il ne s'agit pas pour ces quatre auteurs d'une réflexion abstraite, mais d'un regard porté sur l'actualité. La Bruyère considère les guerres de Louis XIV, Voltaire et Damilaville la Guerre de sept ans qui oppose la France à l'Angleterre, Giraudoux, diplomate, pressent la Seconde Guerre mondiale (n'oubliez pas qu'Hitler est au pouvoir en Allemagne dès 1933).

Le principal point commun entre ces quatre textes est leur visée argumentative : ils dénoncent tous la guerre. Le premier argument avancé contre la guerre est qu'elle est meurtrière. La Bruyère (texte 1) souligne le raffinement dont font preuve les guerriers, pour s'éliminer les uns les autres (« *vous avez enchéri sur cette nouvelle manière de vous exterminer : vous avez de petits globes qui vous tuent d'un coup s'ils peuvent seulement vous atteindre à la tête ou à la poitrine* », l. 18-19). Voltaire (texte 2) fait entrevoir un champ de bataille où les soldats comme les civils agonisent (« *vieillards criblés de coups* », l. 11 ; « *femmes égorgées* », l. 12 ; « *à demi brûlées* », l. 14). Damilaville (texte 3) évoque « *le sang du citoyen [...] mêlé à celui de l'ennemi* ». Giraudoux (texte 4), pour sa part, laisse la parole à Andromaque pour affirmer que tout soldat est destiné à la mort, quel que soit son courage (« *Ce sont les braves qui meurent à la guerre* », l. 7) La guerre tue, mais elle détruit aussi les biens matériels (texte 1 : « *tombant sur vos toits, enfoncent le plancher, vont du grenier à la cave* », l. 20-21 ; texte 3 : « *les terres deviennent incultes et abandonnées* », l. 8, « *champs dévastés* », l. 28 ; « *villes réduites en cendres* », l. 28), ce qui a pour conséquence de désorganiser le pays (texte 3 : « *elle fait régner le désordre ; les lois sont forcées de se taire à la vue de la licence qu'elle introduit ; elle rend incertaines la liberté et la propriété des citoyens* », l. 6-7) et de rendre la reconstruction difficile. Ce n'est donc pas seulement la vie des soldats qui font la guerre qui est en danger, mais également la possibilité même d'une vie à venir. C'est le deuxième argument contre la guerre qui est avancé. En outre, les auteurs défendent l'idée que la guerre est inutile (texte 3 : « *carnage inutile* », l. ?). Pour Giraudoux, c'est dans la paix que l'on sert le mieux son pays et non dans la guerre (texte 4 : « *On meurt toujours pour son pays ! Quand on a vécu en lui, digne, actif et sage, c'est pour lui aussi qu'on meurt* », l. 17). Le dernier argument, le plus important sans doute, est que la guerre prive les hommes de toute humanité. Les guerriers ne sont plus des hommes, ce sont des animaux. La Bruyère les compare à des « *chats* » (l. 4) ou à des « *loups* » (l. 6), Damilaville à des « *bêtes féroces* » (l. 14). Voltaire en décrivant les jeunes femmes « *éventrées après avoir assouvi les besoins naturels de quelques héros* » (l. 13) montre également que les soldats ne sont plus des hommes raisonnables mais des bêtes, dominées par leur instinct. C'est parce qu'ils ne sont plus des hommes, qu'ils renoncent à la raison, que les soldats acceptent d'obéir aveuglément à des ordres (texte 3 : « *Les passions aveugles des princes les portent à étendre les bornes de leurs États ; peu occupés du bien de leurs sujets. [...]* », l. 23-24). Ainsi, les quatre textes condamnent la guerre.

Cependant les textes ne se ressemblent pas. En effet, ils critiquent la guerre chacun à leur manière. La Bruyère et Damilaville écrivent des textes argumentatifs, mais l'un recourt au registre* satirique, tandis que l'autre préfère la violence du registre* polémique. Ainsi, on relève dans le texte de La Bruyère des expressions ironiques (« *en animaux raisonnables* », l. 10 ; « *comme vous devenez d'année à autre plus raisonnables* », l. 16-17) et une comparaison* de la guerre à une nourrice (« *elle aime le remue-ménage, et elle est personne d'un grand fracas* », l. 23). Damilaville emploie pour sa part des images fortes pour dénoncer la guerre qu'il assimile au plus grand de tous les maux (« *maladie convulsive et violente* », l. 1 ; « *plaies profondes* », l. 10). Voltaire écrit un apologue* pour critiquer la guerre tout en évitant la censure et en séduisant son lecteur. C'est à travers le regard naïf de Candide que l'on découvre les horreurs de la guerre, d'où l'abondance des figures de l'ironie : antiphrases (« *meilleur des mondes* », l. 4), oxymores (« *boucherie héroïque* », l. 7), ... Giraudoux enfin préfère exposer différents points de vue dans un dialogue théâtral délibératif : Andromaque et Hécube sont contre la guerre, Priam au contraire, défend le point de vue des guerriers. Ainsi, les quatre auteurs utilisent des armes différentes contre un même ennemi.

Les quatre textes défendent la même idée mais grâce à des genres, des formes du discours, et des registres* différents.

Chapitre 5

VERS UN ESPACE CULTUREL EUROPÉEN : RENAISSANCE ET HUMANISME

Sujet 16

Corpus 18, p. 344

Quelles sont les stratégies de persuasion mises en œuvre par Rabelais et Montaigne ?

Félix 3,5/4
Très bon travail dans l'ensemble. Vous avez bien compris les enjeux de la question. On regrette toutefois que vous n'ayez pas soigné davantage la rédaction : évitez les symboles et n'oubliez pas de justifier toutes vos affirmations.

Rabelais et Montaigne proposent un programme d'éducation humaniste qui prend le contre-pied de l'éducation telle qu'elle est alors dispensée dans les collèges, sous le contrôle de la Sorbonne[1]. Pour ce faire, ils recourent à des stratégies de persuasion efficace[2]. Tout d'abord[3], tous deux construisent leur texte selon une opposition entre un modèle d'éducation archaïque et dangereux pour l'enfant et une nouvelle méthode d'éducation susceptible de faire de l'élève un honnête homme[4]. Ainsi Rabelais décrit point par point le programme de Gargantua avant et après sa rencontre avec Ponocrates. On note une opposition sur chacun des points : le lever (*« Il s'éveillait entre huit et neuf heures »* ≠[5] *« S'éveillait donc Gargantua environ quatre heures du matin »*), l'hygiène

1. Bien. C'est un bon réflexe de situer les textes dans leur contexte.
2. Bon rappel de la question posée.
3. Après l'introduction, il aurait fallu revenir à la ligne pour commencer un nouveau paragraphe.
4. Anachronisme : l'honnête homme est un modèle pour le XVIIe siècle !
5. Attention à la rédaction. Il ne faut pas employer de symboles dans une réponse rédigée.

(« *alors se peignait du peigne d'Almain* » ≠ « *Ce fait était habillé, peigné, testonné, accoutré et parfumé* »)... Dans le texte 3, Montaigne organise de même son propos en deux temps : d'abord une série de refus (« *Je ne veux pas* », × 3[6], « *Ni ne trouverais bon* »), puis une série de propositions exposées avec un futur programmatique[7].

Pourtant, la stratégie de persuasion de chacun des auteurs est différente[8]. Rabelais développe ses conceptions sur l'éducation dans un roman qui met en scène des géants. Il recourt donc à un texte narratif comique. Ainsi, sa satire de l'éducation en place se base sur[9] le comique lié au gigantisme (« *quelques douzaines de jambons, de langues de bœuf fumées, de boutargues, d'andouilles, et tels autres avant-coureurs de vin* ») et le comique du bas corporel (« *fientait, pissait, rendait sa gorge, rotait, pétait, bâillait, crachait, toussait, sanglotait, éternuait et se morvait* »). Montaigne, en revanche, compose un texte argumentatif organisé, qui allie art de convaincre et art de persuader. Pour persuader le lecteur, il s'implique dans son discours[10], montrant ainsi qu'il s'agit d'un sujet qui lui tient à cœur, il utilise des images pour mieux faire comprendre ses idées (« *un couple de chevaux attelés à même timon* ») et n'hésite pas à citer des philosophes de l'Antiquité, comme Platon, afin qu'ils cautionnent son propos[11].

6. Même remarque que précédemment.

7. Il faut citer le texte. Toute affirmation doit être justifiée.

8. Oui, bonne transition.

9. Anglicisme, à éviter.

10. N'oubliez pas de citer le texte.

11. Il manque une phrase de conclusion qui récapitule votre démonstration.

Sujet 17

Corpus 17, p. 341

En quoi les sonnets du corpus sont-ils représentatifs de l'esprit renaissant ?

Analyse du corpus

Le corpus est composé de quatre sonnets datant de l'époque de la Renaissance. Deux des quatre poèmes sont signés Pierre de Ronsard, figure majeure avec du Bellay (texte 3) de La Pléiade. La Pléiade est un mouvement littéraire, d'abord nommé « La Brigade », qui a eu pour vocation de faire reculer l'ignorance et de promouvoir la langue française (rédaction de *La Défense et illustration de la langue française* en 1549, réflexion sur les moyens d'enrichir la langue). Ronsard et du Bellay placent leurs oeuvres poétiques sous le signe de l'intimité et de la sincérité. *Les Amours* chantent l'amour du « je » poétique pour une figure féminine idéalisée et magnifiée : Cassandre Salviati. Dans les *Derniers vers* (1586), Ronsard se sait rongé par la maladie et fait ses adieux au monde. Du Bellay dans *Les Regrets* dit sa nostalgie de la terre natale : en voyage à Rome de 1553 à 1557, la France et son foyer lui manquent cruellement. Le poète considère que les vers doivent être ses « confidents » et livre les tourments de son coeur dans ses sonnets. Le dernier texte du corpus est signé d'une femme : Louise Labé. Avec Maurice Scève, elle est une figure majeure de l'école lyonnaise et écrit des poèmes suivant le modèle pétrarquiste. Pétrie de culture italienne, elle chante l'amour et la douleur qui lui est inhérent dans ses *Sonnets*. Comme on ne connaît que très peu d'éléments sur sa vie, elle fait l'objet de spéculations littéraires. Certaines critiques disent qu'elle n'aurait jamais existé et ne serait qu'une créature de papier, une fiction élaborée par un groupe de poètes autour de Maurice Scève. La problématique du corpus s'articule autour de la question du lyrisme. Tous les poèmes proposés sont des sonnets renaissants, qui déploient un lyrisme exacerbé. Le corpus propose donc une réflexion sur l'expression de sentiments personnels à la Renaissance et la mise en scène du sujet lyrique.

Les quatre sonnets du corpus sont révélateurs de l'esprit de la Renaissance, marquée par une renaissance de l'écriture poétique.

Tout d'abord, nos différents poètes ont choisi la forme du sonnet, poème de 14 vers à forme fixe, en général en alexandrins. Les deux quatrains présentent un schéma de rimes embrassées (ABBA : exemple dans le sonnet XII des *Amours* de Ronsard « *supplie / chaut / chaut / relie* ») tandis que les tercets peuvent répondre à deux dispositions différentes : schéma CCD / EDE ou CCD-EED. Le poème de du Bellay et celui de Ronsard tiré des derniers vers répondent au schéma EED tandis que le sonnet tiré des *Amours* et celui de Louise Labé proposent dans le dernier tercet le schéma EDE. Le choix de cette forme poétique fixe révèle à la Renaissance l'influence de la littérature italienne et plus précisément du pétrarquisme. En effet, dans le *Canzoniere*, Pétrarque a développé le sonnet et l'a intimement lié à l'expression du lyrisme amoureux.

Autre trait renaissant dans les quatre sonnets : le recours au lyrisme et à l'expression de sentiments personnels. Ainsi, l'usage de la première personne («*je*», «*me*», «*moi*») qui sature différentes places grammaticales, le recours à la ponctuation expressive («*Las, où est maintenant ce mépris de fortune*», texte 3) ainsi que l'usage abondant d'un vocabulaire des sentiments (texte 1 «*espère, crains, captif*» ; texte 2 «*joie, rit, larmoie*» ; texte 3 «*serf de moi*», «*regrets*», «*mille maux*» ; texte 4 «*triste et mouillé*») soulignent le caractère personnel et intime de la voix poétique. On sait d'ailleurs que chaque poète s'inspire de son expérience vécue (voyage à Rome pour du Bellay, amours malheureuses pour Louise Labé et Ronsard ; maladie incurable pour Ronsard) pour nourrir leurs vers et attiser leur inspiration. Le lyrisme peut se faire pathétique dans certains sonnets du corpus. Dans le texte de Louise Labé, la souffrance amoureuse est intense («*Ma vie m'est et trop dure et trop molle*») tout comme dans le sonnet ronsardien tiré des *Derniers vers* : «*quel ami me voyant en ce point dépouillé / Ne rapporte au logis un oeil triste et mouillé*»). À la suite de du Bellay, on pourrait dire que tous les poètes entendent faire de leurs vers des confidents.

Autre réminiscence pétrarquiste : l'usage abondant de l'antithèse. Il est un principe de composition essentiel dans les sonnets de Louise Labé et de Ronsard (texte 1). Pour décrire le trouble amoureux et ses états changeants, les poètes, au sein d'un même vers ou d'une même strophe, usent d'oppositions nettes et franches : «*sèche / verdoie*» ; «*dure / molle*», texte 2 ; «*bas / haut*» ; «*passions / puissance*»). Dans son poème, du Bellay use d'un système d'oppositions temporelles (opposition du présent malheureux et du passé lumineux) et d'un jeu d'oppositions lexicales («*je les menais danser / maîtresse de moi*») pour dire le tourment et la détresse liés à la perte d'inspiration. Seul le sonnet des *Derniers vers* (texte 4) n'use pas de ce trait d'écriture italianisant.

Dernier point. Nos poètes de la Renaissance ne peuvent faire l'économie de références mythologiques. Pour dire leur « moi » et ses états d'âme, tous se comparent à un Dieu. Dans le sonnet XII des *Amours*, le poète est un nouveau Prométhée, qui défie l'amour ; dans le sonnet de Louise Labé, la poétesse invoque «*Amour*», le dieu du sentiment, et le convoque au spectacle de sa détresse. Dans «*Las, où est maintenant,*», le poète était anciennement inspiré par les Muses, qu'il «*menai[t] danser*». Enfin, dans le poème de Ronsard tiré des *Derniers vers*, c'est «*Apollon et son fils*» qui sont interpelés et accusés d'avoir berné le poète.

Ainsi, les quatre sonnets du corpus sont révélateurs de l'esprit et de l'écriture poétique renaissants.

Chapitre 6

LES RÉÉCRITURES DU XVIIe SIÈCLE À NOS JOURS

Sujet 18

Corpus 19, p. 347

1. Comment Anouilh et Cocteau ont-ils modernisé le mythe antique d'Orphée ?
2. Sur quel aspect du mythe d'Orphée chacun des documents met-il l'accent ? Justifiez rigoureusement votre réponse.

Analyse du corpus

Ce corpus propose trois extraits de textes d'époques diverses (le texte de Virgile est un texte antique tandis que les extraits d'Anouilh et de Cocteau datent du XXe siècle) et un document iconographique : un tableau de Poussin, intitulé *Orphée et Eurydice*, peint vers 1655. Un point commun réunit ces quatre documents : ils mettent tous en scène un même mythe, celui de l'amour passionnel et tragique entre Orphée et Eurydice. Tous les documents peuvent recevoir le statut de réécriture : Virgile (texte 1) reprend le texte-source d'Ovide (non présent dans le corpus), Anouilh (texte 2) et Cocteau (texte 3) transposent le mythe antique en le modernisant. Enfin, Poussin (document 4) s'approprie aussi le mythe antique et lui reste fidèle.

Nawal 3/4

Question 1. Le travail de justification doit être plus précis et rigoureux. Il faut citer le texte à l'appui des réponses. Toutefois l'essentiel est vu.

Question 2. Très bonne réponse. Les propos sont clairement justifiés et les différents textes et documents sont bien compris.

Question 1

Anouilh et Cocteau ont créé tous deux un nouveau contexte au mythe, notamment en ce qui concerne la mort d'Eurydice. En effet, il est bien plus fréquent de mourir de nos jours dans un accident (Anouilh) ou renversé par un motocycliste (Cocteau) que mordu par un serpent[1] ! Ainsi, la mort d'Eurydice a été modernisée pour la rendre plus plausible et vraisemblable aux yeux des spectateurs.

La situation[2] également est adaptée à leur époque[3] : dans la pièce d'Anouilh, Eurydice est une actrice et Orphée un violoniste des rues ; la scène de Cocteau se déroule dans une voiture possédant une radio (*« Heurtebise ouvre la portière arrière »* ; *« On entend la radio »*)[4]. Que de différences avec le couloir de la mort[5] dans lequel se trouvent Orphée et Eurydice chez Virgile[6].

Ensuite, il est évident que la forme dialoguée, choisie par Cocteau et Anouilh, est une façon de moderniser le texte[7]. En effet, la forme théâtrale permet de rendre le récit plus vivant, la ponctuation et la forme des phrases[8] aident le lecteur à mieux cerner la personnalité des personnages et, surtout, la scène apparaît plus réaliste.

Ainsi, Cocteau et Anouilh réécrivent le mythe d'Orphée en le modernisant[9].

1) Il faut justifier vos réponses de façon plus rigoureuse : citez le texte. Dites clairement que Virgile et Poussin reprennent la version originelle du mythe d'Orphée et d'Eurydice.

2) Terme vague : que voulez-vous dire ?

3) Le possessif « leur » est ambigu : à qui faites-vous référence ?

4) Bonne justification.

5) Le terme « couloir de la mort » est trop connoté : parlez plutôt d'un endroit sinistre et oppressant en citant précisément le texte de Virgile.

6) On comprend maintenant que « situation » = « cadre spatial ».

7) Remarque très pertinente.

8) Que voulez-vous dire par « forme des phrases » ? Dites que les dialogues théâtraux recherchent l'oralité et créent ainsi un effet de naturel.

9) Bonne phrase de conclusion.

Question 2

Les quatre documents mettent l'accent sur différents aspects du mythe d'Orphée[10].

Le texte de Virgile insiste sur le véritable pouvoir qu'a Orphée d'enchanter tout ce qui l'entoure[11]. Il insiste sur son don de tout bouleverser grâce à son talent... même des choses définies par les Dieux : *« On voyait, touchés de ses accords, accourir du fond de l'Érèbe les ombres légères et les fantômes privés de la lumière »*[12]. On s'en aperçoit aisément grâce aux

10) Bien pour la phrase d'introduction.

11) Bonne remarque.

12) Bonne justification.

verbes qui expriment les actions des suppliciés après l'entrée d'Orphée aux Enfers (« *accourir ; furent émus* »)[13]. Anouilh met l'accent sur le désespoir d'Eurydice causé par la peur de mourir à nouveau. Un long monologue* est au centre de la scène, ponctué par cette supplication déchirante : « *J'ai tellement envie de vivre* »[14]. Cocteau insiste essentiellement sur le sentiment[15] qu'Orphée éprouve après avoir regardé Eurydice : « *Il faut le drame !* ». Orphée semble attacher moins d'importance à Eurydice qu'à la princesse : « *Je prenais mes postes* ». Le tableau de Nicolas Poussin[16] évoque un tout autre moment du mythe : il peint le moment du drame, c'est-à-dire le moment où Eurydice va être mordue par le serpent. Tout semble pourtant idéal dans le paysage : Orphée chante paisiblement le jour de ses noces dans un cadre champêtre apaisé. Le tableau montre l'irruption soudaine et brusque de la mort dans un paysage idyllique[17].

13) Remarque intéressante, qui aurait mérité d'être creusée. Soulignez donc que les verbes indiquent une action : « être ému » au sens étymologique signifie « se mettre en mouvement ».

14) Bien pour le texte de Anouilh.

15) Précisez quel est ce sentiment. Nommez-le clairement en commentant plus explicitement la citation choisie.

16) Très bonne analyse du tableau de Poussin.

17) Et la phrase de conclusion ?

Sujet 19

Corpus 20, p. 350

1. Comparez l'extrait de Sénèque (texte 1) et delui de Racine (texte 2).
2. Dressez le portrait de Phèdre d'après ces quatre textes.

Analyse du corpus

Le corpus présente une forte unité : tous les textes sont des réécritures du mythe antique de Phèdre, femme adultère et incestueuse, jouet de la malédiction des dieux. Sénèque reprend le texte fondateur d'Euripide (non présent dans le corpus) tout comme Racine et Pradon au XVIIe siècle. Zola parodie et dégrade le mythe antique dans son extrait de *La Curée*. On note une diversité formelle dans ce corpus : les textes de Sénèque, Racine et Pradon sont des textes de théâtre ; à l'inverse, Zola transpose le mythe antique en changeant de genre : il ne recourt pas au texte théâtral mais au texte romanesque pour mettre en scène la figure de Phèdre.

Gaspard 3,5/4
Excellent travail. Les questions sont traitées avec précision et rigueur. De plus, le travail de justification est efficace et le propos va à l'essentiel.

Question 1

Racine s'est inspiré du texte de Sénèque pour écrire sa tragédie. Par conséquent, dans sa réécriture, on trouve des points communs avec le texte antique, mais aussi des différences[1].

Tout d'abord, les textes théâtraux de Racine et de Sénèque relatent[2] un même moment de l'intrigue. En effet, Thésée est de retour à « Trézène » (texte 2, v. 31) et trouve sa cour et sa famille muette et plongée dans le désordre. Il sent qu'un lourd secret écrase ses proches qui se refusent à parler (texte 1, « *Parle ! Ton secret sera en sécurité au fond de mon cœur* » ; texte 2, « *Le silence de Phèdre épargnait le coupable* »). Dans les deux textes, un innocent va être désigné comme coupable d'un viol chez Sénèque et d'un amour contre-nature chez Racine : Hippolyte (texte 1 « *Cet homme, ce vio-*

1) Bien pour l'introduction partielle.

2) Terme impropre. Préférez « mettent en scène ».

leur » ; texte 2 « *Un traître, un téméraire* »)[3]. De plus, les personnages sont dotés des mêmes caractéristiques psychologiques. Phèdre se dessine comme une femme mourante, accablée par le déshonneur (texte 2, « *Phèdre mourait, Seigneur* » ; texte 1 « *ma mort n'aura plus de raison d'être* »). Sa parole s'étrangle dans les « *larmes* ». Thésée est sous l'emprise de la colère. Sa parole, chez Sénèque comme chez Racine, se fait virulente et véhémente. Le recours à une ponctuation expressive (« *Ah ! Qu'est-ce que j'entends ?* », texte 2 ; « *Qu'on l'enchaîne ! Frappez !* ») ainsi qu'à un vocabulaire dépréciatif pour désigner un fils qu'il croit coupable (« *traître, téméraire, outrage* », texte 2 ; « *un monstre* », texte 1) montrent un personnage emporté par une colère furieuse[4].

Malgré ces ressemblances, des différences entre le texte antique et le texte classique se voient[5]. Ainsi, chez Racine, c'est Œnone qui accuse Hippolyte et non Phèdre (« J'ai servi malgré moi d'interprète à ses larmes », texte 2). Chez Sénèque, Phèdre ment elle-même (« Il m'a menacé de son épée, / Je n'ai pas failli »). Chez Racine, elle semble donc vouloir rejeter le poids de sa faute sur Œnone. De plus, chez Racine, la faute d'Hippolyte est moins clairement définie : on comprend à demi-mots qu'il aime Phèdre (« amant furieux ») mais rien de plus[6]. Tandis que chez Sénèque, Hippolyte est accusé très clairement de viol (« le violeur »). La faute apparaît dans le texte antique comme plus grave[7].

Par conséquent, le texte de Racine réécrit le texte de Sénèque mais en l'infléchissant[8].

Question 2

D'après ces quatre extraits, on peut dresser un portrait de Phèdre[9]. Tout d'abord, elle est une femme amoureuse mais torturée. En effet, elle éprouve un amour interdit car incestueux pour son beau-fils Hippolyte. Dans le texte de Sénèque, elle n'assume pas cet amour

3) Il aurait été intéressant que vous cherchiez à expliquer ce décalage. Pensez que Racine écrit au XVIIe siècle et que le théâtre est alors régi par la règle de la bienséance. Il lui faut donc atténuer la faute d'Hippolyte pour ne pas choquer le public.

4) Très bonne analyse.

5) Verbe maladroit. « Peuvent être relevées ».

6) Trop familier.

7) De nouveau, la bienséance explique cette différence de traitement.

8) Toujours en raison de la bienséance.

9) Bien pour l'introduction partielle. Démarche rigoureuse.

et accuse Hippolyte d'avoir essayé de la violer (« *Il a voulu me séduire,/J'ai résisté à ces paroles caressantes* ») ; dans le texte de Racine, la situation est la même : Œnone affirme qu'Hippolyte brûle d'un « feu criminel » pour Phèdre. Dans le texte de Pradon, Phèdre déclare clairement et abruptement son amour à Hippolyte (« Je rougirai, ingrat, de dire que je t'aime »). Enfin, dans le texte de Zola (texte 4), Renée voit en Phèdre une « incestueuse », « toute brûlante » d'amour[10].

10) Bonne analyse.

De plus, dans les textes, Phèdre est rongée par le remords. Elle n'assume pas son amour coupable. Dans le texte de Racine, elle délègue sa suivante auprès de Thésée (« *J'ai servi malgré moi d'interprète à ses larmes* ») ; dans le texte de Zola, Phèdre « *se maudit* » et est dévorée de « *remords* ». Dans le texte antique de Sénèque, le silence et la volonté de mourir trahissent sa culpabilité (« *Une femme honnête redoute de parler à son époux* »). Enfin, dans le texte de Pradon (texte 3), la situation est un peu différente : Phèdre se réjouit de savoir qu'Hippolyte est insensible à l'amour car elle ne peut dès lors pas avoir de rivale (« *Quel intérêt, Seigneur,/Prenez-vous à l'hymen ?* »)[11]. Phèdre se présente comme rouée et perfide puisqu'elle tend un piège à Hippolyte. Le remords et la culpabilité font en tout cas de Phèdre une femme lâche, qui n'assume pas son amour coupable.

11) Nuance justement notée.

Enfin, dans les textes, Phèdre est une femme pitoyable[12]. Dans le texte de Sénèque, elle baigne dans ses larmes (« *Pourquoi ce regard noyé ? Ces sanglots derrière le voile* ») ; de même, chez Racine, elle est décrite par sa suivante comme mourante et prête à se tuer (« *J'ai vu lever le bras* »). Chez Pradon, Phèdre dit être plongée dans le « *malheur* ». Enfin, chez Zola, elle est secouée par les « *sanglots* » et saisie d'une « *crise de fureur sombre* »[13].

12) Précisez que vous usez du terme dans son sens étymologique.

13) Les textes sont bien compris.

Dans les quatre textes, Phèdre apparaît donc comme une femme souffrante, proche de l'agonie car dévorée par une faute qu'elle ne peut assumer[14].

14) L'essentiel est vu. Réponse complète et bien structurée.

Sujet 20

Corpus 21, p. 354

1. Justifiez le rapprochement entre les textes 1 et 4 et entre les textes 2 et 3.
2. Quel est le registre dominant de chacun de ces extraits ?

Analyse du corpus

Ce corpus propose des textes assez difficiles d'accès. Deux sont des textes étrangers, traduits de l'anglais : le texte 1 est en effet un extrait de la tragédie *Macbeth* (1599) de Shakespeare tandis que le texte 2 est un extrait d'une comédie du même auteur, *Le Songe d'une nuit d'été* (1621). Les deux autres textes ont été rédigés en français (textes 3 et 4). Les textes fonctionnent deux par deux : le passage d'*Ubu roi* de Jarry (texte 4) est une réécriture parodique de l'histoire shakespearienne de Macbeth; dans la scène 1 de l'acte V du *Songe d'une nuit d'été*, Shakespeare parodie les effets grandiloquents et emphatiques de la tragédie en caricaturant le dénouement tragique de l'histoire de Pyrame et Thisbé. Théophile de Viau donne au contraire une version fidèle au récit antique des amours tragiques de Pyrame et Thisbé.

Question 1

Les textes de Shakespeare et de Jarry peuvent être rapprochés ; il en va de même pour les textes de Shakespeare et de Viau.

En effet, le texte de Jarry, tiré de *Ubu Roi* (texte 4) est une réécriture parodique de l'extrait de *Macbeth* de Shakespeare (texte 1). Ainsi, on retrouve dans le texte de Jarry et dans celui de Shakespeare un couple bicéphale et maléfique. Dans le texte de Shakespeare, Macbeth et Lady Macbeth forment ce couple ; dans le texte de Jarry, c'est Mère Ubu et Père Ubu qui apparaissent. Ces deux couples sont avides de pouvoir. Macbeth et Lady Macbeth projettent de tuer le roi Duncan (« *nous n'irons pas plus loin dans cette affaire* ») afin de s'emparer du trône ; Père et Mère Ubu rêvent, quant à eux, de contrôler le royaume de Pologne (« *[...] vous vous contentez de mener aux revues une cinquantaine d'estafiers armés de coupe-choux, quand vous pourriez faire succéder sur votre fiole la couronne de Pologne à celle d'Aragon ?* »). Enfin, dans chaque extrait, c'est la femme qui a l'initiative de l'action et qui endosse un rôle viril. Alors que Macbeth est prêt à renoncer au meurtre du roi (« *Nous n'irons pas plus loin dans cette affaire* »), Lady Macbeth l'encourage à commettre ce crime. Elle accuse son époux de mollesse (« *vivre comme un lâche* ») et de couardise (« *Bandez/À cran la corde de votre courage/Et nous n'échouerons point* ») et l'invite à agir. De même, Mère Ubu domine son époux. Elle n'hésite pas à souligner sa bêtise (« *Que tu est bête* ») et son manque

d'ambition (« *vous êtes content de votre sort ?* »). Le texte de Jarry est donc bien une réécriture du texte shakespearien : en usant d'un lexique grossier ou familier (« *Merdre, coupe-choux, fiole* ») et d'un comique de répétition (« *De par ma chandelle verte* »), il parodie* le couple Macbeth/Lady Macbeth afin de susciter le rire du spectateur.

De même, le texte de Shakespeare tiré du *Songe d'une nuit d'été* et le texte de Viau présentent des similitudes. Une ressemblance thématique tout d'abord : ils mettent en effet tous deux en scène l'histoire tragique des amours malheureuses de Pyrame et Thisbé (texte 3 : « *regardant Pyrame/Trépassé devant moi* » ; texte 2 « *Ah ! quel malheur épouvantable ! [...] Que vois-je ? ton manteau/Neuf, tout couvert de sang !* »). De plus, le moment de l'intrigue mis en scène est le même : Thisbé, découvrant le corps sans vie de son amant, décide de se donner à son tour la mort (texte 2 : « *Et puis, adieu, amis,/Ainsi Thisbé finit* » ; texte 3 : « *Enfonce là-dedans, rends-toi plus rude et pousse/Des feux avec ta lame !* »). Dans les deux cas, c'est donc au dénouement* que la pièce est saisie. Le texte de Shakespeare ne peut être considéré comme une réécriture de la pièce de Viau car le texte anglais est antérieur mais on peut cependant affirmer que dans le dernier acte du *Songe d'une nuit d'été*, Shakespeare s'amuse à parodier* l'emphase tragique.

Ainsi, les textes du corpus peuvent être rapprochés deux à deux.

Question 2

Le corpus est marqué par une forte variété des registres*. Trois registres* centraux apparaissent : le registre* comique (textes 2 et 4), le registre* polémique (texte 1) et le registre* tragique (texte 3).

Dans les extraits de *Ubu Roi* et du *Songe d'une nuit d'été*, le spectateur est invité à sourire. Jarry et Shakespeare usent des procédés traditionnels du comique. Un comique de mots apparaît dans les deux textes (texte 2 : « *mon petit poulet* » ; texte 4 : « *merdre, fiole* ») : les deux dramaturges recourent donc au langage trivial, voire familier, pour faire naître le rire. De plus, un comique de répétition est présent : Ubu ne cesse de répéter le juron « *de par ma chandelle verte* » tandis que Pyrame répète, alors qu'il agonise, l'impératif « *meurs* ». Un comique de gestes peut aussi être décelé dans le texte de Shakespeare. À la fin de l'extrait, Thisbé ne trouve pas l'épée de Pyrame et par conséquent se suicide, non à l'aide d'une lame mais d'un « *fourreau* ». Les textes de Jarry et de Shakespeare déclenchent donc le rire.

Dans l'extrait de Macbeth, c'est le polémique qui domine. Lady Macbeth met en accusation son mari afin de le faire réagir et plus encore agir. En le blâmant, elle entend le pousser à l'action et l'amener à tuer Duncan. Dans ses répliques*, Lady Macbeth use d'un tutoiement méprisant (« *As-tu peur* ») pour s'adresser à son mari, qu'elle qualifie par ailleurs par des appellatifs dépréciatifs (« lâche,

pauvre chat de l'adage »). Lady Macbeth veut humilier son époux en lui déniant tout courage (« *lâche* ») et toute virilité (« *vous l'osiez quand vous étiez un homme* »). La ponctuation expressive dit l'emportement de Lady Macbeth. La multiplicité des interrogatives (« *A-t-elle dormi depuis lors ?* ») souligne sa volonté d'interpeller son époux frontalement et de l'amener à prendre une décision, à s'engager. Scène d'*agôn* verbal, ce vif échange entre les deux époux Macbeth exhibe la force maléfique qui va animer les deux protagonistes tout au long de la pièce.

Enfin, dans l'extrait de Viau (texte 3), c'est le registre* tragique qui est présent. Le champ lexical de la mort (« *Trépassé, deuil, cercueil, mourir, ...* ») ainsi que les apostrophes à la mort elle-même (« *Ô mort !* ») disent le désespoir de Thisbé. L'héroïne invoque une force supérieure, qu'elle nomme « destin » pour expliquer le sort contraire qui s'acharne sur elle et son amant (« puisque le destin / De nos corps amoureux fait son cruel butin »). On notera que le terme « destin » est le sujet grammatical de la phrase : plus de Thisbé et que Pyrame eux-mêmes, c'est lui qui décide du cours de leur existence. Jouet de la fatalité, Thisbé ne renonce pas pour autant à lutter. Elle choisit de se donner la mort afin de ne plus subir les coups de la fortune (« Enfonce là-dedans ») et les points d'exclamation abondants (v. 20, 47, 50) disent sa détermination à agir.

Le corpus présente donc une grande variété au niveau des registres*. Différentes émotions cherchent à être suscitées.

Partie 2

LE COMMENTAIRE

La méthode expliquée

Il s'agit du sujet 1 du travail d'écriture de l'écrit du baccalauréat. Le commentaire fournit l'explication d'un texte littéraire non pas de façon linéaire, mais en suivant un développement composé sous forme de plan. Il doit donc comporter une introduction, un développement organisé (selon deux ou trois grands axes) et une conclusion.

Extrait du B.O.

« Le commentaire porte sur un texte littéraire. Il peut également être proposé au candidat de comparer deux textes. Le ou les textes à étudier sont des textes littéraires – c'est-à-dire des textes choisis pour leur qualité d'écriture –, tirés du corpus, qui est en rapport avec un des objets d'étude travaillé en classe de première. »

Dans un commentaire, « [l]e candidat compose un devoir qui présente de manière organisée ce qu'il a retenu de sa lecture et justifie son interprétation ».

B.O. n° 26 du 28 juin 2001

Le commentaire présente une visée argumentative : chaque partie, chaque sous-partie, cherche à démontrer quelque chose sur le texte. Par conséquent, toute interprétation avancée sur le texte va devoir être prouvée par des citations du texte et des analyses stylistiques précises.
Commenter un texte, ce n'est pas porter un jugement de valeur (il ne s'agit pas de dire « j'aime » ou « je n'aime pas le texte »), c'est en dégager le sens, grâce à des outils d'analyse techniques (énonciation, registres*, figures de style, champs lexicaux, etc.).

1. Préparer le commentaire : la lecture globale

Caractériser le texte, c'est s'interroger sur le genre du texte, la forme du discours, le thème du texte, le registre*, les informations contenues dans le paratexte*.

Exemple d'application : le roman, corpus 3, texte 1

Mme de La Fayette, *La Princesse de Clèves*, 1678.

Le genre : roman.

La forme du discours : descriptive. Les pensées intérieures de Mme de Clèves sont livrées au lecteur.

Le thème : la jalousie.

> Le registre* : le registre lyrique* domine ; les sentiments de Mme de Clèves sont livrés tout au long de l'extrait.
>
> Les informations tirées du paratexte* : classicisme et fiction historique.

2. Trouver un plan de commentaire : la lecture de détails

Aucune indication ne vous est donnée dans l'énoncé du sujet, concernant le plan du commentaire. Il faut donc mener une analyse précise du texte. Nous vous proposons une lecture sous forme de tableau afin d'organiser vos remarques.

1) Rappels des principaux outils d'analyse d'un texte littéraire

Ils sont au nombre de neuf.

a) Le thème

Regardez en particulier les champs lexicaux susceptibles d'indiquer les thèmes récurrents.

b) L'énonciation

Elle indique les marques de la présence du locuteur et du destinataire : qui parle (pronoms personnels de la première personne) ? à qui (pronoms personnels de la deuxième personne) ?

c) Les figures de style

Comparaison*, métaphores*, personnification*, antithèse*, oxymore*, parataxe*, hyperbole*, anaphore*.

d) Les procédés musicaux

Rythme : ascendant, descendant, binaire, ternaire, effets particuliers dans la métrique pour les textes en vers.
Sonorités : allitérations*, assonances*.

e) La ponctuation

Intéressez-vous en particulier à la ponctuation expressive (phrases exclamatives et interrogatives qui traduisent les sentiments des personnages).

f) La mise en page

Soyez attentifs aux blancs, à l'utilisation des italiques et à la disposition des mots sur la page.

g) Les registres*

Comique*, tragique*, pathétique*, lyrique*, épique*, fantastique*, réaliste*, polémique*, satirique*, didactique*.

h) Les cinq sens

Relevez tout ce qui a trait aux cinq sens (ouïe, odorat, toucher, vue, goût) : la description est-elle sensuelle ? quels sont les sens convoqués ?

i) La syntaxe

Portez une attention toute particulière :

- aux temps verbaux – quels sont les temps employés ? Quelle est leur valeur ?
- aux modalités (interrogative, négative, …) ;
- aux types de verbes : verbes d'action, verbes d'état, verbes modalisateurs.

2) Élaborez une grille d'analyse du texte

a) Première étape pour l'analyse : relever, interpréter

Consignez toutes les observations que vous allez faire sous la forme d'un tableau. Celui-ci comporte dix lignes et six colonnes. Au cours de cette première étape du travail, on ne remplit que les trois premières colonnes (outils, relevé, interprétation). Dans la colonne de gauche, indiquez les outils, un par ligne. Puis, dans la colonne suivante, cherchez des citations, illustrant chaque outil. Dans la troisième colonne, interprétez au fur et à mesure les citations relevées.

Exercice d'application : le personnage du roman du XVIIe siècle à nos jour, corpus 3, texte 1

Madame de La Fayette, *La Princesse de Clèves*, 1678.

Récapitulatif (voir tableau page 71 et 72)

b) Seconde étape pour l'analyse : élaborer le plan

Dans un second temps, vous devez synthétiser vos remarques. Il faut faire apparaître, à l'aide de flèches, des convergences (quatrième colonne : contenu des sous-parties), afin de dégager des sous-parties (cinquième colonne : titre des sous-parties) et enfin des grands axes de lecture (sixième colonne : titre des grandes parties).

Outil	Relevé	Interprétation	Contenu des sous-parties	Titre des sous-parties	Titre des parties
Thèmes	Champ lexical de la souffrance : aigreur, affliction, piquante, insupportable, horreurs, passion	Douleur de l'héroïne torturée par la jalousie	À compléter au cours de la seconde étape (voir page suivante)		
	Champ lexical de l'amour au début du passage : répétition de « aimait »	Personnage qui est dominé par la passion			
	Champ lexical du devoir à la fin du passage : pensait, mieux fait de, retours, pensée, penser, serait entièrement guérie	Retour à la raison du personnage. Sait être finalement raisonnable			
Énonciation	Absence de marques de l'énonciation	Voix d'un narrateur omniscient qui souligne les circonstances de la réflexion ; voix d'une héroïne qui se livre à une médiation intérieure			
Figures de style	Antithèse : esprit, mérite, digne d'être aimée *vs* plus de courage qu'elle ne s'en trouvait elle-même	Termes mélioratifs qui construisent l'image fantasmée d'une rivale / termes péjoratifs qui renvoient à l'autoqualification dépréciative de l'héroïne			
	Hyperbole : affliction, horreurs,...	Douleur très forte de l'héroïne			
Procédés musicaux	Allitération en [ke] : que, qui, qu'	Son dur qui mime la violence du chagrin			
Ponctuation	Exclamations	Ponctuation expressive qui exprime la douleur et la perte de repères			
Mise en page	RAS				
Registre	Lyrique	Analyse par la princesse de ses sentiments et de son coeur			
Cinq sens	RAS				
Syntaxe (temps, modalité, type de verbes)	Longueur des phrases (début du passage)	Personnage perdu			
	Syntaxe tortueuse au début du passage (multiplication des propositions)	Personnage agité, sans lucidité			
	Apaisement de la syntaxe (phrases plus courtes)	Personnage qui se domine : effort sur soi			
	Verbes de pensée	Analyse psychologique			

Outil	Relevé	Interprétation	Contenu des sous-parties	Titre des sous-parties	Titre des parties
Thèmes	Champ lexical de la souffrance : aigreur, affliction, piquante, insupportable, horreurs, passion	Douleur de l'héroïne torturée par la jalousie	Richesse du lexique des sentiments Violence du chagrin		
	Champ lexical de l'amour au début du passage : répétition de « aimait »	Personnage qui est dominé par la passion	Étymologie du mot « passion »	La passion comme aliénation	
	Champ lexical du devoir à la fin du passage : pensait, mieux fait de, retours, pensée, penser, serait entièrement guérie	Retour à la raison du personnage. Sait être finalement raisonnable	Omniprésence de Nemours Image dévalorisée de M. de Nemours		La jalousie
Énonciation	Absence de marques de l'énonciation	Voix d'un narrateur omniscient qui souligne les circonstances de la réflexion ; voix d'une héroïne qui se livre à une médiation intérieure	Alternance voix narrateur omniscient et voix du personnage		
Figures de style	Antithèse : esprit, mérite, digne d'être aimée *vs* plus de courage qu'elle ne s'en trouvait elle-même	Termes mélioratifs qui construisent l'image fantasmée d'une rivale / termes péjoratifs qui renvoient à l'autoqualification dépréciative de l'héroïne	Image fantasmée et idéalisée de sa rivale L'image dépréciée de soi	Un amour-propre blessé	Mme de Clèves, esclave de l'amour ?
	Hyperbole : affliction, horreurs,...	Douleur très forte de l'héroïne	Expression exacerbée de la jalousie	Une douleur violente	
Procédés musicaux	Allitération en [ke] : que, qui, qu'	Son dur qui mime la violence du chagrin	Souffrance du personnage		Le roman d'analyse
Ponctuation	Exclamations	Ponctuation expressive qui exprime la douleur et la perte de repères	Confusion et désordre	Absence de clairvoyance	
Mise en page	RAS		Dissection du cœur de l'héroïne		
Registre	Lyrique	Analyse par la princesse de ses sentiments et de son coeur	Perte de tout repère : ne sait plus comment se juger	Méditation intérieure	
Cinq sens	RAS				
Syntaxe (temps, modalité, type de verbes)	Longueur des phrases (début du passage)	Personnage perdu	Agitation	Désordre intérieur	
	Syntaxe tortueuse au début du passage (multiplication des propositions)	Personnage agité, sans lucidité	Gestes compulsifs et répétitifs Absence de lucidité	Retour au calme ?	
	Apaisement de la syntaxe (phrases plus courtes)	Personnage qui se domine : effort sur soi	Désordre vs réflexion et résolution finale	Un coeur en mouvement	
	Verbes de pensée	Analyse psychologique	Remords et mauvaise conscience		

Exemple de plan

Grâce à ce travail, on obtient donc le plan détaillé suivant.

1) La jalousie

a) Un amour-propre blessé
- L'image fantasmée et idéalisée de sa rivale
- L'image dépréciée de soi
- L'image dévalorisée de M. de Nemours

b) Une douleur violente
- Expression exacerbée de la jalousie
- Violence du chagrin

c) le désordre intérieur
- Perte de tout repère : ne sait plus comment se juger
- Agitation

2) Mme de Clèves, esclave de l'amour

a) L'absence de clairvoyance
- Gestes compulsifs et répétitifs
- Absence de lucidité

b) La passion comme aliénation
- Étymologie du mot « passion »
- Souffrance du personnage
- Omniprésence de Nemours

c) Le retour au calme ?
- Remords et mauvaise conscience
- Désordre *vs* réflexion et résolution finale

3) Un roman d'analyse

a) La méditation intérieure
- Dissection du cœur de l'héroïne
- Richesse du lexique des sentiments
- Alternance voix narrateur omniscient et voix du personnage

b) Mme de Clèves, un cœur en mouvement
- Confusion et désordre
- La jalousie
- Le remords
- Les solutions

Conseils

Ce travail doit s'effectuer au brouillon. N'utilisez qu'un seul côté de la feuille, pour pouvoir tracer les flèches correctement et ne pas oublier d'éléments. Vous devez tester tous les outils, mais ils ne donneront pas tous systématiquement des résultats.

3. La rédaction du commentaire

1) Conseils méthodologiques

La qualité de la rédaction est un critère d'évaluation important : reportez-vous aux conseils généraux page 11.

2) Introduction

Elle est très codifiée et comprend trois phases.

Présentation du texte. Faites comme si le correcteur ne le connaissait pas (ne commencez pas par « cet extrait parle de… »). Mentionnez le nom de l'auteur, le titre de l'œuvre, sa date de publication.

Caractérisation du passage. Précisez le thème central, le genre (pour le théâtre, indiquez s'il s'agit d'un monologue*, d'un dialogue ; pour la poésie, s'il s'agit d'un sonnet*, si le mètre est régulier), la forme du discours dominante.

Annonce des grandes parties de votre développement, avec des formules du type « on étudiera, on montrera, … ». Il est inutile d'annoncer les sous-parties.

Règles importantes

L'introduction ne doit pas comporter de citations du texte.
L'introduction commence par un alinéa et ne forme qu'un seul paragraphe.

Exercice d'application : le personnage du roman du XVIIe siècle à nos jours, corpus 3, texte 1

Madame de La Fayette, *La Princesse de Clèves*, 1678.

[Présentation du texte]

En 1678, Madame de La Fayette fait paraître, anonymement, un bref texte narratif, intitulé *La Princesse de Clèves*. Le texte suscite la polémique lors de sa parution : on se déchaîne pour savoir qui est l'auteur de l'ouvrage et on se déchire à propos de sa qualité littéraire.

[Caractérisation du passage]

Le texte relate un drame passionnel à la cour de Henri II : Mlle de Chartres, une éclatante beauté, épouse, par devoir et sans amour, M. de Clèves. Peu après ses noces, elle s'éprend du jeune et beau duc de Nemours. Si rien ne peut tuer en son cœur sa passion, elle parvient néanmoins à la maîtriser et à la cacher aux yeux du monde. Seul compte pour l'héroïne son devoir d'épouse. Dans l'extrait à commenter, Mme de Clèves vient de découvrir une lettre d'amour qu'elle croit adressée au duc de Nemours. La confusion saisit l'esprit de l'héroïne : elle se sent immédiatement trahie et bafouée, car Nemours lui a montré à de nombreuses reprises qu'il était éperdument épris d'elle et se sent coupable de manifester de la jalousie et des sentiments enflammés pour un homme qu'elle ne peut aimer.

[Annonce des grandes parties du développement]

Ainsi, nous verrons tout d'abord comment le motif de la jalousie se déploie dans l'extrait pour, ensuite, travailler sur le portrait de Mme de Clèves avec

pour objectif de montrer que la confusion et le désarroi saisissent son esprit. Enfin, il conviendra d'analyser la finesse de l'analyse psychologique proposée par Madame de La Fayette.

3) La rédaction du développement

a) Comment faire apparaître le plan ?

Il faut que votre devoir soit entièrement rédigé. Par conséquent, vous ne pouvez pas faire apparaître des I ou des 1) sur votre copie. Il va falloir substituer des phrases aux titres des parties et des sous-parties qui figurent sur votre brouillon. Ces phrases s'appellent des « phrases d'introduction partielle ».

b) Comment construire une sous-partie ?

La sous-partie s'ouvre, comme dit précédemment, sur une introduction partielle dans laquelle vous indiquez votre objectif.Chaque sous-partie a pour but de prouver ce que vous affirmez. Par des analyses précises, vous devez donc démontrer la pertinence de votre propos. Appuyez-vous sur le texte, intégrez des citations, commentées et analysées. Votre sous-partie s'achève par une phrase de conclusion partielle (qui récapitule ce qui a été montré dans la sous-partie) et de transition, qui annonce la sous-partie suivante. Il ne faut pas faire d'alinéa pour introduire cette phrase de transition.

c) Comment améliorer sa rédaction ?

Pour intégrer vos citations dans un paragraphe, vous avez deux possibilités :
• quand votre citation n'est pas intégrée syntaxiquement à la phrase, vous devez la mettre entre parenthèses. Ex. : le chiasme des lignes 6-7 (« *Elle voyait en moi son protecteur, je voyais en elle mon amie* ») souligne que la relation des deux personnages est exclusive et fusionnelle ;
• quand votre citation est intégrée syntaxiquement à la phrase, vous ne la mettez pas entre parenthèses. Ex. : le mot « *sœurs* » (l. 20) n'est mentionné qu'à la fin du texte.
Votre paragraphe doit comporter des analyses techniques, c'est-à-dire que vous devez identifier des procédés d'écriture (figures de style, procédés musicaux,...) dans les citations que vous énoncez, et indiquer l'effet qu'ils produisent (mise en évidence, appel au lecteur, ...). Sans ces commentaires techniques, votre devoir sera une simple paraphrase du texte : vous ne ferez que répéter, plus ou moins bien, ce qu'a dit l'auteur. C'est l'occasion de rappeler l'importance des outils d'analyse et le caractère fondamental de la troisième étape de votre travail : établir un plan détaillé. Ex. : le chiasme des lignes 6-7 (« *Elle voyait en moi son protecteur, je voyais en elle mon amie* ») souligne que la relation des deux personnages est exclusive et fusionnelle. Non seulement on a relevé un procédé, le chiasme, mais on l'a interprété.

Exemple d'application : le roman, corpus 3, texte 1

Madame de La Fayette, *La Princesse de Clèves*, 1678.
Rédaction du 1) a) : Un amour-propre blessé.

[Introduction partielle]
Madame de Clèves croit avoir découvert l'existence d'une rivale et ne parvient pas à maîtriser sa jalousie. Son amour-propre est profondément blessé.

[Développement de l'argument et justification]
Madame de Clèves peut nommer son mal et sait le dire. À la ligne 9, dès le début du passage, on trouve le terme de «*jalousie*» qui vient qualifier précisément le tourment qui habite la Princesse. Sûre d'avoir une rivale, elle construit une image idéalisée de cette femme qu'elle ne connaît pas. Ainsi, un jeu d'antithèses se dessine. Une opposition se lit entre des termes mélioratifs usités pour qualifier cette supposée rivale («*avait de l'esprit et du mérite*», «*digne d'être aimée*») et des termes dépréciatifs à l'inverse pour se qualifier elle-même («*plus de courage qu'elle ne s'en trouvait elle-même*»). Par conséquent, Madame de Clèves se dévalorise et idéalise sa rivale. Elle ne se contente pas de cette construction mentale fantasmée puisqu'elle construit aussi une image dévalorisée de son amant volage («*M. de Nemours ne l'aimait pas comme elle l'avait pensé*» : «*homme [...] indigne, empli d'un «sentiment d'orgueil et de vanité*»). L'axiologie est profondément dépréciative : non seulement Madame de Clèves se sent humiliée, mais elle s'en veut également d'avoir à ce point manqué de lucidité.

[Conclusion partielle et transition]
Son amour-propre est blessé, le regard porté sur soi est dur et le coeur est torturé par une douleur violente.

4) La rédaction de la conclusion

Elle comporte deux parties :
• récapitulation des grands axes de lecture développés. C'est une étape de bilan. Il est inutile de reprendre en détail toutes les sous-parties ;
• ouverture ou mise en relation du texte avec les autres textes du corpus pour en saisir brièvement les ressemblances thématiques ou formelles. Cette comparaison* doit être succincte.

Règles importantes
La conclusion ne comporte pas de citations.
Elle commence par un alinéa et ne forme qu'un seul paragraphe.
Évitez les jugements de valeur sur la beauté du texte, du type « *c'est le plus beau poème de la langue française* ».

Exemple d'application : le personnage du roman du XVIIe siècle à nos jour, corpus 3, texte 1

Madame de La Fayette, *La Princesse de Clèves*, 1678.

[Récapitulation]
La page de *La Princesse de Clèves* est révélatrice du coeur de l'héroïne : torturée par la jalousie, hantée par l'image d'une rivale supposée, Madame de Clèves ne parvient pas à maîtriser et dominer le désordre intérieur qui l'habite. Esclave de l'amour et de ses passions, elle manque de la lucidité et de la clairvoyance dont elle aurait besoin pour ne plus être aliénée. Nemours

la hante et rien ne peut chasser l'image de l'amant du coeur de la Princesse. Ainsi, en une page célèbre, Madame de La Fayette déploie tous les artifices du roman d'analyse : peinture des intermittences du cœur et méditation intérieure dévoilent en une analyse très fine et subtile les tourments d'une épouse amoureuse d'un autre.

[Ouverture]

La peinture de la passion amoureuse et de ses tourments est un thème récurrent dans la littérature classique du dernier tiers du XVIIe siècle. Dans sa tragédie *Phèdre*, Racine fait éclater la jalousie de son héroïne éponyme lorsqu'elle apprend qu'Aricie est parvenue, contrairement à elle, à vaincre le cœur du farouche Hippolyte.

4. Le commentaire comparé

1) Présentation

Cette épreuve est une variante du commentaire. Elle consiste en l'élaboration d'un commentaire, qui ne porte pas sur un seul texte mais sur deux des textes du corpus. La démarche à adopter est une démarche de comparaison : il s'agit d'envisager les ressemblances et les différences entre les textes, tant au niveau thématique que formel.
La méthodologie reste la même : il faut trouver un plan à l'aide des outils d'analyse, puis se lancer dans la rédaction.
Remarque : dans chaque sous-partie, les deux textes doivent être mis en parallèle.

2) L'élaboration du plan

On construit, de la même manière, le tableau avec les différents outils d'analyse (voir 3.), mais pour chaque outil, on doit mettre en relation les deux textes. Cela vous permet de dégager des convergences ou des différences entre les deux textes.

a) Première étape pour l'analyse : relever et analyser

b) Seconde étape pour l'analyse : élaborer le plan

3) La rédaction du commentaire comparé

a) L'introduction

Comme celle du commentaire, elle comprend trois parties. Il faut présenter les textes, les caractériser (en insistant sur les ressemblances et les différences) et, enfin, annoncer le plan.

b) Le développement

Il est important de toujours mettre les textes à comparer en parallèle. Les autres conseils de rédaction sont les mêmes que ceux pour le commentaire.

c) La conclusion

Comme celle du commentaire, elle comprend deux parties, une récapitulation et une ouverture.

Chapitre 1

LE PERSONNAGE DU ROMAN DU XVIIe SIÈCLE À NOS JOURS

Sujet 21

Corpus 3, p. 301

Vous ferez le commentaire de l'extrait de* La Princesse de Clèves *de Madame de La Fayette.

Analyse du sujet

Le texte de Madame de Lafayette présente une thématique claire : celle de la jalousie. Le passage, qui est un soliloque intérieur dans lequel l'héroïne livre ses sentiments les plus intimes, manifeste le désordre, la confusion et le désarroi, qui envahissent l'esprit de la Princesse de Clèves. Plusieurs éléments seront fondamentaux :

- le motif de la jalousie, sentiment qui aveugle et fait souffrir ;
- pour commenter un soliloque intérieur (comme un monologue au théâtre d'ailleurs), il faut analyser l'expression des sentiments du personnage ;
- la dimension psychologique de l'extrait : la précision de l'écriture de Mme de La Fayette cherche, conformément à l'idéal classique du « connais-toi toi même », à disséquer le cœur de son héroïne.

Plan détaillé

En 1678, Madame de La Fayette fait paraître, anonymement, un bref texte narratif, intitulé *La Princesse de Clèves*. Le texte suscite la polémique lors de sa parution : on se déchaîne pour savoir qui est l'auteur de l'ouvrage et on se déchire à propos de la qualité littéraire de l'ouvrage. Le texte relate un drame passionnel à la cour de Henri II : Mlle de Chartres, une éclatante beauté, épouse, par devoir et sans amour, M. de Clèves. Peu après ses noces, elle s'éprend du jeune et beau duc de Nemours. Si rien ne peut tuer en son cœur sa passion, elle parvient néanmoins à la maîtriser et à la cacher aux yeux du monde. Seule compte pour l'héroïne son devoir d'épouse. Dans l'extrait à commenter, Mme de Clèves vient de découvrir une lettre d'amour qu'elle croit adressée au duc de Nemours. La confusion saisit l'esprit de l'héroïne : elle se sent immédia-

tement trahie et bafouée, car Nemours lui a montré à de nombreuses reprises qu'il était éperdument épris d'elle et se sent coupable de manifester de la jalousie et des sentiments enflammés pour un homme qu'elle ne peut aimer. Ainsi, nous verrons tout d'abord comment le motif de la jalousie se déploie dans l'extrait pour, ensuite, travailler sur le portrait de Mme de Clèves avec pour objectif de montrer que la confusion et le désarroi saisissent son esprit. Enfin, il conviendra d'analyser la finesse de l'analyse psychologique proposée par Madame de La Fayette.

1) La jalousie

Un amour-propre blessé

Mme de Clèves peut nommer son mal (« jalousie », l. 9) et construit une image fantasmée et idéalisée d'une rivale qu'elle ne connaît pas : antithèse entre des termes mélioratifs pour qualifier cette rivale (« avait de l'esprit et du mérite », « digne d'être aimée ») et des termes péjoratifs pour s'auto-qualifier (« plus de courage qu'elle ne s'en trouvait elle-même »).
Mme de Clèves se dévalorise mais construit aussi une image dévalorisée de son amant volage (« M. de Nemours ne l'aimait pas comme elle l'avait pensé », « homme [...] indigne, empli d'un « sentiment d'orgueil et de vanité »). Mme de Clèves se sent profondément humiliée et s'en veut d'avoir à ce point manquer de lucidité.

Une douleur violente

La violence du dépit amoureux se traduit dans l'expression exacerbée du sentiment de jalousie qui saisit Mme de Clèves : usage d'une ponctuation expressive (l. 19), allitération en [ke] (« que, qui, qui, que, qu', qu'), son dur qui mime la violence du chagrin.

Le désordre intérieur

Mme de Clèves perd tout repère et ne sait plus comment se juger et juger M. de Nemours : longueur des phrases (surtout au début de l'extrait) et syntaxe tortueuse et torturée (multiplication des propositions). Mme de Clèves est agitée et perdue. Toute lucidité lui est ôtée.

2) Mme de Clèves, esclave de l'amour

L'absence de clairvoyance

Mme de Clèves ne voit plus clair en son cœur : gestes répétitifs et improductifs (« lut et relut », l. 1 ; « retours, l. 18) qui la montrent agissant comme un automate. Décalage entre le jugement de Mme de Clèves et la réalité des faits (« M. de Nemours ne l'aimait pas comme elle l'avait pensé », l. 2-3), verbe « se tromper » qui dit l'absence de lucidité.

La passion comme aliénation

Commentaire sur l'étymologie du mot « passion ». Revenir sur le terme de « passion » : *patior* qui signifie souffrir et subir. Souffrance de Mme de Clèves : champ lexical de la douleur (« aigreur », « insupportable », « horreurs ») qui dit la torture amoureuse.
Aliénation de Mme de Clèves : verbe d'erreur (« se trompait »), dépendance de Mme de Clèves vis-à-vis des autres : a besoin de soutiens (son mari, sa mère, Nemours lui-même qui pourrait s'expliquer), omniprésence de l'image de Nemours (récurrence du nom du personnage dans l'extrait). Mme de Clèves voudrait redevenir maîtresse d'elle-même et chasser l'image de Nemours de son cœur mais n'y parvient pas.
Ce passage donne raison à Mme de Chartres, la mère de l'héroïne, qui lui avait peint la passion comme un sentiment dévastateur et destructeur : Mme de Clèves a perdu sa « tranquillité » et sa « vertu ». Elle est sous la dépendance d'un homme qu'elle croit être un séducteur volage et inconstant.

Le retour au calme ?

Mme de Clèves connaît la mauvaise conscience et le remords (« Combien se repentit-elle… », l. 19) ; elle est donc, au même titre que les autres femmes de la cour, une femme vulnérable et faible. Néanmoins, elle manifeste une grandeur d'âme exceptionnelle puisqu'elle réussit à triompher de sa passion. Comparaison du début et de la fin du passage. Au début : désordre, confusion, lexique de l'amour // à la fin du passage, lexique du devoir (« mieux fait de », restauration de la présence du mari), vocabulaire de la réflexion (« retours, pensée, penser »), résolution finale (« elle serait entièrement guérie de l'inclination qu'elle avait eue pour ce prince »). Mme de Clèves connaît l'apaisement. On notera que la syntaxe elle-même s'apaise : phrases plus courtes, non compliquées sur un plan syntaxique.

3) Un roman d'analyse

La méditation intérieure

La Princesse de Clèves est souvent considéré comme le premier roman d'analyse, car Mme de La Fayette dissèque le cœur de son héroïne : récurrence des verbes d'analyse psychologique (« pensait, voyait, trouvait »), riche lexique des sentiments (« humeur, aigreur, mal, jalousie… »), alternance entre la voix d'un narrateur omniscient (passé simple, « elle lut et relut », qui souligne les circonstances de la réflexion) et la voix du personnage au discours indirect. On est ainsi projeté dans la tête du personnage. La récurrence du pronom personnel « elle » en fonction sujet montre que l'héroïne se livre à une méditation intérieure intense pour cerner au plus près son état psychique.

Mme de Clèves, un cœur en mouvement

La finesse de l'analyse se lit dans la progression subtile qui anime le passage : Mme de La Fayette a voulu montrer comment, palier par palier, les sentiments de l'héroïne évoluaient. L'extrait est ainsi fondée sur une progression très nette :
– la confusion et le désordre (l. 1-8) : répétitions lexicales, propositions enchevêtrées ;
– nommer le mal (l. 9-18) : présence du connecteur logique « Mais », sentiment défini (« jalousie »), élaboration d'hypothèses sur l'amour de M. de Nemours pour cette femme (« peut-être », l. 16), récurrence du verbe « penser ». L'esprit de Mme de Clèves gagne en clairvoyance et en cohérence. Elle pénètre plus finement son cœur.
– le remords (l. 18-25) : lexique du repentir (« repentit, aurait mieux fait ») : capacité à prendre un recul critique par rapport à ses actes ; acquisition d'un savoir sur soi (« trouva que », « connaissance »).
– les solutions (l. 25-29) : apaisement final (« n'avait plus rien à craindre ») vient d'une capacité à trouver un remède (faire taire l'amour).

L'éloge de la connaissance de soi

On peut donc lire le passage comme un éloge du précepte antique, cher aux classiques, « connais-toi toi-même ». En acceptant de regarder en son cœur, en acceptant d'affronter avec lucidité ses sentiments sans se masquer ses faiblesses, Mme de Clèves parvient à une connaissance d'elle-même plus aiguë. C'est cette lucidité qui la sauve : elle lui permet de prendre une décision sage (« guérie de l'inclination qu'elle avait pour ce prince ») qui garantit le triomphe éternel de sa vertu. Nommer ses faiblesses, c'est déjà les dominer.

Sujet 22

Corpus 2, p. 299

Vous commenterez le chapitre XXXV de L'Insurgé de Jules Vallès.

Paul 13/16
Excellent travail. Des analyses fines et variées, une bonne compréhension du texte et de ses enjeux.

Ce dernier chapitre de *L'Insurgé* surprend. En effet, le roman est essentiellement consacré à la Commune et à ses prémices. Du point de vue romanesque, le dernier chapitre fait donc figure d'épiphrase. En outre, si l'on considère l'aspect autobiographique de la trilogie de Jules Vallès, on est surpris que Vingtras, narrateur et personnage, ne rejoigne pas Vallès, auteur. Ce dernier chapitre trompe donc l'attente du lecteur à deux niveaux et semble renoncer à son statut conclusif[1]. Il faudra donc nous interroger sur l'ouverture et la clôture dans ce passage et montrer comment l'écriture du roman peut résoudre cette contradiction[2].

La première constatation qui s'impose est qu'alors même que la Commune est achevée, cet événement historique est décrit non comme passé mais comme encore présent, vivant[3]. On remarque tout d'abord l'utilisation de l'écriture simultanée. Le temps employé est le présent de l'indicatif, principalement. Il permet de mettre en valeur les étapes successives de la fuite de Vingtras. Celles-ci sont d'autant plus distinctes que le premier paragraphe révèle une angoisse, une interrogation sur la possibilité de fuir (« Leur échapperai-je ?... je ne crois pas »), tandis que le dernier paragraphe décrit la fuite effective du narrateur-personnage « Je viens de passer un ruisseau qui est la frontière »[4] et

1) Vous identifiez clairement les problèmes posés par ce texte et vous exploitez habilement vos connaissances sur la notion de dénouement.
2) Vous n'annoncez pas le plan. Méthodologie de l'introduction à revoir.

3) Bonne phrase d'introduction partielle.

4) Insertion des citations à revoir : une citation non incluse syntaxiquement dans la phrase se met entre parenthèses.

l'on note que l'utilisation du passé immédiat contribue à renforcer la simultanéité de la narration. L'auteur, qui écrit ces lignes plus de dix ans après les faits, s'efface donc ici et laisse parler le narrateur-personnage qui décrit, paradoxalement, la mort de la Commune de façon vivante[5].

Cet aspect est accentué du fait que la Commune au présent se raconte sur le mode du sentiment, qui ne suppose pas le recul que requiert en revanche la réflexion[6]. On lit ces sentiments dans l'enthousiasme lyrique qui éclaire l'ensemble du passage. Ce lyrisme se traduit par des métaphores et des comparaisons et tout particulièrement l'image finale : « Il est d'un bleu cru, avec des nuées rouges. On dirait une grande blouse inondée de sang ». Dans ces deux phrases, le rythme est donné par la rime interne en [ou] (« rouges », « blouse »)[7]. On doit également remarquer que des termes religieux sont clairsemés[8] dans ce passage (« crucifix », « lavée ») mais qu'ils sont systématiquement compensés par des images plus prosaïques qui renvoient au monde ouvrier. Ils contribuent à former un lyrisme propre à la Commune, empreint de respect. L'enthousiasme réside dans les termes employés, dans le rythme et non dans la situation décrite. De ce fait, il reflète l'enthousiasme de l'auteur, qui, malgré les années qui le séparent des faits, réaffirme son adhésion à la Commune en revivant les sentiments qu'il a pu éprouver.

Pour décrire cet épisode de l'Histoire au présent, l'auteur utilise enfin une écriture des sensations, par définition immédiates[9]. « Je regarde le ciel du côté où je sens Paris » : cette phrase est particulièrement représentative[10] de ce phénomène, puisque les deux verbes dénotent des sensations. On peut également relever des adjectifs de couleur qui montrent que le personnage ne s'intéresse qu'à l'apparence. : « blême », « bleu cru », « rouge »[11]. Parallèlement, le passé de Vingtras paraît gravé dans

5) Jeu de mots maladroit !

6) Idée pertinente, clairement formulée dans la phrase d'introduction partielle.

7) Oui. Variété et précision des analyses.

8) Terme inexact.

9) Bonne phrase d'introduction partielle qui permet d'apprécier la progression de votre analyse.

10) Maladroit. L'analyse doit venir en premier, la citation l'illustre. Évitez de commencer par la citation : c'est un moyen d'éviter la paraphrase.

11) Analyse contestable. Qu'est-ce qu'un « bleu cru » ? Il y a autre chose qu'une pure sensation.

sa chair et il se traduit lui aussi par des sensations. Les deux périodes de la vie de Vingtras ne le sont que par un trait caractéristique physique. L'enfance est associée aux coups, l'adolescence, à la faim[12 et 13].

En décrivant ces ultimes moments de la Commune de façon simultanée, en insistant sur les sentiments et les sensations, l'auteur renonce à traiter la Commune comme un passé révolu. Il en fait au contraire un point de départ. Dès lors, cette scène finale pourrait bien être une scène inaugurale, ouvrant la voie à l'écriture[14].

Il semblerait en effet que cette scène permette à Vingtras de laisser la place à Vallès, que le héros de la Commune, apaisé et sûr du bien-fondé de ce qu'il a accompli, s'efface devant l'écrivain, qui mène le même combat, mais différemment. L'apaisement du personnage vient tout d'abord de sa conviction de n'être pas lâche en fuyant. En effet, on pourrait penser dans un premier temps qu'il fait preuve de soumission. Il semble indifférent à sa survie (« Tant pis ! si l'on me prend, on me prendra ! », « Je suis prêt »). De plus, il ne s'en prend pas aux Versaillais : il ne les nomme même pas et s'il mentionne « le poteau de Satory », il renonce pudiquement à mentionner les monceaux de cadavres qui l'entourent[15]. Pourtant, Vingtras est toujours un contestataire et place les batailles et les luttes dans des phrases au futur, dans l'avenir : « je pourrai être avec le peuple encore ». Vingtras est convaincu d'avoir fait son devoir, celui « d'un ouvrier qui ne fut pas fainéant » et, en ce sens », il est résigné à mourir, mais il sait que la Commune n'est qu'une étape et que la lutte du peuple de Paris se poursuivra. Cette conviction[16] se marque par des assertions (« je sais »). On trouve ainsi des brèves phrases affirmatives qui ne laissent pas de place à l'argumentation (« les fureurs des foules sont crimes d'honnêtes gens », « mes rancoeurs sont

12) Vallès fait ici allusion aux deux premiers épisodes de sa trilogie : *L'Enfant* et *Le Bachelier*.
13) Cette troisième sous-partie est assez confuse.

14) Bonne transition.

15) Vingtras ne les a pas vus et c'est lui qui est censé écrire dans le temps où il vit les événements.

16) Ne forcez pas le trait. Les interrogations demeurent dans la ligne de points de suspension par exemple ou, plus encore, dans le dialogisme.

mortes »). La certitude de Vingtras s'exprime aussi dans le futur de l'indicatif. Vingtras n'a plus de doute, il est sûr de son avenir. La scène laisse s'esquisser un homme nouveau : elle est une scène de transition, une étape comme la Commune, étape sur la voie des conquêtes sociales.

Mais cette certitude, il l'a acquise grâce aux ouvriers[17], rassemblés en fédérations. Dès lors, l'auteur va devoir rassembler les lecteurs pour une nouvelle bataille. Dans ce passage, Vallès, tout en effaçant la distance qui le sépare de la Commune et en laissant la parole au narrateur, se dévoile. Les présents apparaissent ambigus dans la mesure où certains peuvent désigner le temps de l'écriture[18]. Ainsi, « je sais » dénote une connaissance et non un sentiment, une sensation. Ce verbe désignerait une conviction acquise dans le recul de la réflexion, ce que tend à prouver l'expression « à force d'y avoir pensé ». De même, l'expression « je suis prêt » se charge d'une valeur plus intense si l'on superpose deux interprétations. Ces mots peuvent être prononcés par un communard, conscient de s'être vengé et d'avoir agi justement, au lendemain de la Commune, mais ils peuvent aussi être prononcés par un écrivain à la veille de sa mort, alors qu'il a accompli l'essentiel de son œuvre. Ces incertitudes de la narration créent des effets de superposition, donc de profondeur, car une interprétation n'élimine jamais l'autre[19]. De plus, le livre se dévoile en ce qu'il se présente comme nécessaire. Alors que Vingtras souligne qu'il a souffert en communauté avec d'autres, il s'isole pour montrer sa chance, grâce au dialogisme : « Toi, tu as rassemblé... » Il s'adresse à lui-même pour prendre conscience de son statut privilégié et de la nécessité de s'en servir pour laver la mémoire de la Commune et surtout pour venger ceux qui sont morts. Le livre peut être une arme pour la vengeance, une arme prête pour faire face à celle des soldats. C'est là sans doute la seconde fonction du

17) Formulation lourde et maladroite.

18) Laquelle ? celle du narrateur qui raconte au fur et à mesure ? celle de l'auteur qui raconte dix ans plus tard ?

19) Très fine analyse.

lyrisme de ce passage : il traduit l'enthousiasme de l'auteur, qui réaffirme son adhésion à la Commune mais il est aussi chargé de susciter celle du lecteur à une cause « honnête »[20].

Le dernier chapitre de *L'Insurgé* trompe toutes les attentes du lecteur et, en ce sens, il fait tout d'abord figure de rajout incongru, voire inutile. En réalité, il met en scène implicitement la mort de Vingtras, héros fictif de la Commune, et la naissance de Vallès, écrivain[21]. Une vie d'humiliations, de souffrances et d'angoisses trouve son aboutissement dans la révolte et la conviction qu'elle devait être et sera à nouveau, tant que dureront les injustices.

20) Par deux fois, dans l'introduction et la conclusion partielles, vous évoquez le lecteur, mais vous ne développez pas cette idée. Faute de temps ?

21) Vous semblez ignorer que Vallès était écrivain avant la Commune.

Sujet 23

Corpus 4, p. 303

Vous ferez le commentaire du texte de Céline.

Valentin 13/16
Un très bon commentaire du texte de Céline. La technique de l'exercice est parfaitement maîtrisée et assimilée. Vos remarques stylistiques sont fines et précises de même que le plan choisi est efficace et rigoureusement construit. Poursuivez ainsi. C'est prometteur.

Engagé volontaire en 1914, Louis-Ferdinand Céline a accompli des actes héroïques sur le champ de bataille. Il voyage après la guerre en Amérique, en Afrique, en Angleterre puis rentre en France et s'installe dans une banlieue pourrie pour « y soigner les pauvres »[1]. En 1932, il fait son entrée dans la carrière littéraire en publiant un roman[2] *Le Voyage au bout de la nuit*, qui fait scandale à cause du ton extrêmement véhément qui y résonne. En effet, non seulement Céline ose user d'une langue familière et populaire mais manifeste dans son texte une compassion pour les faibles et les victimes de la vie sociale et une haine très féroce de la bourgeoisie.

Le Voyage au bout de la nuit est une histoire racontée par Bardamu, le narrateur : l'histoire le conduit de la France en guerre à l'Angleterre, à l'Afrique colonisée, aux États-Unis. Ensuite Bardamu s'installe dans une banlieue minable, Rancy, où il soigne les pauvres le plus souvent en oubliant de se faire payer. Dans notre extrait, le héros-narrateur Bardamu souffre d'une profonde solitude existentielle alors qu'il déambule dans les rues de Rancy : il déplore de ne pouvoir sauver Bébert, un ami et se sent immensément seul. Ainsi, nous montrerons que le texte exhibe un homme impuissant et misérable, qui effectue un voyage pénible au cœur des ténèbres et plus symboliquement au cœur de la mort[3].

1) D'où est tirée la citation ?

2) Ponctuation.

3) Une très bonne introduction : le texte est précisément présenté et les deux axes proposés semblent pertinents.

Bardamu est condamné à mener une existence misérable et glauque[4].

Tout d'abord, sa vie est placée sous le signe de la pauvreté. Ce n'est pas une pauvreté individuelle mais une pauvreté collective, qui ronge toute la société[5]. L'impression de misère se dégage par le biais d'un lexique de la pauvreté (« moisi, végète, zone »). Cette misère se double d'un égoïsme et d'un désintérêt pour les autres. Une absence totale de sentiments[6], de compassion transparaît dans l'extrait. Les gens qui habitent la même banlieue que le narrateur sont désignés à travers des termes froids et imprécis (« quelques-uns de ces gens »). Bardamu manifeste de l'inhumanité (« Peut-être qu'il était déjà passé »)[7] et refoule tout sentiment qui pourrait envahir son cœur (« pleurnichait »)[8]. Enfin, une absence de solidarité est manifeste : chaque homme ne semble vivre que pour soi. L'emploi des pronoms possessifs (« ma rue, ma nuit à moi, pour moi tout seul, ses lampes »)[9] souligne le règne de l'individualisme. Cette atmosphère glauque est sans doute le reflet de la rancœur de Céline à l'égard de la société pourrie dans laquelle il vit (« végète, moisi »). Comme Bardamu, il aspire sans doute à la fuir (« J'aurais bien voulu être loin »)[10]. Le choix d'un nom de lieu expressif « Boulevard de la Révolte » corrobore cette hypothèse. La colère se traduit dans l'agressivité des tournures syntaxiques (« C'est si loin ! Y'a qu'à suivre à gauche »[11].

Au-delà de la solitude provoquée par la société, le narrateur s'isole également de son plein gré[12]. Remarquons qu'il n'y a dans l'extrait aucun dialogue mais seulement un soliloque intérieur[13]. Bardamu est un homme qui fuit les autres délibérément (« J'aurais aussi voulu avoir des chaussons pour qu'on m'entende pas du tout rentrer chez moi ») en raison de la honte qu'il éprouve de ne pas savoir sauver Bébert. Toute curiosité pour les autres est refoulée : le narrateur observe les autres en cachette, « sans ouvrir les persiennes ». La gra-

4) Bien pour l'introduction partielle.

5) L'expression « pauvreté individuelle » n'est pas très claire.

6) Votre affirmation est excessive : le narrateur dit qu'il aimerait bien sauver Bébert (« J'avais fait tout mon possible »).

7) Même remarque que précédemment .

8) La citation mérite d'être expliquée, car le verbe ne parle pas de lui-même.

9) Attention ! Ce ne sont pas des pronoms possessifs mais des adjectifs possessifs et un pronom personnel « pour moi »).

10) Ce n'est pas parce que le texte est écrit à la première personne qu'il reflète nécessairement les sentiments de l'auteur.

11) Je ne vois vraiment pas en quoi ces tournures sont agressives comme vous le dites.

12) Bien pour la transition. Distinction par ailleurs pertinente.

13) Excellente remarque.

dation du volume syllabique de la phrase (l. 00) traduit la force irrésistible qui pousse le narrateur à espionner[14]. Bardamu choisit volontairement sa solitude et son état de reclus.

Ce mutisme dans lequel s'enferme le narrateur vient d'une honte qu'il ressent face à l'agonie de Bébert. Le remords envahit Bardamu. Tourmenté par le doute, il tente de se déculpabiliser (« J'y étais pour rien, moi, si Bébert n'allait pas mieux. J'avais fait tout mon possible »). L'emploi du plus-que-parfait dans cette dernière expression montre bien que le narrateur s'est résigné à la mort certaine et prochaine de son patient[15]. Néanmoins, la culpabilité le hante et le tourmente. L'expression « à me poser toujours la même question » montre l'angoisse obsessionnelle qui saisit Bardamu, impuissant à établir les responsabilités dans la maladie de Bébert (« j'ai fini par m'endormir sur la question »). L'apathie[16] est finalement plus apaisante[17].

C'est donc la nuit et les ténèbres qui dominent le passage. Ce motif est à la fois littéral et métaphorique[18].

Tout d'abord, la nuit enveloppe l'atmosphère et la déambulation du narrateur est nocturne. Dès le début du texte, un fort champ lexical de l'obscurité se dessine : « ces heures-là », « lac de nuit », « premières lueurs »[19]. Tout le décor est plongé dans l'obscurité (« faire le tour de la nuit »). Cette nuit est métaphorique de l'obscurité, du trouble qui envahit l'esprit de Bardamu[20].

À la nuit extérieure, correspond une nuit intérieure[21]. Le narrateur erre, fait des détours et des détours. Ce vagabondage correspond aux doutes et aux hésitations qui hantent sa vie (« Faut faire tout le tour pour y arriver. C'est si loin ! Alors on dirait qu'on fait le tour de la nuit même, tellement qu'il faut marcher de temps et de pas autour du cimetière pour arriver aux fortifications »). Le caractère torturé des phrases dans le premier paragraphe (phrases tantôt

14) Analyse stylistique fine.

15) Bien. Remarque éclairante.

16) Le terme n'est pas très bien choisi : le « silence forcé » ou « intérieur » aurait pu mieux convenir.

17) Il manque une transition.

18) Bonne remarque.

19) Attention ! Vous mélangez des termes qui relèvent du champ lexical de l'obscurité et de la clarté. De plus, vous ne relevez que 3 expressions, cela est insuffisant pour pouvoir parler de champ lexical.

20) Une sous-partie un peu courte, qui ne construit pas beaucoup de sens.

21) Pour régler le problème d'une première sous-partie trop courte, vous auriez pu regrouper vos deux sous-parties sous le titre « Nuit extérieure / nuit intérieure ».

22) De nouveau, vous proposez une analyse stylistique fine.
23) Orthographe : aberration.

24) Excellente analyse.

25) De nouveau, la réflexion est précise et s'attache aux détails du texte. L'exercice de commentaire est bien compris.

26) Excellente remarque.

longues, tantôt courtes et elliptiques) miment les obstacles qui déstabilisent Bardamu, qui ne sait plus quoi penser de sa vie[22]. Sa vie devient un véritable non-sens, une abérration[23]. La construction en asyndète des phrases ainsi que leur brièveté (« C'était ma rue. Il n'y avait personne à rencontrer ») dit l'absurde de la vie et l'absence de logique et de sens[24]. De plus, viennent s'ajouter une abondance de remarques redondantes, qui ne font pas progresser la réflexion de Bardamu (« On dirait décidément que ça va plus mal [...] en tout cas, ça ne va sûrement pas mieux »). Sa vie est donc un échec flagrant : la forte négation dans l'expression « de ne trouver rien » (l. 00) montre que Bardamu est « fatigué », lassé de la vie. La résignation et la passivité le saisissent : les structures « Y'a qu'à » ou le conditionnel « j'aurais voulu » ainsi que les termes au sémantisme passif (« attend, végète ») traduisent la passivité et le fatalisme du héros[25].

Cette passivité qui emplit le narrateur, cette nuit qui enveloppe le paysage, sont métaphoriques de la mort. Les personnages présents dans le texte ressemblent à des fantômes, des revenants, qui n'ont plus aucune épaisseur et plus l'allure d'êtres humains. Ils nous apparaissent comme de véritables spectres (« petit employé vert ») ; les « chiens » semblent avoir remplacé les hommes ; et la « marchande » attend les « morts ». Toute vie, tout souffle humain sont anéantis. On peut même voir dans l'extrait de Céline une réécriture du mythe de la descente aux Enfers[26]. Un seuil doit être franchi (« ayant atteint la porte ») comme on doit descendre aux royaumes d'Hadès ; le cimetière est gardé par des « chiens » qui peuvent rappeler le Cerbère gardien des Enfers. Ensuite, le monde décrit est un monde de l'hostilité et de la souffrance (« pleurnichait, fatigué »), qui peut rappeler les peines éternelles que subissent les damnés. Un abondant champ lexical de la mort est explicitement présent : « cercueil, passer,

morts, cimetière, une petite nuit dans un coin de la grande »). La mort est donc partout et s'immisce de manière insidieuse : ainsi, la nuit extérieure du début du texte se transforme en une nuit intérieure à la fin du texte (« dans ma nuit à moi, ce cercueil »). Figures de la nuit, figures de la mort disent l'anéantissement de tout espoir, de toute lueur dans le cœur du narrateur[27]. Bardamu voyage bien au « bout de la nuit ».

27) Une très bonne fin de devoir. L'essentiel est vu, en plus de manière fine et précise.

Ce passage est marqué par un pessimisme noir[28], dit et exprimé à travers une métaphore obsédante : celle de la nuit. Bardamu est ce héros seul, rongé de doutes et de remords, impuissant et résigné face à l'atrocité de l'existence. Ainsi, il est enveloppé par les ténèbres, à l'image de ceux qui peuplent sa misérable banlieue. La nuit, symbole de la mort, envahit les cœurs et plonge dans une détresse existentielle profonde[29].

28) Expression redondante.

29) Bonne récapitulation.

On peut comprendre pourquoi le roman de Céline a pu faire scandale : publié en 1932, une quinzaine d'années après la fin de la 1re Guerre mondiale et peu avant qu'en Europe les bruits de bottes ne commencent à nouveau à se faire entendre, il peint une humanité sans perspective, sans espoir, dont la vie n'est que non-sens[30].

30) Bon effort de contextualisation et d'ouverture.

Sujet 24

Corpus 1, p. 296

Vous ferez le commentaire du texte de Stendhal.

Stendhal rêvait de tirer un roman de la vie d'Alexandre Farnèse. En 7 semaines, de novembre à décembre 1838, il rédige *La Chartreuse de Parme*. L'ouvrage ne vaut aucun succès à son auteur à l'exception d'un article élogieux de Balzac : « *La Chartreuse* est un grand et beau livre [...] tout est original et neuf ». Le roman s'ouvre sur le champ de bataille de Waterloo et s'achève à la Chartreuse de Parme : il retrace les aventures romanesques de Fabrice Del Dongo, de sa tante Gina et du comte Mosca dans une petite cour italienne vers 1820. Pour se désennuyer de l'amour qu'elle a pour Fabrice, son neveu, la comtesse Gina Pietranera se lie avec le premier Ministre de la cour de Parme, le puissant comte Mosca, qui est éperdument épris d'elle. Après avoir rencontré ce dernier à la Scala de Milan, la comtesse se retire à Grianta. Nous sommes ici dans un moment de pause, sorte de halte rêveuse où la réflexion prend le pas sur l'action. À travers ce passage, nous pourrons voir que de nombreuses voix alternent dans le passage et créent un récit composite et hétérogène, qui réoriente le réalisme, puis on dégagera un portrait de l'héroïne, qui est placé sous le signe du clair-obscur et du contraste pour, enfin, voir que le texte est dominé par l'idéal du bonheur, hérité des Lumières.

Le texte de Stendhal manifeste une complexité sur le plan des modalités narratives. Le récit est ainsi hétérogène et composite.

La polyphonie domine. Tantôt, c'est la voix du narrateur qui se fait entendre, tantôt la voix intérieure ou extérieure des personnages. Trois voix se relaient donc dans le texte : celle du narrateur, celle de Mosca et celle de Gina. Ainsi, Mosca prend directement la parole à la ligne 7 (« J'ai quatre cent mille francs »), Gina longuement à partir de la ligne 16 (« Si je suis un peu trop âgée pour faire des folies.. »). Par ailleurs, le texte fait résonner la voix intérieure de Gina : « la jeunesse, ou du moins la vie active recommencerait pour moi », l. 12-13.

Cette complexité des voix engendre un fort effet de confusion, accentuée par des effets de retardement qui laissent planer un doute sur le problème du « qui parle ? ». Ainsi, on peine à savoir qui dit « J'ai quatre cent mille francs », car l'incise avec le verbe de parole « ajoutait-il » ne vient qu'après l'apparition du « je ». De même, à la fin du premier paragraphe, on pense d'abord que la remarque « la jeunesse, ou du moins la vie active recommencerait » est prononcée par le narrateur avant de découvrir la fin de la phrase («pour moi ») qui permet de comprendre que c'est en fait Gina qui parle. On a donc cru que le narrateur avait repris la parole, ce qui n'était finalement qu'un leurre. Stendhal s'amuse donc à brouiller les voix, ce qui donne au texte un caractère alerte et vivant et invite le destinataire

à une lecture participative : le lecteur doit rester vigilant pour déceler à tout moment «qui parle» et quel est le point de vue qui s'impose.

En choisissant ce miroitement des points de vue, Stendhal réoriente la définition du réalisme qu'avait imposée dans les années 1850 Balzac. Pour Balzac, le réalisme devait être synonyme d'objectivité. Le narrateur omniscient avait un don d'ubiquité et offrait un point de vue total et absolu sur les événements. Stendhal invente, lui, le concept de « réalisme subjectif » puisque chaque voix construit sa vérité et qu'à chaque voix correspond un point de vue subjectif et personnel. La vérité n'est pas une mais multiple. Cette complexité narrative est à l'image de la complexe personnalité de Gina.

Le portrait de Gina dévoile un être complexe et insaisissable. Gina est un être changeant, presque insaisissable.

Tout d'abord, Gina se dessine comme un être à la fois romanesque et calculateur. Dans le premier paragraphe, elle manifeste une attirance pour une aventure sentimentale (« De nouveau, une loge, des chevaux ! etc. »), se remémore avec bonheur les paroles amoureuses de Mosca et s'en délecte (« c'étaient des rêves aimables »). C'est alors un champ lexical de la rêverie qui domine (« songeait, rêves, rêver, elle se voyait, imagination ») ainsi qu'un lexique de la badinerie amoureuse (« lettres aimables, amoureux, rêves aimables »). La ponctuation expressive (l. 13) manifeste ce tempérament exalté et passionné. Mais une autre image de Gina s'impose : celle d'une femme qui garde la tête froide et qui aspire au bonheur matériel. Gina est une femme qui calcule. En effet, la comtesse envisage tout sous l'angle de l'argent : le lexique de l'argent s'impose (« quatre cent mille francs, pauvreté, fortunes, pension de veuve, opulence, quinze mille livres, aisance bourgeoise ») et la quête de l'aisance matérielle (« loges, chevaux, aisance bourgeoise ») est prépondérante. Gina calcule sans cesse pour savoir comment elle peut regagner une position sociale. Dès lors, son langage ressemble à celui d'un gestionnaire, avide de gain.

La dualité de Gina se manifeste aussi au plan des sentiments qu'elle éprouve. L'héroïne est entre deux amours et ne semble pas être en mesure de choisir. L'héroïne hésite entre Fabrice et Mosca. Les deux paysages qui se dessinent en creux dans l'extrait reflètent le cœur tiraillé de Gina. La représentation de la nature (« lac, barque, bords, lac de Côme ») exprime son amour romanesque et déraisonnable pour Fabrice : « la consoler un peu de l'absence de Fabrice ». La nature est un refuge où son cœur peut s'épancher. À l'inverse, un paysage urbain apparaît (« le Corso, à Milan, loge, chevaux, carrosses, théâtre de la Scala ») et Gina aspire à y briller. Triompher sur le théâtre du monde la comblerait : seul un mariage avec Mosca rendrait cette reconnaissance sociale possible.

Dernière ambiguïté de Gina : elle est à la fois décidée à contrôler sa vie et sensible au bonheur de la contemplation. L'héroïne sait rester lucide et est décidée à agir. Ainsi, elle manifeste une clairvoyance certaine quand elle qualifie son amour pour Fabrice de « folie[...] » et refuse « ces illusions volontaires » qui seraient pour

elle un signe de « lâcheté ». Elle veut rester « de bonne foi avec elle-même » et se regarder lucidement. La structure pronominale réflexive « elle se voyait » montre bien qu'elle se prend pour objet d'étude et du regard afin de mieux se connaître et de ne se laisser duper par son cœur. Contrôler sa vie est son souhait le plus cher. La récurrence du pronom personnel de la première personne en fonction sujet dit d'ailleurs cette volonté de maîtrise. À l'inverse de cette maîtrise de soi, se dessine une propension contraire à l'abandon. Gina se laisse aller non dans le monde réel mais dans le monde de ses rêveries quand elle cède à son « imagination ardente ». L'emploi du futur et l'usage du tour hypothétique montrent ce plaisir de la rêverie (« j'aurai », « si... »). Quand elle cède à la pente de la contemplation, le rythme des phrases se fait plus ample (l. 22-24) et la ponctuation expressive (l. 13 et 28), signe de l'emportement exalté de la comtesse.

Gina est donc un être d'une complexité et d'une ambiguïté redoutables. Stendhal n'a pas voulu en faire une héroïne monolithique, mais il s'attache, au contraire, à peindre les replis subtils de son cœur. Néanmoins, une chose unifie l'être de Gina : sa quête avide du bonheur.

Le texte écrit dans la seconde moitié du XIXe siècle n'en exalte pas moins un idéal cher aux Lumières : celui du Bonheur. On peut considérer que Stendhal se plaît à réécrire et à réinvestir un motif cher au XVIIIe siècle.

Le texte se construit sur la prospection : la comtesse se pose la question (recours au futur) de son avenir et de la personne idéale pour le construire avec elle : où trouver le bonheur ? et avec qui ? Gina refuse toute perspective sombre (« j'aurai des moments désagréables », « empoisonner pour moi le séjour de Milan ») et manifeste donc une aversion forte pour le malheur. Ce personnage épicurien se trouve ainsi pris entre les contingences extérieures (Ministère, titres...) et sociales (« La séparation se sait à Parme mais à Milan... ») et ses exigences de bonheur. Le triomphe du « je » dans l'extrait dit ce recentrement sur soi qui confine à l'égoïsme. Rien ne compte que son bon plaisir. Mosca devient ainsi un pion sur son échiquier.

Cette réflexion sur le bonheur se déploie sur un mode spatial. La question posée par le texte est non seulement « comment être heureux ? » mais aussi « où être heureux ? ». L'importance des lieux est décisive dans l'extrait. Le théâtre du monde, qualifié à l'aide de termes péjoratifs, est rejeté comme lieu d'intrigues et de médisances (l. 27) tandis que la nature, lieu de retraite et de solitude, est louée à travers l'usage des hyperboles (« mon divin lac de Côme », « les beaux sites du lac »). Stendhal réécrit ici les passages lyriques des *Rêveries du promeneur solitaire* où Rousseau vante les mérites de la retraite et les beautés de la nature contre les horreurs et les laideurs de la sphère sociale. Le lieu retiré est présenté comme propice à la découverte de soi et à l'introspection. C'est quand le personnage est aux marges du monde qu'il peut accéder à lui-même et être pleinement lui.

C'est précisément à cette analyse introspective que se livre Gina à Gianta, loin des hypocrisies et des codes mondains. Toute action est ainsi disséquée et ana-

lysée au sens fort du terme. Comme toute décision et toute action engagent l'avenir, il s'agit de réfléchir afin de ne pas manquer le bonheur. La rhétorique du monologue intérieur de Gina souligne la finesse du regard introspectif. Les phrases sont affirmatives et aucune éventualité n'est laissée de côté («si», «objection»); enfin, le recours aux liens logiques («Mais, ainsi») marque une construction de la pensée et une progression de la réflexion. Gina analyse donc le monde et s'analyse. Elle est ce personnage qui a saisi la gravité de l'enjeu existentiel auquel elle se trouve confrontée et la pause réflexive que constitue le passage manifeste peut-être l'angoisse de passer du virtuel au réel.

Le texte de Stendhal oscille entre tradition et innovation. Par la complexité narrative mise en place, le romancier réoriente la notion de réalisme et met en pratique le concept d'un «réalisme subjectif». Mais Stendhal s'amuse aussi à réécrire une littérature héritée du siècle des Lumières. Héritier manifeste de Rousseau et de son goût avide du bonheur, il met en scène un personnage complexe et tiraillé, un personnage duel mais qui aspire à une seule chose : le bonheur. Dans ce passage, par le plaisir de l'analyse et de la dissection de l'âme, on retrouve le Stendhal analyste du cœur humain de *De L'Amour*.

Chapitre 2

ÉCRITURE POÉTIQUE ET QUÊTE DU SENS DU MOYEN ÂGE À NOS JOURS

Sujet 25

Corpus 6, p. 307

Vous commenterez le poème de Joachim Du Bellay, Sonnet XII, in Les Regrets.

Analyse du sujet

À la lecture de ce poème, on note :

• la dimension autobiographique – première personne, apostrophe à un ami, référence à l'existence de Du Bellay au moment où il écrit le poème ;
• le lien avec le titre du recueil (*Les Regrets*) – le poète exprime son mal-être ;
• la forme poétique – on identifie un sonnet*, forme venue d'Italie et mise au goût du jour par les poètes de La Pléiade.

On se demande donc comment cette forme codifiée peut se mettre au service de l'expression de sentiments intimes.

Plan détaillé

Du Bellay est à Rome, où il exerce la fonction de secrétaire auprès d'un cardinal, lorsqu'il écrit *Les Regrets*. Il exprime, dans ce recueil de sonnets*, son dégoût pour son entourage et son mal du pays. Dans le sonnet* XII, il s'adresse à son ami Olivier de Magny et lui explique que désespoir et poésie, loin d'être incompatibles, sont indissociables. Nous verrons, dans une première partie, que le poème est le lieu de l'expression des sentiments du poète, puis, dans une seconde partie, nous montrerons que le poème exerce un véritable charme.

1) Le poème, lieu de l'expression des sentiments du poète

Un dialogue intime

Présence de la première personne : le poète parle de soi.

Présence de la deuxième personne du singulier (plus rare au XVIe siècle qu'aujourd'hui) et d'une apostrophe au destinataire (« *Magny* », v. 5 et 8). Le poème est explicitement adressé à un ami.

Référence à un propos antérieur de Magny (v. 4). Le poème s'inscrit dans la perspective d'un dialogue intime avec un ami proche.

Le mal-être du poète

Exposé des tourments du poète (premier quatrain). Évocation va du plus impersonnel, lié à ses fonctions de secrétaire (« *soin ménager* », v. 1) au plus personnel, lié au mal du pays (« *regrets* », v. 3). Hyperboles* qui soulignent ce mal (v. 2-3). Assimilation de ce mal-être à d'autres formes de souffrance (sizain) : souffrance physique (v. 9, 10, 13) et souffrance morale (v. 11, 12, 14). Du lyrisme personnel à un lyrisme universel. Tous ceux qui souffrent sont invités à se reconnaître dans cette énumération.
Transition. Pour Du Bellay, il ne s'agit pas seulement de chanter ses ennuis, mais aussi de les enchanter.

2) Le poème comme charme

Enchanter ses ennuis

Jeu sur les rimes. Dans les quatrains, grâce à la rime centrale, assimilation de « *tourmente* » et « *lamente* » à « *chante* » et « *enchante* ».
Jeu sur les sonorités. Assimilation renforcée par la répétition des mêmes sonorités dans le premier quatrain, consacré à l'exposé des difficultés du poète, et dans le second, consacré à l'écriture poétique : allitération* en dentales ([d] et [t]), assonances* en nasales.

Un envoûtement musical

La poésie comme une musique. Lexique de la musique tout au long du poème. Jeu de mots sur « chante », qui renvoie à l'activité poétique (poète à la lyre) et « *enchante* », qui renvoie à un acte de sorcellerie : le poème devient une incantation musicale et miraculeuse.
Vers un rythme entraînant. Accélération rythmique dans le second quatrain grâce aux rimes internes (« *Magny* », « *ennuis* », v. 5 ; « *Magny* », « *nuits* », v. 8) et aux répétitions des mots dérivés du verbe « chanter » (« *chante* », v. 5 et 6 ; « *chantant* » et « *enchante* », v. 7).
Du sonnet* à l'incantation. Rupture très nette entre les deux quatrains et le sizain, dont l'unité est marquée par l'anaphore* de l'adverbe ainsi. Le sizain, constitué d'une énumération de propositions toutes construites sur le même modèle, laisse entendre la possibilité de poursuivre à l'infini l'énumération. Ouverture du sonnet*, forme fixe et close, sur l'infini, sur la possibilité pour le poète de chanter « *jours et nuits* » et sur la possibilité pour le lecteur d'« *enchante[r]* » à son tour ses souffrances.

À son ami qui s'étonne qu'il puisse écrire des poèmes lors même qu'il se dit désespéré, Du Bellay ne se contente pas de découvrir ses plaies et sa douleur : il lui montre que la poésie est indispensable à ceux qui souffrent, qu'elle est le seul remède à la souffrance. Le poème devient alors, par sa musicalité, un chant magique, un charme, qui apaise le poète et son lecteur.

Sujet 26

Corpus 7, p. 309

Vous commenterez le calligramme de Guillaume Apollinaire, Il pleut.

Analyse du sujet

La première constatation qui s'impose, c'est que le poème est un calligramme : sa forme imite ce dont il parle, c'est-à-dire la pluie. Il convient dès lors de s'interroger sur cette forme poétique particulière : quel est son intérêt ? La lecture invite ensuite à réfléchir au motif de la pluie. En effet, à l'inverse du premier texte de ce corpus, le poème d'Apollinaire ne parle que très peu de la pluie (pas de description sensuelle, ni de définition) : pourquoi ? quel est le véritable objet de ce poème ?

Plan détaillé

Calligrammes recueille des poèmes d'Apollinaire, composés entre 1913 et 1916. Ils s'associent moins autour d'une thématique commune qu'autour d'une volonté de renouveler la forme poétique. Apollinaire propose en particulier une série d'« idéogrammes lyriques », poèmes dont la disposition typographique illustre le sens. *Il Pleut* est l'un d'entre eux. Le poème évoque en effet la pluie par sa disposition en cinq lignes verticales d'inégale longueur, où chaque lettre représente une goutte d'eau. Nous montrerons, dans une première partie, comment le poète lie étroitement la pluie à ses sentiments intimes, puis, nous verrons, dans un second temps, que ce poème est un véritable manifeste en faveur du renouveau de l'écriture poétique.

1) De l'élément naturel aux sentiments du poète

La pluie

Réseau lexical de la pluie présent dans chacune des « lignes » (« *il pleut* », « *gouttelettes* », « *nuages* »).
Appréhension de la pluie par différents sens. Mention implicite du toucher (« *gouttelettes* » et isolement de chaque lettre comme une goutte de pluie) ; mise en œuvre de la vue dans la forme même du calligramme qui représente un rideau de pluie ; références explicites à l'ouïe (« *voix* », « *hennir* », « *auriculaires* », « *ancienne musique* », « *écoute* »).

Un bilan nostalgique

Une seule occurrence de la première personne (« *ma vie* »), mais présence d'un vocabulaire évaluatif (« *merveilleuses* », « *regret* »).

Opposition entre un passé joyeux (« *voix de femmes* », « *merveilleuses rencontres* », « ancienne *musique* », et un présent morne et solitaire (« *comme si elles étaient mortes* », « *regret* »). Image finale de la chute (vers la mort ?) : « *écoute tomber les liens qui te retiennent en haut et en bas* ».
Assimilation de la pluie aux pleurs : système d'échos entre « *il pleut* » et « *pleurent* ».
Transition. Le motif du paysage état d'âme, qui permet au poète d'exprimer ses sentiments intimes à travers l'évocation d'un paysage naturel, est traditionnel. Pourtant, ce calligramme, par sa forme, semble s'écarter des chemins battus et offrir un renouvellement des formes poétiques.

2) Un manifeste en faveur de la nouveauté en poésie

Les habitudes du lecteurs remises en question

Le sens de lecture. Il faut lire de haut en bas et chaque mot est disposé selon ce sens vertical.
L'absence de ponctuation. Le poème ne comporte aucun signe de ponctuation. C'est la fin de la ligne verticale qui indique la fin de la phrase, mais c'est au lecteur de suppléer à l'absence de virgules ou de signes de ponctuation expressive.

Un poème manifeste

« *Une ancienne musique* ». On sait que dans l'Antiquité, la poésie était chantée par le poète, qui s'accompagnait d'une lyre. La musique est donc traditionnellement associée à la poésie. Une « *ancienne musique* » pourrait donc être une forme de poésie traditionnelle. Cette hypothèse est confirmée par l'association des « *voix de femmes* » et des « *merveilleuses rencontres* » à la musique du passé : l'amour est en effet un thème traditionnel en poésie.
La prise à parti du lecteur. Le poète évoque à propos de la poésie traditionnelle « *le regret* » et « *le dédain* » : regret pour une poésie très codifiée qui n'est plus, dédain pour les innovations ? Mais attention, il invite son interlocuteur (le lecteur ?) à écouter « *s'il pleut* », c'est-à-dire son poème, au lieu de pleurer sur la poésie du passé (pointe satirique dans « *ô gouttelette* ») : le poète se moque de l'emphase de la poésie lyrique traditionnelle. Dans la dernière « ligne », nouvelle adresse au lecteur : invitation à se laisser déstabiliser, à remettre en cause ses habitudes littéraires, ce que réalise le calligramme.

Ainsi, ce calligramme d'Apollinaire s'inscrit dans la tradition, celle du paysage état d'âme, la pluie sert l'expression d'une douce nostalgie, mais il renverse cette tradition en se moquant de la poésie lyrique traditionnelle et en invitant le lecteur à renoncer à tous ses préjugés et à ses confortables habitudes. Pour Apollinaire, la poésie doit inquiéter.

Sujet 27

Corpus 8, p. 311

Vous commenterez la fable Les Obsèques de la lionne, de Jean de La Fontaine.

Anne-Diandra 10,5/16
Analyses stylistiques précises, même si celles-ci ne sont pas toujours clairement interprétées. Des remarques justes dans la première partie. Votre deuxième partie est moins pertinente car vous parlez de « virtuosité » du langage. Cela pourrait être dit de n'importe quel texte : il aurait mieux valu étudier de façon plus rigoureuse l'art de plaire.

Jean de la Fontaine écrit[1] en 1678 *Les Obsèques de la lionne*, un poème se trouvant[2] dans les célèbres *Fables*[3]. Dans ce poème satirique[4], il met en scène le Roi incarné par le lion et un cerf. Ce dernier tente de se justifier quant à un comportement indigne vis-à-vis de la Reine, défunte. Dans son poème, La Fontaine va mêler, avec finesse, différents mètres (octosyllabes, alexandrins, décasyllabes, ...) à la subtilité habituelle[5] de son langage, dans un univers satirique. Nous traiterons, donc, dans un premier temps, du portrait du Roi par La Fontaine[6] : la destitution d'une figure emblématique. Pour finir, nous montrerons la virtuosité de La Fontaine par la satire[7].

Dans un premier temps, on pourra observer la destitution de la figure emblématique du Roi : pour se faire, La Fontaine va procéder de différentes manières[8].

Tout d'abord, on peut noter que le Roi est marqué par le cerf. En effet, les monarques sont réduits, presque à l'état d'objet par La Fontaine. Il[9] s'adresse directement au lecteur et lui explique la démarche à suivre afin de manipuler le Roi : « *Amusez les Rois* », « *Flattez-les* », « *Payez-les* »[10]. Le Roi, par cette faiblesse[11], devient ridicule, comparé à son statut[12]. La Fontaine va, d'ailleurs, utiliser l'ironie (v. 30-31)

1) Publie.
2) Préférez une relative : « qui se trouve… ».
3) Précisez le livre et le numéro de la fable.
4) Bonne identification du registre.
5) Évitez les jugements de valeur.
6) Rédaction à revoir. Faites une phrase. Étudier la figure du roi paraît trop restrictif ; c'est toute l'image de la cour qu'il faudrait étudier.
7) Mal dit. Termes trop vagues.
8) Bonne introduction partielle.
9) Qui ?
10) Citez les numéros de vers et analysez l'usage de l'impératif.
11) Ponctuation à revoir.
12) Mal dit. À reformuler.

qui montre la colère du Lion : « *La colère du Roi [...] est terrible, et surtout celle du Roi Lion* » : Le Roi apparaît d'autant plus ridicule, que son absence d'autorité insiste sur ses faiblesses.

Cependant, le Roi ne fait pas non plus, figure de victime. Il va, bien au contraire, apparaître comme un menteur qui ne fait que dans[13] l'artifice et l'apparence. En effet, on peut remarquer la diérèse du premier vers sur « *Lion* » qui accentue ce mot. La Fontaine veut montrer que le Roi n'est centré que sur lui-même, alors que sa femme est morte. Le Roi est vu comme égoïste mais aussi comme un personnage faux. La rime (v. 19-20) de « *être* » avec « *parêtre* » met donc en valeur ces deux termes insistant sur la double personnalité du Roi[14] : sa sincérité (cachée) et l'artifice. La Fontaine veut rétablir la réalité en arrêtant d'idéaliser les monarques[15].

La Fontaine souhaite finalement blâmer le Roi mais aussi ses suiveurs[16] afin de voir les lecteurs réagir contre un gouvernement dérisoire et non sincère. En effet, l'accumulation d'adjectifs (« *gais* », « *triste* », « *prêt* »), mêlée au chiasme du vers 18 (« *prêts à tout, à tout indifférents* »), vont renforcer cette idée. Ce vers crée un certain rythme, comme si, les peuples étaient des victimes piégées dans un cercle vicieux. Le peuple ne représenterait que des suiveurs manipulés, un « *peuple caméléon* » (v. 21)[17], un peuple faible et « *singe du maître* » (v. 21). Ces métaphores (v. 21) visent à faire réagir le peuple en lui ouvrant les yeux sur la réalité des faits, la fausseté du Roi, la lâcheté[18] des suiveurs...

Dans un second temps, nous montrerons la virtuosité[19] de La Fontaine dans ce poème.

Tout d'abord, ce texte cherche à séduire le lecteur par la finesse de son langage. La Fontaine va, par exemple, utiliser le mot « *mânes* »[20]. Cette référence à la mythologie valorise le poète car il montre un certain raffinement. Dans cette même optique, il parlera des « *Champs élyséens* » et diversifiera son style d'écriture avec

13) À reformuler : « qui ne vit que dans... ».

14) Bonne analyse de la rime, sauf que la rime « être/parêtre » s'applique aux courtisans.

15) Très bien.

16) Impropre. Préférez le terme « courtisans ».

17) À analyser plus rigoureusement. Parlez d'un rythme circulaire.

18) Le terme « lâcheté » est impropre. C'est plus la faculté d'adaptation et l'attitude mimétique des courtisans qui sont imposées.

19) Terme inapproprié. Cela pourrait se dire de n'importe quel texte. Il faut choisir un terme mieux adapté, qui n'implique pas de jugement de valeur.

20) Bien. Analyse subtile et pertinente.

notamment l'orthographe du mot *« parêtre »*. Ainsi, le poète se veut plus crédible aux yeux du lecteur car il se montre réfléchi et raffiné. Il associe à son langage, un jeu sur l'implicite avec les personnages de pouvoir incarnés par des animaux : le *« lion »* et la *« lionne »*.

Par ailleurs, dans ce poème, on pourra parler de la satire au service des idées : plaire tout en instruisant implicitement[21]. On peut effectivement noter la parataxe asynthétique tout au long du texte (*« Bref »*). Cette absence de mot de liaison montre que La Fontaine ne s'attarde pas à l'histoire de sa fable mais aux idées sous-jacentes. Dans même idée, on remarque que les quatre derniers vers (52, 53, 54, 55) servent de conclusion[22] et donnent à cette simple histoire une épaisseur et une dimension morale. La prosodie[23] veut dynamiser et rendre le texte agréable, mais va aussi mettre en valeur des termes par le sujet au vers 31 de « est terrible » qui accentue sur la pression dérisoire que met le Roi sur son peuple. Cette histoire, simple en apparence, vise donc à instruire le lecteur implicitement[24].

Finalement, nous avons pu montrer que La Fontaine visait une cible implicitement, se montrant ainsi virtuose du langage : *« le poète est un homme qui refuse le langage »* (Jean-Paul Sartre)[25].

Nous pouvons donc mettre en corrélation la fable de La Fontaine, avec l'article « Guerre » du *Dictionnaire philosophique* de Voltaire. L'article « Guerre », un conte[26] philosophique, blâme de la même façon le gouvernement en en faisant sa satire. Ces deux textes sont donc semblables du point de vue de la réelle intention des auteurs dans leurs écrits.

21) Bonne formulation.

22) Ils constituent la moralité. Soyez précise dans le choix des expressions.

23) Il aurait été intéressant de détailler l'analyse de la prosodie. Il aurait fallu montrer par exemple que la variété des mètres créait une variété rythmique, propre à maintenir l'attention du lecteur.

24) … et agréablement.

25) Citation à propos.

26) Attention. L'article « Guerre » de Voltaire est un essai, non un conte philosophique. Vous confondez avec *Candide ou L'Ingénu*.

Sujet 28

Corpus 5, p. 306

Vous commenterez le poème de Paul Verlaine, Après trois ans.

Les Poèmes saturniens constituent le premier recueil de poèmes publié par Verlaine, en 1866, sous l'égide du dieu Saturne, dieu de la Mélancolie. *Après trois ans* est un sonnet* d'alexandrins*, aux rimes embrassées dans les quatrains, suivies et croisées dans le sizain. Le « je » poétique y décrit un jardin qu'il a naguère fréquenté, et qu'il retrouve « *[a]près trois ans* ». Ce poème narratif et réaliste intrigue le lecteur par son apparente simplicité. Nous étudierons dans un premier temps le paysage en demi-teinte qui se construit dans le poème, véritable tableau à la Watteau. Dans un deuxième temps, nous analyserons la figure du « *temps retrouvé* », grâce à laquelle le poète nie les effets dévastateurs du temps. Enfin, dans une lecture rétrospective, nous montrerons que le poème se construit autour d'un manque, d'une absence, qui lui donne de plein droit sa place dans la section « Melancholia ».

Le « *petit jardin* » (v. 2) que parcourt le poète dans *Après trois ans* s'apparente à bien des égards à un tableau de Watteau. Il est tout d'abord le lieu de sensations douces. Les yeux sont frappés de reflets lumineux subtils. Ainsi, on relève les termes « *éclairait* » (v. 3), « *soleil* » (v. 3), « *Pailletant* » (v. 4) et « *étincelle* » (v. 4), qui, pour les deux premiers, sont placés à l'intérieur du vers, pour les deux suivants, aux extrémités du vers, diffusant la lumière tout au long des vers 3 et 4. Les sons qui se font entendre forment une harmonie musicale. Le « *murmure* » (v. 7) de l'eau et la « *plainte* » (v. 8) du vent dans les arbres, produisent un effet de sourdine, accentué par la récurrence de sonorités nasales (« *murmure* », v. 7 ; « argentin », v. 7 ; « *tremble* », v. 8 ; « *plainte* », v. 8 ; « *sempiternelle* », v. 8). Les odeurs sont présentes dans l'évocation des fleurs qui jaillissent en véritables bouquets odorants (« *fleur* », v. 4 ; « *roses* », v. 9 ; « *lys* », v. 10). Quant au toucher, on peut le deviner dans la mention d'une « tonnelle » (v. 5) de vigne, destinée à adoucir les rayons du soleil, à offrir un abri de fraîcheur. Ainsi, ce jardin est le berceau de sensations à la fois plaisantes et délicates.

Autre caractéristique qui peut apparenter ce poème de Verlaine à un tableau de Watteau : l'harmonie entre le naturel et l'artificiel. En effet dans ce jardin, la nature n'est pas laissée à l'état sauvage. Aux éléments naturels (« *petit jardin* », v. 2 ; « *fleur* », v. 4 ; « *vieux tremble* », v. 8 ; « *roses* », v. 9 ; « *grands lys* », v. 10 ; « *alouette* », v. 11), se mêlent par exemple des objets fabriqués (« *chaises de rotin* », v. 6, « *Velléda* », v. 12) en une cohabitation harmonieuse. De même, la nature est parfois contrainte mais cela ne lui enlève en rien son charme. Ainsi, la vigne doit pousser de manière à former un abri (« *humble tonnelle* », v. 5), mais

elle n'en reste pas moins « *folle* » ; l'eau, pour sa part, est contrainte en un « *jet d'eau* », mais produit un « murmure argentin ». C'est donc une nature domestiquée qui nous est dépeinte. Les plantes en viennent même à prendre des allures très humaines grâce aux personnifications* : le nom « *plainte* » (v. 8) et l'adjectif « *orgueilleux* » (v. 10) attribuent des sentiments respectivement au « *tremble* », et aux « *grands lys* » ; quant aux roses, elles « *palpitent* », comme si leur cœur battait. Ainsi, ce « *petit jardin* » (v. 2) verlainien offre aux regards une nature policée où nature et artifice se côtoient.

Enfin, ce décor sensuel se construit comme un tableau en perspective. La forme participiale (« *Ayant poussé* », v. 1), laborieuse, qui inaugure le poème, souligne le premier plan sur lequel le regard du spectateur est invité à se poser. Une fois entré dans le tableau, le regard suit les lignes de fuite avec plus de fluidité, comme l'indiquent les enjambements*, du vers 2 sur le vers 3, du vers 5 sur le vers 6, du vers 7 sur le vers 8. Enfin, la Velléda (v. 12) constitue le point de fuite, « *au bout de l'avenue* » (v. 13). Cette organisation en plans successifs ne déborde pas cependant le cadre exigu d'un tableau. Ainsi, le champ lexical de la petite taille émaille le sonnet* (« *étroite* », v. 1 ; « *petit* », v. 2 ; « *humble* », v. 5). La forme même adoptée par Verlaine signifie la clôture. Le sonnet* est en effet une forme régulière et fermée dont les quatorze vers de douze syllabes deviennent un cadre, presque carré. Le poème s'organise donc comme une œuvre picturale.

Ainsi, c'est un véritable tableau que le poète nous donne à voir, grâce à ses couleurs en demi-teinte, à ses motifs harmonieux et à sa composition rigoureuse. Pourtant, loin de rester extérieur à cette œuvre, de la décrire en spectateur, le poète pénètre dans le jardin et le parcourt. Le tableau devient alors le théâtre de ses sentiments.

À un second degré, ce jardin est en effet un paysage état d'âme : tout en le décrivant, le poète nous fait part de ses sentiments. L'évocation veut nous laisser entendre que pour le « je » poétique, le temps n'existe pas. En effet, le poème brouille très vite les repères chronologiques du lecteur. Le titre annonce deux strates temporelles, qui devraient correspondre à deux états du jardin : le présent, celui de la redécouverte du jardin, et le passé, éloigné de trois ans. Pourtant, dans la première strophe, le passé composé (« *Je me suis promené* », v. 2) introduit un certain décalage. Le poète s'exprime après son retour au jardin, alors que son exploration est accomplie. Il y aurait donc en réalité trois époques : le passé, vieux de trois ans, le passé immédiat, du retour, le présent de l'écriture. Ce bel ordonnancement ne résiste pas à l'examen du poème. D'une part, le poème ne comporte aucun signe du passé (l'imparfait « éclairait », du vers 3, exprime plutôt une concordance des temps avec « Je me suis promené », au vers précédent, qu'un passé révolu). D'autre part, de nombreux verbes au présent parsèment le poème : certains peuvent être lus comme des présents de vérité générale (« *la porte étroite qui chancelle* », v. 1), mais d'autres doivent être lus comme des présents d'énonciation (« *Les roses comme avant palpitent* », v. 9). Le présent prend donc la place du passé composé ou de l'imparfait attendus. Ce brouillage

temporel entraîne la confusion des différentes strates temporelles : plus rien ne sépare le passé du présent.

De plus, Verlaine se pose ici en champion du « *temps retrouvé* ». L'antithèse* entre « *[r]ien* » et « *tout* » (« *Rien n'a changé. J'ai tout revu* », v. 5) souligne qu'en trois ans, rien n'est venu altérer la beauté du jardin. De même, l'adverbe de temps « toujours » et la locution « comme avant », répétée deux fois, martèlent le caractère immuable des éléments évoqués. Lors de son retour, le « je » poétique retrouve tout exactement comme il l'avait laissé. Cette figure du retour au même se lit également dans la structure rimique du poème. En effet, en adoptant la forme très codifiée du sonnet*, Verlaine a choisi une forme qui se caractérise par des rimes embrassées identiques dans les deux quatrains (« *chancelle* », « *jardin* », « *matin* », « *étincelle* », « *tonnelle* », « *rotin* », « *argentin* », « *sempiternelle* »), puis par des rimes suivies (« *avant* », « *vent* ») et croisées (« *connue* », « *Velléda* », « *avenue* », « *réséda* ») dans le sizain. Ainsi, le retour du même est un principe caractéristique du sonnet*. Le poète renforce ce phénomène en ajoutant des rimes internes. Ainsi, pour le poète, trois ans n'ont rien changé, il retrouve chaque fleur et chaque oiseau.

Le sonnet* n'a donc de cesse de nier les effets du temps qui passe. Pourtant, le titre mettait l'accent sur le temps et posait comme horizon d'attente l'observation de ses ravages. On est dès lors en droit de s'interroger sur cette trop insistante négation du temps, et de chercher la faille que le poète tente de dissimuler.

Pour déceler l'inquiétude du poète, il faut pousser la lecture jusqu'au dernier vers. Le poème se clôt en effet sur l'évocation d'une odeur (« *l'odeur fade du réséda* », v. 14) mais une odeur bien différente des délicates sensations d'abord mises en avant. Il s'agit d'une odeur désagréable comme le révèle l'adjectif péjoratif « *fade* ». De plus, il s'agit d'une odeur très précise, celle du « *réséda* ». Ce terme paraît très important puisqu'il est placé à la fin du vers, et souligné par la rime riche (-*éda*) et par les assonances* en [a] qui parcourent le dernier tercet (« Velléda », v. 12 ; « plâtre », v. 13 ; « avenue », v. 13 ; « fade », v. 14). Or, le réséda est une fleur cultivée pour son parfum agréable, qui évoque l'amour (on l'appelle même parfois « l'herbe d'amour »). Ainsi, le parfum doux et sensuel de l'amour se serait perdu. Le dernier vers nous invite donc, en une lecture rétrospective, à chercher d'autres indices de la fin d'un amour.

Une seconde lecture fait en effet apparaître en creux une présence féminine, aimée, qui n'est plus. Le poème se construit alors comme un vide qu'on ne peut combler. Ainsi, les points de suspension à la fin du vers 6 (« l'humble tonnelle / De vigne folle avec ses chaises de rotin... », v. 5-6), font entendre le silence, l'absence de conversation dès lors que les chaises de rotin restent inoccupées. Au début du premier tercet, c'est le langage des fleurs qui permet au poète d'évoquer la femme aimée. Les « roses » (v. 9) sont traditionnellement associées à l'amour, quant aux « lys » (v. 10), ils symbolisent la pureté virginale. On voit donc se dresser l'ombre d'une toute jeune fille, prête à aimer, mais cette image est dégradée ensuite avec « la Velléda » (v. 12). D'une part, l'article défini a une axiologie négative. D'autre

part, la Velléda est, dans *Les Martyrs* de Chateaubriand une druidesse, vouée à aimer en vain. Il s'agit donc d'une figure de l'amour impossible. La virginité n'est plus une annonce d'amour mais un obstacle insurmontable. Le poète esquisse donc un amour impossible dont le jardin est le théâtre involontaire.

De plus, le poème paraît, dans une seconde lecture, parsemé d'indices qui évoquent l'inquiétude. À la fin du second quatrain déjà, annonçant le retournement produit par le dernier tercet, se fait entendre le mot « plainte », soutenu par les nasales (« *tremble* », « *sempiternelle* »). Le poète prête ainsi des sentiments mélancoliques aux arbres du jardin. Toutefois, c'est dans le dernier tercet que les indices se font plus nombreux. Alors que rien ne semblait changer, force est de constater que la statue qui orne le « *bout de l'avenue* » s'est dégradée (« *Dont le plâtre s'écaille* », v. 13). Le verbe « *s'écaille* », dont les sonorités font écho au participe présent du premier quatrain « pailletant », souligne l'écart entre le passé et le présent. Cette plaie sur la statue renvoie à la blessure du poète. Enfin, dans le dernier vers, la statue est qualifiée de « *Grêle* », adjectif péjoratif. La statue devient trop maigre, comme si elle était trop faible pour combler le manque qui tourmente le poète. Ainsi, la statue devient une véritable représentation de la mélancolie.

Verlaine brosse donc un paysage à la Watteau, tout en nuances sensuelles. Ce tableau est le lieu de l'expression des sentiments du poète, qui tente de calmer son inquiétude en affirmant que le temps n'est rien, en niant ses ravages, mais qui ne peut totalement faire taire sa mélancolie, et le souvenir d'un amour perdu. C'est donc un paysage état d'âme que ce petit jardin, comme *Promenade sentimentale* est un paysage plus sauvage, traduit les émotions du poète.

Chapitre 3

LE TEXTE THÉÂTRAL ET SA REPRÉSENTATION DU XVIIe SIÈCLE À NOS JOURS

Sujet 29

Corpus 11, p. 321

Vous ferez le commentaire de l'extrait de Théophile de Viau, Pyrame et Thisbé.

Analyse du sujet

Dès la première lecture, le texte présente plusieurs caractéristiques fondamentales :

• c'est une scène de dénouement* – elle règle donc le sort des différents personnages et dénoue l'intrigue ; c'est aussi elle qui laisse une dernière impression au spectateur ;

• c'est une scène baroque – nous pouvons l'affirmer grâce à plusieurs indices (date, similitude avec l'extrait de *Roméo et Juliette*, mort violente de Thisbé sur scène).

Il faut bien sûr développer ces deux observations dans le commentaire.

N'oubliez pas non plus d'exploiter ce que vous avez mis en avant dans la question : on vous demandait de comparer les textes, vous avez donc été amené à noter le registre* pathétique, commun aux quatre textes, la présence de la mort, sur scène (textes 1, 2 et 4) ou hors-scène (texte 3), ... Avoir comparé ce texte avec les autres documents du corpus, dans la phase d'analyse, au brouillon, vous aide à en saisir les spécificités.

Plan détaillé

Pyrame et Thisbé, tragédie baroque par excellence, fut écrite par Théophile de Viau en 1621. La scène 2 de l'acte v met en scène Thisbé devant le corps ensanglanté de Pyrame. Ce dernier, croyant Thisbé morte, dévorée par un lion, s'est en effet suicidé, d'un coup de poignard. Sa jeune amante, à son tour, découvre qu'elle ne peut continuer à vivre sans celui qu'elle aime et décide, au terme d'un long monologue* pathétique, de se donner la mort. Nous verrons dans un

premier temps que cette scène constitue une scène de dénouement*, avant d'en étudier l'efficacité dramaturgique.

1) Une scène de dénouement*

Régler le sort des différents personnages

Mort de Pyrame : (« *Pyrame/Trépassé* », notez l'enjambement*) ; mort de Thisbé (« *Enfonce là-dedans* », « *Je ne pouvais mourir d'un coup plus gracieux* »).

Dénouer l'intrigue de façon cohérente

Rappel des circonstances qui ont conduit Pyrame à se tuer (« *un soupçon* » : il a cru Thisbé morte, dévorée par un lion).
Justification du suicide de Thisbé (« *Nous les joindrons là-bas et par nos saints accords,/Ne feront qu'un esprit de l'ombre de deux corps* » : union dans l'au-delà faute d'un mariage terrestre).

2) L'efficacité dramaturgique de la scène

Une parole pathétique

Une douleur intime. Relevé des procédés propres au registre* pathétique : première personne du singulier (spectacle d'une douleur vécue), champ lexical de la douleur puis de la mort, ponctuation expressive (exclamatives qui traduisent une douleur exacerbée, interrogatives rhétoriques qui montrent que Thisbé est perdue).
Une douleur universelle. La douleur de Thisbé est telle qu'elle gagne l'univers tout entier : bouleversement de la nature (personnification* des éléments naturels qui sont gagnés par la souffrance de la jeune femme).

Une image efficace

Le spectacle de la douleur. Thisbé émeut le spectateur par son visage ravagé par les larmes, sa posture qui traduit l'abattement, le ton de sa voix.
Le spectacle de la mort. Mort violente de Thisbé (« *poignard* », « *Enfonce* », « *lame* »). Image de sang et de larmes qui se grave dans l'esprit du spectateur.

Cette scène clôt l'histoire tragique des amours de Pyrame et Thisbé en réunissant les deux amants dans la mort, dans une mise en scène émouvante par la parole et les images. Elle se rapproche du dénouement* de *Roméo et Juliette*, qui continue à émouvoir les spectateurs, plus de quatre siècles après les premières représentations de la tragédie shakespearienne.

Sujet 30

Corpus 9, p. 316

Vous commenterez la scène d'exposition du *Tartuffe*, de Molière.

Élodie 13/16
Bon travail dans l'ensemble. Toutefois, vous devez être plus attentive à ce qui fait la spécificité du texte théâtral, destiné à être joué.

Cette scène d'exposition* ouvre la pièce *Le Tartuffe* de Molière, jouée pour la première fois en 1667. C'est l'histoire[1] d'une famille qui vit une dispute, orchestrée par Madame Pernelle, qui s'en prend à tout le monde. Nous verrons dans un premier temps en quoi la scène remplit les fonctions d'une scène d'exposition*, puis nous verrons dans un second temps que cette scène est dynamique.

Cette première scène renseigne le spectateur sur les personnages, le cadre spatio-temporel, ainsi que sur l'intrigue[2].

Parlons d'abord des personnages. Le spectateur fait la connaissance de six d'entre eux sur scène et d'un septième absent de la scène : il s'agit de monsieur Tartuffe. Le spectateur découvre Madame Pernelle, Elmire, Dorine, Damis, Mariane, et Cléante[3]. Madame Pernelle a des répliques* plus importantes que les autres personnages, ce qui révèle son caractère dominateur. On ne connaît les autres personnages que par le jugement de Madame Pernelle, qui est très négatif. Dès sa première réplique*, on apprend que la compagnie de sa famille ne lui est pas très agréable (« *Allons, Flipote, allons, que d'eux je me délivre* »)[4].

En revanche, cette scène n'offre pas beaucoup de renseignements sur le cadre spatio-temporel. On sait que la scène se passe chez Elmire (« *Je sors de chez vous* ») et qu'ils[5] paraissent venir d'un milieu aisé, sûrement noble.

1) Mal formulé. Précisez que vous présentez l'extrait et non la pièce. Il faudrait d'ailleurs préciser que la pièce est une comédie classique, en alexandrins*. Développez donc plus la présentation de la pièce.

2) Bonne introduction partielle.

3) Il faudrait présenter ces personnages et indiquer leur lien de parenté.

4) Numéro de vers ?

5) Ce pronom n'a pas de référent.

6) Au XVIIe siècle, le vouvoiement était beaucoup plus courant qu'aujourd'hui. Ce n'est donc pas un indice de l'appartenance de la famille à la noblesse.
7) « Par contre » est une expression incorrecte, vous devez la remplacer par « en revanche ».

8) Sens ? Attention, on vous évalue aussi sur la clarté de votre expression et la pertinence de vos formulations.

9) Évitez de vous mettre en avant dans le commentaire. Préférez donc le « nous » de modestie.
10) Cette première partie est très bien construite, mais elle ne comporte pas suffisamment d'analyses de procédés littéraires.
11) Ne confondez pas la lecture d'un texte théâtral avec la représentation d'une pièce.
12) Bonne conclusion partielle, mais où est la transition ? Vous devez impérativement annoncer la suite.
13) Vous faites une phrase d'introduction partielle pour la partie (cette scène d'exposition* est dynamique), mais pas pour la sous-partie. De ce fait, on ne comprend pas quel est le lien entre le champ lexical des défauts et le dynamisme.
14) Indiquez le changement de vers par /. Vous devez respecter la versification du texte que vous commentez.

Ils se vouvoient[6], leurs phrases sont élégamment tournées et Elmire semble riche, selon les dires de Madame Pernelle (« *vous êtes dépensière* », « *vous alliez vêtue ainsi qu'une princesse* »). Par contre[7], nous n'avons pas de renseignement sur le moment de la journée si ce n'est que Madame Pernelle a écourté la rencontre (« *D'où vient que vous sortez si vite ?* »).

À la fin de cette scène, l'intrigue est grande[8] et le spectateur se pose beaucoup de questions qui ne seront élucidées que plus tard dans la pièce : pourquoi le personnage qui a donné son nom à la pièce est-il absent ? est-il, comme le dit Damis, « *un cagot de critique* » ou, comme le pense Madame Pernelle, « *un homme de bien qu'il faut que l'on respecte* » ?

Je dirai[9] pour conclure sur ce premier point[10] que la cette scène joue son rôle de scène d'exposition* par le fait qu'elle présente les personnages, qu'elle renseigne sur le lieu de l'action et qu'elle donne au spectateur l'envie de lire[11] la suite pour avoir des réponses aux multiples questions qu'il se pose[12].

On remarque également que cette scène d'exposition* est dynamique[13]. On relève dans cette scène le champ lexical du défaut (« *forte en gueule* », « *fort impertinente* », « *vous vous mêlez sur tout de dire votre avis* », « *vous êtes dépensière* », « *Vous prêchez des maximes de vivre qui par d'honnêtes gens ne se doivent point suivre* »)[14]. Ces reproches sont accentués par de très nombreuses hyperboles* (« *On n'y respecte rien* », « *j'ai prédit cent fois* », « *Votre conduite en tout est tout à fait mauvaise* », « *tant d'ajustement* »). Toutes ces critiques sont adressées par Madame Pernelle à sa famille. Cela révèle des relations tendues et conflictuelles au sein de la famille. De plus, Damis prononce aussi une hyperbole* au sujet de Tartuffe (« *pouvoir tyrannique* »), qui met en évidence la cause du conflit. C'est à cause de Tartuffe que l'on se dispute. Ce conflit donne du dynamisme à la scène.

Molière a également utilisé des procédés musicaux pour rendre la scène plus dynamique[15]. Les points de suspension à la fin de plusieurs répliques* montrent que Madame Pernelle coupe de nombreuses fois la parole et rend très courtes les répliques* des autres personnages (« *Si...* », « *Mais...* », « *Je crois...* »). Le dynamisme de la scène vient du fait que les personnages luttent pour arriver à prendre la parole. On observe ainsi un rythme croissant : les répliques* des adversaires de Madame Pernelle font d'abord une syllabe (« *Si...* »), puis deux (« *Je crois...* »), puis quatre (« *Mais, ma mère...* »), puis six (« *Mais, Madame, après tout...* »). Le rythme des répliques* rend donc cette scène dynamique.

Grâce au conflit et à la vivacité des répliques*, on peut dire que cette première scène est dynamique[16].

La scène 1 de l'acte I du *Tartuffe* de Molière présente toutes les informations dont le spectateur a besoin et captive par son dynamisme. On peut constater que Beckett remet en cause cette tradition de l'exposition* : en ouvrant le rideau sur une scène muette, décorée de poubelles, il veut surtout choquer le spectateur.

15) Évitez de centrer une partie sur un outil d'analyse (procédés musicaux par exemple). Votre démonstration devrait toujours faire intervenir plusieurs outils.

16) Cette seconde partie a le mérite de faire intervenir de nombreux procédés d'écriture. En revanche, on regrette que vous n'ayez pas pris en compte ce qui fait la spécificité du théâtre : la gestuelle et le mouvement scénique.

Sujet 31

Corpus 10, p. 318

Vous ferez le commentaire de la tirade du roi dans la scène de *Le Roi se meurt* d'Eugène Ionesco (« *Je me permets de souhaiter le bonjour à votre Majesté...* » [...] « *Vous voyez, Majesté. Cela se confirme de plus en plus* »).

Jean-Baptiste 11/16
Des analyses stylistiques fines et précises, un plan cohérent. En revanche, vous ne mettez pas suffisamment en évidence les enjeux critiques et politiques de la scène. De plus, vous oubliez souvent que vous avez affaire à un texte de théâtre, destiné à être représenté.

Le Roi se meurt est une pièce d'Eugène Ionesco, datée de 1962. Le titre du livre[1] illustre parfaitement la tirade* du roi dans ce passage. On y voit un roi malade, conscient de ses problèmes et de ceux de son pays, mais qui refuse d'y attacher la moindre importance.[2] Nous étudierons dans un premier temps les signes avant-coureurs de la mort du roi, puis nous verrons qu'à travers le roi, c'est le pays tout entier qui agonise[3].

Le premier signe qui annonce la mort du roi, c'est la folie. Le roi a perdu la raison et nous allons étudier les indices qui nous permettent de l'affirmer[4]. Tout d'abord, le roi pose de nombreuses questions, et donne parfois lui-même les réponses, sans laisser le temps aux princesses ou au médecin d'y répondre (« *Comment ça va ? Moi, ça ne va pas !* », « *Est-ce un lumbago ?* », « *Pourquoi a-t-on fermé l'école Polytechnique ? Ah, oui !* »). Cette abondance de questions montre que le roi est complètement perdu. Il dialogue avec lui-même comme s'il était double. De plus[5], les exclamatives, dans son discours, traduisent une excitation intérieure (« *ça ne va pas !* », « *tu es déjà là !* », « *j'ai mal aux pieds !* »)[6]. Certaines de ces phrases exclamatives se réduisent à des interjections (« *Ah, oui !* », « *Ah !* »),

1) Évitez de parler de « livre » pour une pièce de théâtre : il s'agit avant tout d'un spectacle, destiné à un public.

2) Présentation du passage incomplète : qui sont les autres personnages en scène avec le roi ? Quel est leur rôle ?

3) Bien. Annonce très claire du plan.

4) Il faut effectivement faire une phrase d'introduction partielle pour annoncer votre objectif dans le paragraphe, mais celle-ci présente une certaine lourdeur.

5) Bien. Employez des connecteurs logiques pour structurer votre démonstration.

6) Vous donnez les citations dans le désordre et sans préciser les numéros des lignes : cela ne facilite pas la tâche du correcteur !

comme si le roi bouillait tellement intérieurement qu'il ne parvenait plus à organiser son discours[7]. Enfin, on constate que le roi est victime d'hallucinations. Vers la fin de sa tirade*, le roi parle au nuage comme à une personne, comme si le nuage faisait pleuvoir pour l'agacer (« *J'avais interdit les nuages. Nuages ! Assez de pluie, je dis : assez. Assez de pluie, je dis : assez. Ah ! Tout de même* »). Ici, le roi donne des ordres comme un roi, mais à un nuage, ce qui montre qu'il est fou. La répétition de la phrase « *Assez de pluie, je dis : assez* » montre[8] toujours l'excitation du personnage. On peut même penser que le roi a imaginé les toiles d'araignées qui pendent au-dessus de son lit (« *C'est plein de toiles d'araignées dans ma chambre à coucher* »). Juliette affirme bien qu'elle les a enlevées mais, comme elle aime son roi, on peut supposer qu'elle ne veut pas lui faire de peine en lui disant qu'il les a imaginées[9], alors elle ment[10].

Mais le roi n'est pas seulement rongé mentalement, il est également atteint physiquement[11]. Il a mal à tous ses membres et a du mal à se déplacer (« *Moi, ça ne va pas ! Je ne sais pas très bien ce que j'ai, mes membres sont un peu engourdis, j'ai eu du mal à me lever, j'ai mal aux pieds !* », « *Aïe, mes côtes !* », « *J'ai mal à la tête* »). L'accumulation de tous ces maux exprime bien son mal-être physique et sa souffrance. Le roi ignore qu'il est gravement malade (« *Je ne sais pas très bien* », « *Est-ce un lumbago ?* »), mais son entourage est conscient qu'il va mourir (« *Vous voyez, Majesté. Cela se confirme de plus en plus* »). Le roi ne maîtrise donc plus la situation, ce qui entraîne la déchéance du pays.[12]

Cette tirade* ne nous informe pas seulement sur l'état du roi, mais aussi sur l'état de son pays. De nombreux désastres s'accumulent sur le royaume. La première difficulté vient de la position géographique du pays, situé sur une terre peu solide, qui s'effondre, au rythme des tremblements de terre (« *cette terre qui craque* »,

7) N'oubliez pas qu'on est au théâtre. Il faudrait aussi évoquer le ton de la voix (débit rapide, tonalité aiguë) et peut-être aussi une gestuelle désordonnée.

8) Variez les formules. Vous pouvez remplacer « montre » par « suggère », « révèle », « laisse à penser », « laisse entrevoir ».

9) Il faut appuyer cette interprétation psychologique sur un procédé stylistique : l'hyperbole* (« *Elles n'arrêtent pas de repousser* »), qui introduit une exagération dans le discours de Juliette, met en doute sa sincérité.

10) Il faut terminer le paragraphe par une conclusion partielle, qui fait le bilan de ce que vous avez démontré dans le paragraphe, et une phrase de transition, qui annonce la suite de votre démonstration.

11) Gardez en tête la dimension théâtrale de l'extrait : ce mal-être physique est immédiatement perceptible pour le spectateur qui voit un personnage ravagé, mal habile, …

12) Transition vers la seconde partie trop courte. Il faut faire un bilan plus précis de ce qui a été démontré dans la première partie.

« Pourquoi en bâtir d'autres puisqu'elles tombent dans le trou, toutes ? »). L'allitération en [t] dans cette dernière phrase insiste sur le fait que le pays est en train de disparaître, il va mourir en même temps que le roi[13]. La seconde difficulté pour le pays est la situation stratégique : le pays est en guerre et il semble dominé par ses ennemis qui conquièrent progressivement le territoire (*« Ces frontières qui reculent »*) en commettant des crimes. En effet, on peut supposer que si *« le bétail beugle »* et *« les sirènes hurlent »*[14], c'est parce que les envahisseurs tuent les bêtes et brûlent les récoltes de manière à affaiblir le royaume. La troisième difficulté est administrative[15] : il n'y a plus d'ingénieurs (*« J'attends un ingénieur... étranger. Les nôtres ne valent plus rien »*), et il ne peut y en avoir de nouveau puisque l'école Polytechnique est fermée, si bien qu'on ne peut reconstruire ce qui a été détruit. De même que le roi meurt d'une maladie incurable, le pays agonise et ne peut être soigné.

Finalement par cette tirade*, on constate que l'état d'un pays gouverné par une seule personne dépend de l'état de cette personne[16]. À la maladie du roi, répond la désagrégation du pays. Ionesco écrit souvent contre un régime ou une institution. On retrouve cela dans *Rhinocéros* dans lequel il s'oppose à un régime totalitaire[17].

13) Bien. Variété des analyses stylistiques.

14) Vous ne pouvez pas modifier les citations sans indiquer les modifications entre crochets : « *[l]e bétail [...] beugle* », « *[l]es sirènes [...] hurlent* ».

15) Le terme est mal choisi : ce sont les ressources intellectuelles et scientifiques du pays qui sont ici touchées.

16) Évitez la répétition en employant « cette dernière ».

17) C'est cette dimension que vous n'avez pas assez nettement mise en évidence dans votre commentaire.

Sujet 32

Corpus 12, p. 325

Vous ferez le commentaire de l'extrait d'*Hernani* de Victor Hugo.

Hernani, premier drame romantique porté à la scène, objet d'une bataille entre les tenants de la tradition classique et une nouvelle garde d'écrivains, bien décidés à renouveler l'art dramatique français, est une œuvre de Victor Hugo devenue mythique. L'extrait soumis à notre étude se situe au cœur de la pièce, à la scène 6 de l'acte III. Don Carlos, roi d'Espagne, se rend chez Don Ruy Gomez pour que ce dernier lui livre Hernani, un brigand. Don Ruy Gomez ne connaissait pas l'identité de celui à qui il a ouvert sa porte, il n'en reste pas moins prisonnier de son serment d'hospitalité. Il se voit donc obligé d'opposer un refus à la requête du roi. Nous verrons dans une première partie que ce passage met en scène un véritable conflit de valeurs, puis dans un second temps nous montrerons que la scène est parcourue d'un souffle épique.

Le conflit qui éclate entre Don Ruy Gomez et Don Carlos est avant tout un conflit de valeurs. En effet, le sous-titre du drame de Hugo est « *l'honneur castillan* ». Il est ici incarné par Don Ruy Gomez, qui oppose l'honneur et les traditions à Don Carlos, qui met en avant son intérêt personnel et son ambition politique. Nous étudierons d'abord les valeurs que revendique Don Ruy Gomez, avant de voir comment il affronte le roi.

Le maître des lieux fait au roi le portrait des ses aïeux. Il commence par son plus lointain ancêtre, Don Silvius, « *l'aîné* » (v. 2), pour finir par son père (« *Ce vieillard, cette tête sacrée, / C'est mon père.* », v. 36-37). C'est l'occasion pour lui de rappeler les qualités de ces illustres ancêtres. Ils font preuve de qualités pratiques et de qualités morales. Ainsi, certains se sont illustrés par leur intelligence politique : c'est le cas de Don Silvius, « *qui fut trois fois consul de Rome* » (v. 3). Le complément « *trois fois* » est souligné par le rythme ternaire du vers précédent (« *l'aïeul, l'ancêtre, le grand homme* », v. 2). Il est en effet essentiel : la charge de consul pourrait avoir été confiée une fois à un homme médiocre, mais le fait que Don Silvius ait été chargé trois reprises de la gestion des affaires romaines ne laisse aucune doute sur ses capacités à les mener d'une main de maître. D'autres ancêtres s'illustrent par leurs exploits guerriers, et associent le courage à la stratégie, qui sont les deux qualités les plus fréquentes parmi les ancêtres de Don Ruy Gomez. Ainsi, don Galceran de Silva sut repousser les Maures, qui avaient

conquis León, et «*affranchit*» la province «*du tribut des cent vierges*» (v. 7) ; quant à Christobal, il n'hésita pas à se faire passer pour le roi («*prit la plume*», v. 13) pour sauver ce dernier d'une bataille dangereuse. Ruy Gomez de Silva de même fut un guerrier d'exception : c'est ce que soulignent les hyperboles* («*armures géantes*», v. 18 ; «*trois cents drapeaux*», v. 19 ; «*trente bataille*», v. 19) et le rejet du vers 20 sur le vers 21 qui montre que les conquêtes de Ruy Gomez sont telles qu'elles débordent la mesure du vers («*Conquit au roi Motril, Antequera, Suez/Nijar [...]*»). Parmi les ancêtres valeureux, citons encore «*Don Jayme, dit le Fort*» (v. 31), qui «*arrêta Zamet et cent Maures tout seul*». L'antithèse* entre les deux termes aux sonorités très voisines («cent» et «seul») met en lumière le courage extraordinaire de l'Espagnol. Enfin, le père du narrateur lui-même est un valeureux combattant comme le laisse entendre le champ lexical du combat qui parcourt son portrait («*six cents hommes de guerre*», v. 39 ; «*front*», v. 43 ; «*combattit*», v. 44). En récapitulant les hauts faits de ses aïeux, Don Ruy Gomez signifie au roi qu'il sera à leur image, courageux. Les ancêtres de Don Ruy Gomez ont aussi des qualités morales.

Parmi ces qualités, on trouve l'honnêteté, qui caractérise Don Blas, «*qui, de lui-même et dans sa bonne foi,/S'exila pour avoir mal conseillé le roi*» (v. 8-9). Dans cette famille, on a l'honnêteté de reconnaître ses fautes et de les assumer. Autre qualité morale : le désintéressement. Jamais un Silva n'agit pour servir son intérêt : au contraire, Don Jorge se dépouilla et «*paya la rançon de Ramire,/Roi d'Aragon*» (v. 14-15). Quant à Ruy Gomez de Silva, le nombre de ses victoires ne l'empêcha pas de mourir pauvre (v. 21). Toutefois, la principale qualité des Silva est la loyauté, loyauté à son roi d'abord, à ses amis ensuite, à ses ennemis enfin. Don Sanche sauve son roi du combat et Don Jorge paye sa rançon ; le père du narrateur est fidèle au «*conte Alvar Giron, son ami*» (v. 38) qu'il sauve des mains des Maures de Grenade, mais il respecte aussi le serment qu'il a fait aux Juifs, même lorsqu'ils sont poursuivis par les Rois très catholiques («*Il vécut soixante ans, gardant la foi jurée,/Même aux juifs*», v. 34-35). L'enjambement* du vers 34 sur le vers 35 met en valeur le mot «*juif*», déjà souligné par l'adverbe «*même*». Don Ruy Gomez montre ainsi que le respect de la parole donnée ne dépend pas de ceux à qui elle a été donnée, de la religion des Juifs ou de la rébellion d'Hernani, mais de celui qui la donne, de son honneur. Ainsi, le dernier des Silva revendique les valeurs incarnées par ses ancêtres.

Don Carlos ne conteste pas l'honneur de la famille des Silva, il les ignore. Sa première réplique* est en effet pleine d'ironie méprisante («*Pardieu ! don Ruy, je vous admire !/Continuez !*», v. 15-16). Le juron, les exclamatives disent assez qu'il n'a aucune admiration pour son interlocuteur. Il se moque des valeurs dont Don Ruy Gomez fait étalage car il pense pouvoir dominer par la force. Il est accompagné d'une armée et il a le pouvoir de faire emprisonner ou exécuter ceux qui se placent sur son chemin. Ce n'est d'ailleurs pas au nom d'une quelconque valeur qu'il demande Hernani, c'est simplement pour servir son intérêt personnel : il veut

éliminer un opposant à son ascension politique et un rival en amour. On note d'ailleurs la récurrence de l'adjectif possessif de la première personne quand il s'agit de désigner Hernani (« *Mon prisonnier !* », v. 45 ; « *Mon prisonnier sur l'heure !* », v. 47). Hernani n'est pas présenté comme un ennemi du royaume mais comme un ennemi du roi. Le conflit entre Don Ruy Gomez et Don Carlos est tout d'abord le conflit des valeurs morales contre l'intérêt personnel. Toutefois, ce conflit se double d'une deuxième opposition : Don Ruy Gomez est l'homme du passé, Don Carlos celui du présent. Don Ruy Gomez n'emploie dans son discours que le passé simple (« *fut* », v. 3 ; « *exila* », v. 9) ou l'imparfait (« *fuyait* », v. 11 ; « *valait* », v. 23). Don Carlos au contraire se montre impatient. Cela se lit dans son attitude (« *Le roi l'écoute avec une impatience et une colère toujours croissantes* », « *un geste de colère du roi* ») et dans ses paroles. Il emploie en effet des phrases nominales, comme s'il ne pouvait se permettre de perdre du temps en longs discours structurés (« *Mon prisonnier !* », v. 45 ; « *Mon prisonnier sur l'heure !* », v. 47). Don Carlos veut agir immédiatement, en prenant seulement en compte la situation présente.

Ainsi, face à « *l'honneur castillan* », Don Carlos oppose le caractère impétueux et autoritaire de son désir personnel. Cependant, Don Ruy Gomez ne cède ni à l'impatience ni à la colère du roi, et donne à la scène un souffle épique.

La dimension épique de la scène naît de différents éléments dramaturgiques : le décor, la présence d'un public muet, l'inscription dans l'Histoire et le registre* épique du discours de Don Ruy Gomez à la gloire de ses ancêtres.

Tout d'abord, imaginons la mise en scène de ce dialogue. Don Carlos et Don Ruy Gomez se font face dans un décor somptueux, la salle d'apparat du château de Don Ruy Gomez, dont les murs portent non seulement les dix portraits qui sont présentés, mais aussi tous ceux qui sont passés sous silence en raison de la colère du roi (« *Sur un geste de colère du roi, il passe un grand nombre de tableaux, et vient tout de suite aux trois derniers portraits à gauche du spectateur* »). Ce décor confère une grande solennité au dialogue entre les deux hommes. Le regard de chacun des ancêtres appuie le discours de Don Ruy Gomez et Don Carlos est en quelque sorte cerné par tous ces hommes illustres. Il ne faut pas oublier que le lieu devait être d'autant plus impressionnant pour le premier public du drame, encore habitué au décor impersonnel de la tragédie classique, prisonnière de l'unité de lieu. De plus, même si le roi et le duc sont les deux seuls à s'exprimer, la scène est pleine d'un public muet : les soldats, qui escortent le roi et sont sur le qui-vive, prêts à se saisir du rebelle, Doña Sol, qui tremble pour son amant, Hernani, enfin, caché, qui ne sait quel sera son sort. Au fur et à mesure du dialogue, les réactions de cette assistance muette amplifient la tension et guident le public dans ses réactions. Les gardes manifestent une tension de plus en plus perceptible (« *Mouvement de stupeur dans les assistants* »), à mesure Don Ruy Gomez parcourt la salle et que les possibilités de cachette se réduisent. Ils soulignent ainsi le suspense sur lequel repose la scène. Sur le visage de Doña Sol,

d'abord de la crainte, puis une admiration grandissante pour le vieillard qui tient tête à son roi et sauve Hernani (« *Joie de Doña Sol* »). Les spectateurs sont invités à éprouver une émotion similaire. Ainsi, la configuration de l'espace scénographique donne une solennité particulière au dialogue et invite le spectateur à partager les sentiments des personnages qui assistent à la scène. Toutefois, si l'espace contribue à transformer ce dialogue en épopée, l'inscription dans l'Histoire joue aussi son rôle.

On sait que les auteurs romantiques valorisaient la couleur locale dans leur drame. Don Ruy Gomez participe de cette volonté d'inscrire l'histoire dans l'Histoire. Il multiplie en effet les noms propres espagnols, mêlant les noms réels (« *à Toro, près de Valladolid* », v. 5 ; « *Escalona* », v. 10 ; « *Aragon* », v. 15 ; « *Motril, Antequera, Suez,/Nijar* », v. 20-21), à des noms fictifs, ceux de la famille des Silva (« *don Galceran de Silva* », v. 4 ; « *don Vasquez, dit le sage* », v. 31). De plus, Hugo fait des allusions précises à des moments de l'histoire espagnole : ainsi, il fait référence aux villes andalouses conquises par les Musulmans, avant d'être reconquises par l'Espagne aux XIIIe et XIVe siècles (v. 20-21) ou encore à la politique répressive des Rois catholiques à l'encontre des Juifs au XVe siècle (v. 35). Le dialogue acquiert de ce fait une dimension nouvelle. Il ne s'agit plus seulement d'un tournant dans l'intrigue, mais d'un débat historique, qui pourrait changer le sort de l'Europe. Cette dimension historique ouvre la voie à l'épopée.

Enfin, le registre* épique fait vibrer les paroles prononcées par Don Ruy Gomez et excitent l'admiration du public pour un vieillard qui ose tenir tête à son roi. L'hyperbole*, créée par les données chiffrées et exagérées, est récurrente : « *mille cierges* » (v. 6) ; « *trois cents drapeaux* » (v. 19) ; « *six cents hommes de guerre* » (v. 39). Elle dit la grandeur incommensurable des héros de la famille des Silva. Les pluriels (« *Zamet et cent Maures* », v. 32 ; « *Les Maures de Grenade* », v. 37) et les énumérations (« *Motril, Antequera, Suez,/Nijar* », v. 20-21, « *Sandoval [...] /, Menrique [...] et Lara [...],/Alencastre* », v. 26-28) sont également fréquents : les ennemis des Silva sont grandis et ceux qui les ont combattus deviennent des héros mythologiques. Ils sont également assimilés à des saints par le vocabulaire de la religion (« *Châsse dorée où brûlent mille cierges* », v. 6 ; « *tête sacrée* », v. 36). Le spectateur ne peut donc que se laisser gagner par l'admiration du duc pour ses ancêtres, admiration qui se lit dans l'abondance des exclamatives (« *Voici don Galceran de Silva, l'autre Cid !* », v. 4 ; « *Christoval !* », v. 10 ; « *Don Gaspar, de Mendoce et de Silva l'honneur !* », v. 24). Néanmoins, l'admiration du spectateur s'étend aussi à la figure de Don Ruy Gomez lui-même.

La solennité de la mise en scène, la dimension historique du dialogue et le registre* épique s'associent pour forcer l'admiration du spectateur, qui ne voit plus en Don Ruy Gomez un barbon de comédie, amoureux d'une trop jeune fille, mais un héros de légende.

Cette scène marque un tournant dans l'intrigue : Don Ruy Gomez, homme d'honneur, refuse de livrer le rebelle à qui il a fait serment d'hospitalité, à Don Carlos, qui voit ainsi contrecarrer ses projets personnels. Ce conflit des valeurs et de l'intérêt s'inscrit dans une atmosphère épique, qui métamorphose le duc en un véritable héros. La métamorphose du roi devra attendre encore un acte puisque c'est à Aix-la-Chapelle, à l'acte IV, que Don Carlos comprend le sens de l'Histoire et les devoirs d'un souverain, ce qui lui permet d'accéder au trône d'empereur et de devenir Charles Quint.

Chapitre 4

LA QUESTION DE L'HOMME DANS LES GENRES DE L'ARGUMENTATION DU XVIe SIÈCLE À NOS JOURS

Sujet 33

Corpus 14, p. 333

Vous ferez le commentaire de la fable La Fille, de La Fontaine.

Analyse du sujet

La fable de La Fontaine présente plusieurs caractéristiques fondamentales :

• c'est un apologue*, c'est-à-dire un court récit allégorique à visée morale. Il a pour but d'instruire en étant agréable au lecteur ;

• pour commenter un apologue, il faut toujours s'intéresser à l'art de séduire le lecteur (procédés rhétoriques de la persuasion, composition du récit, ...) et étudier la leçon donnée par l'apologue.

Plan détaillé

En 1668, La Fontaine publie ses *Fables*. Dédiées au Dauphin, alors âgé de sept ans, elles visent à donner, sous forme ludique et plaisante, un enseignement moral au futur monarque. La fable *La Fille* est la quatrième du livre VII et vient compléter et prolonger une fable bien plus connue, qui s'intitule *Le Héron*. Dans *La Fille*, nul protagoniste animal : seule une jeune femme « *un peu trop fière* » nous est dépeinte et relatés ses refus successifs de prétendants. Tout d'abord, nous verrons comment La Fontaine manie l'art du récit afin de rendre l'anecdote plaisante pour ensuite étudier la leçon morale à l'œuvre dans la fable.

1) La fable, ou l'art du récit

Un drame en trois actes

Acte d'exposition : portrait de l'héroïne de la fable. Notez la place de l'adjectif « *fière* » (v. 1), qui résume à lui seul le caractère de l'héroïne se trouve à la rime et donc mis en valeur. À souligner également l'énumération du vers 3, qui dit

les exigences démesurées de la jeune fille en matière de mariage.
Acte II : valse des prétendants. La parataxe, l'usage des connecteurs temporels (v. 19) et du passé simple, et le raccourcissement métrique (abondance d'octosyllabes entre les vers 19 et 25) construisent la vivacité narrative, image des refus répétés et permanents de la fille.
Troisième acte tragique. La déchéance physique et morale attend la jeune fille (v. 36, v. 43), qui ne parvient pas à échapper à un « *Temps* », qui fuit inexorablement (champ lexical du temps).

Un récit dynamique

La variété métrique. La Fontaine alterne octosyllabes (v. 16-20 par exemple) et alexandrins (v. 3-4) pour créer des tempos différents.
La variété des voix. Le recours à la polyphonie anime le récit et évite l'écueil de la monotonie (discours de la fille, v. 11-12, v. 21-25 ; discours du miroir, v. 38 ; voix railleuse du fabuliste, v. 17-18 ; voix du narrateur, v. 1-2, etc.).
Les ellipses temporelles. Abondance des connecteurs de temps dans la fable (v. 19, v. 28, v. 32) qui font se succéder à un rythme effréné les péripéties. Notez par exemple que deux ans sont résumés en un vers (v. 28).

Un personnage pittoresque

Portrait physique : « *La belle* ».

Portrait moral : « *un peu trop fière* » ; « *précieuse* ».

Paroles de la jeune fille : abondance de la ponctuation expressive (v. 11, v. 21-22), qui reflète son caractère bien trempé.

Occupations : accumulation du vers 30.

Dotée d'une épaisseur psychologique, la jeune fille devient attachante pour le lecteur.

2) La leçon morale : se défier de l'orgueil

La condamnation de l'amour-propre

La morale. Nulle morale explicite ne se détache à la fin du récit, mais la leçon est claire : il ne faut pas se laisser aveugler par l'orgueil. Notez que l'adjectif « *fière* » ouvre la fable et est mis en valeur par sa position à la rime (v. 1). La fille n'est que mépris et dédain (lexique de la moquerie et du jugement : v. 10, v. 21 ; étude de la rime des vers 21-23 : « *bonne/personne* » ainsi que de l'abondance des marques de la première personne dans le discours de la fille (v. 11-12 ; v. 21-23), qui disent le sentiment de supériorité de la jeune fille. La « *dédaigneuse* [...] » (v. 18) sera punie : les amants fuient avec le temps (v. 27) et la jeune fille se contente, *in fine*, d'un « *malotru* » (étudiez l'antithèse entre l'usage laconique du substantif dépréciatif final « *malotru* » (v. 43) et l'énumération méliorative du vers 3 (« *jeune, bien fait, beau, d'agréables manières* », qui dit

bien la déchéance de cette jeune fille trop exigeante).
Le moraliste. Tantôt le ton est sévère et austère : des maximes morales sont alors énoncées (v. 17-18, v. 34-36, v. 40 : usage de l'article défini à valeur généralisante et du présent de vérité générale) ; tantôt le fabuliste raille, sur un ton sarcastique, les prétentions de son héroïne (v. 10, v. 33, v. 42).

Une fable de son époque

Les Fables sont publiées en 1668, en plein apogée d'un augustinisme, qui prône le refus de la vie mondaine au profit d'une vie pieuse, et de la Préciosité, courant intellectuel qui, à l'inverse, tente de codifier et de raffiner la vie mondaine. La fable porte traces de l'influence augustinienne et attaque les Précieuses. La fille est ainsi assimilée à maintes reprises à une « *précieuse* » (v. 17, v. 37, v. 40). La Fontaine raille le goût excessif de ces coquettes du XVIIe siècle pour l'apparence (évocation du visage, v. 36), pour le raffinement spirituel (v. 14). C'est aussi leur vision platonique et désincarnée de l'amour (v. 40) qui est raillée. La leçon de la fable est donc double : en bon augustinien, La Fontaine condamne l'orgueil, qui aveugle sur soi et raille les mœurs mondaines et superficielles de son époque.

Un lecteur concerné

Malgré l'ancrage contextuel, la leçon de la fable se veut universelle (elle traite du rapport à l'autre et de l'orgueil). Tout lecteur est ainsi concerné et doit se sentir interpellé. Celui-ci est tout d'abord pris à parti par la jeune fille (usage du pronom personnel de la deuxième personne, v. 13) puis invité à réfléchir car il doit formuler lui-même une morale explicite que le fabuliste refuse de lui donner. Invité à une lecture participative, il est condamné à penser.
La Fontaine manie l'apologue avec talent : il sait en effet à la fois séduire le lecteur, en lui proposant un récit alerte et plaisant, et l'instruire. De la fable *La fille*, le lecteur doit retenir une leçon : il faut se défier de l'orgueil. Cette condamnation de l'amour-propre est un *topos* de l'époque classique, traversée par la pensée augustinienne. Dans une autre de ses fables, *L'Homme et son image*, La Fontaine condamnait déjà le Narcisse qui sommeille en tout homme ; au même moment, un Pascal ou un La Rochefoucauld fustige un amour-propre, flatteur et corrupteur.

Sujet 34

Corpus 15, p. 335

Vous commenterez la fable La Jeune veuve, de La Fontaine.

La Jeune veuve s'inscrit dans le livre VIII des *Fables* de La Fontaine, publié en 1668. Il s'agit d'un poème en alexandrins* et en octosyllabes, qui obéit à un schéma de rimes complexe (alternance de rimes croisées et de rimes suivies). Il met en scène les chagrins, de courte durée, d'une jeune veuve. Nous montrerons, dans une première partie, que la fable* distrait, puis, dans une seconde partie, qu'elle instruit.

Le fabuliste doit avant tout charmer son lecteur, c'est pourquoi il écrit un récit dynamique. On note tout d'abord la rapidité du récit. Les connecteurs de temps sont nombreux (« *À la fin* », v. 23 ; « *un mois* », v. 35 ; « *l'autre mois* », v. 36 ; « *enfin* », v. 38). Cette accumulation souligne les ellipses temporelles : le narrateur passe sous silence la période de deuil de la veuve pour accoler les « *larmes* » (v. 24) et les « *Ris* » (v. 41). Il accentue ainsi le contraste entre « *la Veuve d'une année/Et la Veuve d'une journée* » (v. 5-6). La brutalité du revirement de la jeune femme, qui passe de la douleur de la perte de son époux au désir de se remarier, se lit dans l'emploi du présent de narration, qui succède au passé (« *emploie* », v. 36 ; « *sert* », v. 38 ; « *Revient* », v. 41). Le lecteur, par ce jeu sur les temps verbaux, est amené à vivre les fluctuations d'humeur de la « *jeune Beauté* » (v. 16) au fur et à mesure, presque en simultané.

La caractérisation des personnages participe également de l'art de charmer et distraire le lecteur. Il est vrai que les personnages de cette fable* ne sont pas des animaux, comme c'est le cas dans de nombreuses fables*, mais ils sont très précisément campés. Les deux personnages principaux sont une jeune femme et son père. Ce dernier est d'abord dépeint dans une apposition : « *un Père, homme prudent et sage* » (v. 21). Il incarne donc la raison. Cela se confirme ensuite dans ses propos. Il ne parle qu'après une longue réflexion (« *À la fin* », v. 23). Son discours est à la fois modéré et raisonnable. Son refus de l'excès se lit dans le reproche qu'il adresse à sa fille : « *c'est trop verser de larmes* » (v. 24). Son caractère raisonnable se lit dans l'abondance des connecteurs logiques. « *Puisqu[e]* » (v. 26) traduit son désir de justifier son propos, de ne pas se laisser aller à l'arbitraire. « Mais » (v. 30) est le signe d'un raisonnement par opposition : il oppose le deuil légitime qui suit la mort de l'époux (« *Je ne dis pas que tout à l'heure* », v. 27), au nécessaire retour aux joies de l'existence après un certain laps de temps (« *Mais après certain temps [...]* », v. 30). De plus, ce père se révèle attentif et psychologue. Il sait faire en sorte de ne pas heurter sa fille et n'envisage pas trop vite un nouveau mariage (« *Il laissa le torrent couler* », v. 22). Il propose ensuite à sa fille un mari susceptible de lui plaire. Loin d'insister sur la fortune ou le nom

du prétendant, ce qui aurait de quoi satisfaire un père raisonnable, il évoque le charme possible d'un futur mari. Le rythme ternaire (« *beau, bien fait, jeune* », v. 31) insiste sur l'apparence séduisante de ce second époux. Il connaît donc sa fille et se doute que celle que la fabuliste nomme « *une jeune Beauté* » (v. 16) ou encore « *La Belle* » (v. 21) est sensible aux charmes du corps. La jeune veuve ne ressemble en rien à son père. Elle offre une réponse émotionnelle à ce discours de la raison. Le premier signe en est qu'elle parle sans réfléchir, sa réponse est immédiate (« *dit-elle aussitôt* », v. 32). De plus, on remarque qu'elle commence son discours par une interjection exclamative (« *Ah !* », v. 32) qui traduit son exaltation. Elle s'exprime par des images, qui séduisent les sens plus que l'esprit (« *Un Cloître est l'Époux qu'il me faut* », v. 33). Enfin, l'inconstance de la jeune femme, qui manque de raison, se lit dans les derniers vers : « *Où est le jeune Mari/Que vous m'avez promis ? dit-elle* » (v. 47-48). La brièveté de ces deux vers montre l'impatience de la jeune veuve qui veut se remarier sans plus attendre, et presse son père de lui donner ce qu'elle a elle-même refusé un mois plus tôt. L'opposition caricaturale entre les deux personnages principaux est donc une source de comique et distrait le spectateur.

Enfin, La Fontaine use de toutes les ressources de l'écriture poétique pour charmer son lecteur. Il alterne de longs alexandrins* sentencieux (« *La perte d'un Époux ne va point sa soupirs* », v. 1), à l'image de la douleur de la veuve (« *Aux soupirs vrais ou faux celle-là s'abandonne* », v. 10), et de courts octosyllabes qui traduisent les accélérations du récit (« *Un mois de la sorte passe* », v. 35). Le rythme des vers est en outre assoupli par les fréquents enjambements* (« *Je ne dis pas que tout à l'heure/Une condition meilleure/Change en des noces ces transports* », v. 27-29). Ainsi, les vers acquièrent le naturel et la fluidité de la prose. De même, le fabuliste refuse de soumettre ses rimes à une règle stricte et les rimes croisées (v. 1-4) alternent avec les rimes suivies (v. 5-6). Cette variété, tant au niveau du rythme que des sonorités, maintient en éveil la sensibilité musicale du lecteur.

Ainsi, la fable*, grâce à la rapidité du récit, à la caractérisation des personnages et aux ressources de la versification, distrait le lecteur. Mais La Fontaine rappelle dans sa dédicace à « *Monseigneur le Dauphin* » que ces « *légères peintures* » n'ont pas pour seule fonction de charmer : elles doivent aussi « *instruire les Hommes* ». Nous devons donc étudier la leçon que nous donne *La Jeune veuve*.

La fable* développe en effet un enseignement. Elle comporte tout d'abord une morale, située au début du poème (v. 1-15). La moralité est identifiable par l'emploi du présent de vérité générale (« *va* », v. 1 ; « *fait* », v. 2 ; « *console* », v. 2), qui indique que le fabuliste souhaite tirer un enseignement général de l'épisode ponctuel qui suit. Le pronom indéfini « on », récurrent dans les premiers vers (« *On fait beaucoup de bruit* », v. 2 ; « *on ne croirait jamais* », v. 7 ; « *On dit qu'on est inconsolable* », v. 12), invite également le lecteur à lire, au-delà de l'anecdote, une leçon morale. La moralité de *La Jeune veuve* part du constat que la douleur ne dure pas. Pour établir ce constat, le fabuliste compare les paroles des veuves (« *On dit* [...] », v. 12 ; « *On le dit* », v. 13) aux faits (« *la vérité* », v. 15). Cette comparaison*

révèle que les paroles outrepassent la réalité : la douleur du veuvage n'est éternelle que dans les mots, pas dans les faits. Ceci établi, le moraliste conseille de ne pas se montrer excessif dans le chagrin, sous peine de paraître ensuite ridicule, une fois ses plaies guéries. Pour cela, La Fontaine oppose la brièveté à la durée : on note ainsi l'antithèse* entre « *année* » (v. 5) et « *journée* » (v. 6), antithèse* soulignée par la position des deux termes à la fin du vers et la rime suivie. La moralité fait du temps un être agissant, docteur efficace, grâce à la majuscule (« *ailes du Temps* », v. 3 ; « *Le Temps* », v. 4) et à l'emploi d'un verbe d'action (« *Le Temps ramène les plaisirs* », v. 4). Dès lors, le deuil ou les larmes dépendent des effets du temps, il n'appartient plus à la veuve de les retenir. La fable*, dans la moralité, a donc une dimension didactique. Le récit rend ensuite concrète cette leçon. Il serait en effet maladroit de séparer le récit de la moralité. Il s'établit au contraire entre eux un dialogue. L'emploi de noms communs, écrits avec une majuscule (« *Époux* », v. 16 ; « *Beauté* », v. 16 ; « *Femme* », v. 17 ; « *Mari* », v. 20 ; « *Père* », v. 21), pour désigner les principaux personnages, et leur caractérisation très caricaturale, amènent en effet le lecteur à considérer les héros de la fable* comme des personnages symboliques de certains comportements. Le récit serait donc plus une leçon en actes qu'une anecdote instructive. De plus, le père de la jeune veuve, décrit comme un homme sage, devient le porte-parole du fabuliste. On relève, dans son discours, la même antithèse* entre la brièveté et la durée (« *tout à l'heure* », v. 27 ; « *certain temps* », v. 30). Il donne donc à sa fille le conseil que La Fontaine donne au lecteur : l'excès sied mal à la douleur. Le récit et la moralité développent donc bien la même morale.

Toutefois, le discours du moraliste n'est pas la seule leçon de la fable*. La fonction didactique de la fable* ne se limite pas en effet à la moralité explicite. *La Jeune veuve* propose ainsi une autre leçon, implicite cette fois. Il s'agit d'une critique de la femme. Cette critique vise la femme à la fois dans son rôle social et dans son individualité. Du point de vue social, la femme apparaît comme un être dépendant : elle dépend de son père jusqu'à ce qu'elle se marie ; mais une fois veuve, elle ne se retourne vers son père, qui peut seul l'aider à vivre. C'est ainsi que la jeune veuve ne peut envisager de trouver un nouvel époux sans l'aide de son père (« *Où est donc le jeune Mari/Que vous m'avez promis ? dit-elle* », v. 47-48). La femme est donc peinte dans cette fable* comme un être mineur. Mais la critique est plus acerbe quant au caractère des femmes. L'image tutélaire de Ève, première tentatrice, n'est pas loin, lorsque La Fontaine met en scène une jeune veuve frivole et séductrice. Elle est désignée comme une « *jeune Beauté* » (v. 16) ou comme la « *Belle* » (v. 21). Ces deux qualificatifs laissent à penser que la demoiselle soigne son apparence. Même dans le deuil, elle a d'ailleurs « *mille attraits* » (v. 9) et cette hyperbole* est plus méprisante qu'admirative. La première occupation de la jeune femme quand elle commence à reprendre goût à la vie est de se rendre attrayante (« *L'autre mois, on l'emploie à changer tous les jours,/ Quelque chose à l'habit, au linge, à la coiffure* », v. 36-37). Si elle prend tant de soin à son apparence, c'est parce qu'elle veut séduire. À cet égard, les rimes sont

éclairantes : l'immédiate conséquence de la «*parure*» (v. 38) et des «*atours*» (v. 39), c'est le retour de la saison des «*Amours*» (v. 40). La femme, selon La Fontaine, n'est pas seulement séductrice, elle est également superficielle. Lorsqu'elle songe à un époux, on ne peut exiger d'elle qu'elle le juge autrement que par son apparence : elle réclame donc un «*jeune Mari*» (v. 47), et son père, qui connaît les faiblesses de sa fille, lui promet un «*Époux beau, bien fait, jeune*» (v. 31). Autre signe de l'absence d'intellect chez la femme, ses occupations : « *les Jeux, les Ris, la Danse*» (v. 41). Enfin la femme, et ce n'est pas là son moindre défaut, est inconstante (« *La différence est grande : on ne croirait jamais/Que ce fût la même personne*», v. 7-8). La jeune épouse qui n'envisage pas de vivre sans son mari (« *Attends-moi, je te suis*», v. 18) laisse vite place à une veuve éplorée, qui se répand en soupirs et en lamentations (« *soupirs*», v. 1 et 10 ; « *inconsolable*», v. 12). Ce nouveau visage ne dure pas : elle redevient bientôt la séductrice qu'elle fut avant son mariage. Pour le moraliste de tels revirements ne peuvent que signaler le manque de constance de la femme, à moins que ce ne soit le signe de sa tromperie. Il se pourrait en effet qu'elle se contente de singer la douleur (« *soupirs vrais ou faux*», v. 10) sans l'éprouver réellement. Séductrice, superficielle et inconstante, telle est la femme que met en scène le moraliste, qui développe ainsi une leçon moins explicite que celle qui s'exprime dans la moralité.

La Jeune veuve constitue donc un récit dynamique qui amuse le lecteur, mais elle n'est pas exempte d'un discours plus sérieux, qui met en garde contre l'exagération des sentiments et les déclarations d'amour éternel et propose un tableau très critique de la femme. Ce blâme implicite est très fréquent chez les moralistes et les fables* de La Fontaine s'en font souvent l'écho. C'est le cas de la fable* *Les Deux coqs* qui fait d'une poule et d'Hélène les instigatrices d'un conflit meurtrier.

Sujet 35

Corpus 16, p. 338

Vous commenterez l'extrait de Candide, de Voltaire.

Publié par Voltaire en 1759 pour répondre à Rousseau et aux philosophes optimistes qui croient en la bonté de la nature humaine, *Candide* est un conte philosophique. Dans le chapitre 3, le jeune héros, Candide, qui n'a jusqu'alors connu que le paradis, se retrouve sur un champ de bataille et devient le spectateur des atrocités causées par la guerre. On verra dans un premier temps que le texte se construit sur des oppositions, puis on étudiera les différents procédés utilisés par Voltaire pour critiquer la guerre.

L'extrait de *Candide* se construit sur une forte opposition thématique : à une vision esthétisée du champ de bataille répond une vision cruelle et sanglante des combats.

Le champ de bataille rutile au début du texte. Tout d'abord, le lexique de la beauté (« *beau* », l. 1 ; « *leste* », l. 1 ; « *brillant* », l. 1 ; « *ordonné* », l. 1 ; « *harmonie* », l. 2) offre au spectateur qu'est Candide une vision méliorative de la guerre. L'hyperbole*, née de la répétition à quatre reprises de l'intensif « si » (« *si beau, si leste, si brillant, si bien ordonné* », l. 1), insiste sur le caractère exceptionnellement ordonné du champ de bataille. L'harmonie visuelle se double d'une harmonie sonore. Le champ lexical de la musique (« *trompettes, fifres, hautbois, tambours, canons* ») ainsi que les sonorités nasales – assonances* en [an]/[on] (« *brillant* », l. 1 ; « *trompettes* », l. 1 ; « *tambours* », l. 2 ; « *canons* », l. 2 ; « *enfer* », l. 3) ; allitérations* en [m] / [n] (« *n'*était », l. 1 ; « *ordonné* », l. 1 ; « *armées* », l. 1 ; « *canons* », l. 2 ; « *formaient* », l. 2 ; « *harmonie* », l. 2 ; « *jamais* », l. 3) – font entendre la musique militaire. Musique cadencée, comme le suggère le rythme binaire de la première phrase. La guerre est donc esthétisée dans le début du texte : véritable tableau symphonique, le champ de bataille charme et envoûte les sens. De plus, à la beauté esthétique du combat s'ajoute la beauté morale. La guerre est justifiée par une double autorité : une autorité terrestre puisque ce sont les « rois » (l. 8) qui organisent la bataille ; une autorité divine puisque l'Église prend une part active à la préparation des soldats. Ainsi la guerre, vue par Candide, associe beauté formelle à beauté morale.

Néanmoins, à cette vision harmonieuse, se substitue ensuite une vision sanglante des combats. Le champ lexical de la violence et du sang (« *renversèrent* », l. 3 ; « *mort* », l. 5 ; « *ôta* », l. 4 ; « *morts* », l. 9 ; « *mourants* », l. 10 ; « *cendres* », l. 10 ; « brûlé », l. 11 ; « criblés de coups », l. 11 ; « mourir », l. 12 ; « mamelles sanglantes », l. 12 ; « *éventrées* », l. 13 ; « *demi brûlées* », l. 14 ; « *criaient* », l. 14 ; « *mort* », l. 14 ; « *cervelles* », l. 15 ; « *bras et jambes coupés* », l. 15) peint, sur le mode réaliste, l'horreur du conflit. Les détails anatomiques (« *mamelles san-*

glantes», l. 12 ; «*égorgées*», l. 12 ; «*éventrées*», l. 13 ; «*cervelles*», l. 15 ; «*bras et jambes coupés*», l. 15) évoquent la dislocation des corps meurtris et défigurés par les soldats. La guerre n'est plus qu'une «*boucherie héroïque*» (l. 7). Le lecteur, spectateur comme Candide, ne peut que s'émouvoir de ce spectacle atroce. Au registre* réaliste, s'ajoute donc un registre* pathétique. Le champ lexical de la souffrance («*mourants*», l. 10 ; «*criblés de coups*», l. 11 ; «*égorgées*», l. 12 ; «*éventrées*», l. 13) exhibe l'agonie douloureuse des habitants du village abare. La gradation «vieillards, femmes, enfants» montre que même les plus faibles ne sont pas épargnés. Véritable massacre des innocents, la guerre est le théâtre des pires inhumanités. En offrant au lecteur une peinture insoutenable et émouvante, Voltaire cherche à dénoncer l'atrocité des combats.

Ainsi, derrière le récit voltairien, se laisse entendre une critique virulente de la guerre. Cette dénonciation n'est pas explicite puisque Voltaire ne recourt pas à la première personne et ne formule pas de jugement de valeur. Les moyens employés par le philosophe pour condamner la guerre sont donc détournés. Il utilise tout d'abord l'ironie, forme de dérision qui laisse entendre le contraire de ce qu'elle dit. Ainsi, la répétition de l'intensif «si», qui produit une allitération en [s], un sifflement désagréable, donne l'impression d'une beauté fausse, trop parfaite pour ne pas dissimuler quelque chose. C'est donc un son persiflant qui introduit d'abord le doute dans l'esprit du lecteur. De plus, dans l'énumération de toutes les qualités esthétiques de la guerre, l'auteur mêle aux instruments de musique, qui contribuent à la beauté et à «*l'harmonie*» (l. 2), «*les canons*» (l. 2), dont le rôle est de transformer le champ de bataille en un véritable «*enfer*» (l. 3). Ce terme, relégué en fin de phrase, après une série d'hyperboles* mélioratives, anéantit tout ce qui a été avancé précédemment. Telle une bombe à retardement, il détruit l'image esthétisante de la guerre pour la ramener à la réalité : la guerre n'est qu'une «*boucherie*» (l. 7). L'ironie ne s'attaque pas seulement à la vision esthétisée de la guerre, elle rend vaine sa dimension morale. Comment croire en effet que ceux qui violent les femmes et tuent les innocents puissent être des «*héros*» (l. 16) ? Quant à ce monde dans lequel on agonise dans les pires souffrances, rien ne peut laisser penser qu'il s'agit du «*meilleur des mondes*» (l. 4). L'ironie voltairienne fonctionne donc en deux temps : elle sème d'abord le doute dans l'esprit du lecteur, lui laissant deviner une inadéquation entre ce qui est dit et ce que l'auteur pense, avant de dévoiler plus nettement l'écart entre la parole explicite et la pensée réelle du philosophe. Ce procédé subtil nécessite donc une lecture active. Le lecteur qui perçoit l'ironie, flatté que l'auteur lui ait fait confiance, n'en adhèrera que mieux à la critique.

Voltaire recourt également à une autre arme de dénonciation : l'humour noir. On relève en effet une série d'approximations dans le décompte du nombre de morts («*à peu près six mille hommes*», l. 3 ; «*environ neuf à dix mille coquins*», l. 4 ; «*quelques milliers d'hommes*», l. 5 ; «*trentaine de mille âmes*», l. 6). On perçoit ici un décalage entre la légèreté de ces approximations et l'atrocité réelle de la situation. Voltaire pointe ainsi du doigt l'attitude de ceux qui décident des

guerres, pour qui le nombre de soldats tués est une bagatelle insignifiante, dont ils parlent avec détachement, ne s'intéressant qu'aux résultats obtenus. Par l'humour noir, Voltaire invite le lecteur à considérer avec gravité les conséquences de la guerre. On peut également lire une pointe d'humour noir, dans le nom que Voltaire donne à son héros. Candide, du latin *candidus*, signifie « pur », « innocent ». Dans la guerre des Abares contre les Bulgares, comme dans d'autres situations du conte, le décalage entre le nom du protagoniste et la situation à laquelle il assiste est flagrant.

Ces deux procédés, ironie et humour noir, sont des armes indirectes. On peut penser que le philosophe des Lumières les privilégie parce qu'elles font appel à l'esprit critique du lecteur, qui doit lui-même formuler la condamnation de la guerre, mais elles répondent également à une seconde exigence : éviter la censure. En effet, les cibles de Voltaire dans ce texte sont multiples. Il vise d'une part les philosophes optimistes et en particulier Leibniz. Sous le regard de Candide, formé par l'optimiste Pangloss, la guerre obéit en effet à un rôle utilitaire (« *ôta du meilleur des mondes neuf à dix mille coquins qui en infectaient la surface* », l. 4). Candide analyse les massacres en faisant de la baïonnette « *la raison suffisante de la mort de quelques milliers d'hommes* » (l. 5-6), expression pédante, reprise ensuite lorsque Candide « *pr[end] le parti d'aller raisonner ailleurs des effets et des causes* » (l. 9), qui évoque de manière très claire les théories leibniziennes (« *jamais rien n'arrive sans qu'il y ait une cause ou du moins une raison déterminante, c'est-à-dire qui puisse servir à rendre raison a priori pourquoi cela est existant et pourquoi cela est ainsi plutôt que d'une autre façon* », *Théodicée I*). Enfin, notons que Candide « *tremb[le] comme un philosophe* » (l. 7), ce qui est une façon pour Voltaire de montrer du doigt ceux qui raisonnent mais ne sont pas capables d'affronter la réalité de l'univers. D'autre part, le philosophe s'attaque à l'État et à l'Église, cibles bien plus puissantes. L'État, qui devrait faire respecter les droits fondamentaux de l'homme, organise au contraire des massacres « *selon les lois du droit public* » (l. 11). Quant à l'Église, elle apporte une caution morale à ces entreprises meurtrières (« *Te Deum* », l. 8). En lançant ces accusations, Voltaire court un risque d'autant plus important que, en 1759, la Guerre de sept ans fait rage en Europe (1756-1763) : ses contemporains pouvaient donc lire des références à l'actualité dans ce récit. Dès lors, ses seules protections contre la censure sont l'ironie et l'humour noir, ainsi que l'exotisme : il ne s'agit que de la guerre entre les Abares et les Bulgares...

Dans le troisième chapitre de *Candide*, la guerre, perçue à travers le regard naïf du jeune héros, est présentée à la fois dans sa beauté esthétique et grandiose, et dans sa réalité cruelle et sanglante. Ce contraste est le lieu d'expression de la critique voltairienne, qui dénonce la guerre et ceux qui la décident, par l'ironie et l'humour noir, procédés qui font appel à l'intelligence et à l'esprit critique du lecteur. C'est donc une critique détournée, qui se distingue de celle, contemporaine, de Damilaville dans *L'Encyclopédie*, qui est plus directe, frontale.

Chapitre 5

VERS UN ESPACE CULTUREL EUROPÉEN : RENAISSANCE ET HUMANISME

Sujet 36

Corpus 18, p. 344

Vous commenterez le texte de Montaigne, « De l'institution des enfants », Les Essais, I, 26, 1580-1592, orthographe modernisée.

Analyse du sujet

Le chapitre XXVI du livre I dont est extrait ce texte est dédié à Madame Diane de Foix, comtesse de Gurson, qui attend un bébé. Montaigne a donc à cœur de lui donner quelques conseils pour l'éducation de son enfant. Dans un premier temps, il fait appel à son expérience et constate les points forts et les points faibles de son éducation. Il s'appuie ensuite sur des observations, des lectures…
Pour mener à bien votre analyse, exploitez ce que vous avez pu observer à travers la question : quelles sont les stratégies argumentatives mises en œuvre par Montaigne ? Dans la mesure où il s'agit d'un texte argumentatif, vous pouvez étudier l'art de convaincre et l'art de persuader.

Plan détaillé

Montaigne, magistrat et homme politique, consacre plus de dix ans de sa vie à composer ses *Essais*. Dans le chapitre XXVI du livre I, « De l'institution des enfants », il s'interroge sur l'éducation idéale. Il commence par s'appuyer sur son expérience, avant de se plonger dans une réflexion plus générale. Dans l'extrait que nous allons étudier, il oppose l'éducation telle qu'elle est pratiquée dans les collèges avec celle qui lui semble la meilleure pour former un gentilhomme humaniste. Nous étudierons comment ce texte de Montaigne allie art de convaincre et art de persuader.

1) L'art de convaincre

Un raisonnement par opposition

Un texte argumentatif. Montaigne recourt à un texte argumentatif pour présenter son modèle d'éducation idéal :
– présent d'énonciation (« *Je ne veux* ») ;
– connecteurs logiques (« *car* », « *encore* »).
La structure du passage. Le propos de Montaigne est organisé selon un raisonnement par opposition qui fait clairement apparaître son argumentation :
– rejet d'une éducation dangereuse pour les enfants : accumulation de formules négatives (« *je ne veux pas* », « *ni ne trouverais bon* », « *Ni ne veux gâter* ») ;
– observation générale (« *nous* » généralisant et pronom indéfini « *on* »). Montaigne, conformément au projet des *Essais*, se propose d'adopter une démarche scientifique : observation et déduction ;
– règles d'une éducation idéale : retour de la première personne, mais cette fois-ci de manière positive (« *je veux* »), emploi d'un futur programmatique (« *seront* »).

Une éducation dangereuse

Parce qu'excessive. L'éducation telle qu'elle est pratiquée est excessive, aussi bien en ce qui concerne le temps qui lui est consacré que la quantité de matières enseignées (récurrence des hyperboles : « *application trop indiscrète* » ; « *téméraire avidité de science* »).
Parce que collective. Il ne faut pas que l'enfant soit corrompu par d'autres, moins bons que lui (antithèse entre « *mœurs généreuses* » et « *incivilité et barbarie* »). Condamnation également des enseignants dans les collèges (vocabulaire dépréciatif : « *humeur mélancolique d'un furieux maître d'école* »).
Des résultats déplorables. Cette forme d'éducation obtient des résultats opposés à ceux qui sont recherchés (champ lexical de la bêtise).

L'idéal humaniste

Former le jugement. Il ne s'agit pas d'engranger des connaissances mais d'apprendre à réfléchir (« *philosophie* », « *des jugements et des mœurs* », « *de l'homme, de ses devoirs et de ses offices* »).
Par des disciplines variées. Longue énumération qui souligne qu'il s'agit d'un enseignement complet et pluridisciplinaire : activités sportives (« *la course, la lutte* »), activités artistiques (« *la musique, la danse* »), activités seigneuriales (« *la chasse, le maniement des chevaux et des armes* »).
Les bienfaits. Il s'agit de former un homme complet (« *c'est un homme* »), l'idéal humaniste, qui allie qualités intellectuelles (« *jugements* », « *âme* »), qualités sociales (« *la conversation civile* », « *l'entregent* »), qualités physiques (« *bienséance extérieure* »).

2) L'art de persuader

Des cautions philosophiques

Montaigne fait référence à Carnéade et à Platon, deux philosophes antiques. Attitude qui s'inscrit dans la modernité de l'humanisme, qui valorise la relecture des textes antiques.

L'implication du locuteur

La première personne. Récurrence du pronom «*je*» : Montaigne montre qu'il ose s'engager dans son propos et présente cette conception de l'éducation comme sienne.

Les modalisateurs. De nombreux verbes modalisateurs («*veux*»), des noms («*incivilité*», «*barbarie*») et adjectifs évaluatifs («*furieux*», «*bon*», «*abêtis*», etc.). Montaigne n'hésite pas à prendre parti contre ceux qui dispensent un enseignement qu'il juge dangereux et en faveur de l'enseignement humaniste.

Un discours imagé

La métaphore filée de l'école comme une prison. Permet de mieux comprendre les méfaits d'une éducation excessive qui ôte toute liberté aux enfants. Fait comprendre quelque chose d'abstrait, la perte de liberté intellectuelle, par quelque chose de concret, la perte de liberté physique.
Une métaphore platonicienne. Montaigne emprunte la comparaison « comme une couple de chevaux attelés à un même timon » au *Timée* de Platon. Il s'agit de mieux faire comprendre la nécessité d'une éducation complète.

Montaigne, par ce texte, apporte sa contribution à la réflexion des humanistes sur l'éducation. Il recourt à l'essai là où Rabelais préfère l'apologue, mais il prend soin de rendre son texte argumentatif persuasif par son implication personnelle et par des images qui aident le lecteur à comprendre son propos.

Sujet 37

Corpus 17, p. 341

Vous commenterez le poème de du Bellay, « Las, où est maintenant », Les Regrets, 1558.

Le poème de du Bellay, intitulé « Las, où est maintenant... » est tiré du recueil des *Regrets*, publié en 1558. Écrit lors de son voyage à Rome, entre 1553 et 1557, et publié à son retour en France en 1558, le recueil compte 191 sonnets qui chantent la nostalgie du pays natal. Ulysse en est la figure tutélaire, image de celui qui cherche à revenir chez lui après un long voyage. Du Bellay souhaite dans son recueil une inspiration personnelle et sincère. Les vers doivent y être des « confidents ». « Las, où est maintenant... » est un sonnet lyrique en alexandrins, dans lequel s'exprime l'amertume du poète face à une inspiration qui a fui, qui a déserté son âme. Dans un premier temps, nous nous pencherons sur la construction du sonnet pour étudier ensuite l'image de l'inspiration et, enfin, l'expression du tourment poétique.

La progression du sonnet est intéressante.

Le sonnet est fondé sur un jeu d'oppositions, qui structure le poème. Tout d'abord, un système d'oppositions lexicales se perçoit. Dans les quatrains, les expressions sont mélioratives et proposent une image heureuse, euphorique du poète. À l'opposé, dans les tercets, l'image du poète est dysphorique et dissonante. Un jeu d'oppositions lexicales est ainsi établi : « *cœur vainqueur* », « *honnête désir de l'immortalité* » et « *doux plaisirs* », qui sont axiologiquement positifs, s'opposent à « *maîtresse de moi* » et « *mille maux et regrets* ». Deux tableaux antithétiques se dessinent : dans les quatrains, celui d'une inspiration heureuse ; dans les tercets, celui de l'absence d'inspiration, de l'inspiration perdue.

Ces oppositions lexicales se doublent d'un système d'oppositions temporelles. Le présent d'énonciation domine dans les quatrains (« *est* », « *est* », « *sont* », « *est* ») et souligne l'interrogation présente et douloureuse sur le passé. Le passé composé (« *ai plus* ») est un temps qui met l'accent sur le lien entre passé et présent. Ce temps de l'accompli établit une sorte de comparaison entre le passé et la situation présente, pour mieux souligner que ces deux époques n'ont plus aucun lien. L'imparfait (« *me donnaient* », « *menais* », « *soulait* ») peint le tableau du bonheur d'antan, du bonheur passé. Mais ce temps est révolu. Deux époques sont donc en présence dans le sonnet : un présent douloureux et un passé heureux. Au regret de l'inspiration passée (quatrains) répond le découragement face à l'absence d'inspiration (tercets).

Ce système d'oppositions est enfin souligné par le jeu de questions / réponses qui structure le poème. Dans les deux premiers quatrains, le poète se

demande ce qu'est devenue son inspiration d'antan. Les tercets sont les réponses désabusées à ces questions. Ne prenons qu'un exemple : la réponse à la question « *Où est ce cœur vainqueur de toute adversité ?* » reçoit sa réponse aux vers 10 et 11 du sonnet.

On peut donc parler d'un dynamisme de la plainte dans le sonnet de du Bellay. Le poète, en un travail précis d'oppositions et de symétries, construit, de manière élaborée, l'expression de la douleur et de la peine.

Le sonnet exhibe une certaine image, représentation de l'inspiration.

Tout d'abord, le poète regrette l'inspiration perdue. Le doute face à ses capacités de création l'envahit. Ainsi, la multiplication des interrogations dans les quatrains souligne le découragement devant la fuite de l'inspiration. L'adverbe déploratif « *Las* », contraction de « *Hélas* », qui ouvre le poème, exprime le désarroi et l'annonce comme motif central du texte. Pourquoi cette plainte ? Parce que les Muses ne sont plus clémentes envers le poète. Parce que l'inspiration a fui.

Ainsi, une scénographie renaissante de l'inspiration se met en place. L'inspiration est personnifiée dans le poème. De très nombreuses expressions désignent cette inspiration : « *honnête flamme* », « *divine ardeur* », « *Muses* ». Elles renvoient toutes à une théorie de l'inspiration caractéristique du XVIe siècle. L'inspiration est vue comme quelque chose qui n'est pas contrôlable, qui s'inscrit du côté d'une force, d'une puissance irrationnelle. Le poète, pour être un grand poète, doit être inspiré, c'est-à-dire qu'il doit avoir reçu des dieux un don, un cadeau qui lui offre la puissance poétique. Les Muses, personnages principaux de ce deuxième quatrain, sont les figures féminines qui portent et offrent le souffle poétique. Filles de Zeus et sœurs d'Apollon, elles sont les inspiratrices des poètes. Du Bellay reprend cette ascendance mythologique en peignant le cadre dans lequel évoluent les Muses : créatures de la nuit, elles dansent dans un cadre naturel isolé et nocturne (« *nuit brune* », « *soir* », « *rayons de la lune* », « *vert tapis* », « *rivage écarté* ») qui peut rappeler le mont olympien sur lequel elles vivaient.

Le poète nuance néanmoins cette conception de l'inspiration comme fureur et don divins. La création poétique au XVIe siècle n'est pas seulement le fruit d'un délire, d'une fureur ; le poète doit également travailler, fournir un effort. Ainsi, le schéma de rimes très étudié, la structure raffinée du sonnet (cf première partie), les effets rythmiques (hémistiche sacrifié qui mime l'hésitation et le doute du sujet lyrique) montrent le souci du ciselage qui anime le poète. Toute idée de spontanéité, de jaillissement du verbe poétique n'est qu'un mythe, une illusion.

Si le poète est l'élu des dieux, il n'est cependant pas épargné par le doute et le découragement.

Les sentiments du poète et leur expression sont au cœur du sonnet.

La crise de l'identité poétique est forte. Le sujet lyrique est plongé dans un état de trouble. La modalité interrogative récurrente dans les deux premiers

quatrains montre que le poète est plongé dans le désarroi et indique son incapacité à agir. Les termes dépréciatifs (« *adversité, maux, regrets, serf* ») disent le désespoir et le découragement face à l'inspiration qui a fui. Le titre même du recueil – *Les Regrets* – annonce de manière programmatique la tonalité dysphorique du recueil et la détresse face à la perte d'inspiration. Le rythme décroissant du dernier vers (« *Et les Muses de moi comme étranges s'enfuient* » 6/4/2) souligne que le langage se tarit : le silence guète ce poète dont l'inspiration « *s'enfui[t]* » (v. 14). On assiste même à la dépossession progressive d'un sujet lyrique, qui ne parvient plus à être poète. Dans les deux premiers quatrains, le « *je* » est en position de sujet (v. 6 : « *me donnaient* » ; v. 8 : « *Je les menais* » ; v. 9 : « *de moi* » ; v. 11 : « m'ennuient » ; v. 12 : « *je* » ; v. 13 : « *je* » ; v. 14 : « de moi ») ; il est un être actif et maître de la parole. Dans la suite du poème, le « *je* » prend le statut d'objet (« *de moi* ») ; le poète devient le jouet de la destinée et ne parvient plus à produire et à organiser la parole.

L'expression de la nostalgie se fait entendre. Le poète regrette le temps heureux et « *doux* » de la fertilité poétique. Les marques de la nostalgie dans le poème sont nombreuses. L'outil interrogatif initial « *où est* » renvoie au « *ubi sunt* » de l'élégie latine, poème dans lequel le sujet lyrique pleurait le temps passé, heureux et révolu. L'interrogation, redoublée par le hiatus, produit un effet désagréable à l'oreille exprimant la gêne et la douleur du poète. L'interjection déplorative initiale « *Las* » sonne comme un soupir. De plus, rythme et sons concourent à faire entendre la plainte. L'expansion du groupe nominal dans le premier quatrain marque un accroissement de cette plainte. L'allitération en [s] au vers 5 (« *Où sont ces doux plaisirs qu'au soir sous la nuit brune* ») relève d'un effet d'harmonie imitative et pourrait faire entendre la fuite du temps. Surtout, aux sonorités liquides et rondes du deuxième quatrain (allitérations en [r] et en [l]), s'oppose la sonorité sèche et dure de la double allitération en dentales [t] et [d] du premier quatrain.

Plus le sonnet avance, plus les marques de l'intimité lyrique abondent. Ce lyrisme personnel exhibe un sujet déchiré. Le lecteur entre progressivement dans le cœur du poète qui se livre. Ainsi, au début du sonnet, peu de marques de la première personne sont présentes. L'utilisation dans le premier quatrain du démonstratif « *ce* » à valeur emphatique (équivalent latin du « *ille* ») montre bien que c'est une peinture générale des attributs caractéristiques d'un bon poète qui est présentée. Peu à peu, le « je » envahit l'espace du sonnet et dit le resserrement du poème sur l'expression de sentiments intimes, extrêmement personnels.

Le poète exprime ses douleurs, ses doutes, ses appréhensions. La progression du sonnet oriente vers une poésie personnelle, un lyrisme exacerbé. Le cœur poétique se dévoile dans son intimité avec sincérité.

Le sonnet de du Bellay tire sa force de son dynamisme structurel. En effet, oppositions, jeu de progression, jeu de questions, réponses rendent la plainte du sujet poétique belle et marquante. C'est le cœur sanglant d'un poète tourmenté qui est exposé dans les vers du sonnet. Néanmoins, une contradiction se situe au c°ur de ce sonnet : alors que le poète dit que l'inspiration l'a fui, il construit quand même un objet poétique ciselé et parfait : le sonnet. Est-ce à dire que le tourment ne serait qu'une posture ? un moyen d'émouvoir plus intensément le lecteur ?

Chapitre 6

LES RÉÉCRITURES DU XVIIe SIÈCLE À NOS JOURS

Sujet 38

Corpus 19, p. 347

Vous ferez le commentaire de l'extrait de Jean Anouilh, du début à la ligne 30 (« … chaque fois »), en tenant compte du fait que le texte est une réécriture du mythe antique.

Analyse du sujet

Le texte d'Anouilh n'est pas difficile à comprendre. Le lexique est simple et la situation claire. Il importera dans le commentaire de bien prendre en compte le statut de réécriture du texte d'Anouilh. Le texte-source de Virgile étant dans le corpus, l'élève peut confronter la version antique et la version moderne du mythe. De plus, il faut s'intéresser au ton de ce dialogue théâtral pour analyser les relations qui unissent les deux protagonistes sur scène et montrer la violence de l'échange et caractériser l'état d'esprit des deux amants.

Plan détaillé

De nombreux mythes antiques ont été réinvestis, réécrits au XXe siècle. Anouilh fait partie de ces dramaturges, qui ont retravaillé les mythes antiques à la lumière de l'époque moderne. Dans *Eurydice*, pièce jouée en 1958, il reprend, en la modernisant, l'histoire d'amour qu'ont vécue Eurydice et Orphée. Comme dans la version antique, les deux protagonistes se sont passionnément aimés mais un accident a arraché Eurydice à la vie. Cependant, celle-ci a été miraculeusement rendue à Orphée. Alors qu'ils devraient savourer un bonheur retrouvé, les personnages se déchirent, ne parvenant pas à oublier leur passé. Dans ce passage de l'acte II, Orphée a interdiction de regarder Eurydice avant le matin, mais l'impatience et la rancœur le gagnent et les retrouvailles tournent à la querelle amoureuse. Tout d'abord, nous verrons que cette scène relève de la dispute violente pour ensuite montrer en quoi l'extrait d'*Eurydice* d'Anouilh est une réécriture modernisée du mythe antique, qui le dégrade.

1) Une scène de dispute

Une scène placée sous le signe de l'incommunicabilité

Orphée et Eurydice ne parviennent plus à se parler et à communiquer : étude des didascalies donnant des précisions sur les intonations (« *crie* » : deux occurrences ; « *un épouvantable silence* » ; « *lui répond vivement* ») : la gradation du cri au silence montre l'échec de la communication. L'inégale longueur des répliques (celles d'Orphée sont brèves et tranchantes) tandis qu'Eurydice prononce une tirade (l. 8-l. 18) ainsi que la récurrence des points de suspension (l. 17-18) soulignent que la parole circule de façon bancale. L'équilibre, l'harmonie ne s'instaure jamais.

Orphée, un personnage brutal

Les répliques d'Orphée sont tranchantes et acerbes. Usage d'un registre polémique, qui dit une volonté délibérée de blesser Eurydice : les exclamations (l. 19-21) soulignent la colère d'Orphée et son emportement ; les interrogations (l. 24) traduisent une mise en accusation d'Eurydice. Orphée apparaît comme un amant jaloux (évocation d'un ancien rival : « *Depuis quand es-tu sa maîtresse ?* »). Le poète refuse d'écouter les explications de son amante : il lui coupe la parole (points de suspension, l. 17-18) et élève la voix (« *crie* »). Orphée est en quête d'un amour idéal, qui refuse tout compromis et toute compromission avec la médiocrité (étude de l'hyperbole paradoxale : « *Je t'aime trop pour vivre* »).

Eurydice, ou la voix de la supplication

Le personnage féminin est moins entier : recherche du compromis. Supplie Orphée d'être patient (interjections déploratives : « *Oh !* » ; champ lexical du temps : « *Attends* ») ; usage des impératifs à valeur de supplications, non d'injonctions – « *Ne me regarde pas !* »). Personnage pathétique, qui ne parvient pas à se faire aimer : champ lexical de l'amour (« *douce, chaude, aime, bonheurs* » ; didascalies gestuelles (« *s'est jetée contre lui, le tient embrassé* »). Eurydice cherche à donner de l'amour mais Orphée rejette ses compromis (« *Je ne suis peut-être pas celle que tu voulais que je sois* »). Personnage contaminée par haine d'Orphée à la fin de la scène (« *répond maintenant avec la même avidité à se déchirer* »).

2) Un mythe antique modernisé et dégradé

Reprises virgiliennes

Les noms des personnages sont les mêmes que chez Virgile ; la relation qui unit Eurydice et Orphée est une relation amoureuse (champ lexical de l'amour et appellatifs affectifs, « *Mon chéri* ») ; Orphée a interdiction de se retourner et de regarder Eurydice, sous peine de la perdre : « *Ne te retourne pas. […] Ne me*

regarde pas. Laisse-moi vivre... » ; Orphée a le pouvoir, en tant qu'artiste, d'enchanter les éléments et le monde (« *Tu crois que tout le monde avance [...] en faisant fuir les ombres de chaque côté de la route* »).

La dégradation du mythe

Le mythe chez Virgile consacrait l'amour fou et passionnel, proche du délire. Dans le texte d'Anouilh, on assiste à une scène de ménage médiocre et basse. Dans le mythe antique, Eurydice fait confiance à Orphée et n'a pas besoin de lui parler ; ici, elle est obligée de le supplier (« *Oh ! S'il te plaît mon chéri* »). Orphée, chez Virgile, est saisi de « *délire amoureux* » ; chez Anouilh, Orphée est jaloux et n'idéalise pas l'aimée (question triviale « *Depuis quand es-tu sa maîtresse ?* »). En tant que poète même, Orphée est désacralisé dans la pièce : il rejette les mots (« *je ne veux plus de mots* »), qui sont pourtant l'arme du créateur. Enfin, le cadre de l'action est certes plus moderne, mais aussi plus médiocre : chambre d'hôtel (« *Ils vont nous apporter du café, des tartines* ») chez Anouilh // cadre infernal chez Virgile (« *gorges [...] sombres* »).
Anouilh met en scène, après Virgile, des héros las et désacralisés : ils n'incarnent plus l'amour parfait et passionné mais une certaine médiocrité sentimentale.
Dynamique, la scène de querelle entre Orphée et Eurydice l'est parce que les deux protagonistes se déchirent avec violence et avidité. Placée sous le signe de l'incommunicabilité, la scène exhibe l'échec de la parole et de l'union amoureuse entre deux êtres qui ne se comprennent plus. Si Anouilh s'inspire donc de Virgile, c'est non pour le plagier mais pour dégrader le mythe antique. Nulle idéalisation du sentiment amoureux chez le dramaturge : Orphée et Eurydice sont entrés dans le temps des désillusions ! Les réécritures du XXe siècle de mythes antiques présentent toutes cette même caractéristique : en modernisant les personnages, les auteurs Cocteau, Giraudoux essentiellement, les désacralisent pour les plonger dans la boue du quotidien.

Sujet 39

Corpus 21, p. 354

Vous ferez le commentaire de l'extrait du Songe d'une nuit d'été *de William Shakespeare.*

Margot 12,5/16
Bon commentaire, rigoureusement construit, qui dégage l'essentiel. Il est cependant dommage que la notion de « parodie* » n'ait pas été travaillée de plus près. De plus, votre devoir peine un peu à s'achever. Votre dernière partie (la mise en abyme) ne s'appuie plus suffisamment sur l'analyse précise du texte. Cependant, dans l'ensemble, le propos est pertinent et un bon esprit d'analyse apparaît.

1) Précisez qu'il s'agit d'une comédie.

2) Le terme de « réalistes » aurait été préférable.

3) Ne modalisez pas l'énoncé : allégez la formulation : « est une scène de dénouement* ».

4) N'utilisez pas d'adverbe appréciatif ; on ne vous demande pas de juger le texte de Shakespeare.

5) Même remarque. Soyez plus neutre dans le ton.

6) Oui.

7) Allégez la formulation. Préférez le connecteur logique « Tout d'abord ».

8) Bien. Cela est en effet essentiel.

9) L'expression « dispositif très particulier » est vague. À quoi faites-vous référence ?

10) Bonne phrase d'introduction partielle.

11) Vous faites preuve d'ordre et de méthode.

En 1600, Shakespeare donne une pièce[1], intitulée *Le Songe d'une nuit d'été*. S'y mêlent personnages féeriques et personnages réels[2]. Le passage que nous allons étudier se trouve dans la scène 1 de l'acte V, c'est-à-dire dans le dernier acte de la pièce. Ainsi, notre passage peut être considéré comme une scène de dénouement*[3] : durant ce dénouement* extrêmement[4] drôle, une représentation de *Pyrame et Thisbé* est jouée par des acteurs plus que médiocres[5]. Par conséquent, la scène provoque le rire du spectateur[6]. Dans un premier temps[7], nous étudierons la dimension comique de la scène[8] pour, dans une deuxième partie, montrer qu'elle est aussi pathétique. Enfin, dans une troisième partie, nous verrons qu'un dispositif très particulier est mis en place par Shakespeare dans son dénouement*[9].

Dans une première partie, montrons donc que le dénouement* du *Songe d'une nuit d'été* relève du registre* comique[10]. De nombreux procédés concourent à faire rire ou sourire le spectateur.

En premier lieu, on trouve un comique de mots dans la scène[11]. Les apostrophes inattendues et triviales (*« ô mon pigeon »*, *« ô mon petit poulet »*, *« palombe »*) contrastent avec le

tragique de la situation mise en scène dans *Pyrame et Thisbé*[12]. Le style familier[13] crée aussi un effet burlesque (« *téton* », « *hop, hop* », « *défloré* »). Enfin, le style tragique est parodié : dans une longue accumulation (« *détruisez, massacrez, étouffez, concluez* »), c'est l'emphase du tragique qui est moquée[14]. Quand Pyrame évoque les « *furies* » et les « *parques* », il se moque aussi de l'écriture tragique[15].

On voit aussi un comique de situation. Pyrame n'en finit pas de mourir dans la scène et prononce des paroles incohérentes (« *je suis mort, je suis évanoui* »)[16]. Démétrius et Lysandre commentent ces paroles pour s'en moquer[17]. Thisbé, quant à elle, se tue avec le fourreau de l'épée et non la lame (voir didascalie* finale)[18].

Notons encore un comique de caractère. Le portrait que Thisbé fait de Pyrame le ridiculise : son mari[19] a des « *lèvres de lys* », un « *nez de cerise* », qui indique son ivrognerie, des « *joues de jaunes primevères* », évoquant la cirrhose, et ses « *yeux* » sont comparés à un légume peu noble (« *vert de poireaux* »)[20]. Loin d'être un bel Apollon, digne d'être admiré, Pyrame est un être au physique disgracieux.

Ces effets ridicules, qui font rire, sont soulignés dans les répliques* des spectateurs de la pièce[21]. Ces derniers condamnent la construction de la pièce (« *comment se fait-il que le clair de lune soit parti…* ») et se moquent des personnages mis en scène (« *Et le Mur aussi* »)[22]. Ils s'étonnent de voir un mur parler et bouger[23].

Au registre* comique, vient s'ajouter un registre* contraire, le tragique. Cette fois-ci, ce sont des larmes qu'on veut tirer au spectateur[24].

En premier lieu, Pyrame et Thisbé sont confrontés à une situation pathétique : Pyrame croit que Thisbé, sa chérie[25], a été dévorée par un lion (« *c'est un lion vil qui a défloré mon adorée* ») et il se suicide (« *meurs, mais meurs donc !* ») ;

12) Expliquez pourquoi.
13) Le terme « style » est inapproprié. Préférez le mot « langage ».

14) Très bonne analyse.

15) À expliciter. Quels sont les procédés traditionnels de l'écriture tragique ?

16) Soulignez plus clairement l'incohérence du discours de Pyrame.
17) Citation précise ? Soyez rigoureuse dans le travail de justification.
18) Citez-la en entier.

19) Pyrame et Thisbé ne sont pas mariés.

20) Je ne savais pas qu'il y avait des légumes plus nobles ou moins nobles que les autres…

21) Oui, remarque judicieuse.

22) C'est de la tendance à mettre en scène des personnages allégoriques que se moquent les spectateurs.
23) Conclusion partielle ? L'annonce de la deuxième partie est claire.
24) Oui.

25) Niveau de langue !

COPIE COMMENTÉE

Thisbé découvre ensuite le corps de Pyrame et se suicide à son tour (« *adieu, adieu, adieu* »).

De plus, une ponctuation expressive rythme le passage[26]. Les exclamations montrent la douleur, la souffrance des personnages (« *Ah ! Quel malheur épouvantable* ») et les interrogations marquent la perte de repères (« *se peut-il ?* » ; « *voyez-vous mes yeux ?* », « *que vois-je ?* », ...)[27]. Ajoutons qu'un champ lexical de la souffrance est présent (« *douleur* », « *malheur* », « *sang* », « *détruisait* »)[28].

Enfin, des apostrophes à la destinée et à la mort (« *ô destinée* », « ô cruelles furies », « *Sœurs qui êtes trois* » [les trois Parques], « *épée fidèle* ») montrent bien que Pyrame et Thisbé sont les jouets de la fatalité. Ils ne contrôlent pas leur existence[29].

On a donc une abondance des marques du registre* pathétique[30], propre au dénouement* de la tragédie. La scène devrait donc faire pleurer. Mais c'est le rire qui l'emporte[31]. On peut peut-être alors penser que Shakespeare se moque des tragédies et de leur pathétique. Il les caricature[32].

Enfin, le dispositif de ce dénouement* est très particulier : Shakespeare utilise, comme dans beaucoup de pièces baroques, la mise en abyme[33].

Il l'utilise aussi dans *Hamlet* quand il fait jouer des comédiens à la cour du roi Claudius. Corneille aussi l'utilise dans *L'Illusion comique*[34]. On peut donc dire que ce thème est apprécié des baroques car il brouille les frontières entre la réalité et la fiction[35].

Pourquoi avoir choisi cette mise en abyme dans le dénouement* du *Songe d'une Nuit d'été* ? C'est parce que cette mise en abyme souligne la morale à dégager de la pièce de Shakespeare[36]. La représentation de *Pyrame et Thisbé*, qui montre des personnages se suicidant sur scène, montre[37] que l'amour est une pure folie qui entraîne les humains dans des comportements

26) Attention, une sous-partie doit annoncer du sens ; le procédé stylistique ne vient que démontrer le propos.
27) N'utilisez pas les points de suspension : vous êtes en train de dire à l'examinateur qu'il doit finir le travail lui-même…
28) Interprétation ? Paragraphe trop descriptif.

29) Oui.
30) À la différence du pathétique, le tragique montre l'intervention d'une fatalité hostile aux personnages : c'est le cas ici. Soyez rigoureux dans le choix des termes.
31) La notion de « parodie* » aurait dû être introduite ici.

32) Shakespeare se moque de la langue tragique, très emphatique. La parodie* naît d'un mélange entre les registres* pathétique et comique.
33) Remarque très juste.

34) Vos allusions sont justes mais vous en oubliez un peu l'étude du texte de Shakespeare.

35) Ne récitez pas un cours sur le baroque : analysez le texte à commenter !

36) Bonne remarque. C'est là-dessus qu'il faut insister.

37) Répétition à éviter.

déraisonnables[38]. Pyrame se tue sans avoir la preuve formelle de la mort de Thisbé (« *c'est un lion vil qui a défloré/Mon adorée* »). Thisbé s'acharne contre elle-même pour se donner la mort par amour (« *Elle cherche l'épée de Pyrame et, ne la trouvant pas, se poignarde avec le fourreau* »). L'amour fait trop souffrir, mieux vaut donc en rire, comme le font les spectateurs de la pièce (« *Il reste le Clair de Lune et le Lion pour enterrer les morts* »)[39].

Le choix de la mise en abyme n'est donc pas gratuit : le dénouement* souhaite mettre en garde contre les dangers et les excès de l'amour[40].

Shakespeare réussit merveilleusement[41] bien son dénouement* : il parvient à faire rire le spectateur malgré qu'il[42] mette en scène une histoire tragique, celle du suicide de Pyrame et Thisbé. La scène de dénouement* parodie*[43] donc la tragédie et ses effets trop appuyés. Mais le rire prend aussi un tour sérieux : derrière le grotesque de Pyrame et Thisbé, c'est l'amour et ses excès qui sont dénoncés. Comme dans toute comédie, Shakespeare cherche à nous instruire : le spectateur est mis en garde par le rire. La comédie remplit donc bien sa double fonction : corriger en faisant rire[44].

38) Lecture pertinente.

39) Remarque judicieuse.

40) Remarques justes mais qu'il aurait été bienvenu de développer davantage. Votre troisième partie est un peu courte.

41) Bannissez ces adverbes de jugement !

42) Syntaxe ! Il ne faut pas dire « malgré que » mais « bien que ».

43) Oui, vous prononcez *in fine* ce mot qui était central.

44) Très bonne ouverture.

Sujet 40

Corpus 20, p. 350

Vous ferez le commentaire de l'extrait de La Curée, d'Émile Zola.

À partir de 1870, Zola se lance dans la publication du cycle romanesque des Rougon-Macquart. Au premier volume, intitulé *La Fortune des Rougon*, succède le deuxième volet de cette grande fresque familiale : *La Curée*. Le romancier y met en scène la relation incestueuse de Renée et de Maxime, sous le regard sinon approbateur, du moins silencieux de Saccard. Le passage étudié appartient au chapitre V de *La Curée*. L'inceste entre Maxime et Renée est consommé depuis près d'un an ; le couple s'affiche dans tous les lieux à la mode. Mais une ombre vient ternir leur bonheur : les difficultés financières obligent Renée à se rapprocher de son mari Saccard et sa conscience la torture. Elle ne parvient donc pas à « *jouir de l'infamie* » et sa tête commence à se détraquer. C'est dans ce contexte de remords et de culpabilité que Maxime et Renée assistent à une représentation de *Phèdre* de Jean Racine au Théâtre-Italien. Nous montrerons, tout d'abord, que cette représentation est placée sous le signe de la médiocrité, pour ensuite voir en quoi Renée peut être qualifiée de « *nouvelle Phèdre* ». Enfin, nous mettrons en évidence que Zola dégrade le mythe antique.

La représentation de Phèdre à laquelle assistent Maxime et Renée est placée sous le signe de la médiocrité. Alors qu'une des plus grandes tragédies du répertoire français est donnée, c'est une impression de bassesse qui triomphe.

Tout d'abord, les acteurs proposent un jeu et des mimiques caricaturaux. Les termes utilisés pour désigner Phèdre et Hippolyte dans le texte sont continûment dépréciatifs. Le physique des acteurs est peu gracieux : ainsi, Phèdre a de « *fortes épaules* » et de « *gros bras* ». Hippolyte est, lui, peint sous les traits d'un « *grand garçon pâle* ». L'opposition entre une « *grande femme* » forte et un jeune homme chétif tend à la caricature. À physique ingrat, jeu ingrat : la Ristori ne fait que « *traîn[er] sur les planches le crime antique* » tandis qu'Hippolyte est « *très médiocre* » et « *pleur[e] son rôle* ». Plus qu'un jeu, ce sont des « *mimiques* » qu'ils déploient. Représentée donc par des acteurs médiocres au jeu outré, la Phèdre racinienne est dégradée.

De plus, Maxime et Renée ne se rendent pas au Théâtre-Italien par goût, mais parce qu'ils entendent suivre la mode qui souffle sur Paris. On notera ainsi que le monde et la comédie sociale dictent leurs comportements aux protagonistes. L'expression « *la mode leur commandait* » est à cet égard significative. En effet, le syntagme « *la mode* » est en fonction sujet dans la phrase et dit bien que Maxime et Renée sont des pantins, mus par le snobisme. Nul discernement ou sens artistique chez les personnages : les vers de Racine se muent en « *simple accompa-*

gnement» sonore. La médiocrité culturelle des personnages rappelle ainsi au lecteur que Renée et Maxime sont des personnages réalistes. Dénués de sensibilité artistique, ils sont à l'image de l'époque terne et fade que Zola exécrait : celle du Second Empire.

Cependant, malgré la médiocrité de la représentation, Renée apparaît comme fascinée par la pièce. « Remu[ée] profondément, elle s'identifie peu à peu au personnage de Racine.

Renée se dessine dans l'extrait comme une nouvelle Phèdre.

La pièce conduit Renée à une introspection, à une plongée dans les profondeurs de sa conscience. Peu à peu, Renée découvre qu'elle est aussi ce monstre mis en scène par Racine. Une partie de l'extrait est marquée par la présence du discours indirect et du discours indirect libre (« *Aurait-elle la force de s'empoisonner un jour ?* ») qui permet au lecteur de plonger, avec le personnage, dans les affres de la conscience. Le regard de Renée est comme hypnotisé par l'héroïne éponyme et se concentre sur ce personnage. La formule négativo-restrictive « *elle ne voyait de la pièce que cette grande femme* » souligne la fascination exercée par le personnage sur l'âme de Renée. L'émotion se mue alors en processus d'identification : tout d'abord « *remuée* », Renée éprouve ensuite « *réellement* » les sensations et les sentiments que la Ristori exprime par son jeu (« *La Ristori emplissait la salle d'un tel cri de passion fauve [...], que la jeune femme sentait passer sur sa chair chaque frisson de son désir et de ses remords* »).

L'identification est totale au personnage. Renée en vient ainsi à se comparer à Phèdre. Si Phèdre est issue « *du sang de Pasiphaé* », Renée « *se demand[e] de quel sang elle pouvait être, elle, l'incestueuse des temps nouveaux* ». De nombreux points communs réunissent les protagonistes zolien et racinien. Tout d'abord, leur situation amoureuse les rapproche : Phèdre aime Hippolyte, son beau-fils ; Renée aime Maxime, son beau-fils. Tout comme Phèdre, Renée a commis un « *crime* ». Tout comme Renée, Maxime a perçu la similitude des situations. Ainsi, à la fin de l'extrait, sur le mode de la plaisanterie légère, il se compare au fils de l'Amazone et se saisit en nouvel Hippolyte (« *C'est moi, murmura-t-il, qui avais raison de ne pas m'approcher de la mer, à Trouville* »). La faute incestueuse torture les deux héroïnes féminines. Le lexique de la souffrance morale, placé sous le signe de l'hyperbole*, rapproche les deux femmes : Renée éprouve un malaise physique (« *souffrait horriblement* ») ; la Ristori agonise physiquement sur scène en poussant un « *dernier râle* ».

Ainsi, en s'assimilant à Phèdre, Renée semble accéder au statut d'héroïne tragique. Le regard de son « mari » (« *elle rêvait que son mari entrait, la surprenait aux bras de son fils* ») ainsi que la voix réprobatrice de la Ristori (« *elle entendait encore gronder derrière elle cette rude voix de la Ristori* ») sont une incarnation de la fatalité morale qui hante la conscience de l'héroïne. En amoureuse tragique, Renée ne voit qu'une seule issue à son destin fatal : la mort. Ainsi, des pensées suicidaires viennent peupler sa rêverie : les « *convulsions du poison* », l'« *empoisonne[ment]* » qui achèvent la vie de Phèdre la font « frissonner »

d'horreur et de terreur. Cependant, la mort pour Renée ne reste qu'une possibilité : elle ne l'envisage que sur le mode de la question. En effet, la modalité interrogative dans la phrase « *Aurait-elle la force de s'empoisonner un jour ?* » dit bien que Renée n'est pas pleinement à la hauteur du rôle tragique qu'elle voudrait jouer. Plus qu'un majestueux rôle tragique, elle n'est vouée qu'à jouer un « *drame mesquin et honteux* ».

Si Zola réécrit le mythe de Phèdre, c'est pour le dégrader.

Si Renée s'identifie à Phèdre, elle ne présente cependant pas les caractéristiques d'une grande héroïne tragique. En effet, plus qu'un personnage majestueux, elle est un être pitoyable. Tout d'abord, Phèdre, si elle est dévorée par le feu brûlant de la passion, ne réalise jamais l'acte incestueux. À l'inverse, Renée est bien une « *incestueuse des temps nouveaux* » en ce qu'elle a consommé l'inceste. Phèdre lutte et Renée cède mais ne veut pas affronter son « *crime* ». Ainsi, il est symptomatique de relever que la femme de Saccard se détourne du spectacle auquel elle assiste. Les verbes « *regarder* » et « *écouter* » sont utilisés dans l'extrait à la forme négative : (« *ne regarda plus, n'écouta plus* »). L'attention fuyante de Renée dit ses remords et son refus d'assumer sa faute. De plus, Phèdre se résout à mourir : en un ultime acte de grandeur, elle se donne la mort et m[eurt] « *dans les convulsions du poison* ». Renée ne parvient pas à envisager pleinement ce geste fatal. Quand elle évoque la possibilité du suicide, ce n'est que sous forme de question : « *Aurait-elle la force de s'empoisonner, un jour ?* ». La virgule placée par Zola avant le syntagme « *un jour* » ralentit le rythme de l'interrogation et surtout détache du corps de la phrase l'expression « *un jour* ». Comme ce « *jour* » est rejeté en fin de phrase, il est remis à plus tard par l'esprit de Renée. Enfin, Phèdre est le jouet de son hérédité : héritière du « *sang de Pasiphaé* », sa monstrueuse mère, elle doit lutter contre une tare de naissance. Renée n'a pas cette excuse et ne peut convoquer aucune fatalité pour se disculper. C'est en vain qu'elle cherche de « *quel sang elle p*[eut] *être* » car nulle tache ne souille sa naissance. Elle ne souffre pas de la tare héréditaire qui marque les Rougon-Macquart, puisqu'elle est une Béraud du Châtel. Ainsi, l'histoire antique est réécrite par Zola et tourne au drame bourgeois. En regard de « *l'épopée antique* », son histoire est « *mesquin*[e] » et vulgaire. L'histoire de Renée et de Maxime est plus proche du vaudeville que de la tragédie.

Si Renée est une médiocre Phèdre, Maxime est lui aussi un Hippolyte sans noblesse ni grandeur. Avec ce protagoniste, le traitement du mythe tragique tourne au burlesque. Comme Renée, le fils de Saccard s'identifie au fils de Thésée à deux reprises dans la fin de l'extrait. Les points de suspension après la conjonction de subordination « parce que » disent que Maxime a saisi les similitudes entre sa situation et celle de Phèdre et d'Hippolyte. De même, il fait référence de façon implicite au monstre marin qui emporte Hippolyte dans la tragédie (« *C'est moi* [...] *qui avais raison de ne pas m'approcher de la mer, à Trouville* »). Cependant, à chaque fois que Maxime évoque la tragédie racinienne, c'est pour s'en détacher

et pour la dégrader. Il ne cesse d'user de termes dépréciatifs pour décrire le spectacle auquel il assiste. Hippolyte, dans la bouche de Maxime, est traité de « godiche » ; Théramène n'est qu'un « vieux » doté d'une « *bonne tête* » ; l'histoire de Phèdre est « assommante » et « corsée ». On remarquera que des guillemets encadrent les deux adjectifs « *assommante* » et « *corsée* » et qu'ils sont donc des citations exactes du discours de Maxime. Ces deux mots, qui relèvent d'un vocabulaire gouailleur et vulgaire, viennent souligner le contraste entre la diction tragique emphatique et noble et la diction gouailleuse et populaire de Maxime. D'ailleurs, le personnage massacre l'alexandrin* racinien : quand il s'attelle à le dire, c'est d'une « *voix creuse* » et faible (« *murmura* »). Par conséquent, Maxime n'accède à nulle grandeur tragique : il est un être tout entier empreint de médiocrité et de bassesse. Maxime n'est qu'un Hippolyte dégradé.

Maxime et Renée se dessinent donc comme des personnages pitoyables et misérables. Ils ne sont que de pâles reflets de leur noble et grand modèle antique.

Ce passage du chapitre V de *La Curée* repose sur un effet de mise en abyme : Renée se voit sur scène et s'identifie à la Phèdre antique. Comme elle, elle est rongée de remords et consumée par sa passion dévorante et coupable. Mais la réalité de son aventure avec Maxime n'est pas à la hauteur du mythe antique. Renée et Maxime sont trop bas, vils et lâches pour être comparés à leur modèle mythique. Si Zola disait vouloir faire « *une nouvelle Phèdre* », c'était pour mieux souligner la petitesse de ses héros. S'il réécrit le mythe, c'est pour le dégrader. Cette scène du chapitre V, placée sous le signe de la bassesse, annonce la fin du roman et l'issue du drame. Au lieu de mourir en héroïne tragique, Renée se « détraquera » et connaîtra une fin vulgaire et bourgeoise.

Partie 3

LA DISSERTATION

La méthode expliquée

Il s'agit du sujet 2 du travail d'écriture de l'écrit du baccalauréat. Dans la mesure où la problématique du sujet est en liaison avec l'un des objets d'étude au programme, les notions vues en cours sont absolument nécessaires à la réalisation de ce travail. De plus, il faut exploiter les textes du corpus pour en dégager des exemples précis.

> **Extrait du B.O.**
> *« La dissertation consiste à conduire une réflexion personnelle et argumentée à partir d'une problématique littéraire issue du programme de français. Pour développer son argumentation, le candidat s'appuie sur les textes dont il dispose, sur les objets d'étude de la classe de première, ainsi que sur ses lectures et sa culture personnelle. »*
> B.O. n° 26 du 28 juin 2001

1. Analyser le sujet

L'écueil de la dissertation est le hors-sujet. Pour l'éviter, il convient d'être particulièrement attentif au sujet posé et d'en mener une analyse rigoureuse.

1) Identifier le type de sujet

Les énoncés de dissertation sont extrêmement variés. Il faut donc les lire avec attention. Voici une liste des différents types de sujets possibles :
- type 1, élaboration d'une définition ;
- type 2, choix entre deux thèses ;
- type 3, commentaire d'une affirmation ;
- type 4, question ouverte.

a) Type 1 : le sujet demande l'élaboration d'une définition

Exemple d'énoncé

> Définissez le tragique. Vous appuierez votre réflexion sur les textes du corpus et sur vos connaissances personnelles.

b) Type 2 : le sujet invite à choisir entre deux thèses (deux affirmations)

On est appelé ici à démontrer le bien-fondé relatif des points de vue proposés.

Exemple d'énoncé

> Diriez-vous du conte philosophique qu'il sert à instruire ou à divertir le lecteur ? Votre réflexion sera organisée et s'appuiera sur les textes du corpus ainsi que sur vos connaissances personnelles.

c) Type 3 : le sujet invite à commenter une citation ou à apprécier la pertinence d'une thèse (une affirmation)

La citation proposée vient soit d'un critique, soit d'un auteur.

Exemple d'énoncé

> Verlaine, dans son *Art poétique*, affirme qu'il faut « De la musique avant toute chose ». Commentez et discutez cette affirmation en vous appuyant sur les textes du corpus et sur d'autres poèmes.

d) Type 4 : la question ouverte, c'est-à-dire une question qui ne dissimule aucune thèse (aucune affirmation)

Exemple d'énoncé pour le roman

> Qu'est-ce qu'un « héros » de roman ? Vous répondrez à cette question en vous appuyant sur des exemples précis.
>
> L'affirmation contenue dans cet énoncé serait : *un « héros » de roman est. Ce n'est pas une phrase complète. Le sujet ne contient donc aucune affirmation. Il s'agit bien d'un nouveau type de sujet : la question ouverte.
>
> Attention ! Ne confondez pas la question ouverte avec la question qui dissimule une affirmation ou deux affirmations.

Exemples d'énoncé pour le théâtre

> 1) Le texte théâtral doit-il obligatoirement être joué ? Vous répondrez à cette question en vous appuyant sur des exemples précis.
>
> L'affirmation dissimulée est : le texte théâtral doit obligatoirement être joué. Cet énoncé revient donc à apprécier la pertinence d'une thèse (type 3).
>
> 2) Le texte théâtral doit-il seulement être joué ou peut-il aussi être lu ? Vous répondrez à cette question en vous appuyant sur des exemples précis.
>
> Les affirmations dissimulées sont : le texte théâtral doit être joué et le texte théâtral peut aussi être lu. Cet énoncé revient donc à choisir entre deux thèses (type 2).

2) Analyser un sujet

Cette analyse doit être menée de façon très rigoureuse afin de ne pas tomber dans le piège du hors-sujet. Elle comprend plusieurs étapes.

a) Étape 1

Identifier les mots-clés de l'énoncé, puis les expliciter, c'est-à-dire les mettre en relation avec les notions étudiées en cours.

Exemples d'application

1) Écriture poétique et quête du sens du Moyen Âge à nos jours, corpus 5

Verlaine, dans son *Art poétique*, affirme qu'il faut « *De la musique avant toute chose* ». Commentez et discutez cette affirmation en vous appuyant sur les textes du corpus et sur d'autres poèmes.

Les mots clés sont :

• **musique** – travail sur les sonorités – allitérations*, assonances* – et sur le rythme – enjambements*, rejets*, contre-rejets*, etc. ;

• **avant toute chose** – la musique est la chose la plus importante en poésie.

Soyez alors votre propre contradicteur, pensez aux objections qui pourraient être formulées : le contenu est plus important que la musique en poésie. Vous êtes parvenu à formuler une thèse complémentaire à celle proposée dans l'énoncé.

2) La question de l'Homme dans les genres de l'argumentation, corpus 13

Diriez-vous du conte philosophique qu'il sert à instruire ou à divertir le lecteur ? Votre réflexion sera organisée et s'appuiera sur les textes du corpus ainsi que sur vos connaissances personnelles.

Les mots clés sont :

• **conte philosophique** – bref récit qui fait intervenir des éléments merveilleux et qui donne une leçon au lecteur ;

• **instruire** – donner une leçon morale, philosophique, politique, ... ;

• **divertir** – amuser le lecteur, lui plaire, par le travail sur la langue, par l'intrigue, par le caractère des personnages.

3) Le personnage du roman du XVIIe siècle à nos jours, corpus 4

Qu'est-ce qu'un « héros » de roman ? Vous répondrez à cettequestion en vous appuyant sur des exemples précis.

Les mots clés sont :

• **héros** – terme ambigu qui a deux sens : personnage principal, ou personnage doté de qualités exceptionnelles. C'est sans doute cette ambiguïté qui explique les guillemets.

• **roman** – il faut limiter à un genre romanesque : n'empruntez pas d'exemple au théâtre ou au cinéma.

b) Étape 2

Déterminer à quel type de sujet vous avez affaire (voir typologie ci-dessus).

Exemples d'application

1) Écriture poétique et quête du sens du Moyen Âge à nos jours, corpus 5

Verlaine, dans son *Art poétique*, affirme qu'il faut « *De la musique avant toute chose* ». Commentez et discutez cette affirmation en vous appuyant sur les textes du corpus et sur d'autres poèmes.

Le sujet invite à commenter une citation (type 3).

2) La question de l'Homme dans les genres de l'argumentation du XVIe siècle à nos jours, corpus 13

Diriez-vous du conte philosophique qu'il sert à instruire ou à divertir le lecteur ? Votre réflexion sera organisée et s'appuiera sur les textes du corpus ainsi que sur vos connaissances personnelles.
Le sujet invite à choisir entre deux thèses (type 2).

3) Le personnage du roman du XVIIe siècle à nos jours, corpus 4

Qu'est-ce qu'un « héros » de roman ? Vous répondrez à cettequestion en vous appuyant sur des exemples précis.
Le sujet est une question ouverte (type 4).

c) Étape 3
Déterminer si le sujet contient une thèse (une affirmation) ou non, et la reformuler, le cas échéant.

Récapitulatif

Type de sujet	Présence d'une thèse ?
Type 1 : le sujet demande l'élaboration d'une définition	Le sujet ne contient jamais de thèse
Type 2 : le sujet invite à choisir entre deux thèses. N'oubliez pas que le sujet peut se présenter sous la forme d'une question	Le sujet contient deux thèses Il faut les reformuler toutes deux
Type 3 : le sujet invite à commenter une citation ou à apprécier la pertinence d'une thèse. N'oubliez pas que le sujet peut se présenter sous la forme d'une question	Le sujet contient toujours une thèse, qu'il faut reformuler
Type 4 : le sujet est une question ouverte. Attention, ne confondez pas de type de sujet avec les questions qui dissimulent une ou deux affirmations (thèses)	Le sujet ne contient jamais de thèse

Exemples d'application

1) Écriture poétique et quête du sens du Moyen Âge à nos jours, corpus 5

Verlaine, dans son *Art poétique*, affirme qu'il faut « *De la musique avant toute* chose ». Commentez et discutez cette affirmation en vous appuyant sur les textes du corpus et sur d'autres poèmes.

Le sujet invite à commenter une citation (type 3). Il contient donc une thèse.

Reformulation de cette thèse : le travail sur le rythme et les sonorités est primordial dans un poème.

2) La question de l'Homme dans les genres de l'argumentation du XVIe siècle à nos jours, corpus 13

Diriez-vous du conte philosophique qu'il sert à instruire ou à divertir le lecteur ? Votre réflexion sera organisée et s'appuiera sur les textes du corpus ainsi que sur vos connaissances personnelles.

> Le sujet invite à choisir entre deux thèses (type 2).
>
> Reformulation de ces thèses. Thèse 1 : le conte philosophique donne une leçon. Thèse 2 : le conte philosophique amuse le lecteur.
>
> **3) Le personnage du roman du XVIIe siècle à nos jours, corpus 4**
>
> Qu'est-ce qu'un « héros » de roman ? Vous répondrez à cettequestion en vous appuyant sur des exemples précis.
> Le sujet est une question ouverte (type 4). Il ne contient donc pas de thèse.

d) Étape 4
Formuler la problématique, c'est-à-dire la ou les questions soulevées par le sujet. Trois cas sont à distinguer.

• **Le sujet contient deux thèses.** La problématique se formule alors sous forme d'une alternative interrogative : thèse 1 ou thèse 2 ?

Exemple d'application : La question de l'Homme dans les genres de l'argumentation, corpus 13

> Diriez-vous du conte philosophique qu'il sert à instruire ou à divertir le lecteur ? Votre réflexion sera organisée et s'appuiera sur les textes du corpus ainsi que sur vos connaissances personnelles.
> La problématique est : le conte philosophique donne-t-il une leçon **ou** amuse-t-il le lecteur ?

• **Le sujet contient une thèse.** La problématique se formule toujours sous la forme d'une alternative interrogative. Le sujet ne fournit que la thèse 1. Vous aurez trouvé une thèse complémentaire dans l'analyse des mots clés.

Exemple d'application : Écriture poétique et quête du sens du Moyen Âge à nos jours, corpus 5

> Verlaine, dans son *Art poétique*, affirme qu'il faut « *De la musique avant toute chose* ». Commentez et discutez cette affirmation en vous appuyant sur les textes du corpus et sur d'autres poèmes.
> La problématique est : Le travail sur le rythme et les sonorités est-il primordial dans un poème ? ou le contenu a-t-il également une importance ?

• **Le sujet ne contient pas de thèse.** La problématique se formule sous la forme d'une question, qui est en réalité une reformulation du sujet.

Exemple d'application : Le personnage du roman du XVIIe siècle à nos jours, corpus 4

> Qu'est-ce qu'un « héros » de roman ? Vous répondrez à cettequestion en vous appuyant sur des exemples précis.
> La problématique est : selon quels critères peut-on qualifier un personnage de roman de « héros » ?

2. Rechercher des idées et bâtir le plan

1) Les grandes parties du plan

a) Le sujet contient une ou deux thèses (problématique sous forme d'une alternative interrogative)

Dans ces cas, un seul plan possible : le plan critique.
Dans une première partie, il faut valider la thèse contenue dans le sujet (certes/vous montrez en quoi la thèse proposée par le sujet est pertinente) puis la contester (mais/vous énoncez une thèse différente qui comble les failles de la thèse proposée par le sujet). Ce plan se déduit en fait de la problématique.

Exemples d'application

1) La question de l'Homme dans les genres de l'argumentation, corpus 13

Diriez-vous du conte philosophique qu'il sert à instruire ou à divertir le lecteur ? Votre réflexion sera organisée et s'appuiera sur les textes du corpus ainsi que sur vos connaissances personnelles.

La problématique est : le conte philosophique donne-t-il une leçon **ou** amuse-t-il le lecteur ?

Le plan critique est : **certes**, le conte philosophique donne une leçon, **mais** il amuse aussi le lecteur.

2) Écriture poétique et quête du sens du Moyen Âge à nos jours, corpus 5

Verlaine, dans son *Art poétique*, affirme qu'il faut « *De la musique avant toute chose* ». Commentez et discutez cette affirmation en vous appuyant sur les textes du corpus et sur d'autres poèmes.

La problématique est : le travail sur le rythme et les sonorités est-il primordial dans un poème ? **ou** le contenu a-t-il également une importance ?

Le plan critique est : **certes**, le travail sur le rythme et les sonorités est primordial dans un poème, **mais** le contenu a également une importance

b) Le sujet ne contient pas de thèse (problématique sous forme de question)

Dans ce cas, un seul plan possible, le **plan thématique**.
Il faut explorer les différents aspects du thème proposé par le sujet. Chaque partie correspondra à un aspect du thème. Ces parties ne pourront être définies qu'après un examen méthodique du corpus.

Exemple d'application : Le personnage du roman du XVIIe siècle à nos jours, corpus 4

Qu'est-ce qu'un « héros » de roman ? Vous répondrez à cette question en vous appuyant sur des exemples précis.

La problématique est : selon quels critères peut-on qualifier un personnage de roman de « héros » ?

Le plan thématique doit envisager différents critères possibles. Il ne pourra être établi qu'après une exploitation méthodique des textes du corpus et une réflexion approfondie sur vos connaissances (voir 2.2).

Récapitulatif

Type de sujet	Présence d'une thèse	Problématique	Type de plan
Type 1 : le sujet demande l'élaboration d'une définition	Non	Question	Plan thématique
Type 2 : le sujet invite à choisir entre deux thèses	Oui	Alternative interrogative	Plan critique
Type 3 : le sujet invite à commenter une citation ou à apprécier la pertinence d'une thèse	Oui	Alternative interrogative	Plan critique
Type 4 : le sujet est une question ouverte	Non	Question	Plan thématique

2) Trouver les sous-parties : examen méthodique des textes du corpus

Le sujet de dissertation a été choisi en fonction des textes qui constituent le corpus. Par conséquent, ces textes doivent être exploités afin de trouver des arguments et des exemples précis qui viendront nourrir votre dissertation.

a) Trouver les sous-parties pour un plan critique

Les grandes parties étant établies (voir p. 155), il faut maintenant exploiter le corpus afin de bâtir des sous-parties.

Exemple d'application : Écriture poétique et quête du sens du Moyen Âge à nos jours, corpus 5

Verlaine, dans son *Art poétique*, affirme qu'il faut « *De la musique avant toute chose* ». Commentez et discutez cette affirmation en vous appuyant sur les textes du corpus et sur d'autres poèmes.

La problématique est : Le travail sur le rythme et les sonorités est-il primordial dans un poème ? **ou** le contenu a-t-il également une importance ?

Le plan critique est : **certes**, le travail sur le rythme et les sonorités est primordial dans un poème, **mais** le contenu a également une importance.

Textes	Le travail sur le rythme et les sonorités est primordial	Le contenu est aussi important
Verlaine *Après trois ans*	Enjambement, v. 2-3 ; 5-6 Assonance en nasales, 2e quatrain	Expression de sentiments personnels : nostalgie d'un amour perdu (v. 14 : le « *réséda* » est une herbe d'amour)
Verlaine *Mon Rêve familier*	Rythme croissant, v. 10 Allitération en [r], dernier tercet Répétitions lexicales, v. 12	Expression de sentiments personnels : désir d'un amour parfait (« *et que j'aime et qui m'aime* », v. 2)

Textes	Le travail sur le rythme et les sonorités est primordial	Le contenu est aussi important
Verlaine *Promenade sentimentale*	Une seule strophe, renoncement à la forme traditionnelle du sonnet* Enjambements*, v. 3-4, 11-12 Rythme croissant, v. 5 Allitérations* en nasales, v. 2-3-4	Expression de sentiments personnels : mélancolie (« *tout seul* », v. 5 ; « *tristement* », v. 4)
Verlaine *Monsieur Prud'Homme*	Enjambement*, v. 12-13 Allitérations* en [f], 1er quatrain	Critique de la bourgeoisie, portrait satirique de Monsieur Prud'Homme Louange *a contrario* des poètes, v. 11-12

On obtient le plan suivant : **certes** le travail sur le rythme et les sonorités est primordial, notamment la quête des allitérations* et assonances* (plaisir de l'oreille et harmonie imitative) et la recherche d'un rythme harmonieux (enjambement*, rejet*, rythme travaillé de l'alexandrin*). **Mais** le contenu a également son importance : message politique (critique de la bourgeoisie), message lyrique (expression de sentiments intimes).

b) Trouver les sous-parties pour un plan thématique

On n'a pas encore les grandes parties, il faut donc lire les textes du corpus pour trouver des idées et faire appel à ses connaissances.

Exemple d'application : Le personnage du roman du XVIIe siècle à nos jours, corpus 4

Qu'est-ce qu'un « héros » de roman ? Vous répondrez à cette question en vous appuyant sur des exemples précis.

	Textes	« Héros »	Sous-parties	Grandes parties
Textes du corpus	- texte 1 - texte 2 - texte 3	- le héros = personnage principal = celui qui est présenté au début mais aussi celui dont la vie est intéressante (intérêt pour les amours de Jacques). - Bardamu = héros ou anti-héros ? C'est le personnage principal mais n'a aucune qualité particulière. - pas de héros	- héros = personnage important - héros = personnage intéressant. - héros = anti-héros. - originalité du roman = supprimer le héros	- Héros = personnage principal - Héros = personnage d'exception - Héros = espace de créativité pour le romancier
Autres textes (faites intervenir les textes étudiés en classe et vos connaissances)	- *La Curée* de Zola - *Dracula* de Bram Stocker	- tout le roman tourne autour du personnage de Saccard, dont le parcours est spectaculaire. - héros = personnage aux qualités exceptionnelles	- héros = place importante - héros = vie pleine de rebondissements - héros = qualités exceptionnelles.	

Exemple de plan

On obtient le plan suivant :

1) Le héros = le personnage principal

Occupe une place importante dans le roman (de l'*incipit* au dénouement).

A une idendité clairement définie.

A un physique et un caractère précis.

2) Le héros = un personnage d'exception

Une histoire aux multiples rebondissements.

Un personnage qui se distingue des autres.

3) Le héros = un espace où s'exprime l'originalité de l'écrivain

Un héros anti-héros.

L'absence de héros.

3. Rédiger la dissertation

1) Conseils méthodologiques

Pour les conseils de rédaction en temps limité et les conseils de présentation, se reporter à la page correspondante (p. 11).

2) La rédaction de l'introduction

L'introduction se rédige en quatre étapes :

• elle doit s'ouvrir sur une phrase générale introduisant le ou les problèmes posés par la citation. C'est la phrase d'amorce qui amène le sujet. Il faut éviter les formulations trop générales du type « *de tous temps, depuis toujours, l'humanité a toujours* » ;

• vous devez ensuite citer le sujet, c'est-à-dire recopier intégralement la citation ou la question posée. Il s'agit de faire comme si le correcteur ne connaissait pas le sujet et qu'il le découvrait en lisant votre introduction ;

• vous devez, après avoir cité le sujet, reformuler la thèse qu'il contient et définir votre problématique. Si le sujet posé ne contient pas de thèse, cette étape de l'introduction n'est pas nécessaire ;

• enfin, vous devez impérativement annoncer votre plan.

Exemple d'application : Écriture poétique et quête du sens du Moyen Âge à nos jours, corpus 5

Verlaine, dans son *Art poétique*, affirme qu'il faut « *De la musique avant toute chose* ». Commentez et discutez cette affirmation en vous appuyant sur les textes du corpus et sur d'autres poèmes.

[Phrase d'amorce]

Indissociable de la lyre, la poésie était à l'origine chantée.

[Citation du sujet]

Verlaine, dans son *Art poétique*, revient sur cette caractéristique première de la poésie en affirmant qu'en poésie, il faut « *De la musique avant toute chose* ».

[Reformulation de la thèse du sujet et formulation de la problématique]
Ainsi, pour Verlaine, c'est la quête d'une harmonie sonore qui doit primer en poésie. Cependant, le travail poétique peut-il se limiter à cette quête de musicalité ? Le travail sur le rythme et les sonorités est-il primordial dans un poème ou le contenu a-t-il également une importance ?

[Annonce du plan]
Dans une première partie, nous montrerons que l'écriture poétique exhibe un primat de la musicalité puis nous mettrons en évidence que le dire, le discours poétique, est tout aussi fondamental.

3) La rédaction du développement

a) Comment faire apparaître le plan ?

Votre devoir doit être entièrement rédigé. Par conséquent, vous ne pouvez pas faire apparaître des I ou des A sur votre copie. Il faut substituer des phrases aux titres des parties et des sous-parties qui figurent sur votre brouillon. Ces phrases s'appellent des « phrases d'introduction partielle ».

b) Comment construire une sous-partie ?

Chaque sous-partie se compose d'un paragraphe, structuré ainsi :
- l'introduction partielle énonce l'argument avancé (phrase qui reprend le titre de la sous-partie) ;
- le développement de l'argument ;
- l'illustration de l'argument par un exemple. Cet exemple doit être analysé. Il ne s'agit pas obligatoirement d'un exemple tiré des textes du corpus. Vous pouvez aussi utiliser vos connaissances personnelles et les textes étudiés pendant l'année ;
- la conclusion de l'argument et transition vers la sous-partie suivante.

Exemple d'application : Écriture poétique et quête du sens du Moyen Âge à nos jours, corpus 5

Verlaine, dans son *Art poétique*, affirme qu'il faut « *De la musique avant toute chose* ». Commentez et discutez cette affirmation en vous appuyant sur les textes du corpus et sur d'autres poèmes.

Rédaction d'une sous-partie de la 2e partie : message politique (critique de la bourgeoisie).

[Annonce de l'argument/introduction partielle]
La poésie peut avoir vocation à être une tribune politique.

[Développement de l'argument]
Plus qu'une perfection formelle, c'est alors une efficacité argumentative qui est recherchée. Les sons et les rythmes se mettent au service des idées et ne leur servent que de faire-valoir.

[Développement d'un exemple personnel : texte étudié en cours]
Victor Hugo, dans *Les Châtiments*, donne la prééminence au message politique. Recueil écrit pour attaquer les « *nains de l'Empire* » et leur « *César* »

dépravé, *Les Châtiments* sont un ouvrage violemment polémique. Dans le poème *Chanson* (livre I du recueil), les critiques adressées au Second Empire fusent : représenté comme une vaste fête « *orgi[aque]* », le régime impérial spolie « *le pauvre* » et rend « *serf* » le peuple. « *Courtisans* » affamés et « *attablés* », les hommes de l'Empire se vautrent dans la luxure et la débauche morale. Le poète, exilé et banni, s'insurge contre ce banquet honteux. Il invite le peuple à se ressouvenir de son passé politique glorieux (« *Ô peuple des faubourgs, je vous ai vu sublime* ») et à se révolter contre les oppresseurs. C'est le slogan révolutionnaire « *Liberté, égalité, fraternité* » que le poète entonne.

[Développement d'un exemple tiré d'un texte du corpus]

De même, Verlaine fait un portrait satirique du bourgeois plein de bêtise, en décrivant un Monsieur Prud'Homme dont les yeux « *[d]ans un rêve sans fin flottent insoucieux* ».

[Conclusion partielle et transition]

Discours polémique et geste déictique, la poésie est par conséquent un cri, un cri politique. Si la poésie peut donc se muer en tribune politique, elle peut également être le lieu de l'expression de sentiments intimes et personnels.

4) La rédaction de la conclusion

La conclusion comporte deux parties :

- bilan synthétique – récapitulation de ce qui a été démontré ;
- étape d'ouverture – élargissement à partir du sujet proposé.

Exemple d'application : Écriture poétique et quête du sens du Moyen Âge à nos jours, corpus 5

Verlaine, dans son *Art poétique*, affirme qu'il faut « *De la musique avant toute chose* ». Commentez et discutez cette affirmation en vous appuyant sur les textes du corpus et sur d'autres poèmes.

[Bilan synthétique]

Les objectifs de la poésie sont donc multiples : le poète peut en effet rechercher l'effet littéraire, esthétique, et alors privilégier le travail sur la forme, mais cette quête formelle s'accompagne le plus souvent d'un travail sur le sens du poème. Message politique ou message lyrique se mêlent afin que le texte devienne le véhicule d'idées ou de sentiments.

[Ouverture]

Le poète se doit en fait de réunir ces deux finalités : il doit dire de belle façon. Ainsi, comme l'affirme Verlaine, il est un alchimiste, capable de métamorphoser la « *boue* » en « *or* ».

Chapitre 1

LE PERSONNAGE DU ROMAN DU XVIIe SIÈCLE À NOS JOURS

Sujet 41

Corpus 3, p. 301

En quoi les sentiments ressentis par des personnages de romans nous instruisent-ils ? Vous répondrez à cette question en vous appuyant sur les textes du corpus et sur vos lectures personnelles.

Analyse du sujet

Analysons les mots clés :

• **sentiments** : pour bien comprendre ce terme, il faut avoir traité la question au préalable et avoir réfléchi à la question du lyrisme. Pensez à toute la gamme des sentiments exprimés dans le corpus et n'assimilez pas ce terme, comme on le fait parfois, à l'amour.

• **personnages de romans** : attention à l'inscription générique du sujet. La réflexion ne porte que sur les personnages de romans, sur des personnages fictifs donc. Il ne faut pas prendre en compte les protagonistes de textes autobiographiques qui sont réels.

• **instruisent** : le sujet porte sur la dimension éducative du lyrisme mais pas nécessairement sur la dimension morale. On peut certes apprendre sur nous-mêmes mais aussi peut-être sur l'art et sur la beauté.

Type de sujet. Il s'agit d'une question ouverte (type 4).

Formulation de la problématique. Quel est l'intérêt de lire des romans lyriques ?

Type de plan. Le plan retenu est donc thématique.

Plan détaillé

Certains personnages romanesques sont devenus des symboles des sentiments qu'ils éprouvent : Swann est le symbole de la jalousie, Rastignac, de l'ambition, le Père Goriot, du dévouement paternel… En quoi les sentiments ressentis par des personnages de romans nous instruisent-ils ? Quel est l'intérêt de lire des

romans lyriques ? Nous verrons, dans une première partie, que la découverte des sentiments des personnages de romans nous instruit sur les autres, puis nous montrerons qu'elle peut aussi nous instruire sur nous-même. Enfin, dans une troisième partie, nous réfléchirons à la dimension artistique des romans lyriques, qui nous initient à la beauté.

1) Les sentiments ressentis par des personnages de romans nous instruisent sur les autres

Disséquer la psychologie des personnages pour comprendre un sentiment inconnu

On découvre les sentiments éprouvés par ces personnages de fiction :
– à travers leurs pensées : monologues (ex : texte 4), lettres (ex : texte 2). Précision du champ lexical des sentiments ; emploi d'exclamatives et d'hyperboles qui permettent de mesurer leur force ;
– à travers leurs actes : tactiques de Goriot, par exemple, pour protéger ses filles sans qu'elles le sachent dans *Le Père Goriot*.
On peut ainsi comprendre ceux qui ressentent un sentiment que l'on n'a peut-être jamais éprouvé.

Éprouver un sentiment par procuration

Parfois même, on comprend le sentiment de l'intérieur : en effet, le texte romanesque est écrit de façon à ce qu'on éprouve soi-même le sentiment éprouvé par le personnage de fiction. Le registre lyrique vise au partage des émotions.
Permettent l'identification du lecteur au personnage romanesque :
– la première personne (ex. texte 2) ;
– la focalisation interne (ex. texte 1).

2) Les sentiments ressentis par des personnages de romans nous instruisent sur nous-mêmes

Quand le romancier nous parle d'un personnage fictif, il nous parle de nous

En effet, on peut se reconnaître dans les personnages romanesques en raison de la banalité :
– de nombreux sentiments éprouvés : amour (ex. amour de Denise et Octave dans *Au Bonheur des Dames*, roman de Zola), ambition (ex. Rastignac est un jeune homme qui veut réussir, être riche et puissant dans *Les Illusions perdues* et *Splendeur et misères des courtisanes*, romans de Balzac)...
– de nombreuses situations : Madame de Clèves reçoit un billet qu'elle n'aurait pas dû voir (texte 1), Ariane parle toute seule dans son bain (texte 3).

Le personnage romanesque tend à l'universalité

Le romancier donne une dimension universelle au personnage romanesque :

– par des procédés de généralisation : recours aux articles indéfinis (ex. texte 1 : « une personne », « un homme » ; texte 2 : « une infortunée ») ou aux articles définis (ex. texte 1 : « la jalousie ») ; emploi de pronoms indéfinis (ex. texte 3 : « on »).
– par des images qui assimilent un sentiment intime, donc personnel et unique, à une réalité connue de tous (ex. texte 4 : mélancolie de René décrite par des images automnales).
Cette universalité nous permet de nous reconnaître dans le personnage romanesque et de mieux comprendre ce que nous ressentons.

3) Les sentiments ressentis par des personnages de romans nous instruisent sur la beauté de la langue

Une langue musicale

Le désir du romancier de faire éprouver au lecteur les sentiments de ses personnages, se traduit par un déploiement d'effets musicaux.
– des jeux sur le rythme : ex. dans *Un Amour de Swann*, roman de Proust, l'impuissance de Swann à comprendre tout à fait Odette apparaît dans la mise en valeur de l'adjectif « introuvable » grâce à des effets de retardement, proposition subordonnée relative et parenthèses [« il ne l'interrompait pas, il recueillait avec une piété avide et douloureuse ces mots qu'elle lui disait et qu'il sentait (justement parce qu'elle la cachait derrière eux tout en lui parlant) garder vaguement, comme le voile sacré, l'empreinte, dessiner l'incertain modelé, de cette réalité infiniment précieuse et hélas ! Introuvable »] ;
– des jeux sur les sonorités : par exemple, allitération en [r] et assonance en [ou] qui souligne le mot « tourment » (texte 2 : « partagez les tourments que vous me faites souffrir »).

Une langue imagée

L'évocation des sentiments éprouvés par les personnages romanesques est l'occasion pour le romancier de développer des images originales (ex. texte 4 : Ariane imagine la venue impromptue d'un norvégien qui a « six enfants dont un petit nègre »).
Ainsi, les sentiments éprouvés par des personnages romanesques ne nous laissent pas indifférents. Ils nous aident à mieux comprendre les autres, à mieux nous comprendre nous-mêmes et à apprécier la beauté de la langue. C'est sans doute pour cela que, longtemps après la lecture, ces personnages continuent à nous habiter.

COPIE COMMENTÉE

Sujet 42

Corpus 1, p. 296

La seule fonction du personnage de roman est-elle de refléter la société dans laquelle il vit ? Vous répondrez en vous appuyant sur les textes du corpus et sur d'autres œuvres que vous avez lues ou étudiées

Louise 14,5/16
Très bon travail : l'ensemble est bien structuré et nourri d'exemples précis et variés, empruntés à la fois aux textes du corpus et à des lectures personnelles (ou faites en classe). Il est dommage toutefois que la deuxième partie soit moins développée que les autres. Soignez davantage la rédaction : supprimez les titres, rédigez systématiquement des phrases d'introduction et de conclusion partielle.

« Le roman, c'est un miroir que l'on promène le long du chemin », écrit Stendhal dans Le Rouge et le noir[1]. La seule fonction du personnage de roman est-elle pourtant de refléter la société dans laquelle il vit ? Dans un roman, le personnage donne-t-il une image de société, ou a-t-il d'autres rôles ? Nous verrons dans une première partie que le personnage romanesque représente le monde qui l'entoure, mais nous montrerons dans une deuxième partie qu'il s'agit d'une représentation trompeuse. Enfin, dans une troisième partie, nous verrons que le personnage de roman a d'autres fonctions[2].

I. Certes, le personnage de roman reflète la société[3]

Tout d'abord, il peut s'inscrire dans un contexte réaliste : l'univers social auquel il appartient est alors clairement défini. Ainsi, les personnages romanesques, bien que fictifs, s'inscrivent dans l'Histoire. Le personnage de Saccard s'inscrit dans l'Histoire des grands travaux haussmanniens. À travers lui, on découvre Paris tel que l'a réorganisé Haussmann avec les Halles au centre et des grands axes qui

1. C'est une bonne idée de commencer par une citation mais il faudrait la commenter, établir un lien avec le sujet.

2. La problématique est bien posée et l'annonce du plan est claire. C'est un bon début.

3. Non ! Les titres n'apparaissent pas dans un devoir rédigé. Vous devez les remplacer par des phrases d'introduction partielle.

« coupent[4] Paris en quatre ». On découvre aussi le monde des spéculateurs qui voient dans Paris *« un lingot d'or »*, monde qui ressemble à celui des traders[5] d'aujourd'hui[6].[7]

De plus, si le personnage, inventé, fictif, peut refléter la société dans laquelle il vit, c'est aussi parce qu'il est construit comme une personne réelle. Il porte un nom : ainsi, le héros d'un roman de Maupassant se nomme d'après l'état-civil Georges Duroy, mais on le surnomme Bel-Ami, parce qu'il cherche à progresser dans la société par les femmes ; enfin, il obtient de se faire nommer le baron Georges du Roy, signe incontestable de sa réussite sociale[8]. Le personnage romanesque n'a pas seulement un nom, il a aussi un physique et un caractère. Ainsi Charles Bovary est laid et borné : le lecteur le comprend dès sa première apparition (*« le nouveau[9] […] garnis de clous »* , texte 3). Le personnage de roman reflète donc d'autant mieux la société dans laquelle il vit qu'il ressemble à une personne réelle[10].

Le personnage romanesque, grâce à son inscription dans un milieu précis, grâce à sa ressemblance avec la personne réelle, reflète différents aspects de la société dans laquelle il vit. Ainsi, il peut refléter sa dimension politique : dans *Quatre-vingt-treize* de V. Hugo, la lutte entre le marquis de Lantenac, royaliste, et Gauvain, républicain, reflète les enjeux idéologiques de la Révolution Française. Le personnage romanesque peut également donner à voir au lecteur des aspects économiques de la société. À travers le personnage de Saccard, Zola décrit les spéculations financières sous la Troisième république[11]. On peut aussi lire des romans qui traitent des questions sociales : ainsi la pauvreté est au cœur de plusieurs romans de Zola[12].

Ainsi, le personnage de roman peut refléter la société dans laquelle il vit. Pourtant, le reflet qu'il en donne n'est pas toujours fidèle[13].

4. Vous modifiez la citation : il faut l'indiquer par des crochets (« coup[ent] »)
5. Non, les traders spéculent en Bourse : Zola a peint leurs ancêtres dans *L'Argent*.
6. L'exemple est bien traité : vous avez bien exploité le texte 4.
7. Il faudrait une phrase de conclusion partielle à la fin de ce paragraphe.
8. Bon exemple, bien développé.
9. Vous devez choisir un fragment de citation compréhensible. Le correcteur ne peut pas faire sans cesse des va-et-vient entre la copie et le texte. Sélectionnez le passage qui vous semble le mieux illustrer votre propos.
10. Ce paragraphe est bien construit (phrase d'introduction partielle, développement et exemple, phrase de conclusion partielle).
11. Non ! Haussmann transforme Paris sous le Second Empire !
12. La référence manque de précision.
13. La transition mériterait d'être un peu plus développée.

COPIE COMMENTÉE

II. Mais il s'agit d'un reflet déformé[14]

Le personnage romanesque ne peut être assimilé à une personne. Même s'il s'inspire du réel, de la société telle qu'il l'observe et l'analyse, le romancier doit opérer un certain nombre de modifications. Maupassant, dans la préface de *Pierre et Jean*[15], montre d'abord que le romancier doit faire un tri dans le fouillis de l'existence : il ne garde que ce qui est important. On ne sait pas ce que les personnages mangent au petit-déjeuner[16] mais seulement ce qu'ils ont fait qui a fait progresser l'action[17].

De plus, le personnage romanesque ne donne pas une vision objective de la société mais reflète le point de vue, nécessairement subjectif, du romancier. Ainsi, dans *Bel Ami*, Maupassant ne se contente pas de décrire de manière neutre le milieu des média[18] sous la Troisième république, il fait la critique de ce milieu et de son époque à travers le portrait d'un ambitieux[19].

Ainsi, si le personnage de roman reflète la société dans laquelle il vit, c'est sans doute un reflet déformé qu'il en donne. Or, c'est finalement dans cette déformation que se situe l'art du romancier et l'intérêt du personnage romanesque. Ce dernier a donc d'autres fonctions.

III. Le personnage de roman a en outre d'autres fonctions[20]

Le personnage de roman ne reflète pas seulement la société dans laquelle il vit : il peut avoir une dimension universelle. Il instruit alors le lecteur sur la nature humaine en général, ses sentiments, ses aspirations. En effet, on peut se reconnaître dans les situations banales vécues par les personnages de roman, qui ne sont pas propres à une société, à un milieu précis, mais sont susceptibles d'être vécues par tout un chacun. Ainsi, la comtesse de Pietranera aime lire des lettres d'amour et rêver à un brillant avenir (*« Ainsi, mon beau théâtre de la Scala, mon divin lac de Côme*[21] »), ce qui est tout à fait banal et n'est pas lié à la noblesse italienne que décrit

14. À remplacer par une phrase d'introduction partielle.

15. TB. Excellente référence.

16. On aurait préféré un exemple littéraire…

17. L'idée est juste mais mal exprimée.

18. Le terme est anachronique, parlez plutôt de journalisme.

19. Les idées développées dans cette deuxième partie sont pertinentes mais insuffisamment développées, ce qui entraîne un certain déséquilibre dans le devoir. N'hésitez pas à exploiter davantage les textes du corpus.

20. Rédaction à revoir.

21. Attention, la citation est mal choisie : elle ne reflète pas le « brillant avenir » de la Comtesse mais les difficultés qu'elle envisage !

Stendhal dans *La Chartreuse de Parme*. De même, le personnage de Rastignac dans *Le Père Goriot* est un jeune homme qui arrive à Paris et veut devenir riche et célèbre. Ce sentiment est partagé par de très nombreux jeunes aujourd'hui. Ce désir de réussite n'est pas propre à la société du XIXe siècle : il est universel. Dans cette perspective, le personnage romanesque n'a pas seulement pour fonction de refléter la société dans laquelle il vit, mais l'humanité toute entière, dans son universalité.

Le personnage romanesque peut ensuite avoir pour rôle de faire rêver le lecteur : il ne s'agit plus de l'inviter à considérer le monde qui l'entoure, mais de le conduire sur des chemins inconnus. Ainsi, le comte Dracula, le plus célèbre des vampires et le héros du roman de Bram Stocker qui porte son nom, fascine non par sa participation marginale à la société victorienne, mais par ce qui fait de lui un personnage d'exception : sa longévité et sa force extraordinaires, sa capacité à se métamorphoser, sa vulnérabilité à la lumière du soleil, son attirance pour le sang... Frankenstein, Docteur Jeckyll et Mister Hyde sont également des héros de roman qui dépaysent le lecteur, l'entraînent loin de son quotidien[22]. Le héros de roman séduit non parce qu'il renvoie à la société mais parce qu'il transporte loin de tout monde connu. C'est pour cela que les romans sont souvent adaptés au cinéma et que les héros de romans deviennent des héros de cinéma, comme Dracula[23], héros par exemple d'un film de Coppola.

Enfin, le personnage romanesque est une création artistique : indépendamment de la société dans laquelle il s'inscrit, il est avant tout un être d'encre et de papier et reflète l'art du romancier[24]. En ce sens, il a pour fonction de susciter un plaisir esthétique chez le lecteur. Ainsi, si on lit la description de la casquette de Charles Bovary pour apprendre quelque chose sur le monde ou sur l'homme, on risque de s'ennuyer. Il faut la lire pour elle-même et pour

22. Attention, à travers les romans que vous évoquez on découvre également la société victorienne.

23. Ce n'est pas faux mais vous vous éloignez du sujet.

24. Très bien. L'idée est pertinente et reflète une bonne connaissance de l'objet d'étude.

apprécier le style de Flaubert. On regarde le personnage de roman comme on regarderait un tableau.

Le personnage de roman reflète la société dans laquelle il vit, mais il en offre un miroir déformant. Cette métamorphose du réel par le roman ne doit par être vécue comme une faiblesse, mais au contraire comme une force qui confère au personnage romanesque de nombreuses autres fonctions et en fonde la spécificité[25].

25. La conclusion est inachevée : il manque la deuxième partie, l'ouverture.

Sujet 43

Corpus 4, p. 303

Michel Butor intitule un de ses romans La Modification (texte 4). En quoi ce titre est-il susceptible d'évoquer les relations du lecteur au roman qu'il lit ? Vous répondrez à cette question en vous appuyant sur les textes du corpus et sur vos lectures personnelles.

Analyse du sujet

Analysons les mots clés :

- **romans** – attention à l'inscription générique du sujet. La réflexion ne porte que sur la lecture de romans. Il ne faut pas prendre en compte la relation du spectateur à la scène théâtrale par exemple.
- **modification** – c'est le mot le plus important du sujet. Il faut s'interroger sur le sens de cette transformation et sur ses modalités : la métamorphose subie par le lecteur est-elle consciente ou inconsciente ? volontaire ou subie ? idéologique, sentimentale ou autre ?
- **lecteur** : le sujet ne porte pas sur l'écriture, sur la création, mais sur la lecture, sur la réception de l'œuvre. Il faut s'interroger sur cette pratique bien particulière.

Type de sujet. Il s'agit d'apprécier la pertinence d'une thèse (type 3).

Reformulation de la thèse. La lecture transforme le lecteur.

Formulation de la problématique. La lecture transforme-t-elle réellement le lecteur ou n'exerce-t-elle qu'un pouvoir ponctuel et superficiel ?

Type de plan. Le plan retenu est donc critique.

Proposition de dissertation

Le titre d'un roman évoque le plus généralement le contenu narratif. Ainsi, *Madame Bovary* fait le récit de l'existence de ce personnage, comme *Au Bonheur des Dames* évoque la vie des employés et des vendeuses de ce grand magasin parisien. C'est le cas du roman de Michel Butor, *La Modification*, qui décrit la modification du héros, qui, au cours d'un voyage en train entre Paris et Rome, ressent une modification de ses sentiments. Pourtant, ce titre semble aussi suggérer, métaphoriquement, le rapport de ce roman avec son lecteur. En quoi est-il susceptible d'évoquer les relations du lecteur avec le roman qu'il lit ? La lecture transforme-t-elle réellement le lecteur ou n'exerce-t-elle qu'un pouvoir ponctuel et superficiel ? Nous verrons, dans un premier temps, que si une modification immédiate et consciente du lecteur peut être sujette à caution, une modification insidieuse peut en revanche être analysée.

Le lecteur peut se sentir transformé alors qu'il lit un roman. Cette expérience peut couvrir plusieurs domaines.

On peut tout d'abord éprouver une métamorphose morale et idéologique. Il s'agit alors d'adopter les idées de l'auteur, de se laisser convaincre par son point de vue sur le monde. La lecture de romans qui font le portrait de personnages détruits par la passion pourrait éloigner le lecteur de telles tentations. Les romanciers ont alors une ambition morale. La lecture de *La Princesse de Clèves*, roman de Madame de La Fayette qui semble aujourd'hui encore l'une des plus émouvantes peintures des affres de la jalousie, est susceptible d'exercer un véritable pouvoir sur le lecteur, qui s'attache à respecter plus strictement les règles morales.

Le roman peut aussi modifier les opinions du lecteur. Ainsi, la lecture de certains romans de Zola peut convertir le lecteur à une vision populiste du monde. La peinture de la misère du monde ouvrier de *L'Assommoir*, personnifiée par la déchéance de Gervaise, l'évocation des turpitudes de la riche bourgeoisie de *La Curée*, incarnées par Saccard qui est prêt à tout pour faire des affaires, s'associent pour persuader le lecteur d'œuvrer pour plus de justice sociale. L'Histoire met en évidence une telle métamorphose non plus sur le plan individuel mais sur le plan collectif. La littérature des Lumières montre comment les dénonciations romanesques des abus de l'autorité, du ridicule de certaines croyances traditionnelles, les éloges de la passion et même de la dépravation ont fait le lit de la Révolution française en bouleversant la société française. *Les Liaisons dangereuses*, roman de Laclos qui interroge le lecteur sur l'éducation des femmes, sur la séduction du vice, sur le bien-fondé d'une morale religieuse, transforment les lecteurs et les préparent à devenir de nouveaux citoyens.

On peut enfin envisager une modification sentimentale ou fantasmatique. À l'image de Don Quichotte qui cherche à être Amadis de Gaule, le lecteur peut se prendre, le temps de la lecture, pour tel ou tel héros de roman. En lisant *Les Trois Mousquetaires*, on palpite comme d'Artagnan essayant de sauver Constance Bonacieux ; en lisant *Belle du Seigneur*, on vibre comme Ariane lorsqu'elle aperçoit Solal pour la première fois. Le point commun entre ces trois modifications, morale et idéologique ou fantasmatique, est d'être à la fois directes et immédiates.

Pourtant, on pourrait arguer qu'elles ont également en commun d'être aliénantes. Elles auraient pour conséquence de vider le lecteur de lui-même pour lui substituer une identité d'emprunt, fictive et stéréotypée. Le lecteur, subissant une telle métamorphose, deviendrait une nouvelle Emma Bovary, victime de ses lectures adolescentes dans lesquelles tout n'était « qu'amours, amants, amantes, dames persécutées s'évanouissant dans des pavillons solitaires ». L'héroïne de Flaubert cherche désespérément dans sa propre existence le reflet de ses lectures : elle veut voir de l'amour là où il n'y a guère que du sexe ou de l'intérêt. Elle perd son identité propre par la modification qu'elle a subie par ses lectures. De plus, le pouvoir de modification du roman n'est parfois qu'une apparence. En effet, quand on compare l'évolution du genre romanesque et l'histoire des mentalités, on

conclut peut-être trop vite à l'influence de la première sur la seconde. Est-ce parce que Céline et d'autres ont peint la noirceur de la banlieue dans *Voyage au bout de la nuit* que les lecteurs ont ouvert les yeux sur cette question qui est maintenant au cœur des préoccupations sociales ou est-ce parce que la question devenait cruciale que Céline a écrit son roman et a rencontré un public ? Enfin, il convient surtout de noter que de telles modifications n'ont rien de littéraires. On ne peut pas confondre œuvre romanesque et essai. Si on réduit le roman à son contenu idéologique, il perd sa spécificité et peut être assimilé à n'importe quel autre écrit : la série des Rougon-Macquart de Zola, dans cette perspective, ne se distinguerait guère des textes d'Auguste Comte sur le positivisme ou de ceux de Claude Bernard sur l'hérédité. On voit l'absurdité d'une telle proposition.

Ainsi, une modification directe, consciente, immédiate du lecteur par sa lecture romanesque est sujette à caution : aliénante ou illusoire, elle réduit dans tous les cas le roman à un texte d'idées. Si la lecture d'un roman peut réellement métamorphoser le lecteur, c'est donc par la spécificité de son écriture.

Cherchons donc à analyser comment le roman en tant qu'œuvre littéraire et non idéologique peut agir sur celui qui s'en empare.

Lire un roman, c'est d'abord lire. Cela suppose de renoncer, le temps de la lecture, à son action habituelle sur le monde. Le lecteur ignore son environnement, ses tâches quotidiennes, son rang social. Il ne parle pas à ceux qui l'entourent. Du point de vue extérieur, il ne fait strictement rien et néglige toutes les autres exigences. La métamorphose opérée par la lecture d'un roman est donc tout d'abord cet arrachement à l'univers pragmatique dans lequel évolue habituellement le lecteur. Proust l'évoque dans *Journées de lecture* : « Il n'y a peut-être pas de jours de notre enfance que nous ayons si pleinement vécus que ceux que nous avons cru laisser sans les vivre, ceux qui nous avons passés avec un livre préféré ». Ni idéologique, ni sentimentale, la modification romanesque est donc avant tout pratique.

De plus, le roman nous propose un personnage de lecteur que nous incarnons dans la lecture. C'est explicitement que Diderot dans l'*incipit* de *Jacques le fataliste* s'adresse à son lecteur : « Vous voyez, lecteur, que je suis en beau chemin, et qu'il ne tiendrait qu'à moi de vous faire attendre un an, deux ans ». Il imagine même les questions que se pose le lecteur : « Et où allaient-ils ? Voilà la seconde fois que vous me faites cette question, et la seconde fois que je vous réponds : Qu'est-ce que cela vous fait ? ». Le lecteur réel est ainsi invité à endosser le costume du lecteur virtuel esquissé par l'auteur, lecteur curieux mais pointilleux, qui ne veut pas se laisser manipuler ! Michel Butor va plus loin puisque l'ensemble de son roman *La Modification* est écrit à la deuxième personne (« vous aviez l'impression de pouvoir vous appuyer ») : ce procédé crée une confusion entre le lecteur virtuel, le héros romanesque et le lecteur réel qui s'identifie à eux. L'absence de référence explicite au lecteur ne suggère pas l'absence d'un lecteur virtuel suscité par l'œuvre romanesque. *Eugénie Grandet* de Balzac, par exemple, suggère un lecteur parisien, qui n'est pas au fait de la vie provinciale. Le narra-

teur adopte donc un ton didactique pour la lui présenter au début du roman (« Il se trouve dans certaines villes de province des maisons dont la vue inspire une mélancolie égale à celle que provoquent les cloîtres les plus sombres [...]. La vie est presque toujours en plein air : chaque ménage s'assied à sa porte, y déjeune, y dîne, s'y dispute »). Ainsi, alors même que le narrateur ne s'adresse pas directement à un lecteur virtuel, il le façonne et le lecteur réel, qui s'y identifie, s'en trouve transformé. Le roman engendre donc son lecteur.

Enfin, la lecture d'un roman transforme son lecteur en ce qu'elle modifie ses habitudes de lecture. Dès lors les plus audacieux des romans sont ceux qui modifient leurs lecteurs le plus profondément. En effet, lorsqu'un roman transgresse les normes établies par la tradition, il déçoit l'horizon d'attente du lecteur et crée en lui une autre attente. Dès lors, le lecteur se trouve réellement autre. Si la lecture de *Voyage au bout de la nuit* peut modifier, ce n'est pas parce qu'elle impose un point de vue sur la misère de la banlieue, mais plutôt parce qu'elle suggère que le langage quotidien et même familier (« C'est sur l'autre bord Rancy. Faut faire tout le tour pour y arriver. C'est si loin ! ») peut être un langage romanesque. De plus, en suggérant qu'il existe plusieurs manières d'écrire, que mes idées sur le roman ne sont que des a priori, des préjugés, que la réalité est beaucoup plus complexe, la lecture d'un roman peut ouvrir les yeux sur le monde lui-même. La véritable métamorphose du lecteur serait ainsi la découverte de la multiplicité des possibles. Diderot, en interrogeant nos habitudes de lecteur et notre désir d'avoir des réponses rationnelles et constructives à tout (« Comment s'étaient-ils rencontrés ? Par hasard, comme tout le monde. Comment s'appelaient-ils ? Que vous importe ? »), nous invite à reconsidérer non seulement notre posture de lecteur de romans mais encore notre posture de lecteur du monde. Si le roman peut nous décevoir dans notre aspiration à trouver des réponses, le monde aussi peut nous échapper et il convient peut-être de le considérer sans chercher à y déceler coûte que coûte les réponses à nos interrogations. Ainsi, c'est l'écriture romanesque elle-même qui modifie le lecteur : la forme dialogique du roman de Diderot, le niveau de langue de Céline modifient intrinsèquement le lecteur, de manière beaucoup plus profonde que les propos tenus par ces deux romanciers. Cette expérience de modification semble donner raison à Flaubert pour qui « le style est à lui tout seul une manière absolue de voir le monde ».

En ce sens, le roman modifie le lecteur de manière unique et spécifique, car l'écriture romanesque ne se confond avec aucune autre.

Les romanciers se plaisent parfois à suggérer dans leurs titres non seulement le contenu narratif de leurs œuvres, mais aussi le rapport que le texte entretient avec son lecteur. *L'Éducation sentimentale*, titre d'un roman de Gustave Flaubert, est doublement évocateur : il désigne à la fois l'éducation de Frédéric Moreau et celle du lecteur. Le titre du roman de Michel Butor *La Modification* est, à cet égard, particulièrement représentatif. Le lecteur est en effet modifié par la lecture d'un roman, non pas tant sur le plan idéologique, moral ou fantasmatique que dans son rapport au monde. Lire un roman, c'est se faire autre, s'arracher au

quotidien, s'identifier à un lecteur virtuel et découvrir à travers l'infinité des possibles de l'écriture romanesque l'infinité des possibles des regards sur le monde. L'audace du chef de file du Nouveau Roman qui fait du « vous » le héros de son texte et bouleverse nos habitudes de lecteur rend possible la modification intime du lecteur.

Chapitre 2

ÉCRITURE POÉTIQUE ET QUÊTE DU SENS DU MOYEN ÂGE À NOS JOURS

Sujet 44

Corpus 6, p. 307

La poésie ne doit pas décrire mais seulement suggérer. Vous discuterez cette affirmation en vous appuyant sur les textes du corpus et sur vos lectures personnelles.

Analyse du sujet

Analysons les mots clés :
• **poésie** – il faut envisager toutes les formes de poésie, versifiée, en vers libres, en prose ;
• **affirmer explicitement** – le message délivré par le poème serait clair et compréhensible par tous ; le lecteur n'a pas à interpréter avec sa sensibilité le poème, le sens du poème lui apparaît sans ambiguïté ;
• **suggérer** – le poème ne véhicule pas un message clair et compréhensible par tous ; le sens peut être obscur, c'est alors au lecteur d'interpréter le poème avec sa sensibilité ; il n'y a pas un sens unique, mais des sens possibles.

Type de sujet. Le sujet contient deux thèses.

Reformulation des thèses. Thèse 1 : le poème doit délivrer un message univoque ; thèse 2 : le poème doit rester susceptible de recevoir différentes interprétations.

Formulation de la problématique. Un poème doit-il délivrer un message univoque ou rester susceptible de recevoir différentes interprétations ?

Type de plan. Le plan retenu est un plan critique.

Plan détaillé

Le temps des poètes engagés qui appelaient au combat ou à la révolte, à l'instar de Hugo ou Éluard, le temps des poètes hommes politiques, à l'instar

de Lamartine, semble aujourd'hui révolu. Dès lors, on accuse les poètes de se complaire dans une obscurité qui masquerait mal le vide de leurs écrits. On peut donc s'interroger sur le rôle de la poésie : doit-elle affirmer explicitement ou seulement suggérer ? Doit-elle délivrer un message clair et compréhensible par tous, ou au contraire laisser au lecteur le soin d'interpréter comme il l'entend des poèmes dont le sens se cache ? Nous verrons dans une première partie que le poème peut délivrer un message univoque avant de montrer dans une seconde partie qu'il doit surtout suggérer un sens que le lecteur devra mettre à jour.

1) Certes, le poème peut délivrer un message univoque

Représenter le réel

Rendre compte de la sensualité d'un paysage. Le poème peut rendre compte d'un paysage en éveillant les différents sens du lecteur. Ex. : *Après trois ans* de Verlaine.
La forme et la musique au service de la représentation du réel. La forme du poème peut exprimer très clairement l'élément décrit (*La Pluie* des Calligrammes d'Apollinaire), de même que les effets sonores (« *Pour qui sont ces serpents qui sifflent sur nos têtes ?* », Racine).

Exposer ses sentiments

Le poète peut exposer avec clarté ce qu'il ressent. Ex. : « *Vu le soin ménager* [...] » de Du Bellay.

S'engager politiquement ou moralement

L'engagement du poète. Si le poète veut dénoncer efficacement une situation qui le révolte, son message doit être clair et la cible identifiée sans ambiguïté. Le poème doit donc contenir des références explicites à la situation contemporaine. Ex. : *Oradour* de Jean Tardieu vise la cruauté des SS pendant la Seconde Guerre mondiale.
La réaction du lecteur. L'engagement du poète va souvent de paire avec le désir d'agir sur l'attitude ou les émotions du lecteur. L'appel à l'action ou à la réaction doit être suffisamment explicite pour être efficace (emploi de la seconde personne, impératifs, etc.). Ex. : les morales dans de nombreuses fables de La Fontaine.

2) Mais le poème doit surtout suggérer un sens que le lecteur devra mettre à jour

Parce que cela permet au lecteur de se reconnaître

Les paysages-état d'âme. Lorsque le poète, au lieu de décrire ses sentiments intimes, les suggère par la description d'un paysage, le lecteur peut facilement s'identifier au « je » lyrique. Ex. : *Promenade sentimentale* de Verlaine.

Le lyrisme universel. Au lieu de décrire avec précision ses sentiments intimes, le poète, grâce au registre* lyrique (première personne, vocabulaire des sentiments, ponctuation expressive), suscite une émotion chez son lecteur. Ex. : *Mon Rêve familier* de Verlaine.

Parce que c'est une source de liberté pour le lecteur

Le laisser comprendre. Dans *Aube* de Rimbaud, au moins trois sens sont possibles : l'enfant poursuit l'aube dans un rêve ; le « je » lyrique poursuit une femme, dont la beauté est assimilée à celle de la nature, le poète poursuit l'inspiration. C'est au lecteur de choisir le parcours qu'il préfère.
Le laisser réagir. Au lieu d'imposer une critique ou une réflexion morale qui peut irriter le lecteur qui ne reconnaît pas forcément la supériorité du poète, le poème peut laisser le soin au lecteur de formuler lui-même le message politique ou moral. Ainsi, il se l'approprie sans réserve. Ex. : *Le Dormeur du val* de Rimbaud, propose une critique implicite de la guerre.
Le laisser imaginer. Le poème n'est pas forcément la représentation du réel mais un mode d'emploi pour l'imagination du lecteur. Ex. : *L'Alchimie du verbe* invite le lecteur à concevoir un tableau tout en couleurs.

Parce que la fonction de la poésie est avant tout esthétique

Le primat des images. Le poème privilégie la superposition d'images sur la linéarité du sens. Ex. : *L'Alchimie du verbe*.
La musique des mots. Le poème recherche la musicalité dans l'agencement des mots et des phrases. Ex. : *Le sonnet* en –yx* de Mallarmé.

La poésie peut donc être dans l'affirmation explicite quand elle vise à rendre compte du réel, mais elle est le plus souvent dans la suggestion. C'est alors qu'elle séduit le lecteur l'invitant à une lecture dynamique.

Sujet 45

Corpus 7, p. 309

Pourquoi décrire un paysage en poésie ? Vous répondrez à cette question en vous appuyant sur les textes du corpus et sur vos lectures personnelles

Analyse du sujet

Analysons les mots clés :
- **décrire** – cela fait référence à une des quatre formes du discours ; on doit réfléchir sur les fonctions de la description (réaliste, symbolique, esthétique) ;
- **paysage** – il s'agit donc de la description d'un lieu, ce qui exclut de l'analyse les portraits ;
- **poésie** – on prend en compte toutes les formes de poésie, en vers, en vers libres, en prose ; on prend bien soin de ne pas évoquer les fonctions de la description dans un roman.

Type de sujet. La question est ouverte. Il n'y a donc pas de thèse.

Formulation de la problématique. Le plan se présente donc comme une série de réponses possibles à la question posée : il faut énumérer les différents rôles de la description d'un paysage en poésie.

Type de plan. Le plan retenu est donc un plan thématique.

Plan détaillé

Traditionnellement, la poésie est associée à l'expression de sentiments intimes. Pourtant, les sujets poétiques ne sont pas tous sentimentaux et l'on peut aussi décrire un paysage en poésie. Pour quelles raisons le poète se consacre-t-il à la description d'un lieu ? Nous verrons dans un premier temps qu'il obéit à une exigence réaliste, puis nous montrerons que la description d'un paysage est une autre façon d'exprimer des sentiments, enfin nous étudierons la fonction esthétique de la description.

1) La fonction réaliste de la description d'un paysage en poésie

Une description sensuelle

Le poème éveille tous les sens. Ex. : *Variations sur la pluie* de Carco évoque des sensations visuelles, tactiles, olfactives.
La forme mimétique du poème sert à rendre compte de l'élément décrit. Ex. : dans *Il pleut* d'Apollinaire, les lettres prennent la forme de gouttes de pluie.
La musique des éléments décrits se fait entendre dans les allitérations* ou les assonances* du poème. Ex. : les allitérations* en [r] du premier quatrain du *Dormeur du val* de Rimbaud font entendre le son du torrent qui court dans la vallée.

Ancrer le poème dans le réel

Dans les poèmes épistolaires, le poète éprouve le besoin de présenter à son interlocuteur le lieu où il se trouve. Ex. : Apollinaire évoque Nîmes dans *Pluie*. Décrire le lieu de manière réaliste rend plus vraisemblable l'intrigue racontée dans le poème. Ex. : dans *Au Cabaret vert*, Rimbaud décrit très précisément l'auberge où il se trouve.

2) La fonction symbolique de la description d'un paysage

Décrire un paysage pour exprimer une idée

Le tableau créé par le poème peut imposer une idée de manière immédiate. Ex. : la description du « *petit val qui mousse de rayons* », dans *Le Dormeur du val* fait percevoir l'injustice de la guerre.

Décrire un paysage pour exprimer un sentiment

Le paysage-état d'âme. Le paysage reflète les sentiments du poète ou d'un personnage. Ex. : dans *En face* de Reverdy, les gouttes de pluie deviennent de larmes et expriment la tristesse. Du lyrisme personnel au lyrisme universel. Exprimer des sentiments intimes par le biais de la description d'un paysage présente un double avantage : pour le poète, celui de lever la barrière de la pudeur ; pour le lecteur, celui de lui permettre de se reconnaître dans les sentiments exprimés de manière universelle et non plus particulière.

3) La fonction esthétique de la description d'un paysage

La forme

Les nécessités de la description conduisent le poète à innover et à adopter des formes nouvelles. Ex. : le calligramme.

Les images

La description amène aussi le poète à multiplier les images. Ex. *Aube* de Rimbaud repose sur une série de métaphores* qui assimilent l'aube à une femme, à une déesse, à une muse.

La musique

Le rythme. Ex. : les enjambements* dans le premier quatrain du *Dormeur du val* traduisent le flux du cours d'eau évoqué.
Les sonorités. Ex. : les allitérations* en dentales dans *En face* rappellent le bruit de la pluie.

La description d'un paysage donne une dimension réaliste au poème, permet au poète d'exprimer ses opinions ou ses sentiments et lui sert dans sa quête esthétique.

Sujet 46

Corpus 5, p. 306

La poésie a-t-elle pour unique but l'expression de sentiments personnels ? Vous répondrez à cette question en vous appuyant sur les textes du corpus et vos lectures personnelles.

Julien 12/16
Bon travail. Les arguments sont convaincants et les exemples variés. Attention toutefois à la construction du devoir : le découpage en paragraphes doit faire apparaître votre plan de manière plus claire.

Les sentiments personnels peuvent être retranscrits[1] sous plusieurs formes : à travers la musique, le roman et, le plus souvent, la poésie. Seulement, la poésie a-t-elle pour unique but l'expression de sentiments personnels ? Nous verrons dans une première partie que la poésie exprime des sentiments, et, dans un second temps, nous verrons que la poésie a aussi d'autres fonctions[2].

Certes la poésie doit exprimer des sentiments. D'ailleurs[3], cela se voit à travers la variété des sentiments exprimés.

Dans un poème, différents sentiments sont exprimés et ressentis par l'auteur[4]. Tout d'abord, les sentiments heureux. Dans *Ma Bohème* de Rimbaud, l'auteur montre son enthousiasme depuis qu'il vient de faire une fugue (« *Oh ! là là ! que d'amours splendides j'ai rêvées* », v. 4). Ici, Rimbaud nous communique sa joie dans son poème grâce notamment à des hyperboles*, comme « *splendides* ». La poésie exprime des sentiments heureux[5], mais aussi malheureux, quand l'auteur nous fait part de sa tristesse et de son pessimisme. Dans *Promenade sentimentale*[6] de Verlaine, il nous fait part de sa tristesse alors qu'il se promène seul : « *Parmi la saulaie où j'errais tout seul Promenant ma plaie ; et l'épais linceul* »[7]. On voit très bien dans cette citation que l'auteur[8] est extrêmement triste grâce à la

1) Vocabulaire.

2) Introduction incomplète. Il faut reformuler la thèse contenue dans le sujet et la problématique à laquelle vous devez répondre, avant d'annoncer votre plan.

3) Ici, la tournure est un peu familière. Elle donne l'impression que les idées viennent au hasard.

4) Inversez les termes : l'auteur ressent puis exprime ses sentiments.

5) Variez les formules.

6) Bien. Les exemples sont variés, empruntés à vos connaissances et aux textes du corpus.

7) Quand vous citez les vers, il faut indiquer le passage d'un vers à l'autre par un /.

8) Ne confondez pas auteur et narrateur : le « je » lyrique qui exprime sa peine n'est pas forcément l'auteur.

métaphore* de « *plaie* » qui désigne son chagrin. La poésie peut ainsi faire passer des sentiments heureux ou malheureux.

La poésie exprime aussi des sentiments dans lesquels se reconnaît le lecteur[9].

Tout d'abord à travers des sentiments banals, comme dans *Mon Rêve familier* de Verlaine, où est décrit un rêve que fait l'auteur à propos d'une femme (« Je fais souvent ce rêve étrange et pénétrant »). Dans cette citation, le lecteur peut arriver à se reconnaître car peut-être que comme Verlaine[10], il a déjà fait ce genre de rêve. Il peut donc s'identifier au poète.

Le lecteur peut se reconnaître à travers des sentiments banals mais aussi à travers le registre* lyrique, qui permet de faire passer une émotion forte au lecteur[11]. Dans *À Éliane*, Carco évoque une femme qu'il aime : « *Il pleut. C'est merveilleux. Je t'aime* ». L'emploi de la première personne et du vocabulaire des sentiments favorise l'identification du lecteur qui se reconnaît dans les sentiments décrits.

On voit donc que la poésie exprime des sentiments variés dans lesquels peut se reconnaître le lecteur. Après avoir vu que certes, la poésie doit exprimer des sentiments, nous allons voir désormais qu'elle a aussi d'autres fonctions.

On exprime des sentiments avec la poésie, mais elle a aussi d'autres fonctions, par exemple les engagements politiques ou moraux. La poésie permet en effet de s'engager politiquement comme le fait Rimbaud dans *À la musique*, où il prend pleinement parti contre les bourgeois : « *Les gros bureaux bouffis traînent leurs grosses dames* ». Dans cette citation, Rimbaud prend parti en faisant la satire de la bourgeoisie.

On peut aussi, avec la poésie, prendre des engagements moraux[12]. Ainsi, La Fontaine donne, dans ses Fables, des conseils moraux à ses lecteurs. Par exemple, dans *Le Corbeau et le renard*, il leur recommande de ne pas se fier aux compliments et aux flatteries qu'on leur

9) La phrase d'introduction partielle doit être intégrée au paragraphe et non isolée comme elle l'est ici.

10) À nouveau, vous confondez auteur et narrateur.

11) C'est la même idée (les sentiments exprimés dans le poème font écho à ceux du lecteur) : il n'y a donc pas de raison de revenir à la ligne.

12) Vous n'auriez pas dû revenir à la ligne. Vous aviez annoncé les fonctions politiques et morales dans la phrase d'introduction partielle.

adresse, car ils sont le plus souvent intéressés. La poésie permet donc de s'engager politiquement et moralement.

La poésie sert aussi à décrire. Elle met en œuvre les cinq sens. Ainsi, dans Après trois ans, le sens de la vue est aiguisé (« *Qu'éclairait doucement la lumière du matin* »), de même que l'ouïe (« *Le jet d'eau fait toujours son murmure argentin* »), ou l'odorat (« *parmi l'odeur fade du réséda* »). La poésie peut décrire des choses peu banales. *Une charogne* de Baudelaire décrit le corps déchiqueté d'une femme (« *Le soleil rayonnait sur cette pourriture* »). On voit ici que la poésie ne sert pas qu'à décrire de beaux jardins, mais elle peut s'intéresser à des thèmes moins conventionnels (carcasses, orties, porc, etc.)[13]. Elle a donc pour fonction de décrire précisément des choses très variées.

Enfin, la poésie outre ses fonctions politiques, morales et descriptives a une fonction esthétique. Ainsi, le poète travaille la forme du poème. C'est une quête esthétique qui justifie les effets musicaux. Ainsi, dans À la musique, les allitérations* en [b] dans « *bourgeois bouffis* » ou « *bourgeois à boutons clairs, bedaine flamande* » font penser au mot bourgeois, qui est le thème central du poème[14]. Pour finir la recherche esthétique passe aussi par l'abondance des images, comme dans *Ma Bohème*, où l'auteur utilise des métaphores* pour décrire l'état de ses chaussures (« *mes souliers blessés* »). Ainsi, la dernière fonction de la poésie est de créer une belle œuvre[15].

En conclusion, certes la poésie doit exprimer des sentiments variés, dans lesquels le lecteur peut se reconnaître, mais elle a aussi d'autres fonctions : s'engager politiquement, moralement ou faire une œuvre esthétique[16].

13) Précisez vos sources : à quels poèmes faites-vous allusion ?

14) Ici, il aurait été plus judicieux de choisir un exemple d'assonances ou d'allitérations* imitatives. D'après l'exemple que vous avez donné, les procédés musicaux seraient au service du sens et non de la beauté formelle du poème.

15) Il faudrait aussi une conclusion partielle pour l'ensemble de votre seconde partie.

16) Il manque la seconde partie de la conclusion : l'ouverture. Vous pourriez envisager par exemple d'autres moyens d'exprimer des sentiments intimes (cinéma, chansons, etc.).

Sujet 47

Corpus 8, p. 311

Paul Éluard affirme que « le poète s'engage dans son temps et mène les hommes au combat». Vous discuterez cette affirmation dans un devoir argumenté en vous appuyant sur les textes du corpus et vos lectures personnelles.

Analyse du sujet

Analysons les mots clés :

- **le poète** – le champ d'application du sujet se limite à la poésie ;
- **s'engage dan son temps** – idée de poésie engagée, fonction politique du discours poétique, délivrer un message afin de faire réfléchir le lecteur ;
- **mène les hommes au combat** – le poète est un guide politique, un chef spirituel qui éclaire le peuple.

Type de sujet. Il s'agit de commenter une citation, donc d'apprécier la pertinence d'une thèse (type 3).

Reformulation de la thèse. La poésie est un discours politique et le poète est un guide, un prophète, dont la vocation première est d'éclairer les consciences.

Formulation de la problématique. La poésie doit-elle nécessairement être engagée et le poète remplir une mission politique ou la poésie peut-elle également être un discours plus gratuit et individuel ?

Type de plan. Le plan retenu est donc un plan critique.

Proposition de dissertation

Picasso, après avoir peint *Guernica*, disait de la peinture qu'elle n'avait pas vocation à être « *décorative* ». Ainsi, à la suite d'un Delacroix, peignant *La Liberté guidant le peuple* pendant les journées révolutionnaires de 1830, l'artiste définissait la fonction essentielle de la peinture et, plus généralement, de l'art : donner une plus juste vue du monde, donc se faire politique. Dans cette même perspective, Éluard affirme que « *le poète s'engage dans son temps et mène les hommes au combat* ». Ainsi, la poésie serait discours politique et le poète serait un guide, un prophète, dont la vocation première serait d'éclairer les consciences. La poésie doit-elle nécessairement être engagée et le poète remplir une mission politique ou la poésie peut-elle également être un discours plus gratuit et individuel ? Tout d'abord, nous verrons que la poésie et le poète peuvent avoir une fonction politique pour ensuite montrer que la poésie peut aussi être lyrique ou enfin remplir une fonction esthétique.

Nombreux sont les poètes qui ont fait, ou font, de la parole poétique une voix engagée. Pour eux, la poésie est une arme, qui doit servir à condamner ou louer les affaires de la cité.

Ainsi, la poésie engagée traite de thèmes d'actualité, contemporains de l'existence du poète. Le poète se fait alors historien, mais son regard n'est pas objectif. Le poète engagé est un historien qui s'arroge le droit de juger des événements auxquels il assiste. Agrippa d'Aubigné, dans *Les Tragiques*, interpelle Catherine de Médicis, qu'il juge responsable du massacre sanglant de la Saint-Barthélemy. En la comparant à une sorcière, entourée de « *démons* » et « *idôlatr[e] [de] Satan* », il fustige sa politique anti-protestante, maléfique et criminelle. De même, Hugo refuse d'assister en témoin et spectateur passif au Coup d'État perpétré par Louis-Napoléon Bonaparte. Dans *Les Châtiments*, parus en 1853, il assimile l'empereur et ses hommes tantôt à des « *tyran[s]* » (« *France, à l'heure où tu te prosternes...* », I, 1), tantôt à des « *filous* » ou des « *brigands* » et clame ainsi tout son mépris et sa haine d'un régime impérial inique et illégitime. Dans ses poèmes, il n'hésite pas à faire référence à des événements historiques récents auxquels il a assisté, que ce soient les journées de « *Juillet* » (allusion à la révolution de juillet 1830 qui fit tomber un archaïque régime monarchique) ou le Coup d'État bonapartiste de décembre 1851. Dans *Souvenir de la nuit du 4*, le poète relate ainsi l'assaut meurtrier donné aux barricades par Saint-Arnaud et Magnan. L'enfant qui a « *reçu deux balles dans la tête* » incarne la République piétinée et assassinée. Le poète engagé refuse donc de s'enfermer dans une tour d'ivoire isolée du bruit et de la fureur de la société. Au contraire, il est, comme le revendiquait Sartre dans *Situations*, « *de son temps et dans son temps* ».

L'engagement poétique, c'est aussi un ton : celui de la colère. Le poète engagé tonne contre les injustices. Ainsi, la poésie engagée est essentiellement polémique. La parole se fait alors véhémente et accusatrice. Dans *Les Tragiques*, d'Aubigné n'hésite pas à attaquer frontalement la reine de France, Catherine de Médicis. Il la prend à partie en l'apostrophant (« *Reine* ») et pointe vers elle un doigt accusateur par le biais de l'utilisation récurrente de la deuxième personne du singulier (« *Tu y brûles en vain...* »). Sa politique est assimilée à une cuisine honteuse, faite de « *drogues et ménage magique* ». Le titre que Hugo choisi de donner à son recueil poétique, *Châtiments*, bien la violence de la voix poétique engagée. Le chant poétique se meut en cri, qui doit fustiger, corriger et punir. Cette violence verbale frontale condamne bien souvent les poètes à l'exil. Hugo sera ainsi banni du territoire français et contraint de s'exiler dans les îles anglaises de Jersey et de Guernesey. Dans les *Châtiments*, il se met en scène sous les traits du « *banni* » ou du « *proscrit* ». Pour éviter l'exil ou la mort, certains poètes choisissent un engagement plus indirect. La parole poétique n'est plus hurlement véhément mais raillerie étouffée et sournoise. Ainsi, La Fontaine, dans ses *Fables*, recourt, non au registre* polémique mais au satirique. Le voile de l'allégorie*, qui lui fait peindre sous les traits d'un lion, la figure de Louis XIV et les courtisans assoiffés d'honneurs sous les traits du renard, lui permet d'éviter

la censure. Il peut alors moquer, comme dans *Les Obsèques de la lionne*, la volonté de « *parêtre* » et le mimétisme simiesque (« *Peuple singe du maître* ») des courtisans, avides de reconnaissance et toujours prompts à la flatterie. Le poète engagé est donc celui qui, d'après le mot sartrien, prend sa « *plume pour une épée* ».

Sa volonté ne se limite pas au dire ; il attend aussi agir et inviter à agir. Par conséquent, le poète engagé devient un guide, un prophète politique, qui éclaire les consciences et les invite à résister. Vigny, dans sa pièce de théâtre *Chatterton*, fait du poète un prophète clairvoyant. Pour le dramaturge romantique, le poète « *lit dans les astres la route que nous montre le doigt du Seigneur* » (III, 6). Figure messianique, le poète doit indiquer la voie au peuple afin de le mener à la vérité. Comme le dit Éluard, il se doit de « *mener les hommes au combat* ». Ainsi, à une dimension polémique de la parole s'ajoute une dimension injonctive. L'usage fréquent du mode impératif dans les œuvres poétiques engagées témoigne de cette volonté de faire réagir et agir les consciences. Dans *Chanson* de Hugo, le « *peuple des faubourgs* » est invité à cesser de « *[m]ange[r]* » (« *Mangez, moi je préfère,/Ton pain noir, Liberté* »). Chez La Fontaine, nombreuses sont les morales qui interpellent frontalement le lecteur (« *Flattez* ») afin de l'engager à l'action. Ainsi, toute comme la « *Liberté guida[i]t le Peuple* » dans le tableau de Delacroix, le poète doit l'éclairer et lui indiquer les valeurs éthiques et politiques qu'il juge essentiel de défendre.

Engagée, la voix poétique est donc un cri, qui tonne pour déchirer le ciel de la passivité et de l'attentisme politiques. Tel le sel de l'esprit, elle réveille la cité et la conscience collective. Éluard pensait donc la poésie comme engagement, mais cette dernière peut remplir d'autres fonctions.

Moins collective, plus individuelle et intimiste, la poésie peut être lyrique, c'est-à-dire vouée à l'expression de sentiments personnels.

Notons que cette fonction lyrique de la poésie est sa vocation initiale. En effet, à l'origine, la poésie était chant, mêlé aux notes de la lyre. La représentation symbolique antique de la poésie en témoigne. Apollon, dieu de la Poésie, ne se sépare pas de cet instrument de musique. Par exemple, Poussin, sur sa toile, *L'Allégorie du poète*, montre ainsi Apollon assis, appuyé sur une lyre. De Ronsard à Rimbaud, la lyre est l'instrument, l'outil du poète. Dans *Les Amours*, Ronsard pleure la perte de Cassandre « *sur [s]a lyre* ». Rimbaud, dans le sonnet* *Ma Bohème*, compare les élastiques de ses « *souliers* » de poète à des cordes de « *lyres* ». Aux origines du discours poétique était donc la lyre.

La poésie chante les états d'âme du poète. Elle a pour fonction de dire, d'exprimer ses sentiments. Le lyrisme poétique balaie toute la gamme des émotions. De la nostalgie à l'enthousiasme, de la mélancolie à l'euphorie, la poésie s'empare de tous les états d'âme. Dans *Heureux qui comme Ulysse*, du Bellay chante ainsi sa nostalgie de la terre natale et rêve de rentrer « *[v]ivre entre ses parents le reste de son âge !* ». Dans *Las, où est maintenant...*, c'est un manque d'inspiration qu'il déplore en constatant que « *Les Muses [...] comme étranges, s'en-*

fuient». Le lyrisme peut aussi se faire plus gai. Éluard, dans *La Courbe de tes yeux*, célèbre la douceur de la femme aimée et la plénitude qu'elle lui apporte (« *La courbe de tes yeux fait le tour de mon cœur*»). Senghor, dans *Jardins de France*, célèbre son Afrique natale et le bruit enivrant de ses « *tam-tam* » sonores. La poésie lyrique est donc une poésie de l'intime : le poète regarde en lui-même et expose son « *cœur mis à nu* » aux yeux du lecteur. Alors que la poésie engagée avait des ambitions collectives, la poésie lyrique est résolument une poésie de l'individu.

Pour autant, la démarche lyrique n'exclut pas l'autre et le partage. Si cette poésie des sentiments est une poésie intime, elle ne témoigne pas moins d'une vocation universelle. Quand le poète dit « je », c'est pour exprimer des émotions universelles qu'il vise à faire partager et à communiquer aux lecteurs. Dans la préface des *Contemplations*, Hugo fustige lecteur « insensé », qui croit que le poète n'est pas lui et affirme : « *Ma vie est la vôtre, votre vie est la mienne, vous vivez ce que je vis ; la destinée est une. Prenez donc ce miroir et regardez-vous-y*». Baudelaire, dans l'avis au lecteur qui ouvre *Les Fleurs du Mal*, voit dans le lecteur un double, un « *semblable* », un « *frère* ». Archétype de la condition humaine, le poète cherche à rendre ses émotions communicables et invite le lecteur à l'identification. Nerval, dans le sonnet* *El Desdichado*, tiré des *Chimères*, use d'une gradation hyperbolique « *Je suis le ténébreux, - le veuf, - l'inconsolé* », pour peindre sa « *[m]élancolie* » et ainsi toucher le lecteur. Invité à compatir, pris à parti ou apostrophé, le lecteur participe au spectacle lyrique et ne peut que sympathiser avec le poète. Puisqu'elle parle d'amour, puisqu'elle parle de mort, la poésie parle de l'homme. Le « je » est un « je » non individuel mais universel. Le poète lyrique peut donc à son tour être défini comme un guide, non plus politique comme l'affirmait Éluard, mais spirituel : il montre à l'homme la voie et les tréfonds de son cœur.

Vocation politique, vocation spirituelle : la poésie semble destinée à servir à l'homme. Cependant, une ultime conception du poète et de la poésie peut être envisagée. Simple jeu verbal, à fonction esthétique, la poésie pourrait alors se définir comme gratuite.

La poésie peut être conçue comme jeu verbal, quête d'effets sonores et musicaux. Ce qui primerait alors en poésie serait, non le sens, mais la forme. À l'instar de Verlaine dans son *Art poétique*, on pourrait affirmer qu'en poésie, il faut « *De la musique avant toute chose* ».

Dans cette perspective, la recherche poétique est quête esthétique. Cendrars, dans le poème *Académie Médrano*, dédié à Conrad Moricand, compare le poète à un danseur. « *Danse avec ta langue, Poète, fais un entrechat*», lance-t-il au premier vers du texte. Grâce, charme et lignes pures deviennent le propre de la parole poétique. Le poète s'amuse à faire sonner les mots. Au vers 6 de ce même poème, on trouve ainsi une allitération* appuyée en [f] : « *Les Affiches se fichent de toi* ». C'est moins ici le sens que le cliquetis sonore qui importe. La poésie n'est plus tournée vers le monde ou le « moi », mais s'écoute elle-même. Ponge, dans

Plat de poissons frits, exhibe une même gratuité. Le sujet du poème, bien peu intéressant (la description d'une table méditerranéenne), n'est qu'un prétexte à un amusement verbal. La question posée au cœur du poème en témoigne : « *comment pourrions-nous dire encore ?* », se demande le poète. Le langage poétique n'a d'autre finalité que lui-même : il se déploie à l'infini pour produire le plaisir du texte. Nullement prophète ou visionnaire, le poète serait simple saltimbanque, qui jonglerait et jouerait avec la langue.

Le poète se meut ainsi en une figure marginale, extérieure à la sphère de la cité. En effet, il est celui qui use d'un langage, non en vue d'une finalité pratique mais dans un but totalement désintéressé et gratuit : celui de faire chanter les mots. Réfugié dans une tour d'ivoire, il refuse le pragmatisme et l'efficacité pour ne revendiquer que le beau comme finalité. Gautier, partisan de l'art pour l'art, affirme que la poésie ne doit proposer aucun but utile. Dans la *Préface de Mlle Maupin*, il affirme qu'« *[i]l n'y a vraiment de beau que ce qui ne peut servir à rien* ». L'art doit donc rester pur, indépendant de la morale, de la politique ou de la sentimentalité. La poésie se fait joyau : émaux et camées s'exposent pour être contemplés. L'artiste se contente de « *[s]culpte[r], lime[r], cisele[r] la langue* » (*L'Art*, 1857). Finement taillée et polie, la langue brille d'un éclat gratuit. L'artiste ne connaît donc qu'un culte : celui de la beauté. Désintéressée, définalisée, la parole poétique est don.

Cette gratuité se dessine aussi comme une forme d'engagement. Engagement contre la rentabilité, engagement contre l'efficacité, engagement contre l'horreur du monde. Les guerres mondiales, qui ont décimé le XXe siècle, ont donné naissance à des mouvements poétiques, qui érigent le beau ou le jeu en valeurs absolues. À la différence des poètes engagés, ces auteurs affirment l'autonomie de la poésie à l'écart des secousses de l'Histoire. Certains surréalistes jouent avec les mots par plaisir et admettent une poésie des calembours ou des contrepèteries : « *Aimable souvent est sable mouvant* ». Le « *lettrisme* », lancé par Isidore Isou vers 1945, fonde la poésie sur la valeur expressive des sons et des lettres. Maurice Lemaître, dans *Villanelle à l'oiseau*, compose ces vers, dont le sens échappe :

> Iollé bolli bolli bèl
> dlandéri dlandérigô
> é poy é poy é poyèl

Nulle cohérence discursive donc, mais une prédominance absolue du signifiant pour rendre à la langue magique son pouvoir d'incantation magique.

On ne saurait donc réduire la poésie à un unique usage. La parole poétique se trouve dotée de multiples et diverses finalités. Le poète peut être prophète et endosser le costume du guide politique. Il peut être mage spirituel et éclairer le cœur des hommes. Il peut enfin être saltimbanque et jouer, à l'écart de la cité, avec les mots. Cependant, il serait réducteur de dissocier ces trois finalités : le poète est celui dont la lyre chante et toujours enchante.

Chapitre 3

LE TEXTE THÉÂTRAL ET SA REPRÉSENTATION DU XVIIe SIÈCLE À NOS JOURS

Sujet 48

Corpus 12, p. 325

Peut-on s'identifier au personnage de théâtre ? Justifiez votre réponse en vous appuyant sur les textes du corpus, sur vos connaissances personnelles et sur votre expérience de spectateur.

Analyse du sujet

Analysons les mots clés :
- **s'identifier** – se prendre pour, compatir, partager les mêmes émotions ;
- **personnage de théâtre** – personnage qui vit l'intrigue représentée sur scène, mais surtout, et c'est là la spécificité du personnage de théâtre, personnage qui est incarné par un acteur de chair et de sang.

Type de sujet. La question dissimule une thèse : on peut s'identifier au personnage de théâtre.

Reformulation de la thèse. Le spectateur se reconnaît dans le personnage théâtral.

Formulation de la problématique. La problématique prend la forme d'une alternative interrogative : le spectateur peut-il se prendre pour le personnage qui évolue sur la scène ou garde-t-il toujours une distance critique ?

Type de plan. Le plan sera donc un plan critique.

Plan détaillé

Le théâtre connaît aujourd'hui un net recul, victime de la concurrence du cinéma, que l'on juge plus proche du public. La bourgeoisie de la fin du XIXe siècle se précipitait dans les salles de théâtre parce qu'elle se reconnaissait dans les vaudevilles ; aujourd'hui, elle se rend en masse dans les salles obscures. Peut-on s'identifier au personnage de théâtre ? Peut-on vivre par procuration ce que vit le personnage qui évolue sur scène ou garde-t-on nécessairement une certaine

distance ? Nous verrons, dans une première partie, que l'on peut s'identifier au personnage de théâtre, avant de voir les limites de cette identification.

1) Certes, on peut s'identifier au personnage de théâtre

Des héros dans des situations universelles dans la tragédie

Les héros de tragédie ont beau être des personnages historiques ou mythologiques, ils vivent des conflits universels : amour ou devoir (*Bérénice* de Racine) ; famille ou pouvoir (*Iphigénie* de Racine). Ce sont des questions auxquelles les spectateurs de toutes les époques peuvent être confrontés.

Des héros séduisants dans les drames

Le drame met en scène des héros parfaits. Le public aimerait être capable des mêmes gestes de bravoure. Ex. : Don Ruy Gomez reste fidèle à sa parole, Cyrano reste fier jusqu'à la mort.
Le drame met en scène des personnages dans des situations inhabituelles. Le public vient au théâtre pour se distraire, il se plaît à vivre des aventures extraordinaires, avec les héros. Ex. : avec Rodrigue, il remporte une bataille contre une armée entière.

Des héros quotidiens dans la comédie

La comédie met en scène des personnages qui appartiennent à toutes les classes sociales : des valets (Dorine dans *Tartuffe* de Molière), des bourgeois (Orgon dans *Tartuffe*), des nobles (le conte Almaviva dans *Le Mariage de Figaro* de Beaumarchais).
Elle traite de problèmes quotidiens : mariage (*Le Mariage de Figaro*), argent (*L'Avare* de Molière), médecine (*Le Malade imaginaire* de Molière).

Des acteurs de chair et d'os

Contrairement au héros de roman, le personnage de théâtre est incarné par un être de chair et de sang, le comédien, qui donne son humanité au personnage : trac, sueurs froides, fous rires, etc.

2) Mais une distance subsiste entre le public et le personnage

La configuration de l'espace

La salle de théâtre n'est pas tout à fait noire, on voit les autres spectateurs, on ne peut pas oublier que l'on est au théâtre. Il reste donc toujours une distance entre la salle et la scène. Ex. : le dispositif frontal.
Il n'y a pas d'effets spéciaux au théâtre, l'illusion est donc moins grande au cinéma qu'au théâtre. Ex. : comment croire que Juliette meurt à la fin de *Roméo et Juliette*, si l'on voit un jet de sang que la comédienne extrait maladroitement du poignard ?

Des personnages figés

Resserrement du temps. Au théâtre, la représentation ne peut pas excéder quelques heures et le public ne doit pas s'ennuyer, il faut donc enchaîner les actions. De ce fait, le personnage n'a pas le temps d'évoluer : il est figé dans une attitude (courage, détermination, aveuglement, etc.).
Des types. Le public doit pouvoir très rapidement identifier le personnage et son caractère. Les auteurs recourent donc souvent à des types, qui existent depuis très longtemps. Ex. : il s'établit une parenté entre l'Arlequin de la *commedia dell'arte* et le Scapin des pièces de Molière. Il n'y a pas de profondeur psychologique, mais un trait caractéristique dominant.

Une distance nécessaire au plaisir théâtral

Il n'y a donc pas identification complète, mais c'est la source du plaisir. On éprouve du plaisir à voir que ce qui se joue sur scène pourrait nous arriver (identification) mais ne nous arrive pas (distance).
La distance est aussi ce qui donne au personnage de théâtre une dimension morale. On accepte rarement une critique frontale, mais on se reconnaît, par identification, dans le personnage de théâtre, et l'on identifie ses défauts, grâce au regard critique qu'offre la distance. Molière voulait ainsi « *corriger les vices des hommes* ».

Ainsi, si le personnage de théâtre, incarné par un acteur, invite à l'identification, le public néanmoins ne s'oublie jamais complètement durant la représentation : il est à la fois le personnage et lui-même. C'est dans ce jeu, entre identification et distance, que se love le plaisir théâtral.

Sujet 49

Corpus 11, p. 321

Peut-on tout montrer au théâtre ? Vous vous appuierez, pour répondre à cette question, sur les textes du corpus ainsi que sur vos lectures personnelles et votre expérience de spectateur.

Mélanie 12/16
Bon devoir ! La méthode de la dissertation est bien assimilée. Les exemples sont variés et souvent pertinents. Attention toutefois à la chronologie et aux grands mouvements littéraires.

Le théâtre a évolué depuis sa création[1] dans l'Antiquité et ses règles ont varié aussi au fil des époques. Des pièces antiques aux baroques en passant par le classicisme[2], autant de courants que de contraintes différentes en fonction de l'état d'esprit général de la période historique traversée. Cependant la question est toujours la même : peut-on tout montrer au théâtre ? Nous verrons que la prise de liberté est possible mais que le théâtre en lui-même doit néanmoins obéir à certaines règles ainsi qu'observer certaines limites essentielles[3].

Certes, le théâtre peut prendre certaines libertés[4]. En effet, cet art se trouve dans le domaine de la fiction et peut donc se permettre de montrer ce que bon lui semble car le théâtre n'est pas forcément synonyme de réalisme. Le spectateur vient dans ce lieu pour se détendre et fuir en quelque sorte sa vie quotidienne, régie elle-même par une multitude de règles à respecter. Le théâtre est donc une possibilité d'évasion pour l'esprit du spectateur. Ainsi, dans *Macbeth* de Shakespeare, on voit apparaître des créatures invraisemblables, comme des sorcières, présentes pour que le spectateur oublie son quotidien et soit diverti par des personnages fabuleux. Autre exemple[5], dans la pièce de Brecht, *La Bonne âme du Se Tchouan*, mise en scène par Irina Brook au théâtre de Chaillot, on

1) Inutile de revenir aux origines du théâtre, vous ne pourrez dire que des banalités.

2) Problème de chronologie : de l'Antiquité au classicisme (XVIIe siècle), en passant par le baroque (XVIe siècle).

3) Il aurait été préférable de reformuler la problématique, avant d'annoncer le plan. Votre annonce aurait gagné en clarté.

4) Par rapport à quoi ? Soyez plus rigoureuse dans vos formulations.

5) Évitez les phrases nominales. N'oubliez pas qu'on vous évalue aussi sur la qualité de votre expression.

peut voir trois dieux arriver sur Terre par la porte d'un réfrigérateur[6]. C'est une situation que l'on pourrait qualifier d'impossible mais il faut croire qu'impossible est un mot inconcevable au théâtre, si l'on travaille dans l'optique d'un simple divertissement[7].

De plus, le théâtre se doit de faire réagir le spectateur en montrant la réalité des choses de la vie et du monde[8] même si cette réalité est susceptible de lui être désagréable ou de l'étonner fortement. De cette façon, il contribue à forger l'esprit critique des gens, ce qui est une bonne chose. En effet, dans la pièce *Homebody Kaboul*, présentée au Théâtre du Vieux Colombier, on traite vraiment d'un sujet d'actualité et cela doit donc être réaliste[9]. Il s'agit de la condition de la femme en Afghanistan, pays où ses libertés sont quasiment nulles, et cette situation doit être dénoncée afin que les spectateurs prennent conscience du phénomène dans toute sa dureté pour mieux agir par la suite.

Il existe tout de même certaines obligations à respecter pour ne pas tomber dans l'horreur totale[10] et rabaisser le théâtre dans l'estime des gens autant que la télévision de nos jours[11].

Ainsi, c'est pour plusieurs raisons que cet art doit respecter certaines règles et donc conserver des limites.

Tout d'abord, il faut rappeler que le théâtre classique était régi par un bon nombre de règles à respecter, dont une de taille, à savoir la règle des bienséances. Cela consiste à ne représenter la mort sur scène sous aucun prétexte[12]. Même dans le cas de la tragédie, à la fin de la pièce, on peut annoncer la mort d'un personnage, mais celui-ci doit s'éteindre en coulisses. C'est le cas dans *Phèdre* de Racine, jouée pour la première fois en 1677, en pleine période classique. En effet, l'héroïne, après s'être administré un poison mortel dans le corps pour mourir lentement et ainsi expier sa faute de nature inces-

6) Très bon exemple. Il est judicieux de mêler des exemples de représentations théâtrales et des exemples de textes théâtraux.

7) Bonne conclusion partielle. Il est néanmoins dommage que vous ne fassiez pas une transition avec ce qui va suivre.

8) Cet argument contredit le précédent. Il faudrait préciser comment vous passez de l'un à l'autre et non pas ignorer cette contradiction.

9) Encore un très bon exemple.

10) Familier. Attention au niveau de langue.

11) Une transition doit récapituler avant d'annoncer la suite. De plus, votre annonce est un peu confuse.

12) Pas seulement. Les bienséances excluent tout ce qui pourrait choquer le spectateur : le sexe est tout aussi exclu que la mort.

tueuse, se retire en coulisse pour expirer. On apprend sa fin par l'intervention d'une servante, Panope, en fin de pièce[13], qui[14] dit simplement au mari de Phèdre, Thésée : « *Elle expire, Seigneur* ». Ainsi les spectateurs ont conscience de la mort de l'héroïne sans toutefois assister sa longue agonie et au supplice de sa mort[15] La fin de la tragédie sur scène est donc jugée convenable au XVIIe siècle. De cette règle découlent d'autres principes fondamentaux[16].

Il faut ménager la sensibilité du spectateur qui vit les faits exposés en même temps que se déroule la pièce. C'est en cela que le théâtre se démarque le plus du principe du cinéma. La situation de proximité de la scène et des spectateurs joue beaucoup sur le mental[17] du public, qui n'est pas séparé de ce qu'il regarde par un écran placé en « barrière », pour ce qui est des sentiments. Prenons comme exemple la représentation de *Titus Andronicus* au Théâtre de Gennevilliers. Bien qu'étant une pièce d'inspiration antique, cette pièce de Shakespeare date de l'époque baroque et ne respecte pas les règles instaurées par le classicisme[18]. On assiste donc à un banquet final se transformant en bain de sang total[19] ou à l'exhibition du corps de Lavinia, fille de Titus Andronicus, martyrisée et mutilée à la suite d'un immonde viol. Il en résulte que le spectateur, après ces visions d'horreur, est profondément choqué et en oublie presque le sens réel et l'intérêt de l'histoire au détriment de ces détails sanglants. Il faut donc laisser des libertés au théâtre, mais dans les limites du raisonnable[20].

Enfin, d'un point de vue matériel, il n'est pas possible de tout montrer au théâtre. Même si, de nos jours, les moyens techniques se sont considérablement améliorés, il ne faut pas oublier que le théâtre reste un art vivant de proximité en temps réel[21]. On ne peut pas, comme au cinéma, avoir constamment recours aux trucages ou aux images de synthèse. Or, on peut

13) Attention, il ne s'agit pas des derniers mots de la pièce. Thésée prend ensuite la parole, pour rétablir l'ordre dans son royaume.
14) Grammaire. Le pronom relatif doit être précédé de son antécédent (le mot qu'il représente). Ici, l'antécédent est « Panope » et non pas « pièce ». Construction à revoir.
15) Phèdre ne meurt pas sur scène, mais elle agonise.
16) Trop vague. Une transition doit guider le lecteur, non le plonger dans la perplexité.

17) Familier, soignez votre expression.

18) Les règles classiques sont instaurées plus d'un siècle après l'écriture de *Titus Andronicus*. De plus, elles sont propres à la France et ne connaissent aucun succès en Angleterre.
19) Expliquez mieux. Que voit-on ? Que se passe-t-il ? Développez votre exemple comme si vous vous adressiez à quelqu'un qui ne connaît pas la pièce.

20) Qu'est-ce qui fixe ces limites ? des règles morales ? le plaisir du spectateur ? C'est une piste qu'il aurait fallu explorer.

21) Peu clair. Expliquez davantage.

trouver, dans certaines pièces, des éléments presque impossibles à créer sur scène. Par exemple dans *Phèdre* de Racine, le personnage d'Hippolyte doit se battre contre un monstre marin, sorte de dragon à plusieurs têtes issu de la mythologie grecque. Ce combat ne peut être que raconté par d'autres personnages car, au XVIIe siècle et même de nos jours, il s'agirait d'un travail colossal de construire un tel monstre. Ainsi, pour de simples raisons matérielles, on remarque que l'on ne peut pas tout montrer au théâtre. Cet art a donc ses propres limites techniques.

Après avoir exposé les possibilités du théâtre ainsi que ses limites, nous avons constaté que cet art, bien que favorisant la liberté d'expression pour permettre au spectateur de s'évader des contraintes de la vie quotidienne, possède néanmoins un bon nombre de règles et se doit d'y obéir un minimum[22]. Bien que le classicisme soit révolu, on ne peut pas pour autant tout se permettre lors d'une représentation théâtrale. Ainsi, en admettant les limites de cet art, on conserve la qualité de proximité du théâtre et l'on évite le regard négatif que l'on porte aujourd'hui sur la télévision.

22) Quelles règles ? morales ? esthétiques ? pratiques ? Attention aux formules trop générales.

Sujet 50

Corpus 9, p. 316

Dans le « Au lecteur » de L'Amour Médecin, Molière affirme que « les comédies ne sont faites que pour être jouées ». Vous vous demanderez si l'on peut étendre ce propos au théâtre en général.

Analyse du sujet

Les mots clés sont :

- **jouées** – il s'agit de considérer la représentation d'une pièce de théâtre : espace scénique et espace scénographique, lumières, costumes, décors, jeu des comédiens ;
- **théâtre** – contrairement à ce que laissait entendre la citation, on vous demande de ne pas vous limiter aux comédies, mais de considérer toutes les formes théâtrales.

Type de sujet. Il s'agit de commenter une citation, donc d'apprécier la pertinence d'une thèse (type 3).

Reformulation de la thèse. Le texte théâtral doit nécessairement être mis en scène.

Formulation de la problématique. Le texte théâtral doit-il nécessairement être joué ou peut-il aussi être lu ?

Type de plan. Le plan retenu est donc un plan critique.

Proposition de dissertation

Il semblerait que le public des représentations théâtrales soit aujourd'hui de plus en plus restreint, élitiste. On se rend plus volontiers à des spectacles musicaux ou acrobatiques comme si la musique, les prouesses physiques justifiaient des dépenses, des déplacements, que ne justifie pas le texte de théâtre. Pourtant dans le « Au lecteur » de *L'Amour Médecin*, Molière affirme que « *les comédies ne sont faites que pour être jouées* ». En élargissant ce propos au théâtre en général, on peut en effet se demander si le texte théâtral doit nécessairement être joué ou s'il peut également être lu. Nous verrons, dans une première partie, que la représentation est indispensable pour apprécier et comprendre une pièce de théâtre, puis, dans une deuxième partie, que la lecture est également un bon moyen d'appréhender un texte théâtral.

Il apparaît en premier lieu que la représentation théâtrale est essentielle pour goûter pleinement une pièce de théâtre. En effet, elle fournit des informations qui ne sont pas immédiatement perceptibles dans le texte. Le spectateur sait où et quand se joue la pièce. Il est important, pour bien comprendre *Tartuffe*,

de savoir que la pièce se joue au XVIIe siècle, à l'époque où la très puissante compagnie du Saint-Sacrement exerce une forte influence à la Cour. Cela est clair pour le spectateur qui voit entrer en scène des personnages en perruques et rubans. De même, le personnage de Tartuffe est d'autant plus révoltant qu'il agit au sein même de la maison d'Orgon, qui l'a recueilli. Le spectateur, qui voit Madame Pernelle sortir avec précipitation et qui observe Elmire, la femme d'Orgon, Damis et Marianne, ses enfants, se comporter avec le naturel que l'on adopte dans l'intimité, sait d'emblée que la pièce se déroule chez Orgon. La représentation ne fournit pas seulement des informations sur le cadre spatio-temporel, mais également sur le caractère des personnages. Ainsi, dans la scène d'exposition* des *Caprices de Marianne*, l'héroïne demande à Ciuta qui l'aborde : « *Que me voulez-vous ?* ». Cette phrase peut être prononcée avec mépris par une femme qui se juge supérieure et intouchable, avec effroi, par une jeune femme qui s'étonne qu'on s'adresse directement à elle. L'intonation de la voix de la comédienne permet alors d'établir le caractère du personnage principal. De même, le spectateur qui assiste à la représentation du drame de Musset saura si Marianne, d'un regard furtif, a aperçu son mari, ce qui justifierait sa froideur à l'égard de Cœlio, si elle a vu ce dernier et l'a repoussé en connaissance de cause, ou si elle s'est seulement fiée à ses principes moraux et religieux. La représentation aide donc à comprendre la pièce.

De plus, la représentation fait naître des émotions plus fortes que la lecture. Nombreux sont les spectateurs qui pleurent lors du dénouement de *Roméo et Juliette*. Ils s'identifient aux personnages de chair et de sang, souffrent avec eux. La combinaison de la parole, qui laisse deviner une douleur si forte qu'elle mène à la folie (« *Ô heureux poignard ! [...] laisse-moi mourir* »), de la gestuelle, un coup de poignard dans le ventre, que se donne une toute jeune fille, de l'intonation de la voix, à la fois douloureuse et décidée, agit sur tous nos sens et nous émeut. Le rire est également souvent au rendez-vous. Si le comique de mots peut être subtil et sensible à la lecture, le comique de gestes, qui ne se montre que sur scène, a le mérite de toucher tous les spectateurs. Peu importe que l'on comprenne les répliques*, que l'on suive l'intrigue, on peut rire des facéties des comédiens. Les Comédiens Italiens du temps de Molière l'avait bien compris, eux qui jouaient dans une langue qu'ignorait leur public. Le comique de caractère peut également être plus efficace sur scène. La gestuelle et l'apparence soulignent en effet l'exagération des traits de caractère. Ainsi la mise en scène de la deuxième scène de *L'Avare*, si elle fait apparaître un Harpagon vêtu comme un clochard, qui ne cesse de se parler à lui-même, fouille chaque repli de l'habit de son valet, observe tout, vérifie à vingt reprises que tout est bien fermé, fait rire le spectateur d'un personnage caricatural. La représentation est donc le lieu où jaillissent les émotions.

Enfin, assister à une représentation, c'est être avec d'autres, c'est accomplir un acte social. Contrairement aux salles de cinéma, où tout est sombre – on parle d'ailleurs de « salles obscures » – les salles de théâtre sont toujours suffisamment éclairées par le rayon des projecteurs, pour que l'on voie ses voisins. Les

théâtres à l'italienne, en arc de cercle, favorisent cette communion. Certains metteurs en scène contemporains en jouent, en choisissant un dispositif frontal et en disposant les spectateurs face à face, de part et d'autre de la scène. C'est le cas de la mise en scène de *Phèdre* par Patrice Chéreau, aux ateliers Berthier en 2003. Ainsi, le spectacle n'est pas seulement sur scène mais dans la salle. Les émotions et les réactions de chaque spectateur font écho à celles des autres. Ainsi, lorsqu'un groupe de spectateurs rit, il entraîne les autres à sa suite et convie les acteurs à en rajouter, à exagérer les effets comiques. Le public rend donc, par son attitude, chaque représentation unique, différente de celle de la veille, différente de celle du lendemain. De plus, les théâtres organisent souvent des débats à l'issue des représentations, qui permettent à chacun d'exprimer son avis. Si l'on est confronté à un avis différent du sien, force est de consolider ses arguments, de choisir des exemples persuasifs, d'aiguiser son esprit critique. Aller au théâtre, c'est donc communiquer avec d'autres spectateurs.

Ainsi, on peut conclure, comme Molière, que les textes de théâtre ne sont faits que pour être joués. Pourtant, le prix élevé des places et la rareté des mises en scène de certaines pièces nous obligent souvent à lire. La lecture n'offre-t-elle aucun plaisir ? N'est-elle qu'un pis aller ?

Il semble, au contraire, que la lecture offre de nombreux avantages. En premier lieu, on peut associer lecture et liberté. La lecture libère des contraintes de lieu et de temps. On peut en effet lire n'importe où et n'importe quand : en classe ou en vacances, chez soi ou en voyage. Les horaires des représentations sont toujours identiques : elles se déroulent en soirée pendant la semaine et, parfois, en matinée le week-end. Elles sont donc inaccessibles à ceux qui travaillent le soir ou la nuit. De même, certaines personnes handicapées sont exclues des théâtres les plus anciens, qui restent privés d'ascenseurs et de fauteuils spéciaux. Enfin, il faut parfois attendre de longues années pour assister à la représentation d'une pièce que l'on aime. En 2003, un théâtre parisien a accepté d'accueillir, pour une poignée de représentations, *Le Soulier de satin*, dont la durée est de plus de dix heures, ce qui mobilise un personnel important et revient donc très cher. Depuis combien de temps n'avait-on pas vu cette pièce jouée dans son intégralité ? Les amateurs de Claudel doivent-ils être condamnés à attendre ou à assister à des représentations de la pièce mutilée ? Non, ils peuvent recourir à la lecture qui leur offre, quand bon leur semble, la possibilité de renouer avec leur auteur de prédilection. La liberté de la lecture, c'est aussi celle de s'arrêter ou de revenir en arrière, de relire des passages. Il peut être instructif de revenir à la scène d'exposition* des *Caprices de Marianne* à la lumière de son dénouement*. Celle qui, dans un premier temps, pouvait apparaître comme une femme fidèle à son mari et à ses pratiques religieuses, devient une femme capricieuse, qui, non par fidélité, mais par amour pour un autre, laisse mourir Cœlio. De même, on peut relire la scène d'exposition* du *Tartuffe* après avoir lu le troisième acte qui met en scène l'entrée du personnage principal. On sait alors qui de Madame Pernelle ou des membres de la famille d'Orgon a raison et l'on peut apprécier la justesse

des portraits de Tartuffe qui ont été faits avant qu'il n'entre lui-même en scène. Aborder le théâtre par la lecture, c'est donc s'offrir la liberté dans le temps et dans l'espace.

Mais c'est également s'offrir la liberté de l'imagination. En effet, quand on lit le texte, on est soi-même metteur en scène. On peut alors imaginer une mise en scène libre de toute contrainte. Ni les restrictions budgétaires, ni l'étroitesse de la scène, ni l'emploi des temps des comédiens n'imposent de limites. Libre est l'imagination de concevoir pour *Fin de partie* un local immense et vide, comme une ancienne usine désaffectée ou un hangar, dans lequel les personnages seraient perdus selon un inquiétant effet de disproportion. Bien sûr, on conçoit mal quelle scène pourrait accueillir un espace si vaste, mais pour le lecteur, rien n'est impossible. De plus, la mise en scène que l'on construit dans son imagination est conforme à ses goûts et ses attentes, elle est donc éminemment séduisante, alors que l'on peut être heurté par des choix de mise en scène qui nous sont imposés de l'extérieur. Ainsi, beaucoup de spectateurs quittaient la salle de la Maison de la Culture de Bobigny lors de la mise en scène, par J.-M. Rabeux, de trois courtes pièces de Feydeau en 2004. Ils marquaient de cette façon leur désapprobation devant la modernité des costumes, jugée anachronique, devant la prétendue grossièreté de certains des personnages féminins, joués par des hommes travestis. Ce public mécontent n'aurait-il pas préféré relire *On purge Bébé* dans le cadre réconfortant de leur salon, se laissant aller à imaginer une jeune mère naïve mais attachante, un père affolé, déchiré entre ses obligations familiales et son travail ? N'aurait-il pas préféré, grâce à la lecture, concevoir des personnages qui lui ressemblent et qui le touchent ? Pourquoi les choix du metteur en scène seraient-ils nécessairement meilleurs que les nôtres ?

La lecture est une autre voie d'accès au texte théâtral, celle de la liberté. La lecture libère en effet des contraintes matérielles et esthétiques. Dès lors, à chacun sa mise en scène.

Finalement, on ne peut qu'être en accord avec Molière : « *les comédies [mais aussi les tragédies ou les drames] ne sont faites que pour être jouées* », jouées sur une scène, par des comédiens en costumes, sous les feux de la rampe, ou jouées dans la fantaisie du lecteur. La représentation promet une rencontre spontanée et émotionnelle avec la pièce, la lecture se fait suggestion et délie l'imagination du lecteur. On peut par ailleurs se demander si l'une comme l'autre ont encore un avenir, à l'heure où le livre est supplanté par l'informatique et le théâtre par le cinéma et la télévision. N'est-il pas temps d'ouvrir de nouvelles voies d'accès à la littérature théâtrale ?

Sujet 51

Corpus 10, p. 318

Le théâtre est-il une copie de la réalité ? Vous répondrez à cette question de façon organisée, en vous appuyant sur des exemples précis, tirés des textes du corpus et de vos connaissances personnelles.

Analyse du sujet

Les mots clés sont :

- **théâtre** – il s'agit de considérer non seulement le texte théâtral mais aussi la représentation d'une pièce de théâtre : espace scénique et espace scénographique, lumières, costumes, décors, jeu des comédiens ;
- **copie** – il s'agit de reproduire à l'identique ;
- **réalité** – pour le spectateur ou le lecteur, la réalité, c'est sa vie de tous les jours.

Type de sujet. Il s'agit d'apprécier la pertinence d'une thèse (type 3).

Reformulation de la thèse. Le théâtre offre une image fidèle de la vie de tous les jours.

Formulation de la problématique. Le théâtre offre-t-il une image fidèle de la vie de tous les jours ou propose-t-il une image déformée, amplifiée ou embellie du réel ?

Type de plan. Le plan retenu est donc un plan critique.

Proposition de dissertation

Dans sa *Poétique*, Aristote définit le théâtre comme « *mimesis* », c'est-à-dire représentation, imitation de la réalité. Dans cette perspective, le théâtre serait une reproduction exacte de la vie courante. Peut-on dire que le théâtre est une copie de la réalité ? Offre-t-il une image fidèle du réel ou le transforme-t-il, proposant ainsi une image déformée, amplifiée ou embellie de la réalité ? Dans un premier temps, nous montrerons que le théâtre vise à copier fidèlement le réel pour ensuite montrer qu'il le déforme et le transforme nécessairement, avant d'en venir, dans un troisième temps, au réel exprimé par la représentation théâtrale.

Au XVIIe siècle, pour être reconnu, le théâtre devait être vraisemblable. Le dramaturge se devait de représenter des personnages et des intrigues crédibles afin que le spectateur puisse entrer dans la pièce et s'identifier aux personnages mis en scène. Cette exigence se retrouve dans le théâtre des siècles à venir.

Le théâtre montre des préoccupations qui inquiètent et occupent tout homme. Il peint des sentiments que chaque être peut éprouver dans sa vie quotidienne, des sentiments dès lors banals. Ainsi, nombreuses sont les pièces qui parlent

d'amour. Dans *Roméo et Juliette* de Shakespeare, le jeune Montaigu déclare sa flamme à Juliette et use du lyrisme pour chanter son amour. Juliette est son « *soleil* », son « *amour* », dont les yeux sont les « *deux plus belles étoiles dans tout le ciel* ». Nul renouvellement thématique dans *Cyrano de Bergerac* : c'est de nouveau une histoire d'amour contrarié qui est au cœur de la pièce. Dans la scène 7 de l'acte III, Roxane reçoit, à son balcon, l'hommage amoureux de Christian/Cyrano. Les mots sont les mêmes : l'« *amour* » et le « *doute* » hantent le « *cœur* » des protagonistes. Pourquoi parler d'amour ? Parce que le spectateur a sans doute expérimenté ce sentiment et qu'il peut donc sympathiser avec le personnage théâtral. Plus pratiques encore, plus proches des considérations quotidiennes du spectateur, les réflexions de Philippe et de sa mère, Hélène, dans *Dissident, il va sans dire* de Vinaver. Leur dialogue évoque des problèmes très concrets : la difficulté à se garer, l'heure du réveil, ou encore le menu du dîner. Le théâtre copie donc le réel en ce qu'il met en scène des sentiments humains, universels et intemporels, aptes à toucher les spectateurs, ou des préoccupations pratiques et quotidiennes.

Le dramaturge peut également choisir de peindre son époque, afin que les spectateurs réfléchissent à la société qui les entoure. Le théâtre s'inspire alors de la réalité sociale et se fait peinture des mœurs. Les comédies de Molière en sont un parfait exemple. Dans ses pièces, Molière se plaît à croquer les travers de son époque. Ainsi, dans *Le Malade imaginaire*, il critique le pédantisme et l'incompétence des médecins de son temps. Dans la scène 6 de l'acte II, il montre Monsieur Diafoirus et son fils, Thomas Diafoirus, en train d'ausculter Argan. Les médecins apparaissent incapables d'un diagnostic fiable (« *Non : Monsieur Purgon dit que c'est mon foie qui est malade* ») et clair (« *qui dit parenchyme, dit l'un et l'autre, à cause de l'étroite sympathie qu'ils ont ensemble, par le moyen du vas breve du pylore, et souvent des méats cholidoques* »). *Le Malade imaginaire* nous montre une médecine qui n'en est encore qu'à ses balbutiements... De même, dans l'acte I de *Cyrano de Bergerac*, Rostand dépeint un théâtre du XVIIe siècle avec le plus grand réalisme : il le nomme (il s'agit de l'Hôtel de Bourgogne), il évoque les bougies de la rampe qui doivent être mouchées entre chaque acte (« *Rampes de chandelles* »), les marquis qui s'installent sur scène de manière à mieux voir le spectacle, mais surtout à mieux être vus des spectateurs (« *un marquis, dans le silence, derrière le rideau* »). Mû par le même désir d'inscrire l'intrigue dans un cadre historique précis, de donner à sa pièce la couleur locale chère aux romantiques, il n'hésite pas à situer l'acte IV au siège d'Arras (« *Au fond talus traversant toute la scène. Au-delà s'aperçoit un horizon de plaine : le pays couvert de travaux de siège* »). Le théâtre peut ainsi offrir une photographie d'une époque et prend dès lors valeur de témoignage, de document sociologique.

Enfin, le théâtre cherche à copier la réalité car il use d'un langage naturel. Le dramaturge travaille à donner l'illusion que les personnages parlent comme dans la vie réelle. Ainsi, le premier morceau de *Dissident, il va sans dire* de Vinaver multiplie les effets d'oralité. Le dialogue regorge de termes familiers comme « *on*

se les refile» ou «*crevé*», ou encore «*ça*», de phrases nominales «*Non ni sur le meuble*». On remarque surtout que le dialogue n'obéit pas à une logique rigoureuse : il a le désordre des conversations de la vie quotidienne au cours desquelles on passe du coq à l'âne, suivant le fil de notre pensée, se laissant influencer par ses activités du moment. Philippe et sa mère sont en train de parler des entretiens d'embauche du jeune homme («*Combien de fois déjà je me suis présenté ? Pour quel résultat ?*»), quand, soudain, Hélène commente le dîner devant lequel ils sont attablés («*C'est bon ? Velouté de lentilles une nouvelle variété je m'étais dit qu'on allait l'essayer ça te plaît ?*»). L'impression de désorganisation, conforme au développement spontané de la conversation orale, est renforcée par l'absence quasi complète de signes de ponctuation. La prose théâtrale n'est donc pas ici stylisée. Elle ne vise qu'un effet : l'effet de réel et de naturel.

Sentiments, situations, langue : tout est fait pour que le quatrième mur tombe au théâtre et donc que le spectacle théâtral propose une copie la plus fidèle possible de la vie. C'est cette quête de réalisme qui permet l'osmose entre le public et la scène, que recherche Diderot à tout prix. Cependant, si le théâtre s'inspire de la vie, comme nous l'avons montré, on ne peut pas prétendre qu'il soit une imitation totalement fidèle de la réalité.

Le dramaturge peut trouver son inspiration dans la vie, mais il est toujours contraint de la transformer pour la mettre en scène.

Tout d'abord, une pièce de théâtre transforme la vie car elle doit condenser le temps et resserrer l'espace. En effet, la durée d'une représentation ne peut guère excéder quatre heures. Le dramaturge est donc obligé de ne représenter que les moments forts, intenses d'une histoire. Dans la vie, les temps morts existent ; au théâtre, il faut que chaque moment se charge d'intensité dramatique afin d'intéresser, de captiver le spectateur. Ainsi, les dramaturges recourent à l'ellipse temporelle entre les actes ou les scènes pour dramatiser l'action. Dans *Iphigénie* par exemple, Racine ne met pas en scène le «*secret sacrifice*» d'Agamemnon qui demande aux dieux comment procéder pour apaiser leur colère qui immobilise la flotte grecque. Il commence la tragédie au moment où Agamemnon décide l'exécution de sa fille Iphigénie et il ne s'intéresse qu'aux conséquences de cette décision. De même, il passe sous silence ce qui arrive finalement aux armées grecques alors que toutes les manœuvres d'Agamemnon visait à ce seul but : les conduire à la guerre. De même, pour des raisons esthétiques ou techniques, les décors ne peuvent être multipliés. L'espace au théâtre est donc moins réaliste que signifiant. Ainsi, la plupart des tragédies classiques se déroulent en un seul lieu : l'antichambre d'un palais. Nulle vraisemblance dans cette situation, mais ce resserrement spatial dit l'enfermement des personnages et matérialise le piège qui se referme sur eux. Ainsi, dans *Bérénice*, l'antichambre où se déroule la pièce, représente, au-delà de l'unité de lieu, un lieu hautement symbolique. Elle se caractérise d'emblée par sa «*pompe*», ce qui la place sous le signe du pouvoir et annonce déjà l'enjeu essentiel de la tragédie : Titus choisira-t-il Bérénice ou le pouvoir ? Il s'agit de la pièce qui sépare l'appartement de l'empereur, de celui de

la Reine (« *De son appartement cette porte est prochaine,/Et cette autre conduit dans celui de la Reine* »). C'est donc un lieu de rencontre, mais c'est aussi un espace de séparation. L'univers de l'empereur et celui de la reine ne se confondent pas, ils sont disjoints. Cela est particulièrement sensible à la fin de l'acte IV quand on demande Titus à la fois dans la chambre de Bérénice, et dans son appartement où l'attendent « *tous les tribuns, les consuls, le sénat* » et le « *peuple* ». Ce lieu de la rencontre n'est qu'un lieu de passage, qui ne peut s'inscrire dans la durée. Il faut ensuite choisir entre les deux appartements, ou prendre la fuite, ce que feront finalement Antiochus et Bérénice. Le dispositif spatio-temporel au théâtre propose donc une image signifiante de la réalité.

De même, la langue théâtrale n'est pas une copie exacte du langage courant. Elle est toujours esthétisée, travaillée, afin que la pièce accède au statut d'œuvre d'art. Ainsi, de nombreuses pièces sont écrites en vers. Dans *Iphigénie*, les personnages s'expriment en alexandrins*, emploient des métaphores* (Agamemnon décrit le pouvoir comme un « *joug superbe* »), multiplient les références mythologiques (« *fils du puissant Atrée* », « *Du sang du Jupiter* »), autant de traits que Diderot stigmatise avec mépris décrivant ce langage comme « *celui d'Homère, [...] celui de Racine, [...] celui de la poésie* », comme un « *langage pompeux [qui] ne peut être employé que par des êtres inconnus, et parlé par ces bouches poétiques avec un ton poétique* ». La langue théâtrale paraît donc plus en quête d'esthétisme que de réalisme. Pour le dramaturge, le beau est une valeur supérieure au vrai.

La réalité n'est pas la seule source d'inspiration des dramaturges. Plus que dans la vie, les dramaturges puisent dans des pièces antérieures pour imaginer leur intrigue et écrire leur pièce. Prenons *Le Roi se meurt* de Ionesco. Le personnage du roi, qui traite avec désinvolture la ruine qui menace son royaume et place ses préoccupations personnelles avant son devoir de souverain (« *J'ai mal dormi, cette terre qui craque, ces frontières qui reculent, ce bétail qui beugle, ces sirènes qui hurlent, il y a vraiment trop de bruit* »), est d'autant plus choquant, qu'il s'inscrit dans une longue histoire théâtrale. Agamemnon est victime d'insomnies car il doit faire face à un dilemme crucial : renoncer au pouvoir ou sacrifier sa fille. Macbeth, avant lui, ne pouvait dormir, hanté par les images du meurtre qu'il avait commis pour s'emparer du trône d'Écosse. La force du personnage créé par Ionesco tient à la dégradation d'un modèle antérieur. Ainsi, plus qu'une copie de la vie, le théâtre serait alors une réécriture permanente de textes littéraires antérieurs.

Le théâtre ne peut donc pas être considéré comme une copie fidèle et exacte de la vie. Il la transforme ou s'en éloigne pour faire une œuvre d'art, plus belle et plus signifiante que la réalité elle-même.

Même si le théâtre n'a pas pour vocation de reproduire le réel, il ne laisse pourtant pas le spectateur insensible, contrairement à ce que craint Diderot (« *il doit m'éclater au nez* »). Les acteurs sont des êtres de chair et de sang, comme les spectateurs. De plus, les salles de théâtre sont loin d'être aussi obscures que les salles de cinéma et l'on ne perd jamais tout à fait de vue les autres spectateurs,

phénomène parfois renforcé par un dispositif scénique qui place les acteurs entre deux rangées de spectateurs assis face à face. Artaud insiste sur cette continuité : « *entre la vie et le théâtre, on ne trouvera plus de coupure nette, plus de solution de continuité* ». Même si les acteurs ont répété, ont travaillé leur texte et leur gestuelle, leur humanité transparaît toujours : une transpiration, une rougeur, un lapsus, un fou rire réprimé. Le public se reconnaît alors en eux et parfois même un dialogue tacite s'échange.

Cette continuité de la salle à la scène ne contredit pas l'artifice théâtral, elle le complète. Parce que les spectateurs voient devant eux des hommes, ils peuvent plus facilement s'identifier aux personnages, au-delà de leurs oripeaux, se reconnaître en eux, partager leurs émotions. L. Elbernon, comédienne mise en scène par Claudel dans *L'Échange*, décrivant le spectateur, dit : « *il se regarde lui-même* ». Il compatit avec la douleur d'Agamemnon qui apprend, au début d'*Iphigénie*, qu'il doit sacrifier sa fille ou renoncer à son pouvoir et à son honneur, il compatit d'autant plus qu'il perçoit l'angoisse du comédien qui vient de se lancer sur scène, l'attention grandissante de ses voisins, cette communion dans l'angoisse. Mais s'il peut se laisser aller à cette émotion, vivre intensément ce dilemme entre le devoir et la passion, c'est précisément parce qu'il est toujours conscient que tout n'est qu'illusion, artifice. Il n'est pas en train de sacrifier sa fille, il regarde le spectacle. Cette distance est tout aussi fondamentale que la communion. Sans continuité, pas d'émotion : le spectateur ne comprend pas ce que le théâtre cherche à exprimer ; sans distance, pas d'émotion : le spectateur a peur de vivre une situation qui peut le mettre en danger.

Ainsi, le théâtre exprime un réel enfoui en nous, nos joies, nos peines, nos travers, il les fait jaillir et nous les révèle. Son théâtre est donc d'exprimer le réel, mais pas le réel sensible aux yeux et aux oreilles, le réel que l'esprit seul connaît. Il rend sensible ce que l'homme « *porte dans son esprit, l'en ayant fait sortir* » (*L'Échange*).

Le théâtre n'est donc pas une imitation servile du réel : il peut certes s'inspirer de la vie, de situations réelles, mais il les transforme toujours pour leur donner plus de force et de profondeur. Le réel peut être un support, un socle, que le dramaturge métamorphose en or. Ainsi, plus qu'un art mimétique, le théâtre est un art alchimique.

Chapitre 4

LA QUESTION DE L'HOMME DANS LES GENRES DE L'ARGUMENTATION DU XVIe SIÈCLE À NOS JOURS

Sujet 52

Corpus 16, p. 338

Victor Hugo fustige le « penseur qui se mutile/Et s'en va, chanteur inutile,/ Par la porte de la cité » (Les Rayons et les ombres). Pensez-vous que les écrivains doivent ainsi être toujours au service de la population ?
Vous répondrez à cette question en vous appuyant sur les textes du corpus et sur vos lectures personnelles.

Analyse du sujet

Il s'agit de commenter en premier lieu la citation. La reformulation qui vous est fournie vous aide seulement à éviter le contresens, mais il ne faut pas y réduire le sujet.

Analysons les mots clés suivants :

• **penseur** – il s'agit ici de l'écrivain engagé, qui réfléchit à l'état de la société et qui cherche des solutions pour guérir ses maux.

• **chanteur inutile** – cette expression s'oppose à « penseur », et désigne les écrivains qui négligent les enjeux politiques et sociaux de leur temps. On notera la référence à la musique, qui fait penser à la lyre du poète, à la recherche musicale (rythme et sonorité) de l'écrivain.

• **cité** – il faut comprendre ce terme au sens de société, comme vous y invite la reformulation.

Type de sujet. On vous demande d'apprécier la justesse d'une citation (type 3).

Reformulation de la thèse. Les écrivains doivent être au service de la société.

Formulation de la problématique. La problématique est une alternative interrogative : les écrivains doivent-ils être au service de la société ou peuvent-ils se contenter d'une recherche musicale et marginale ?

Type de plan. On en déduit un plan critique.

Plan détaillé

Hugo est un auteur protéiforme : romancier, poète, dramaturge, il ajoute à ses qualités d'écrivain des talents de dessinateur et l'engagement d'un homme politique courageux, qui ne cesse de clamer ses convictions, des bancs de l'Assemblée aux rivages de l'exil. On comprend donc qu'il fustige le « *penseur qui se mutile,/Et s'en va, chanteur inutile,/Par la porte de la cité* » (*Les Rayons et les ombres*). Il nous invite ainsi à nous interroger sur le statut de l'écrivain : doit-il nécessairement être au service de la population ou peut-il se livrer à une recherche esthétique et musicale, en marge de la société ? Nous verrons dans une première partie que l'écrivain doit avoir un rôle social, avant de voir, dans une seconde partie, que celui qui se consacre à une quête esthétique, n'est pas forcément inutile.

1) Certes, le poète doit être un « penseur » au service « de la cité »

Un observateur attentif

– L'écrivain doit être sensible à la situation politique, économique, de la société dans laquelle il vit. Ex. : Erich Maria Remarque écrit *À l'Ouest rien de nouveau* et Roland Dorgelès *Les Croix de bois*, au lendemain de la Première Guerre mondiale. Ces deux romans rendent compte de la vie en Allemagne et en France pendant le conflit. Voltaire fait allusion à la Guerre de sept ans dans le chapitre 3 de *Candide*.
– Il doit également être un moraliste, attentif aux mœurs sociales. Ex. : Molière épingle les précieuses et les femmes qui rêvent de s'émanciper par la culture, dans *Les Précieuses ridicules*, les faux dévots dans *Le Tartuffe* ou encore les flatteurs et les hypocrites dans *Le Misanthrope*.

Un écrivain engagé

– L'écrivain s'engage par des attaques franches contre des situations qui le révoltent, avec le registre* polémique. Ex. : Damilaville dénonce la guerre sur un ton violent dans l'article « Paix » de *L'Encyclopédie*.
– L'écrivain s'engage par des attaques subtiles, un travail de sape, avec le registre* satirique ou ironique. Ex. : Voltaire fait d'abord une description méliorative du champ de bataille, grinçante d'ironie.

Un guide qui appelle la cité à agir

L'écrivain, qui élève la voix pour dénoncer une situation qu'il juge inacceptable, veut obtenir une réaction. Ex. : Hélène Cixous écrit pour le théâtre du Soleil des textes qui dénoncent la guerre (*Les Tambours sur la digue*) ou la politique des dirigeants coupables de la diffusion du sang contaminé (*La Ville parjure*) et les spectateurs sont invités à signer des pétitions à la sortie ou à verser de l'argent pour des causes défendues par l'auteur et la troupe.

2) Mais, il est aussi un « chanteur »

Le chantre des sentiments

– L'écrivain lyrique ne se met pas au service de la cité, mais, égoïstement, il se replie sur soi et met son art au service de l'expression de ses sentiments intimes. Ex. : Chateaubriand évoque ses amours et son caractère mélancolique et solitaire, dans *René*.
– Se soulager, aider les autres. Cette attitude, qui peut paraître complaisante, n'est pas « *inutile* » : elle permet à l'écrivain de se soulager et elle aide les lecteurs, qui partagent les sentiments de l'auteur grâce au registre* lyrique, à mieux comprendre et analyser leurs sentiments.

Le musicien des mots

– L'écrivain peut se consacrer exclusivement à l'exploration des richesses du langage. Ex. : Perec écrit *La Disparition* après s'être lancé un défi – écrire un roman sans utiliser la lettre « e », la plus employée dans la langue française.
– Une activité gratuite. Ce faisant, l'écrivain peut paraître inutile, mais il convie ses lecteurs à se montrer sensible à la beauté des mots et à la beauté du monde, à suspendre toutes leurs activités rentables et efficaces, à oublier l'horreur qui les entoure. Ex. : les mouvements poétiques qui se développent après la Seconde Guerre mondiale, comme le Lettrisme.

Si l'écrivain ne peut rester enfermé dans sa tour d'ivoire, loin du monde et de ses secousses, il a pourtant aussi le devoir de guider les lecteurs vers la contemplation de la beauté.

COPIES COMMENTÉES

Sujet 53

Corpus 14, p. 333

Pensez-vous plus efficace de parler des sujets graves sur un ton léger et humoristique ou sur un ton sérieux ? Appuyez votre réponse sur les textes du corpus et sur vos lectures personnelles.

Gaylord 11/16
Assez bonne dissertation dans l'ensemble. Un effort réel pour développer une argumentation personnelle et pour répondre à la question posée. Les arguments sont pertinents et surtout bien illustrés par des exemples. Cependant, il faut être plus rigoureux dans la construction des parties.

Quand on évoque un sujet grave, le but de l'auteur[1] peut être divers, mais il cherche à être le plus convaincant et le plus persuasif possible. Cela dépend des thèmes auxquels il s'attaque ou même des personnes à qui il s'adresse[2]. Selon les sujets et les mœurs, la façon d'aborder certains sujets peut être différente. Différente au niveau des procédés d'écriture, du choix du vocabulaire ou même de la forme[3]. Est-il plus efficace de parler de sujets graves sur un ton léger et humoristique ou sur un ton sérieux ?[4] Est-il donc préférable d'utiliser un ton badin ou solennel afin d'être le plus convaincant ou persuasif possible ? Dans une première partie, nous étudierons les arguments qui font que le ton léger et humoristique est le plus approprié puis nous analyserons[5] les arguments en faveur du ton sérieux puis nous conclurons[6].

Il paraît efficace de parler de sujets graves sur un ton léger et humoristique dans le but d'atténuer les choses difficiles[7].

Une touche d'humour peut apporter un sens différent[8] à certains sujets et les rendre ainsi plus plaisants. Ce travail peut être réalisé par le biais de l'apologue*, notamment de la fable. Dans le texte *La Fille*, tiré des *Fables*, La Fontaine s'attaque indirectement au comportement de certaines femmes de son temps. La fable apporte

1) Mal construit. Il faut que le sujet soit identique. Donc : « Quand un auteur évoque un sujet grave, son but est de… ».
2) Formulation peu claire. On ne voit pas bien à quoi le « cela » renvoie.
3) Il faudrait ajouter « du ton » pour bien introduire le sujet.
4) Bien pour la citation du sujet.
5) Verbe impropre. Préférez « verrons » par exemple.
6) L'annonce du plan, et plus généralement la construction de l'introduction, est bonne mais il ne faut pas annoncer la conclusion.
7) Bien pour l'introduction partielle.
8) Formulation bien vague. Qu'entendez-vous par « sens » ?

une forme agréable avec une disposition en vers et des jeux de sonorités comme les rimes, par exemple « *précieuses* » et « *dédaigneuses* » (v. 17-18). En plus de cette disposition, La Fontaine associe une touche d'humour à travers de nombreuses figures de style comme la personnification* (« *Le destin se montre soigneux* », v. 8 ou « *Son miroir lui disait* » l. 38)[9] ou des métaphores* (« *les ruines de son visage* », v. 36). Ces figures de style servent à rythmer le texte et incarnent[10] parfaitement l'aspect léger et humoristique[11]. La fable comporte toujours une morale comme dans une autre fable de La Fontaine *Le Loup et l'agneau*, « *La raison du plus fort est toujours la meilleure* ». Ces morales sont le reflet même de la gravité des sujets évoqués et montrent bien qu'elles sont tournées de façon allégorique afin d'éviter la censure[12]. La Fontaine n'écrivit pas ses fables particulièrement pour atténuer les sujets difficiles mais seulement pour éviter les organismes qui tenteraient[13] de restreindre le contenu de sa critique.

Le but d'aborder des sujets graves de façon légère humoristique peut être aussi de rendre un texte plus attractif, pour éviter l'ennui du lecteur[14]. Un texte comme une fable présente une forme plaisante. Le fait que la fable soit exposée sous forme allégorique rend le texte plus merveilleux ce qui favorise la rêverie. Les fables mettent parfois en scène des animaux ou des objets personnifiés. Le but réel de ces allégories* est d'éviter la censure[15]. Dans ce cas, le lecteur devait faire sans cesse des transpositions du texte à la réalité car il ne faut pas oublier que sous un aspect merveilleux, parfois même enfantin, la fable contient un message bien réel qui émane souvent d'un sujet grave [16]. En ce sens, on peut dire que le ton léger et humoristique est à préconiser dans les sociétés où la liberté d'expression est limitée[17].

Le ton sérieux semble[18] lui aussi très convaincant et persuasif dans certains cas.

9) Attention, ce sont des vers !

10) Verbe impropre. Préférez « faire résonner ».

11) Bon traitement de l'exemple, précis et fin.

12) Vous introduisez un nouvel argument : user d'un ton léger permet de contourner la censure. Il faut donc aller à la ligne et créer un nouveau paragraphe.

13) Temps impropre : « tentaient » doit être utilisé.

14) Attention à la construction de votre partie. Vous revenez à l'argument évoqué précédemment : le ton léger permet de rendre le texte attractif.

15) Même reproche : vous mélangez en fait vos deux arguments : le ton léger permet de rendre le texte plaisant et permet de contourner la censure. Il faut introduire une idée par sous-partie et s'y tenir.

16) Il aurait fallu développer ici un exemple précis. C'est dommage car votre argument est pertinent.

17) Une première partie maladroite dans sa construction. De plus, votre partie doit s'achever sur une conclusion partielle et une phrase de transition pour amorcer la seconde partie.

18) Évitez le modalisateur. Soyez affirmatif et préférez le verbe être.

On peut dire qu'il est de rigueur dans l'évocation de certains sujets avec lesquels on ne rit pas. Il devient alors incontournable. En effet, pour que l'écrit soit mieux considéré[19], il faut faire appel au ton sérieux. Dans le livre de Levi, *Si c'est un homme*, le ton léger et humoristique n'est pas envisageable. Le livre traite de faits réels et de telles atrocités qu'on ne peut se le permettre[20]. Ce livre est une critique directe[21], crédibilisée par le fait que l'auteur a vécu ces événements. Le but de son autobiographie* est de faire comprendre la gravité de ce qu'étaient les camps d'extermination afin qu'une telle tragédie ne se produise plus. Dans la situation présente, le ton sérieux serait[22] de loin le plus efficace.

Le ton grave peut aussi être employé efficacement afin d'expliquer quelque chose au lecteur, de lui faire partager sa réflexion[23]. Dans le texte de La Rochefoucauld tiré des *Maximes*, il[24] nous apporte une réflexion personnelle sur l'amour-propre et nous fait part clairement de ses idées[25]. Pascal fait aussi en sorte que le lecteur soit impliqué dans son fragment sur « L'Amour-propre », tiré des *Pensées* : il utilise des questions rhétoriques (« *Mais que fera-t-il ?* »)[26]. Ces deux auteurs font donc appel à la raison, à la réflexion du lecteur[27].

Quand l'auteur cherche à convaincre* et à persuader*, il n'appartient qu'à lui de choisir s'il va le faire par[28] un ton léger et humoristique ou par un ton sérieux. En fait, le choix de l'auteur est orienté par la gravité du sujet traité. Dans certains cas, l'emploi du ton sérieux est indiscutable dans les sujets les plus graves. L'emploi d'un ton léger et humoristique a des points positifs mais semble cependant moins fort que le ton sérieux et solennel. Il semble avoir été mis en place plus pour contourner la censure que dans un projet volontaire de l'auteur. À ce titre, il devient donc secondaire et l'on peut alors dire que le ton sérieux est plus efficace pour parler des sujets graves[29].

19) Expression peu claire. Qu'est-ce qu'un écrit bien « considéré » ?

20) L'exemple est bien choisi.

21) C'est plus un témoignage qu'une critique.

22) Le conditionnel est inapproprié ; dites « est ».

23) Et de l'inviter à réfléchir également.

24) Construction syntaxique bancale. Dites : « Dans ses *Maximes*, La Rochefoucauld nous apporte… ».

25) Dites que La Rochefoucauld condamne l'amour-propre. Il fallait citer un passage de la maxime sur l'amour-propre.

26) Quel est l'effet produit par ce procédé rhétorique ? Précisez que les questions rhétoriques invitent le lecteur à réfléchir.

27) Il manque, tout comme à la fin de la première partie, une conclusion partielle.

28) Construction syntaxique à revoir. Il faut dire « sur un ton léger »…

29) Bien pour le bilan synthétique mais il manque encore une ouverture.

Sujet 54

Corpus 16, p. 338

La Fontaine dédie son recueil de fables au Dauphin, fils du roi, encore enfant. Pensez-vous que les fables soient uniquement destinées aux enfants ? Vous répondrez à cette question en vous appuyant sur les textes du corpus et sur vos connaissances personnelles.

Diana 12/16
La méthodologie de la dissertation est bien comprise (analyse pertinente du sujet, bonne organisation de la réflexion). La seconde partie de votre travail aurait pu être développée davantage.

Aujourd'hui, les fables, pour certaines personnes, ne sont pas tout public[1]. Pensez-vous que les fables soient uniquement destinées aux enfants ? Les apologues*[2] ne peuvent-ils plaire qu'aux enfants ou les adultes peuvent-ils aussi y trouver un intérêt ? Pour répondre à cette question, nous verrons dans une première partie, que certes les fables ont pour principaux destinataires* les enfants, mais nous montrerons, dans une seconde partie, qu'elles peuvent également être destiné[3] aux adultes.

Nous allons donc[4] voir dans cette première partie que les fables ont pour principaux destinataires* les enfants.

Dans un premier temps, penchons-nous sur les personnages et sur le monde merveilleux de la plupart des fables. En effet, nous voyons que les personnages sont souvent des personnages irréels qui font partie de l'imaginaire, monde propre aux enfants. Ainsi, dans *L'Ogre et la fée*, fable de Victor Hugo, les personnages principaux sont une fée et un ogre : l'ogre est le personnage traditionnel qui fait peur car il mange les petits enfants, tandis que la fée représente le bien, dans un univers merveilleux. On apprend ainsi à l'enfant à dissocier le mal[5], avec l'ogre, qui a mangé l'enfant (« *Je l'ai mangé* », v. 24) du bien, avec la gentille fée, à qui l'on a tué son

1) Cette phrase d'amorce est tellement générale qu'elle n'a pas grand sens. Vous pourriez par exemple vous interroger sur le fait que l'on continue à apprendre les fables de La Fontaine à l'école (pourquoi une telle pérennité ?).
2) Tous les apologues* ne sont pas des fables.
3) Attention à l'accord du participe passé ! Avec l'auxiliaire être, le participe passé s'accorde avec le sujet.
4) « Donc » est une conjonction de coordination qui exprime une conséquence, il ne faut donc pas l'employer dans une phrase d'introduction partielle.

5) Le commentaire n'est pas très adroit. Vous indiquez que les fables ont une vertu didactique et un but moral, ce qui n'est pas ce qui plaît le plus aux enfants. Vous devriez davantage insister sur le fait que les personnages merveilleux font rêver l'enfant et excitent son imagination.

enfant. Le fait d'utiliser des personnages merveilleux ou de donner la parole à des animaux rend la fable plus simple et plus agréable pour l'enfant. Ainsi, dans la mesure où les personnages sont le plus souvent des animaux ou des êtres merveilleux, les fables sont essentiellement destinées aux enfants[6].

Nous allons maintenant voir que le langage et le vocabulaire utilisés conditionnent l'idée que les fables sont faites pour les enfants. En effet, nous voyons que les fables[7] emploient parfois du langage familier ou courant. Dans la fable *L'Ogre et la fée*, « *mioche* » (v. 9) est un terme familier pour désigner l'enfant ; de même « *gober* » relève d'un niveau de langue familier. Cela facilite la compréhension du texte et rend la lecture plus facile. On peut associer à la simplicité du vocabulaire l'abondance des signes de ponctuation[8]. Ainsi, dans *Les Deux coqs*, la ponctuation est abondante, ce qui donne des phrases courtes (« *Le bruit s'en répandit* », v. 7[9] ; « *La gent qui porte crête au spectacle accourut* » v. 8). Cela aide aussi à simplifier la lecture. C'est donc aussi à cause du vocabulaire et du langage employé dans les fables que l'on peut penser qu'elles sont destinées aux enfants[10].

Nous pouvons ajouter que le comique est également un moyen de plaire aux enfants. En effet, dans *L'Ogre et la fée*, nous avons un comique de situation. L'ogre, très laid (« *peigne sa peau velue* », v. 5), veut séduire une fée. Il y a[11] également un comique de mots avec l'expression « *croquer le marmot* » (v. 16), qui est à la fois employée au sens figuré (patienter) et au sens propre (l'ogre mange l'enfant de la fée). Parce qu'elles divertissent et amusent, les fables ont pu être associées au monde de l'enfant. Toutefois, ce n'est pas leur unique but[12].

Dans cette seconde partie, nous allons montrer que les fables sont aussi destinées aux adultes.

Dans un premier temps, nous allons étudier la complexité des morales[13]. En effet, les fables

6) Bonne phrase de conclusion partielle, mais vous oubliez la transition !

7) On ne sait pas de quoi vous parlez. Distinguez *Les Fables*, recueil de La Fontaine, des fables, genre littéraire.

8) En réalité, vous soulignez la simplicité de la syntaxe et la brièveté des phrases, plus que l'emploi d'une ponctuation particulière.

9) Il faudrait citer la phrase complète ! De plus, indiquez les références après la citation et non avant.

10) À nouveau, vous oubliez la phrase de transition.

11) À enrichir ! Choisissez des formules plus précises, un vocabulaire plus adéquat.

12) Transition à revoir. Vous ne travaillez pas sur les buts de la fable mais sur ses destinataires*.

13) On ne voit pas d'emblée le lien entre la présence d'une morale et l'intérêt des adultes pour les fables.

n'ont pas pour seul but d'amuser, au contraire, elles donnent également une morale, c'est pour cela que nous pouvons dire que les fables sont intéressantes pour les adultes. Car, les morales abordent certains problèmes d'adultes. Ainsi, La Fontaine, dans *La Jeune veuve*, pose le problème de l'amour véritable pour son conjoint. En effet, dans cette fable, une jeune fille a perdu son mari. Dans un premier temps, la tristesse la gagne et elle n'envisage pas de se marier à nouveau (« *Un Cloître est l'époux qu'il me faut* », v. 31), mais par la suite, elle oublie son défunt mari et demande à son père de lui trouver un nouvel époux (« *Mais où est donc le jeune Mari que vous m'avez promis ?* », v. 47)[14]. L'auteur s'interroge : est-ce que cela veut dire qu'elle n'aimait pas vraiment son mari et qu'elle faisait semblant d'avoir de la peine ou est-ce qu'elle a vraiment souffert, mais pas très longtemps (« *Aux soupirs vrais ou faux celle-là s'abandonne* », v. 10) ? Le problème de la sincérité et de la durée de l'amour est un problème d'adultes. Ainsi, les fables font réfléchir sur des questions que se posent les adultes[15].

Nous pouvons également dire que les fables sont destinées aux adultes car certaines références littéraires ou culturelles sont nécessaires à une bonne compréhension. Ainsi, dans *Les Deux coqs*, La Fontaine fait un parallèle entre la guerre de Troie, qui se déroula pendant l'Antiquité, et le combat de deux coqs dans une basse-cour. Un enfant, du fait de son jeune âge, n'a peut-être pas assez de connaissances pour comprendre ces allusions. Ainsi, nous avons vu que pour lire, ou plutôt comprendre une fable, il faut un minimum de connaissances[16].

Ainsi, nous avons montré dans un premier temps que la fable était surtout destinée aux enfants et, dans un second temps, qu'elle pouvait aussi s'adresser aux adultes. Nous retrouvons cette ambiguïté dans les contes de Perrault, contes merveilleux qui font rêver les enfants, mais font réfléchir les adultes sur la sexualité[17].

14) Indiquez le passage d'un vers à l'autre par un /. Ce n'est pas un texte en prose.

15) Votre idée s'est modifiée au cours du paragraphe. Vous êtes parti des morales, et finalement vous avez réfléchi sur le thème. Ces deux aspects auraient mérité d'être développés. Pour ce qui est de la complexité des morales, vous auriez pu mettre en évidence la critique implicite des femmes dans *La Jeune veuve*. Cette critique se déduit du récit, pour qui sait réfléchir et ne se contente pas de s'identifier aux personnages, comme les enfants, et se distingue de la moralité explicite.

16) Il aurait fallu récapituler l'ensemble de la partie.

17) Il faudrait préciser à quel conte vous songez…

Sujet 55

Corpus 13, p. 330

Émile Zola, dans ses Nouveaux Contes à Ninon (1874), rêve d'« aplatir le monde d'un coup de [sa] plume ». C'est dire que, pour l'auteur, la littérature a le « pouvoir d'intervenir sur le monde et les consciences pour les transformer ».

Commentez cette affirmation en vous appuyant sur les textes du corpus, ceux étudiés en classe et vos lectures personnelles.

Analyse du sujet

Les mots clés sont :

- **aplatir le monde d'un coup de [sa] plume** – une interaction est posée entre écriture et monde. L'écrivain serait capable de changer le monde du bout de son stylo. Renvoi à la littérature engagée ;
- **littérature** – le champ d'application du sujet est vaste : vos exemples peuvent être pris dans tous les genres littéraires. Pensez donc à varier vos illustrations ;
- **pouvoir d'intervenir sur le monde et sur les consciences pour les transformer** – la littérature est dotée d'une fonction et d'une efficacité : celle de faire progresser le monde et d'éclairer les consciences humaines afin de mener l'Humanité au bonheur ; c'est donc dire que la littérature doit être engagement.

Type de sujet. Il s'agit d'apprécier la pertinence d'une thèse (commentaire d'une citation).

Reformulation de la thèse. La littérature est une arme : elle peut changer la vie.

Formulation de la problématique. La littérature a-t-elle la capacité de changer la vie ou des obstacles insurmontables la condamnent-ils à l'inefficacité et à l'inutilité ?

Type de plan. Le plan retenu est donc un plan critique.

Proposition de dissertation

Le romantisme avait fait du poète un être marginal, exclu et rejeté par une société dont les valeurs lui étaient radicalement étrangères. La vision zolienne de l'écriture est tout autre. L'auteur naturaliste, dans ses *Nouveaux Contes à Ninon* (1874), rêve d'« *aplatir le monde d'un coup de [sa] plume* ». C'est dire que, pour l'auteur, la littérature a le « *pouvoir d'intervenir sur le monde et les consciences pour les transformer* ». Ainsi, témoignant d'une foi inébranlable en une littérature engagée, l'auteur définit une mission sociale de l'écrivain auprès de l'homme : celle de faire progresser le monde, la condition humaine, et d'éclairer les

consciences humaines afin de mener l'Humanité au bonheur. Il faut donc se demander si la littérature a la capacité de changer la vie des hommes ou si des obstacles insurmontables la condamnent à l'inefficacité et à l'inutilité.

La littérature peut influer sur le monde afin de le faire progresser. Dans de nombreuses œuvres, les auteurs prennent leur plume, non pour chanter leurs sentiments ou raconter leur vie, mais pour analyser le monde dans l'espoir de le changer.

Tout d'abord, beaucoup d'auteurs disent ne pas écrire pour eux mais pour les autres, pour les hommes, pour éclairer les peuples. Ils définissent de ce fait une mission sociale de l'écrivain : celle d'éclairer les consciences, de leur faire voir les vices et défauts de la société dans laquelle ils vivent. Sorte de guide prophétique au regard plus acéré, l'artiste est une voix, un œil lucide qui doit réveiller les consciences. Ainsi, dans le drame romantique d'Alfred de Vigny intitulé *Chatterton*, le jeune héros-éponyme définit le Poète comme un « *pilote* » de navire. Sa mission ? « *Montrer* » au peuple « *la route des étoiles* » – en d'autres termes, la voie du Progrès et du Bonheur. Pourfendeur de l'obscurantisme, de l'ignorance et de l'oppression, l'écrivain, telle une lumière, éclaire les âmes pour les éveiller et les éduquer.

De plus, l'auteur ne se réfugie pas dans une tour d'ivoire à l'écart et à l'abri du monde : il s'engage et parle des problèmes et des mœurs de son temps. Perrault le fait dans « La Barbe bleue » de manière drôle, prenant partie dans la querelle des femmes en proposant des moralités antiféministes. De Voltaire à Zola, en passant par Duras, les auteurs montrent qu'actualité et littérature ne sont pas nécessairement des concepts antagonistes. Ainsi, Voltaire défendra Sirven, accusé faussement de parricide ; de même, Zola n'hésite pas à s'engager en faveur du Capitaine Dreyfus et à dénoncer l'antisémitisme latent qui gâte la société de la fin du XIXe siècle. Dans un article paru en 1898 dans *L'Aurore* et intitulé « J'accuse !... », le romancier dénonce les mensonges judiciaires et clame l'innocence du militaire. Zola, pour défendre un de ses frères, n'hésite donc pas à mettre sa carrière littéraire en danger. À une fade et consensuelle gloire, il préfère le « *pain bis* » de la Vérité et de la « *Justice* ». Dreyfus, même si Zola n'est plus là pour le voir, sera reconnu innocent. C'est dire que la littérature peut avoir le pouvoir d'intervenir sur le monde afin de le réformer et de l'améliorer. Enfin, Hugo se battra pour l'abolition de la peine de mort : il ne la verra pas de son vivant, mais en 1981, Badinter fera encore référence aux textes hugoliens pour étayer ses arguments abolitionnistes.

Les écrivains disposent de nombreux outils pour rendre leur parole efficace et persuasive. Apologue, essai, dialogue, texte théâtral... autant de formes argumentatives qui accueillent, explicitement ou implicitement, le message que l'écrivain veut faire entendre. Les nombreux genres littéraires peuvent aussi se mettre au service des idées. La Fontaine, dans ses *Fables*, recourt à la forme de l'apologue, dans laquelle la voix satirique se fait feutrée. Pour dénoncer la cour,

royaume des inégalités et des injustices, le fabuliste campe des animaux et des lieux fictionnels afin de « *parler de loin* » pour ne jamais avoir à « *se taire* ». Les lions, renards et autres loups n'attendent pourtant que la sagacité du lecteur pour manifester leur charge critique. Pour se faire entendre, les auteurs disposent donc de nombreuses formes et de multiples procédés rhétoriques pour toucher leur auditoire.

Ainsi, l'écrivain manifeste une confiance en la littérature : en s'engageant, il affirme que les mots ont le pouvoir de changer la vie et les mentalités humaines. Pourtant, des obstacles peuvent se mettre sur sa route afin de faire trébucher les mots.

La littérature peut avoir vocation à réformer les sociétés et les cœurs. Cette aspiration révolutionnaire peut cependant être entravée.

Museler les auteurs ! Il est symptomatique de voir que dès qu'un régime veut s'imposer par la force, il commence par emprisonner ou museler les littérateurs. C'est avouer que les mots peuvent ébranler un ordre social établi et inviter à la révolte. Par conséquent, la censure est un obstacle qui atténue, jusqu'à anéantir parfois, le pouvoir de la littérature. Molière entend, dans la comédie du *Tartuffe*, dénoncer l'hypocrisie des faux dévots. La Compagnie du Saint-Sacrement, bien en cour, et qui trouve dans le roi Louis XIV une oreille bienveillante, ne peut supporter l'idée que soient attaquées la dévotion et la religion. Le dramaturge verra donc sa pièce interdite durant deux années : deux années de silence pour avoir osé défier les convenances et démasquer les faux semblants moraux du XVIIe siècle finissant. Le pouvoir parvient donc bien souvent à faire plier, par la force, le pouvoir des mots. La littérature veut crier, mais son cri est étouffé.

À l'obstacle politique de la censure peut venir s'ajouter l'obstacle de la compréhension. En effet, un auteur use de formes ou de mots, dont les enjeux et le sens ne sont pas nécessairement accessibles à tous. L'ironie, si souvent usitée dans cette forme de critique indirecte qu'est l'apologue, peut être manquée. Combien de lecteurs comprendront en découvrant le chapitre III de *Candide* que Voltaire fait un éloge de la guerre, alors que son intention est à l'exact opposé ? Derrière une représentation esthétique du champ de bataille « *si beau, si leste, si brillant* », perce la raillerie du philosophe qui ne doit être manquée sous peine de lire à contresens le texte. Dans le poème « L'Échafaud », Hugo use de vers pour dénoncer l'horreur de la sentence capitale. Les distorsions syntaxiques ou les images complexes peuvent rester obscures au lecteur non-initié à la lecture de textes poétiques. On pourrait évoquer ce même danger à propos des moralités en vers de Perrault dans « La Barbe bleue ». Par conséquent, la littérature reste un art dont les subtilités peuvent échapper. L'ambition révolutionnaire des mots est dans ce cas vouée à l'échec.

Enfin, la pratique de la littérature n'est pas une évidence et sa diffusion est longtemps restée limitée et restreinte. Dans la France de l'Ancien Régime, combien d'hommes pouvaient prétendre, sinon acheter, du moins lire un livre, quand

on sait que le taux d'illettrisme dépassait les 90 % ? Combien d'hommes miséreux pouvaient préférer acheter un ouvrage littéraire plutôt qu'un quignon de pain ? Seule une petite élite financière, souvent la moins avide de changements sociaux, pouvait s'offrir le luxe de la littérature. Aujourd'hui, les choses ont changé. Certes, les livres paraissent dans des éditions de poche peu coûteuses, certes, le taux d'illettrisme en France est quasi nul, mais la pratique littéraire n'en demeure pas moins ardue et finalement limitée. De par le poids de médias télévisuels omniprésents, la culture de l'image tend à se substituer à celle du livre. Qui a lu les longs volumes du *Seigneur des anneaux* ? Qui n'a vu la trilogie cinématographique sortie récemment sur les écrans ? Qui peut se rendre au théâtre très régulièrement pour y entendre résonner les voix combattantes et militantes des dramaturges ? Le flot des mots peut donc parfois se briser contre des montagnes d'images.

Par conséquent, divers obstacles viennent atténuer la force révolutionnaire de la littérature.

Souvent, les littérateurs refusent de définir leur art comme purement « décoratif ». Conscients de la mission sociale et réformatrice qu'ils ont à accomplir, ils prennent leur plume pour crier leur révolte et proposer de meilleurs modèles sociaux. Ils se mettent au service de l'homme. Cependant, le chemin du cri peut être semé d'embûches : censure, diffusion restreinte, incompréhension, sont autant d'écueils qui peuvent limiter, voire tuer, le pouvoir des mots. Mais, à l'image de Sartre qui préconise à la fin des *Mots* de prendre sa plume « *pour une épée* », l'écrivain est celui qui ne renonce jamais : réformer le cœur des hommes reste son sacerdoce.

Chapitre 5

VERS UN ESPACE CULTUREL EUROPÉEN : RENAISSANCE ET HUMANISME

Sujet 56

Corpus 17, p. 341

La poésie renaissante est-elle seulement dédiée à l'expression de sentiments personnels ? Pour répondre à cette question, vous appuierez votre réflexion sur les textes du corpus, vos lectures personnelles et les textes ou œuvres étudiés en cours d'année.

Analyse du sujet

Analysons les mots clés suivants :

• **poésie renaissante** – le sujet restreint le champ d'application des exemples. Vous ne devez vous appuyer que sur des textes poétiques du XVIe siècle, français ou européen.

• **seulement dédiée** – la poésie peut être dédiée à autre chose que le lyrisme : expression d'idées, d'opinions personnelles, portée didactique et morale, pur jeu esthétique...

• **expression de sentiments personnels** – la fonction principale de la poésie serait d'être lyrique, consacrée à chanter l'intériorité et l'intimité du poète.

Type de sujet. La question revient à commenter une citation / apprécier la pertinence d'une thèse.

Reformulation de la thèse. La poésie renaissante est essentiellement lyrique.

Formulation de la problématique. La poésie renaissante peut-elle se résumer à une poésie lyrique ? Le poète ne fait-il que s'épancher dans ses vers, ou peut-il transmettre un autre message à son lecteur ? La visée de l'écriture n'est-elle plus simplement la quête du Beau ?

Type de plan. Le plan sera donc un plan critique.

Plan détaillé

C'est à la Renaissance que se constitue un corpus étoffé de poèmes lyriques chantant l'amour à travers le nom d'une femme : Cassandre ou Hélène seront ainsi rendues célèbres par Ronsard. Mais la poésie renaissante est-elle seulement dédiée à l'expression de sentiments personnels ? En somme, peut-elle se résumer à une poésie lyrique ? Le poète ne fait-il que s'épancher dans ses vers, ou peut-il transmettre un autre message à son lecteur ? Nous verrons dans une première partie que la poésie est l'expression de sentiments personnels, puis nous essaierons de montrer qu'elle ne se limite pas à cette fonction, pour enfin établir que le Beau reste le cœur de la recherche et du but poétiques.

1) Certes, la poésie renaissante est l'expression de sentiments personnels

L'expression de l'intimité

La poésie fournit un cadre à l'épanchement. La régularité formelle de nombreuses formes poétiques donne un point de départ à l'expression, parfois (souvent ?) difficile, de sentiments intimes. Ex. : Les poètes de la Pléiade choisissent d'écrire en alexandrins et optent pour la forme fixe et codifiée du sonnet.
La poésie fixe un sentiment éphémère. Le sentiment éphémère, passager, trouve dans la poésie lyrique l'éternité et la stabilité. Ex. : Hélène et sa jeune beauté seront immortalisées par Ronsard ; Du Bellay, en s'identifiant à Ulysse, chante le désespoir du déracinement dans *Les Regrets*.

La transmission d'une émotion

La sympathie. Le lecteur, envoûté par la musicalité de l'écriture poétique, est amené à partager les sentiments du poète. Ex. : Allitérations en [d] et [t] dans le premier quatrain du sonnet « Las où est maintenant… ».
L'universalité. Le lecteur peut s'identifier aux peintures de la douleur (amoureuse, poétique) dans la poésie renaissante. L'expérience unique vécue par le poète est ainsi prise en charge par d'autres et devient universelle. Ex. : Recours à la mythologie (Ulysse, Cassandre, Hélène…), qui permet aux poètes de rendre la parole lyrique intime universelle.

2) Mais elle peut aussi avoir d'autres fonctions

Inviter à une action politique

De nombreux poèmes appellent au pacifisme : dénonciation de la guerre civile dans *Les Tragiques* de d'Aubigné.

Donner un enseignement moral

Certains poèmes ont pour vocation de diffuser un enseignement moral. Ex. :

Blâme de la figure de Catherine de Médicis dans *Les Tragiques*. D'Aubigné fait voir le cœur noir de la Reine.

La poésie peut être un jeu esthétique

On peut concevoir une poésie qui ne cherche à diffuser aucun message, mais qui trouve sa raison d'être dans sa beauté formelle et musicale. Ex. : Le sonnet de Louise Labbé (« je vis, je meurs ») fondé sur l'antithèse ; idem pour de nombreux sonnets des *Amours* de Ronsard.

3) Le seul critère définitoire de la poésie reste la quête du Beau

Une exigence revendiquée

Plus que des règles pour les brider, les poètes souhaitent de la liberté pour toujours pousser plus loin leur quête, leur recherche du beau. Harmonie phonique du sonnet XII des *Amours* de Ronsard.

Métamorphoser le réel

La tâche du poète est donc de métamorphoser le réel pour le transfigurer. Le poète doit ainsi enchanter les réalités les plus prosaïques. Ex. de d'Aubigné qui use de l'Allégorie dans *Les Tragiques* pour dénoncer le Vice qui règne à la Cour de France.

Ainsi, le poète chante souvent ses sentiments personnels. Mais la poésie peut aussi trouver sa raison d'être dans un engagement politique, moral ou esthétique. La force d'un poème réside d'ailleurs sans doute dans l'union de ces différentes vocations.

Sujet 57

Corpus 18, p. 344

En quoi la réflexion sur l'éducation est-elle caractéristique de l'humanisme ?

Analyse du sujet

Les mots clés sont :

- **« éducation »** – les humanistes s'intéressent tout particulièrement à la formation des enfants de dix à quinze ans, bien que certains, comme Érasme, s'intéressent à la petite enfance ;
- **« humanisme »** - il faut ici connaître les grands principes de l'humanisme, pour étudier leur rapport avec les théories sur l'éducation que vous pouvez déduire de votre lecture des textes du corpus.

Type de sujet. Il s'agit d'une question qui dissimule une affirmation (type 2).

Formulation de la problématique. Quels rapports la réflexion sur l'éducation entretient-elle avec l'humanisme et avec le siècle de la Renaissance ?

Type de plan. À question simple, plan thématique

Proposition de dissertation

L'éducation est au cœur des préoccupations des humanistes : mieux éduquer les enfants, c'est en effet former des hommes meilleurs, qui seront susceptibles de réformer les gouvernements et par là-même le monde. Ainsi, durant tout le XVIe siècle, se multiplient des traités d'éducation, parmi lesquels on peut citer *Le Prince* de Machiavel ou encore *Le Courtisan* de Castiglione qui eut un immense succès en France. En quoi la réflexion sur l'éducation est-elle caractéristique de l'humanisme ? Quels rapports la réflexion sur l'éducation entretient-elle avec l'humanisme et avec le siècle de la Renaissance ? Nous étudierons dans un premier temps les caractéristiques du programme d'éducation des humanistes, puis, dans un deuxième temps, nous montrerons qu'il reflète la modernité de l'humanisme. Enfin, dans un troisième temps, nous nous interrogerons sur les relations entre l'éducation humaniste et le XVIe siècle.

De Rabelais à Montaigne, les humanistes du début à la fin de la Renaissance partagent un certain nombre de convictions quant à l'éducation.

Les circonstances politiques et les inventions techniques font des humanistes de fervents défenseurs de la lecture. En effet, la chute de Constantinople, prise par les Turcs en 1453, met fin à l'empire romain d'Orient et fait fuir vers Rome des savants chargés d'ouvrages antiques dont on avait perdu la trace en Occident et que l'on ne connaissait plus qu'à travers des traductions plus ou moins fautives. Parallèlement, l'invention de l'imprimerie par Gutenberg à la fin

du XVe siècle facilite l'accès des humanistes aux livres. L'éducation humaniste accorde donc une grande place à la lecture. Ainsi, on fait des lectures variées au personnage de Rabelais, Gargantua, tout au long de la journée : dès son lever «*lui était lue quelque pagine de la divine Écriture*», au début du repas «*était lue quelque histoire plaisante des anciennes prouesses* ». Pourtant, il ne faut pas que l'élève ne connaisse le monde que par la lecture. Le savoir livresque à ses limites. Première limite, il peut lasser : chez les sophistes, Gargantua passait «*quelque méchante demi-heure, les yeux assis dessus son livre ; mais (comme dit le comique) son âme était en la cuisine*». Deuxième limite, plus importante, il ne permet pas de bien connaître le monde. Il faut donc se livrer à des expériences variées pour étudier convenablement. Montaigne accorde ainsi une grande importance dans l'éducation au voyage, sources de rencontres inattendues et de découvertes surprenantes.

De plus, les humanistes, dans la lignée de Castiglione, proposent d'éduquer le corps et l'esprit. Ainsi, l'hygiène fait partie de l'éducation que reçoit Gargantua qui est «*habillé, peigné, testonné, accoutré et parfumé*». De plus, les humanistes octroient une place non négligeable au sport dans leur programme éducatif. Les pensionnaires de l'abbaye de Thélème, sorte d'utopie rabelaisienne, sont formés à toutes sortes de sports pratiqués par la noblesse («*Jamais ne furent vus chevaliers tant preux, tant galants, tant dextres à pied et à cheval, plus verts, mieux remuant, mieux maniant tous bâtons que là étaient*»). De même, Montaigne propose à son élève de pratiquer «*la course, la lutte, [...] la chasse, le maniement des chevaux et des armes*». Dans la mesure où la philosophie est «*formatrice des jugements*», elle se pratique au cours de n'importe quelle activité. Il n'y a donc pas lieu de séparer activités intellectuelles et activités physiques. Cette alliance entre la formation du corps et de l'esprit est telle que Ronsard, dans son *Institution pour l'adolescence du roi très-chrétien Charles IXe de ce nom*, propose que les futurs rois s'illustrent non seulement par des exploits guerriers mais aussi par leur pratique des arts :

Les Princes bien nés n'estiment leur vertu
Procéder ni de sang ni de glaive pointu,
Ni de harnais ferrés qui les peuples étonnent
Mais par les beaux métiers que les muses nous donnent.

Ainsi, les humanistes envisagent une éducation qui allie expérience pratique et savoir livresque, formation du corps et de l'esprit. Cette éducation reflète ce qui fait la modernité de l'humanisme au XVIe siècle.

Ce programme d'éducation permet de voir ce qui fait la modernité de l'humanisme.

Tout d'abord, on constate que l'éducation ainsi envisagée n'est possible que grâce aux dernières innovations techniques. Les humanistes bénéficient tout particulièrement des innovations techniques qui rendent le livre accessible à un nombre plus important de lecteurs. Mais, l'emploi du temps précis que Rabelais

envisage pour Gargantua paraît rendre hommage à une autre innovation technique : l'invention de l'horloge. Ainsi, les humanistes sont des hommes de progrès, qui ont à cœur de créer de nouveaux outils de connaissance et de les utiliser.

L'éducation humaniste reflète également une autre caractéristique de la pensée humaniste : la soif de savoir. La Renaissance se distingue du Moyen Âge par un appétit gigantesque de savoirs, et de savoirs variés. On se refuse à distinguer les lettres et les sciences dans un désir de mieux connaître et comprendre le monde. Ainsi Gargantua lit et commente les Saintes Écritures, étudie le ciel et les astres, pratique divers sports et s'intéresse à l'arithmétique. Si Rabelais met en scène des géants, qui ne cessent de manger et de boire avec un enthousiasme comique, c'est que la curiosité qui caractérise la première partie du XVIe siècle est démesurée. Rabelais n'est d'ailleurs pas seulement romancier mais également médecin ; de même, Érasme, qui a composé des ouvrages sur l'éducation des enfants (*De civilitate morum pueritium*), est écrivain et grammairien.

Enfin, et surtout, le programme d'éducation humaniste reflète une nouvelle hiérarchie des valeurs. C'est désormais l'homme qui est au centre des préoccupations. Les auteurs et les penseurs européens du début du XVIe siècle manifestent une confiance extrême en l'homme et en sa capacité à progresser. Si l'éducation ne laisse pas de côté l'éducation religieuse, pas plus que la Renaissance ne laisse de côté les questions religieuses, on observe toutefois un décentrement qui accorde une place centrale à l'homme. L'humaniste italien Pic de la Mirandole exprime clairement cette nouvelle hiérarchie des valeurs. Dans son *Discours sur la dignité de l'homme*, Dieu prend la parole pour s'adresser à l'homme : « *Je t'ai placé au centre de l'univers, afin que tu regardes avec d'autant plus d'aisance à l'entour de toi tout ce qui est au monde.* »

Ainsi, l'éducation, telle qu'elle est conçue par les humanistes, reflète ce qui fait la modernité de ce mouvement culturel de la Renaissance. Elle reflète également l'époque dans laquelle elle émerge.

Enfin, la réflexion sur l'éducation, parce qu'elle reflète les convictions profondes des humanistes, s'inscrit dans son siècle.

À travers les principes d'éducation, on observe une évolution entre des écrivains comme Rabelais, qui exprime un enthousiasme caractéristique du début de l'humanisme, et des écrivains comme Montaigne, qui écrivent à l'autre extrémité du siècle, dans une période dont la violence pousse au scepticisme. Ainsi, on remarque que Montaigne adresse son programme d'éducation à Diane de Foix, Comtesse de Gurson : il s'agit donc d'éduquer un particulier et non un roi. L'éducation n'a plus l'ambition de changer le monde en façonnant de bons gouvernants, elle s'inscrit dans un cadre intime. De plus, Montaigne ne souhaite pas que l'enfant engrange de nombreuses connaissances. Plus que le savoir, central dans le programme d'éducation de Rabelais, c'est le jugement qui importe à Montaigne, l'esprit critique, la philosophie en somme (« *car la philosophie, qui,*

comme formatrice des jugements et des mœurs, sera sa principale leçon, a ce privilège de se mêler partout »). Cela suppose que le maître se montre attentif à son élève, qu'il en étudie la nature et le caractère.

Enfin, il convient de noter que la réflexion sur l'éducation des humanistes, si moderne et innovante soit-elle, a des failles et des limites. Elle reflète en effet une société bien différente de la société contemporaine. Ainsi, les humanistes, quand ils envisagent l'éducation des filles – ce que ne fait pas Montaigne par exemple –, n'envisagent pas qu'elles puissent recevoir la même éducation que les garçons. À l'abbaye de Thélème, tandis que les hommes montent à cheval et manient les armes, les jeunes femmes se livrent à des travaux d'aiguille (« *Jamais ne furent vues dames tant propres, tant mignonnes, moins fâcheuses, plus doctes à la main, à l'aiguille, à tout acte muliébre honnête et libère que là étaient* »). De même, l'éducation reste réservée à une élite, aux hommes bien nés, aux hommes assez riches aussi pour s'offrir une éducation particulière. Si l'on veut échapper à « *l'humeur mélancolique d'un furieux maître d'école* », il faut être assez aisé pour bénéficier des services d'un précepteur.

Ainsi, la réflexion sur l'éducation des humanistes reflète l'époque dans laquelle elle s'inscrit, une période en pleine mutation.

Le programme d'éducation humaniste envisage la formation du corps et la formation de l'esprit, grâce à un va-et-vient entre les livres et l'expérience. Une telle conception de l'enseignement s'inscrit parfaitement dans le mouvement humaniste dans ce qu'il a de plus moderne, mais reflète aussi l'époque à laquelle elle appartient. En ce sens, elle réjouit et déçoit à la fois et fait attendre d'autres réflexions comme celles des Lumières par exemple.

Chapitre 6

LES RÉÉCRITURES DU XVIIe SIÈCLE À NOS JOURS

Sujet 58

Corpus 20, p. 350

Réécrire, est-ce imiter ou innover ? Vous répondrez à cette question en vous appuyant sur des arguments précis, illustrés par des exemples.

Analyse du sujet

Analysons les mots clés suivants :

• **imiter** et **innover** – les verbes imiter et innover sont deux verbes au sémantisme antagoniste. Si la réécriture est « imitation », cela implique qu'elle s'inspire d'une œuvre pour lui rester fidèle. La fidélité au texte-source peut se traduire par une reprise de la matrice de l'intrigue, des personnages, du cadre spatio-temporel, du registre*. Si la réécriture est « innovation », c'est plus l'écart par rapport au modèle qui est recherché. Innover, ce serait donc modifier le texte original en ajoutant des personnages, en changeant le registre* ou le genre par exemple. Cependant, cet antagonisme entre « imitation » et « innovation » doit être dépassé ; toute réécriture doit en effet être définie comme une imitation créatrice si elle ne veut pas être plagiat de l'œuvre originelle.

Type du sujet. Le sujet comporte deux thèses.

Reformulation des thèses. Thèse 1 : réécrire, c'est rester fidèle au texte-source. Thèse 2 : réécrire, c'est se détacher du texte-source.

Formulation de la problématique. La réécriture est-elle une pratique qui oblige l'écrivain à rester fidèle au texte-source ou est-elle un exercice d'invention ?

Type de plan. Le plan retenu sera donc un plan critique.

Plan détaillé

Aujourd'hui, l'originalité en littérature est un gage de qualité. Un bon auteur, un bon livre se juge à sa faculté à surprendre le lecteur. L'impression de jamais vu fait bien souvent le succès d'un ouvrage. Cependant, il n'en a pas toujours été ainsi. À la Renaissance, les poètes de La Pléiade affirment qu'il faut imiter

les textes antiques afin de rendre hommage à leurs auteurs, mais aussi afin d'essayer de les surpasser. Dès lors, l'écriture se fait réécriture. Ces réécritures posent le problème de leur statut : en effet, réécrire, est-ce imiter ou innover ? Est-ce donc rester fidèle au texte-source ou, au contraire, se détacher du texte-source ? Tout d'abord, nous verrons que la réécriture est une pratique qui oblige l'écrivain à rester fidèle au texte-source puis qu'elle est aussi un exercice d'invention pour enfin montrer que toute réécriture est nécessairement créative.

1) Réécrire, c'est imiter

Reprise des matrices narratives

L'auteur conserve le cadre spatio-temporel du texte originel. Ex. : Racine fait se dérouler l'intrigue de sa tragédie *Iphigénie* dans le Péloponnèse comme dans le mythe antique mis en scène par Euripide.
L'auteur conserve les histoires originelles. Ex. : Viau reprend la matrice narrative de *Roméo et Juliette* dans *Pyrame et Thisbé.*

Reprise des personnages

L'auteur conserve les traits de caractère dominant des héros. Ex. : Racine, dans *Phèdre*, rappelle l'opposition farouche d'Hippolyte à l'amour.
L'auteur conserve les principaux personnages du texte originel. Ex. : Jarry, dans *Ubu Roi*, fait revivre le couple Macbeth/Lady Macbeth à travers le couple Père Ubu/mère Ubu.

Reprise des formes littéraires

L'auteur ne change pas le genre littéraire du modèle. Ex. : Molière puise le sujet de sa pièce *Dom Juan* dans une comédie espagnole de Tirso de Molina.
L'auteur conserve les grandes caractéristiques stylistiques du modèle. Ex. : Ronsard, dans *Les Amours*, utilise abondamment l'antithèse* entre amour et souffrance qu'il a trouvée dans les sonnets* de Pétrarque.

2) Mais réécrire, c'est surtout innover

Moderniser

L'auteur change l'époque. Les auteurs sont ainsi amenés à actualiser leurs textes pour intéresser le public. Ex. : Anouilh, dans *Électre*, fait de l'héroïne éponyme un défenseur de la cause féministe.
L'auteur change les personnages. Ex. : Racine, dans *Phèdre*, invente le personnage d'Aricie.

Parodier*

L'auteur dégrade le texte originel pour montrer qu'il n'adhère pas à ses principes esthétiques. Ex. : Duvert et Lausanne se moquent du drame *Hernani* de

Hugo en écrivant une pièce parodique *Harnali ou la contrainte par le cor*.
L'auteur parodie* un texte pour lui rendre hommage. Ex. : Cocteau dégrade le mythe d'Orphée en faisant d'Eurydice et d'Orphée des êtres médiocres pour montrer combien l'époque moderne ne permet plus de vivre de grandes passions amoureuses.

Plaire

L'auteur cherche à se conformer aux goûts du public et n'entend donc pas le choquer. Ex. : Pradon, dans *Phèdre et Hippolyte*, ne présente pas Phèdre comme l'épouse de Thésée mais comme sa fiancée pour atténuer, selon la loi de la bienséance, le caractère scandaleux de l'amour incestueux de Phèdre.
L'auteur change le texte originel pour rendre le texte vraisemblable. Ex. : Racine modifie le dénouement* d'*Iphigénie* en inventant le personnage d'Ériphile afin qu'une intervention miraculeuse des dieux soit évitée.

3) Réécrire, c'est imiter de façon créative

Contextualiser

Le texte-source doit être un modèle qu'il faut faire entrer en résonance avec les problèmes de son époque. Ex. : Giraudoux, dans *La Guerre de Troie n'aura pas lieu*, évoque la montée des périls en Europe.
Le texte-source doit être modernisé pour que l'identification soit possible. Ex. : l'Orphée de Cocteau est un violoniste des rues, marginal et rebelle.

Chercher un style propre

L'auteur peut changer le genre littéraire du texte. Ex. : Zola, dans son roman *La Curée*, réécrit le personnage de la Phèdre de Racine à travers Renée.
L'auteur va user d'un lexique et de structures de phrases de son époque. Ex. : l'Orphée de Cocteau ne fait plus allusion sans relâche aux dieux de la mythologie.

Dépasser l'original

– L'auteur doit éviter le plagiat. Ex. : Régine Desforges a été accusée d'avoir plagié, dans *La Bicyclette bleue*, le roman *Autant en emporte le vent* de Margaret Mitchell.
– Avoir un modèle stimule l'auteur et le pousse à se surpasser. Ex. : Virgile, quand il réécrit le motif de la descente aux Enfers qu'il emprunte à Homère, produit un texte bien plus long que celui du poète grec.
Il serait donc réducteur de faire des réécritures une plate imitation servile des textes-sources. Plus qu'une imitation, les réécritures sont donc des créations à part entière, qui poussent l'écrivain à s'approprier le modèle afin de le transfigurer. C'est alors moins le sujet qui les intéresse que l'exercice de virtuosité littéraire. Réécrire, c'est pouvoir se confronter aux Pères.

COPIE COMMENTÉE

Sujet 59

Corpus 21, p. 354

Quel intérêt le lecteur peut-il trouver à lire une réécriture ? Vous répondrez à cette question en vous appuyant sur des arguments précis, illustrés par des exemples.

Aube 11,5/16
Des propos bien argumentés et bien illustrés dans l'ensemble. Votre devoir est simplement mais rigoureusement construit. Cependant, il faut revoir le ton du propos : vous êtes bien souvent péremptoire. Nuancez vos affirmations afin de ne pas donner l'impression de vous contredire.

Ce qu'attend un lecteur d'une œuvre littéraire ? Créativité, originalité, surprise. Ainsi, quand on apprend qu'on doit lire une réécriture pour l'école ou pour un autre cadre, on peut être déçu[1] : quel intérêt le lecteur peut-il en effet trouver à lire une réécriture ?[2] Aucun, serait-on tenté de répondre puisque le lecteur a déjà son idée sur l'histoire, les personnages, la fin du livre…[3] Je vais tout de même essayer de voir les avantages qu'il peut y avoir à lire une réécriture[4]. Par conséquent, dans un premier temps, je verrai pourquoi lire une réécriture ne présente pas à première vue d'intérêt pour ensuite voir en quoi cela peut quand même être bien[5].

À première vue[6], lire une réécriture peut paraître totalement dénué d'intérêt[7].

En effet, comment susciter l'intérêt d'un lecteur qui connaît déjà l'histoire qu'il va lire ? Le romancier prend de gros risques à se lancer dans réécriture plutôt que de créer une œuvre originale[8]. Ce risque, c'est celui de lasser le lecteur et de déclencher[9] chez lui très vite de l'ennui. Nul suspense dans une réécriture : on sait qui va faire quoi, où et quand[10]. Quand il ouvre la pièce de Jarry, *Ubu roi*[11], le lecteur est dérouté de voir que l'intrigue qui se met en place dès la scène d'exposition* est similaire à celle que

1) Bonne entrée en matière, dynamique et accrocheuse.
2) Bien pour la citation du sujet.
3) L'introduction ne doit pas être le lieu d'une réponse à la question. Certains codes rhétoriques doivent être respectés.
4) Soyez plus fin politique, nuancez vos propos.

5) Plan pertinent mais la formulation est trop familière.
6) Familier. Préférez « De prime abord ».
7) Bonne introduction partielle mais formulation trop catégorique.

8) Niveau de langue ! Soignez votre écriture !
9) Familier. Préférez « provoquer ».
10) Vous généralisez un peu vite. Certaines réécritures se détachent du modèle.
11) Dites plutôt : « quand il se rend à une représentation de *Ubu roi* ».

Shakespeare avait déjà imaginée dans *Macbeth*. Il reconnaît en Père Ubu et Mère Ubu un couple maléfique, avide de pouvoir et qui n'est pas effrayé par le meurtre. Quand Mère Ubu s'écrie « *Qui t'empêche de massacrer toute la famille et de te mettre à leur place ?* », le spectateur croit voir revenir le spectre d'une Lady Macbeth qui houspillait son époux pour qu'il s'empare du trône de Duncan (« *Était-elle donc ivre,/L'espérance dans laquelle vous vous drapiez ?/A-t-elle dormi depuis lors ?* »)[12]. Quel intérêt peut-il alors trouver à écouter la suite du spectacle ? C'est tout le plaisir de la découverte, du suspense que lui vole l'auteur. L'impression de déjà vu ne peut que se muer en profond ennui[13].

De plus, l'auteur prive le lecteur de l'évasion qu'il vient chercher dans la lecture ou le spectacle. En effet, quand on ouvre un livre, c'est souvent pour se délasser, pour fuir son quotidien pesant et oppressant[14]. Quand il tombe sur une réécriture[15], le lecteur n'est pas dépaysé : il est au contraire confronté à ses lacunes, à son ignorance, à ses manques intellectuels et culturels. Plutôt que de le reposer, la lecture va donc l'agacer et le faire se sentir inférieur[16]. *La Curée* de Zola fournit un bon exemple pour prouver que lire une réécriture peut énerver. Au chapitre V de son deuxième volume des *Rougon-Macquart*, Maxime et Renée se rendent au Théâtre-Italien. Ils y assistent à une représentation d'une pièce de Racine, *Phèdre*. Si un lecteur ne connaît pas la pièce du dramaturge, il ne pourra comprendre toute l'étendue de la page[17]. Quand Maxime affirme : « *C'est moi, [...], qui avais raison de ne pas m'approcher de la mer, à Trouville* », un lecteur, qui ne connaît pas *Phèdre*, ne peut comprendre que Maxime fait référence à la mort d'Hippolyte causé par un monstre marin et par conséquent, l'allusion lui demeure obscure et cryptée[18]. C'est donc moins du délassement que peut procurer une réécriture que de l'agacement.

Enfin, je pense qu'un auteur qui choisit la

12) Bon traitement de l'exemple.

13) À nuancer.

14) C'est en effet une possibilité parmi d'autres.

15) Niveau de langue !

16) Formulation lourde.

17) Bon exemple.

18) Bon traitement de l'exemple.

forme de la réécriture choisit la facilité[19]. Il n'a pas à créer d'histoire, il n'a qu'à en copier une chez un auteur qui a déjà publié une œuvre. Son travail serait un travail d'écriture, de rédaction, mais pas de création, d'inventivité. Il se contentera de changer quelques mots, quelques faits, pour donner l'impression d'être original[20]. Fred Vargas, dans son dernier roman intitulé *Sous les vents de Neptune*, recourt à cette facilité. Au début de son livre, elle dépeint un juge énigmatique. Quand ce dernier passe, un « *murmure [...] se propage [...] d'un bout à l'autre de la place en même temps que les conversations s'arrêt[ent]* » ; le juge exerce « de la fascination » sur une foule qui avait peur. Enfin, les vieux du village disent qu'il avait « *la beauté du diable* ». Pour qui a lu *Rêve d'enfer* de Flaubert, l'effet de réécriture apparaît clairement : dans le texte du romancier du XIXe siècle, les mêmes réactions de « *peur* » sont notées et le héros du texte est un être à la beauté « *remarquable* », un être mi-ange, mi-démon[21]. Ainsi, en choisissant de réécrire un texte antérieur, le romancier prend une voie qui me paraît trop facile[22] : celle de l'imitation.

Cependant, lire une réécriture peut s'avérer tout de même intéressant et bénéfique[23].

Tout d'abord, quand on lit une réécriture d'un texte antérieur, on est souvent flatté et on se sent intelligent quand on reconnaît le statut de réécriture du texte[24]. Ainsi, quand un spectateur se rend à une représentation de *Pyrame et Thisbé* de Viau, il peut voir en Pyrame et en Thisbé de nouveaux Roméo et Juliette. Tout comme les deux héros de Shakespeare, les deux héros de Viau voient leurs amours contrariées : leur famille s'oppose à leur mariage ; résolus à s'aimer malgré tout, les héros s'enfuient mais trouvent la mort[25]. Ainsi, au cours de la représentation théâtrale, le spectateur peut éprouver l'étendue de sa culture et se sentir satisfait. L'art a flatté son orgueil !

De plus, lire une réécriture permet au lecteur de faire une lecture active d'un texte[26]. En effet,

19) Argument recevable.

20) Nuancez vos propos. Dans ce cas-là, on est très près du plagiat, qui n'est pas une vraie réécriture.

21) Exemple traité de façon précise. C'est bien.

22) Évitez les jugements de valeur.

23) Bonne annonce de seconde partie.

24) Argument pertinent.

25) Bon exemple.

26) Bien.

dès qu'il a reconnu que le texte qu'il venait d'ouvrir était une réécriture, le lecteur se prend au jeu des ressemblances et des différences[27]. Il va commenter intérieurement toutes les similitudes ou les écarts qu'il va déceler entre le modèle et sa réécriture. Ainsi, quand il voit représenter la scène d'exposition* de *Ubu roi*, il se remémorera que Lady Macbeth et Macbeth parlent de bien plus noble manière. Nul juron (« *De par ma chandelle verte* ») ou mots grossiers (« *Merdre, fiole* ») chez les Macbeth[28], mais un lexique soutenu et travaillé (« *drapiez, ripaille, alambic* »). De même, le lecteur, qui connaît l'histoire qui doit se dérouler, peut anticiper sur l'intrigue à venir. En voyant jouer *Pyrame et Thisbé* de Viau, il essaie d'imaginer comment le dramaturge va mettre en scène la mort des deux amants. Mourront-ils comme Roméo et Juliette ? Auront-ils une mort différente ?[29] Dans la réécriture, nulle passivité donc de la part du lecteur, mais une lecture active et constructive[30].

Enfin, le fait d'ouvrir une réécriture[31] peut faciliter la lecture d'un texte. Puisque le lecteur connaît déjà l'histoire de base, il n'aura pas de difficultés de compréhension[32]. Cela peut aider quand on lit des pièces du XVIIe siècle par exemple. Prenons *Phèdre* de Racine. Pour qui ne connaît pas la mythologie, la pièce est plus qu'obscure : Phèdre est appelée « *fille de Minos et de Pasiphaé* », Hippolyte est le « *fils de l'Amazone* »[33]. S'il a lu le mythe antique, le lecteur pourra comprendre ces allusions car il connaîtra la généalogie des héros de la tragédie racinienne. Il n'aura pas besoin de se reporter à un dictionnaire de mythologie puisqu'il aura les connaissances nécessaires pour comprendre les allusions culturelles[34]. Ainsi, connaître l'œuvre originale est une aide à la lecture.

Je dois revenir sur mon jugement[35] : il est en réalité possible de trouver des avantages à lire une réécriture. Mais je préfère tout de même lire un texte original pour juger des qualités d'originalité et d'invention de l'auteur[36].

27) Idée intéressante.

28) Niveau de langue trop familier.

29) De nouveau, l'exemple est traité de façon précise.

30) Bien.

31) Mal formulé.

32) Soit.

33) Bonnes références.

34) Cet argument est moins fort que les deux précédents. Il aurait été plus judicieux d'ouvrir votre seconde partie avec afin de ménager une progression réflexive.

35) Bannissez l'usage du « je » dans votre dissertation.

36) La conclusion doit récapituler de façon plus précise les différentes étapes du cheminement.

Sujet 60

Corpus 19, p. 347

Les mythes sont-ils toujours d'actualité ? Vous appuierez votre réflexion sur des arguments précis, illustrés par des exemples.

Analyse du sujet

Les mots clés sont :

- **les mythes** – histoire archétypale qui a marqué l'inconscient collectif ;
- **toujours** – le sujet dit implicitement que les mythes ont eu une actualité au moment de leur conception, la question de la pérennité et de l'universalité du mythe est posée ;
- **actualité** – le mythe intéresse-t-il encore ?

Type de sujet. Répondre à une question qui dissimule une affirmation (type 3).

Reformulation de la thèse. Les mythes ont du sens et de l'intérêt pour un lecteur du XXIe siècle.

Formulation de la problématique. Le mythe est-il une forme littéraire démodée ou est-il éternel ?

Type de plan. Le plan retenu est donc un plan critique.

Proposition de dissertation

Œdipe, Phèdre, Antigone, ou encore Agamemnon... Autant de noms qu'un lecteur associe à des mythes antiques, fondateurs de la culture occidentale. Créés pour la plupart bien des siècles avant la naissance du Christ, ils peuvent apparaître comme des écrits certes fondamentaux mais lointains. Les mythes sont-ils donc toujours d'actualité ? Ces récits antiques peuvent-ils prendre et avoir du sens et de l'intérêt pour un lecteur du XXIe siècle ? Nous verrons tout d'abord que le mythe peut apparaître comme une forme littéraire démodée, dépassée pour ensuite voir ce qui fonde son éternité.

Hérités de la lointaine Antiquité, les mythes peuvent apparaître comme des objets et des textes littéraires démodés, dont la lecture ne peut profiter qu'à titre de témoignage historique à un lecteur contemporain.

Tout d'abord, le cadre spatio-temporel du mythe est lointain et ne renvoie plus à des structures géographiques ou politiques actuelles. En effet, les grands mythes se déroulent dans des empires puissants dans l'Antiquité, mais qui, depuis, se sont effondrés. Ainsi, Sophocle campe son *Œdipe-Roi* dans la cité de Thèbes ; Thésée, dans la mythologie, règne sur Trézène et y gouverne. De plus, dans les mythes, le mode de fonctionnement politique nous est étranger. Ainsi, de

longues lignées, de grandes dynasties, comme celles d'Atrides ou des Œuménides, règnent et refusent, au fil des siècles, de céder les rennes du pouvoir. Parfois même, les mythes mettent en scène des espaces imaginaires, qui relèvent de l'irrationnel. Ainsi, dans *Les Géorgiques* de Virgile, Orphée a obtenu l'autorisation d'aller chercher son aimée, Eurydice, aux Enfers. Le voilà donc traversant les « *gorges* [...] *du Ténare* ». Plus qu'une géographie réaliste, c'est alors une géographie magique qui s'installe dans le mythe. Par conséquent, le cadre du mythe apparaît nécessairement à un lecteur contemporain comme historique, voire exotique. C'est à titre de document, de témoignage qu'il lira ces histoires antiques, afin de s'instruire sur des enjeux politiques passés. Le mythe est donc un objet documentaire, qu'on tient à distance.

De plus, les histoires relatées dans les mythes relèvent souvent de l'invraisemblable. Enfers, îles enchantées, interventions divines, le mythe n'hésite pas à recourir au merveilleux païen. Ainsi, Racine, quand il décide d'adapter l'histoire d'Iphigénie qu'il emprunte à Sophocle, se trouve confronté à ce problème de vraisemblance. Dans le mythe antique, Iphigénie, sur le point d'être sacrifiée par son père Agamemnon, le « *roi des rois* », est miraculeusement enlevée sur l'autel du sacrifice par la déesse Diane, apparue aux mortels sous les traits d'une biche. Pour un public du XVIIe siècle, un tel dénouement ne peut être accepté. Régi par la règle de la vraisemblance, le théâtre se doit de ne présenter aux spectateurs qu'un spectacle auquel il peut croire et donc communier. Racine se voit donc contraint de réécrire, sans en changer l'esprit, le dénouement de l'intrigue. Dans sa tragédie, nulle intervention surnaturelle, mais une révélation identitaire *in extremis*. Une Iphigénie malfaisante, nommée Ériphile, vit sur les rives de la Grèce et c'est en réalité elle que les Dieux veulent voir sacrifiée. Le rationnel peut donc triompher à la fin de la pièce, mais, pour ce faire, Racine a dû changer le mythe, le moderniser. Le merveilleux païen lui était apparu démodé. Nulle identification possible de la part d'un lecteur : c'est de nouveau avec un œil distancié et amusé qu'il regardera s'enchaîner des actes et des actions auxquels il ne peut donner crédit. Ce qui le séduit ici, c'est l'exotisme mythique.

Enfin, le mythe peut paraître démodé car la langue ou la forme dans laquelle les textes mythiques ont été rédigés sont datées. Les références ou allusions mythologiques ou le lexique sont parfois difficiles à décrypter. Lorsqu'il évoque la descente aux Enfers d'Orphée, Virgile fait référence au Cocyte, au Styx, au Tartare, à Bacchus, à la « *roue d'Ixion* »... Pour un lecteur moderne, non-spécialiste du monde antique, ces allusions peuvent rester cryptées. Il sera obligé de se munir d'un dictionnaire de mythologie afin d'éclairer le texte qu'il lit. De même, les pièces de théâtre antique proposent une forme inactuelle. Ainsi, dans ses tragédies, Sophocle fait apparaître le Chœur. Ce groupe d'hommes et de femmes était, dans la tragédie antique, sur scène pour commenter et juger les actions des personnages. Dans *Œdipe-Roi*, il annonce la catastrophe finale et pleure le pitoyable sort de la cité de Thèbes et de son roi Œdipe. Pour un lecteur contemporain, cette écriture du mythe peut être jugée peu efficace et contraire à l'efficacité dramatur-

gique. Par conséquent, l'écriture mythique peut devenir synonyme d'archaïsme et laisser le lecteur indifférent.

Schémas géopolitiques passés, histoires invraisemblables, forme archaïque, le mythe antique exhibe des caractéristiques peu propres, *a priori*, à susciter l'intérêt et l'engouement d'un lecteur contemporain. Cependant, force est de constater que les mythes continuent de trouver et de toucher un public.

Les mythes, malgré leur ancienneté, gardent une actualité. Ils sont encore lus, joués, étudiés par des lecteurs, auteurs ou comédiens du XXIe siècle.

Tout d'abord, force est de constater que le XXe siècle a redonné aux mythes une forte vitalité. Nombreux sont les auteurs qui ont relu les mythes antiques afin de les réécrire. À titre d'exemples, citons Cocteau qui adapte le mythe orphique au cinéma. De même, Giraudoux mettra en scène la Guerre de Troie dans une pièce de théâtre. Un tel foisonnement dit bien la vitalité des mythes et souligne, que, même dans la modernité, le mythe continue d'intéresser et de susciter la réflexion. Comment expliquer cette pérennité ?

Les mythes, s'ils présentent un ancrage référentiel, reposent sur l'abstraction. Ils mettent en effet en scène des histoires ou des situations archétypales. Ainsi, Clytemnestre incarne l'épouse et la mère bafouée, que la colère furieuse va conduire au meurtre. Face à son mari Agamemnon, qui s'avère prêt à sacrifier sa propre fille aux exigences de la guerre, le cœur de mère de Clytemnestre se révolte et chavire. De même, dans *Antigone*, c'est des liens fraternels forts dont il est question. Le mythe d'Orphée, bien que campé aux Enfers, ne parle pas moins d'un sujet universel : celui de l'amour passionné et passionnel qu'un homme peut éprouver pour une femme. Par amour, Orphée est prêt à aller chercher Eurydice jusqu'au fond des Enfers ! C'est bien ce qui fonde l'actualité du mythe : son atemporalité et sa capacité à relater des histoires qui peignent la condition humaine. Si les mythes ne se démodent pas, c'est donc parce qu'ils mettent en scène des intrigues, des sentiments et des personnages universaux.

Le lecteur peut (et doit ?) alors s'approprier le mythe. Le mythe, par son universalité, invite ainsi à la contextualisation. C'est au lecteur de mythe de le mettre en coïncidence avec une actualité qui lui est familière. Ainsi, Anouilh, dans sa pièce de théâtre *Électre*, fait de l'héroïne éponyme une ardente féministe. Dans la scène 12 de l'acte II, elle s'insurge contre son statut d'esclave domestique : « *Je lui cire ses chaussures. Pourquoi ?* », s'écrie-t-elle. Pour un spectateur contemporain, l'héroïne se mue en militante de la cause des femmes. Le mythe garde donc une actualité car il invite à une appropriation intellectuelle. Les dramaturges du XXe siècle qui ont réécrit des mythes ne se sont pas contentés de reprendre les matrices antiques ; ils les ont modernisées. Si le mythe garde une actualité, c'est parce qu'il invite à une lecture participative

Force est de constater que les mythes, malgré leur âge, passent à la postérité et gardent une actualité. Certes lointains et parfois teintés d'exotisme, ils peuvent dérouter, mais ce qui fait leur force et garantit leur pérennité est leur universalité. Ils véhiculent en effet une parole toujours moderne et actualisable.

Partie 4

LE SUJET D'INVENTION

La méthode expliquée

Il s'agit du sujet 3 du travail d'écriture de l'écrit du baccalauréat.

Extrait du B.O.

« L'écriture d'invention contribue [...] à tester l'aptitude du candidat à lire et comprendre un texte, à en saisir les enjeux, à percevoir les caractères singuliers de son écriture. »

L'écrit d'invention peut prendre plusieurs formes, liées aux objets d'étude de la classe de première :

- *« article (éditorial, article polémique, article critique – éloge ou blâme –, droit de réponse, ...) ;*
- *lettre (correspondance avec un destinataire défini dans le libellé du sujet, lettre destinée au courrier des lecteurs, lettre ouverte, lettre fictive d'un des personnages présents dans un des textes du corpus, ...) ;*
- *monologue* délibératif, dialogue (y compris dialogue théâtral) ;*
- *discours devant une assemblée ;*
- *essai* ;*
- *récit à visée argumentative sous forme de fable, apologue*... »*

B.O. n° 26 du 28 juin 2001

L'écrit d'invention, comme les autres sujets, porte donc sur les documents du corpus, puisque c'est avant tout un travail de lecture : il s'agit de repérer des idées ou des procédés d'écriture dans les textes du corpus avant de les réexploiter dans un texte de sa composition.

Chacune des formes citées dans le B.O. exige un traitement particulier, c'est ce que nous essaierons de mettre en évidence.

Il ne faut pas se lancer dans la rédaction de l'écrit d'invention sans avoir effectué un travail préparatoire au brouillon : il faut tout d'abord lire attentivement le ou les textes mis en jeu, en faire une analyse précise pour mettre à jour les procédés d'écriture à utiliser et les idées à développer, et enfin, et seulement, procéder à la rédaction.

1. Le travail préparatoire : établir « la feuille de route »

Il faut faire une analyse rigoureuse du sujet proposé afin de déterminer les contraintes à respecter. Elles sont essentiellement de trois ordres : la forme (lettre, article, discours,...), la situation d'énonciation (qui parle ? à qui ? de quoi ? quand ?), le registre*. De plus, il faut recenser les idées à développer. Ces quatre éléments constituent la feuille de route qui vous permettra d'éviter le hors-sujet.

1) La forme

Deux cas se présentent pour identifier la forme que devra prendre votre écrit d'invention.

a) La forme est explicitement indiquée dans le sujet

Exemple d'application : les scènes d'exposition, corpus 9

> Un défenseur de Beckett, favorable au renouvellement des formes théâtrales, et un partisan du théâtre classique dialoguent à l'issue d'une représentation. Ils débattent de leur conception respective du théâtre.
>
> Votre écrit doit donc prendre la forme d'un dialogue.

b) La forme n'est pas explicitement indiquée

Exemple d'application : la pluie, corpus 7

> À la manière d'Apollinaire, décrivez un élément naturel.
>
> Dans ce cas, il faut se reporter au texte du corpus (texte 3). Il s'agit d'un calligramme. Vous devez donc écrire un poème qui prendra la forme que l'élément que vous décrivez : une boule pour la neige, un pic pour la montagne.
>
> **Rappel.** Chaque forme présente des contraintes spécifiques (disposition des mots sur la page, typographie,...)

c) L'article

Un article doit commencer par un titre, centré, en majuscules, et s'achever sur le nom du journaliste, la mention du nom du journal, en italique, et la date.

d) La lettre

La présentation de la lettre varie en fonction du destinataire.
Si vous écrivez une **lettre officielle**, il faut indiquer le nom et l'adresse de l'expéditeur en haut, à gauche ; celui du destinataire, plus bas, à droite ; la date et le lieu, à droite ; l'objet de votre courrier. Votre lettre commence par une formule d'amorce (Monsieur le maire,), s'achève sur une formule de politesse (Veuillez agréer, Monsieur, l'expression de mes sentiments distingués) et une signature.
Si vous écrivez une **lettre à un ami**, il faut seulement indiquer le lieu et la date, en haut, à droite. La formule d'amorce (Chère Anne), la formule de politesse (Amicalement) et la signature demeurent.

e) Le monologue* délibératif

Le nom du locuteur s'écrit en lettres majuscules et les autres didascalies entre parenthèses. La rédaction d'une didascalie doit être elliptique : très souvent le verbe est mis à la forme en -ant (s'asseyant ; haussant le ton) ou l'on ne mentionne que l'émotion ressentie (en colère ; abattu).

f) Le dialogue

Dans le **dialogue théâtral**, il faut indiquer en lettres majuscules le nom des per-

sonnages avant chaque réplique. La règle est la même que pour le monologue* en ce qui concerne les didascalies sur les gestes et attitudes des personnages. Enfin, n'oubliez pas que l'on va à la ligne chaque fois qu'une nouvelle réplique* commence.

Dans le **dialogue romanesque**, il faut respecter une ponctuation précise. Quand le premier personnage commence à parler, vous devez ouvrir les guillemets. Ensuite, chaque réplique* est introduite par un tiret. On ne ferme les guillemets qu'à la fin du dialogue. Pensez à utiliser des verbes de parole en incise (dit-il ; cria-t-il) qui indiquent les sentiments et les réactions des personnages.

g) Le discours devant une assemblée

Votre discours doit commencer par une apostrophe à votre destinataire (Messieurs les députés,) et vous devrez vous efforcer d'interpeller ce destinataire tout au long de votre discours.

h) L'essai*

L'essai* est un texte argumentatif dans lequel un locuteur défend ses idées. L'essai* n'impose aucune contrainte typographique particulière, si ce n'est une disposition en paragraphes (un paragraphe correspond à un argument).

i) Le récit à visée argumentative sous forme de fable, d'apologue*

Si le texte à produire est un apologue*, vous devez écrire un **texte narratif allégorique à visée morale**. Votre récit fera intervenir des personnages symboliques (cela signifie que le lecteur doit faire une transposition pour bien comprendre ce que représentent les personnages. Une rose rouge symbolise l'amour). De plus, il délivrera une leçon morale (Il ne faut pas être orgueilleux).

Si le texte à produire est une fable, vous devez écrire un **apologue* en vers** (rimes, nombre fixe de syllabes, majuscule au début de chaque vers), sauf si le libellé vous demande de l'écrire en prose.

2) La situation d'énonciation

Définir la situation d'énonciation, c'est se demander : Qui parle ? À qui ? De quoi ? Quand ? Ce questionnement est très important car il a de nombreuses conséquences. En effet, selon les interlocuteurs vont varier :

- les pronoms personnels (vouvoiement ou tutoiement) ;
- le contexte historique (les préoccupations d'un adolescent dans les années 1870 ne sont pas les mêmes que celles d'un adolescent d'aujourd'hui par exemple) ;
- le niveau de langue (familier, courant ou soutenu).

Il convient donc de bien identifier le locuteur, son époque, son statut social, son caractère.

Là encore, deux cas se présentent :

a) La situation d'énonciation est explicitement présentée dans le sujet

Exemple d'application : La question de l'Homme dans les genres de l'argumentation du XVIe siècle à nos jours, corpus 9

> Un défenseur de Beckett, favorable au renouvellement des formes théâtrales, et un partisan du théâtre classique dialoguent à l'issue d'une représentation. Ils débattent de leur conception respective du théâtre.
>
> Qui parle ? À qui ? deux interlocuteurs débattent et s'interpellent mutuellement. Ils se vouvoient.
>
> De quoi ? de leur conception du théâtre (l'un défend l'innovation, l'autre le respect des traditions).
>
> Quand ? aujourd'hui.

b) La situation d'énonciation doit être définie à partir du texte de référence

Exemple d'application : Écriture poétique et quête du sens du Moyen Âge à nos jours, corpus 7

> À la manière d'Apollinaire, décrivez un élément naturel.
>
> Dans ce cas, il faut se reporter au texte du corpus (texte 3).
>
> Qui parle ? le poète (« je »).
>
> À qui ? à l'élément naturel choisi (« C'est vous aussi qu'il pleut merveilleuses rencontres de ma vie ô gouttelettes »).
>
> De quoi ? de l'élément naturel choisi.
>
> Quand ? aujourd'hui.

3) Le registre*

La définition du registre* vous permet d'identifier les procédés d'écriture que l'on attend que vous mettiez en œuvre dans votre travail.

a) Le registre* est défini dans le sujet

Exemple d'application : La question de l'Homme dans les genres de l'argumentation du XVIe siècle à nos jours, corpus 9

> Un défenseur de Beckett, favorable au renouvellement des formes théâtrales, et un partisan du théâtre classique dialoguent à l'issue d'une représentation. Ils débattent de leur conception respective du théâtre.
>
> Le registre* à employer est sous-entendu dans l'expression « débattent ». Il s'agit du registre* polémique. Vous devez dès lors connaître les procédés qu'il faut mettre en œuvre : apostrophes directes aux accusés, critiques (vocabulaire dépréciatif), exclamatives pour traduire votre indignation, questions rhétoriques... Vous pouvez compléter cette liste de procédés par le repérage des procédés employés par Madame Pernelle (texte 1).

b) Le registre* doit être défini à partir du texte de référence

Exemple d'application : Écriture poétique et quête du sens du Moyen Âge à nos jours, corpus 7

> À la manière d'Apollinaire, décrivez un élément naturel.
>
> Pour identifier le registre* à employer dans votre écrit, il faut se reporter au poème d'Apollinaire (texte 3). Il s'agit du registre* lyrique qu'on reconnaît à la présence de la première personne (« ma vie »), au vocabulaire évaluatif (« merveilleuse », « regret »), à l'apostrophe emphatique (« ô gouttelettes »). À votre tour, vous devez utiliser ces procédés, ainsi que ceux repérés dans les autres textes du corpus, eux aussi lyriques.

4) Trouver les idées

Il existe trois sources pour trouver des idées à développer dans votre écrit d'invention.

a) Les connaissances personnelles

Vous pouvez exploiter ce que vous avez appris en histoire, ce que vous avez lu dans la presse, entendu dans les journaux télévisés, les films ou documentaires que vous avez vus au cinéma, …

b) Les textes du corpus

Le sujet d'invention est choisi en fonction du corpus. Par conséquent, vous devez mener un examen méthodique du corpus, de manière à recenser des idées à développer.

c) Les textes étudiés pendant l'année scolaire

Le sujet d'invention peut recouper des thèmes ou des textes étudiés en classe. N'hésitez pas dans ce cas à réinvestir vos connaissances.

Exemple d'application : La question de l'Homme dans les genres de l'argumentation du XVIe siècle à nos jours, corpus 9

> Un défenseur de Beckett, favorable au renouvellement des formes théâtrales, et un partisan du théâtre classique dialoguent à l'issue d'une représentation. Ils débattent de leur conception respective du théâtre.

Textes	Arguments en faveur du renouvellement des formes théâtrales	Arguments en faveur du respect des traditions
Molière *Tartuffe*		Beauté de l'alexandrin* Précision des informations données au spectateur (liens familiaux, intrigue à venir) Procédés traditionnels du comique (parole interrompue, insultes, gestes vifs et menaçants)
Musset *Les Caprices de Marianne*	Dynamisme scénique créé par l'entrée et la sortie des personnages au sein d'une même scène	Traditionnel trio amoureux (femme, mari, amant)

Textes	Arguments en faveur du renouvellement des formes théâtrales	Arguments en faveur du respect des traditions
Beckett *Fin de partie*	Surprendre le spectateur par le décor (poubelles), par le silence (gestes), par les premiers mots (« Fini, c'est fini »). Surprendre le lecteur par la longueur de la didascalie initiale Réalisme par la langue orale (prose) et par le refus d'idéaliser les personnages (Teint très rouge)	

On pourra donc développer les arguments suivants :

- pour le défenseur de Beckett, le théâtre doit se renouveler pour surprendre, pour se rapprocher du réel, pour être plus dynamique ;
- pour le défenseur du théâtre classique, le théâtre doit respecter les traditions pour la beauté de la langue, la saveur des intrigues, l'efficacité du propos.

Pour ne pas vous disperser et oublier des éléments, vous pouvez présenter cette feuille de route sous la forme d'un tableau.

Tableau type

Forme	
Situation d'énonciation	
Registre*	
Idées à développer	

Exemple d'application : La question de l'Homme dans les genres de l'argumentation du XVIe siècle à nos jours, corpus 9

> Un défenseur de Beckett, favorable au renouvellement des formes théâtrales, et un partisan du théâtre classique dialoguent à l'issue d'une représentation. Ils débattent de leur conception respective du théâtre.

Forme	Dialogue théâtral ou romanesque
Situation d'énonciation	Qui parle ? À qui ? deux interlocuteurs débattent et s'interpellent mutuellement. Ils se vouvoient. De quoi ? de leur conception du théâtre (l'un défend l'innovation, l'autre le respect des traditions) Quand ? aujourd'hui
Registre*	Polémique. Vous devez dès lors connaître les procédés qu'il faut mettre en œuvre : apostrophes directes aux accusés, critiques (vocabulaire dépréciatif), exclamatives pour traduire votre indignation, questions rhétoriques, ...
Idées à développer	Pour le défenseur de Beckett, le théâtre doit se renouveler pour surprendre, pour se rapprocher du réel, pour être plus dynamique. Pour le défenseur du théâtre classique, le théâtre doit respecter les traditions pour la beauté de la langue, la saveur des intrigues, l'efficacité du propos.

2. Rédiger l'écrit d'invention

1) Organiser les idées

L'organisation des idées est différente selon la forme de votre écrit.

a) Pour un article

Un article se compose de deux parties : une première partie, assez brève, expose les faits d'actualité et une seconde les sentiments de l'auteur.

b) Pour une lettre, un monologue*, un discours ou un essai*

Il faut classer les arguments du moins important, du moins original, du moins convaincant au plus important, au plus personnel, au plus convaincant. Il s'agit de laisser une forte impression sur le destinataire.

c) Pour un dialogue

Il faut **équilibrer les argumentations**. Il ne faut pas que l'un des deux personnages argumente et que l'autre se contente de contrer les arguments de ce dernier. Il faut donc recenser des arguments de part et d'autre. Ce travail peut se faire sous forme de tableau au brouillon.
Il faut ensuite **enchaîner les arguments** en évitant de passer du coq à l'âne. Le raisonnement par concession est le plus efficace. Ex. : « Certes tu as raison d'un certain côté, mais si l'on considère les choses sous un autre angle, ta thèse ne tient pas… »
Pour **enchaîner les répliques**, vous pouvez répéter un terme de la réplique* précédente pour montrer que les interlocuteurs s'écoutent ou achever une réplique* par des points de suspension pour montrer qu'un personnage coupe la parole à un autre.

d) Pour un récit

Vous devez **respecter la construction** d'un récit : vous devez donc définir une situation initiale, une péripétie, et une situation finale. N'oubliez pas d'utiliser des connecteurs temporels pour marquer clairement la progression du récit.

Exemple d'application : La question de l'Homme dans les genres de l'argumentation du XVIe siècle à nos jours, corpus 9

> Un défenseur de Beckett, favorable au renouvellement des formes théâtrales, et un partisan du théâtre classique dialoguent à l'issue d'une représentation. Ils débattent de leur conception respective du théâtre.
>
> Les arguments à développer sont les suivants :
>
> • pour le défenseur de Beckett (A), le théâtre doit se renouveler pour surprendre, pour se rapprocher du réel, pour être plus dynamique ;
>
> • pour le défenseur du théâtre classique (B), le théâtre doit respecter les traditions pour la beauté de la langue, la saveur des intrigues, l'efficacité du propos.

(B) Argument 1. Le théâtre doit respecter les traditions pour la beauté de la langue.

(A) Contre-argument 1. Certes la langue traditionnelle est belle, mais elle est artificielle ; le théâtre doit se renouveler pour se rapprocher du réel.

(B) Argument 2. Le théâtre doit respecter les traditions pour l'efficacité du propos.

(A) Contre-argument 2. Certes, les personnages donnent de nombreuses informations, mais les scènes restent statiques ; le théâtre doit se renouveler pour être plus dynamique.

(B) Argument 3. Le théâtre doit respecter les traditions pour la saveur des intrigues.

(A) Contre-argument 3. Certes les intrigues amoureuses sont savoureuses, mais banales ; le théâtre doit se renouveler pour surprendre

2) La rédaction définitive

Le sujet d'invention est un **exercice d'imagination**. Il ne se présente pas sous la forme d'une introduction avec explication du sujet, d'un développement et d'une conclusion.
Même si le sujet d'invention ne doit pas comporter une introduction formelle détachée du développement, il faut néanmoins toujours introduire le thème à traiter. De même, il faut toujours clore la réflexion. Essayez de trouver une formule efficace qui frappe le destinataire. Reportez-vous aux conseils de rédaction proposés p. 11.

Exemple d'application : La question de l'Homme dans les genres de l'argumentation du XVIe siècle à nos jours, corpus 9

Un défenseur de Beckett, favorable au renouvellement des formes théâtrales, et un partisan du théâtre classique dialoguent à l'issue d'une représentation. Ils débattent de leur conception respective du théâtre.

À l'issue d'une représentation de *Fin de partie* de Beckett, au théâtre de la Colline, un débat animé s'engage, entre deux spectateurs, Marc et François. Leur conception du théâtre diverge profondément :

« Comme je regrette la beauté des vers du théâtre classique !, s'exclame François. Ces élégants alexandrins* qui savaient si bien nous séduire et nous charmer ! Comme il était facile de les mémoriser ! « *Dans un mois, dans un an, comment souffrirons-nous / Seigneur, que tant de mers me séparent de vous ?* » Ces alexandrins* – si raciniens – instaurent un rythme lancinant qui souligne le désespoir de la reine Bérénice, qui ne peut épouser, Titus, son bien-aimé. Je vous donne un exemple de tragédie, mais il en est de même dans la comédie. Dans la scène d'exposition* du *Tarfuffe*, le grand Molière fait dire à Madame Pernelle de sa petite fille, Marianne : « *Mais il n'est, comme on dit, pire eau que l'eau qui dort/ Et vous menez sous chape, un*

train que je hais fort». Notez toute l'ironie de ce «*comme on dit*» : personne dans la vie courante ne saurait s'exprimer avec autant d'à propos et forger si facilement une rime.

– Certes la langue classique a son charme, je ne peux vous contredire sur ce point, reconnaît Marc, beau joueur. Mais ce charme de l'alexandrin* est synonyme de rigidité, de rigueur et de monotonie. À cette langue artificielle, et parfois difficile à comprendre, je préfère la souplesse et la simplicité, d'une langue théâtrale naturelle. Beckett l'avait parfaitement compris ! Voyez la représentation à laquelle nous venons d'assister : nulle emphase rhétorique dans ce «*C'est fini*» qui ouvre la pièce ! Le spectateur peut s'identifier à des personnages qui parlent comme lui et se reconnaître dans leurs propos. D'autant qu'il peut ressentir ce désespoir existentiel qui étreint Clov, personnage au physique si commun.

– Mais comment pouvez-vous prétendre vous identifier à un personnage dont vous ne savez rien si ce n'est qu'il a le teint très rouge ! Pour intéresser le spectateur, les dialogues doivent lui apporter des informations précises, qui construisent l'intrigue et la psychologie des personnages. Dès les premières répliques des *Caprices de Marianne*, le spectateur devine en Cœlio un amoureux timide et effarouché, qui n'ose pas aborder sa belle, et en Marianne une femme hautaine et pieuse, qui se réfugie dans son missel. Il suspecte que leurs amours seront impossibles et s'apitoie déjà sur le sort de l'amant éconduit.

– Il est vrai qu'en quelques répliques, les grands traits de l'intrigue sont esquissés, mais quelle lourdeur didactique !, réplique Marc, échauffé. Prenez la scène d'exposition* du *Tartuffe* : Molière peine à s'y renouveler. Par un comique de répétition peu digeste, il stigmatise un à un les membres de la famille de Madame Pernelle. L'une est «*forte en gueule*», l'autre «*sot*», la troisième «*dépensière*»... J'arrête là mon énumération sous peine de vous lasser ! Vive le dynamisme ! À mort le statisme ! J'admire l'art de Hugo, qui, dans la scène d'exposition* de *Hernani*, multiplie les déplacements scéniques : le roi frappe à la porte du cabinet de Doña Sol, la duègne se précipite pour lui ouvrir, et le roi finit caché dans une armoire ! Que de remue-ménage sous les yeux d'un spectateur, conquis par tant d'énergie !

– Nous voilà enfin d'accord, concéda François, avec un sourire malicieux. Cette armoire, c'est l'armoire des amants, des savoureuses intrigues amoureuses qui hantent de façon récurrente les comédies traditionnelles. J'apprécie au théâtre ces intrigues cocasses. Molière, toujours lui !, dans *L'École des femmes*, cache Horace dans la chambre de l'innocente Agnès, qui dissimule son amant aux yeux de son barbon, le vieil Arnolphe. Il me plaît d'essayer de deviner comment les protagonistes vont se sortir d'une situation inextricable. C'est là toute la virtuosité du dramaturge qui renouvelle, dans la tradition !

– Fi de la tradition ! C'est de l'originalité que nous voulons ! Beckett sait à la fois surprendre le lecteur et le spectateur. Le lecteur est dérouté par la longueur de la didascalie qui ouvre *Fin de partie*. Pour ce qui est du spectateur, rappelez-vous votre surprise de tout à l'heure : ce décor de poubelles, ce silence de mort, ces premiers mots paradoxaux ! Tout cela vous a déstabilisé, mais ne vous a pas laissé indifférent. Le théâtre innovant doit nous faire oublier nos certitudes et nos préjugés, pour nous plonger dans un univers déroutant. Du nouveau, du nouveau, encore du nouveau ! », conclut Marc.

Finalement, les deux hommes se séparèrent, chacun campant sur sa position.

Chapitre 1

LE PERSONNAGE DU ROMAN DU XVIIe SIÈCLE À NOS JOURS

Sujet 61

Corpus 2, p. 299

Vous êtes un courtisan du temps de Henri II, mais vous portez sur cette cour un jugement négatif. Rédigez les réflexions que vous inspirent ce spectacle que vous jugez hypocrite.

Analyse du sujet

Pour analyser précisément le sujet, nous allons établir les questions à se poser. La première étape consiste bien sûr à relire le texte de Madame de La Fayette sur lequel vous devez travailler (« courtisan au temps de Henri II »).

Forme. Votre écrit doit relever de la forme romanesque. Il est un monologue intérieur.

Situation d'énonciation :

• **Qui parle ?** Votre texte doit être rédigé à la première personne (« je ») car vous devez vous mettre dans la peau d'un courtisan.

• **À qui ?** Vos réflexions intérieures n'ont pas de destinataire explicite, sinon vous-même. On peut donc éventuellement envisager un dédoublement, c'est-à-dire que le courtisan s'adresserait à lui-même (« tu »).

• **De quoi ?** De l'hypocrisie qui règne à la cour. Les réflexions devront donc être négatives et viser à dénoncer un univers qui repose sur des apparences.

• **Quand ?** Le texte de Madame de La Fayette a été écrit en 1678 mais peint la cour au temps de Henri II. Vous ne devez donc pas faire d'anachronismes ! Vous êtes un homme de la Renaissance. Pensez donc à user d'un langage soutenu (on peut envisager l'usage de quelques tournures très recherchées qui feraient un peu archaïques ; par exemple, l'usage du subjonctif passé). C'est là une des difficultés majeures du sujet.

Registre. Le registre devra être polémique, car le courtisan élabore une vision négative de la cour de France et de ses us et coutumes. Il pourra s'en prendre directement à certains de ses membres, en les interpellant fictivement de manière assez véhémente (vocabulaire négatif, tutoiement méprisant). On

s'attend aussi à trouver une ponctuation expressive qui reflétera la colère et l'emportement du courtisan. L'écriture à la première personne, imposé par le sujet, permettra enfin le recours à des modalisateurs (verbes, adverbes) qui marqueront la prise de position franche et directe.
Idées. À vous de trouver les reproches qui pourraient être adressés à la cour de France. L'énoncé vous guide, car on vous demande d'insister sur l'« hypocrisie » de la cour. Un conseil : relisez attentivement le texte de Madame de La Fayette ; rien ne vous empêche d'y puiser des idées que vous pourrez remodeler et réécrire.

Plan détaillé

Premier paragraphe. On pourrait imaginer dans ce premier paragraphe une mise en situation, qui motiverait les réflexions intérieures du courtisan. Notre courtisan vient de subir un affront à la cour : il a prononcé une parole qui a déplu à Madame de Valentinois, la maîtresse du roi, parole que, secrètement, tout le monde approuve mais que tout le monde s'est empressé de décrier et de réprouver pour ne pas froisser la susceptibilité de la favorite et pour se garantir les faveurs du roi.
Deuxième paragraphe. La cour est le lieu de calculs et de machinations politiques. Tout le monde y agit par simple intérêt. L'enjeu est sans cesse de plaire, ou plutôt de ne jamais déplaire ; par conséquent, les gens n'y sont jamais naturels et leur seul mode de parole est la flatterie.
Troisième paragraphe. Le monde de la cour n'est donc pas un monde poli et civil comme on pourrait le croire mais de sombres haines la rongent. De petits clans existent et chacun se plaît à dénigrer l'autre. Derrière les sourires et les révérences, tout le monde cherche à briller et à ternir l'éclat du rival. Pour donner un caractère concret au propos, on pourra envisager ici que le courtisan s'adresse à Catherine de Médicis qui fait bonne figure devant son mari qui affiche son amour adultérin à la cour et l'interpelle pour lui montrer sa fausseté et son hypocrisie.
Quatrième paragraphe. Ce triomphe des apparences et de bonnes manières fait de la cour un monde de la superficialité. Rien n'y compte plus que les tenues, les attitudes polies, l'aptitude à danser, mais les courtisans ne sont jamais jugés sur leur qualités spirituelles ou morales. Ce n'est pas la vertu mais la mode qui triomphe donc à la cour.
Cinquième paragraphe. Pour justifier l'achèvement du monologue intérieur, on peut imaginer que le courtisan décide de se retirer définitivement de ce monde hypocrite pour préférer une retraite dans laquelle il pourra se consacrer à la fréquentation de véritables amis et à la méditation.

Sujet 62

Corpus 4, p. 303

Transposez le texte de Céline en le transformant en un texte de niveau soutenu et donc plus conventionnel.

Analyse du sujet

Pour analyser précisément le sujet, nous allons établir la marche à suivre. La première étape consiste bien sûr à relire le texte de Céline sur lequel vous allez travailler.

Forme. votre écrit est un extrait de roman, composé de deux paragraphes, comme celui de Céline.

Situation d'énonciation :

• **Qui parle ?** Le texte de Céline est écrit à la première personne (« J'y étais cependant pour rien, moi »). Votre écrit doit respecter cette contrainte.

• **À qui ?** Le texte de Céline ne présente pas de destinataire explicite. C'est une autre contrainte à respecter.

• **De quoi ?** La vie du narrateur, dans les rues de Rancy.

• **Quand ?** Le texte a été écrit en 1932 et se déroule dans l'immédiat après-guerre. Méfiez-vous des néologismes. La langue soutenue que vous allez employer doit faire entendre l'époque au même titre que la langue argotique de Céline. C'est là une des difficultés du sujet.

Registre. Il convient d'identifier précisément les registres à l'œuvre dans le texte de Céline de manière à les respecter dans l'exercice de réécriture. On trouve deux registres dans cet extrait :

• **Le registre réaliste** : cet extrait de *Voyage au bout de la nuit* donne à voir la misère de Rancy, ville de banlieue qui n'est séparée de Paris que par un cimetière. Les indices du réalisme sont nombreux : références au réel (« en haut du pont Caulaincourt »), attention aux détails (« il y a des fleurs quand même »), emploi du discours direct qui fait entendre la voix des personnages (« On dirait que ça va encore plus mal, que je me disais »).

• **Le registre lyrique** : pourtant, cet extrait traduit aussi les sentiments du personnage, inquiet de la santé de Bébert et malheureux de son impuissance. Le texte a donc également des accents lyriques. De ce fait, certains éléments de la description deviennent symboliques : pour le narrateur, le lieu de l'apaisement et de l'intimité est rendu inaccessible, par l'ampleur du cimetière, donc l'obstacle de la mort et des malades, mais aussi par la côte du boulevard de la Révolte, nouvelle image de la mort et de la montée au ciel. Les hyperboles, parfois soulignées par des exclamatives, sont très nombreuses pour souligner l'omniprésence de la mort (« C'est si loin ! », « tellement il faut marcher de temps et des pas autour du cimetière », « il monte avec toutes ses lampes »

Idées :

• **La syntaxe** : dans cet exercice de transposition, il faut tout d'abord identifier les fautes de syntaxe et les corriger. On remarque, parmi les fautes les plus remarquables, l'absence de négation (« J'y étais cependant pour rien », « ça va encore plus mal ») et l'absence de sujet (« Faut faire tout le tour », « Y a qu'à suivre, à gauche »). Mais corriger les fautes ne suffit pas : il faut améliorer la syntaxe des phrases correctes mais trop simples pour figurer dans un texte soutenu. Ainsi, Céline recourt souvent à la parataxe (« J'avais fait mon possible. Rien à me reprocher ») : il faut remplacer ces phrases courtes et juxtaposées par des phrases complexes, organisées par des connecteurs logiques.

• **Le vocabulaire** : cet extrait ne comporte pas de termes argotiques, mais le vocabulaire est trop simple pour figurer dans un texte dont le niveau de langue est soutenu. Il faut employer des mots ou des expressions plus recherchées. Évitez également les répétitions (« Il en sortait encore quelques-uns des visiteurs, de la maison, mais ils n'avaient pas le même air qu'hier, les visiteurs ») et les contractions orales (« ça »).

• **Les images** : enfin, pour rendre la dimension lyrique de l'extrait, il faut employer des images. La recherche des métaphores ou des comparaisons convient parfaitement à un niveau de langue soutenu.

Plan détaillé

Premier paragraphe : Rancy du haut du pont Caulaincourt. Il faut créer des images qui traduisent le caractère infranchissable du cimetière qui sépare Paris de la banlieue.

Deuxième paragraphe : Ma rue, à Rancy. La première partie du paragraphe est lyrique (cela peut être rendu par des images et par la ponctuation expressive), la seconde est plus réaliste (il faut exposer clairement les inquiétudes du narrateur dans des phrases complexes).

Sujet 63

Corpus 1, p. 296

Deux écrivains dialoguent. L'un soutient que la littérature doit poétiser le monde ; l'autre que la littérature doit au contraire reproduire fidèlement le monde.

Constance 11/16
Des arguments souvent convaincants mais des défauts dans la structure du dialogue qui passe du coq à l'âne et qui choisit l'opposition plutôt que la concession. Ne négligez pas les informations données par le sujet quant à la situation d'énonciation. Vous pourriez davantage exploiter les textes du corpus afin de développer des exemples plus précis.

JESSY[1] : Tu as tort[2]. Le romancier doit nous permettre de saisir le réel[3]. En reproduisant le monde tel qu'il est, en le décrivant le plus précisément possible, il nous informe. Prends *L'Assommoir* de Zola par exemple. Le romancier nous y fait un tableau très réaliste de la vie des ouvriers de la fin du XIXe siècle : il nous donne à voir leur précarité et leurs difficultés financières. Pour ma part, j'ai essayé, dans mon roman NY911[4], de décrire très précisément la panique qui régnait dans le monde occidental après les attentats du onze septembre à New York. J'espère que ce roman sera un document pour les générations futures. Pour l'écrire, j'ai pas mal voyagé : j'ai été en Angleterre et j'ai habité chez une famille pakistanaise pendant quelques semaines, j'ai pris le métro à Paris dans différents quartiers, j'ai fait plusieurs allers-retours aux États-Unis et j'ai observé le monde qui m'entourait.

HECTOR : Il est vrai que tu as écrit un roman passionnant mais pour moi, il s'agit plus d'un documentaire que d'une fiction. Tu parles toi-même de « document » ![5] Le roman, en tant que fiction ne doit pas reproduire le monde mais le métamorphoser. L'écriture romanesque n'est pas là pour dire le monde tel qu'il est mais pour le montrer tel qu'il devrait être ! Oui, je sais, ce

1) Il est vrai que l'intitulé du sujet ne le précisait pas explicitement, mais, compte tenu de l'objet d'étude, on attendait plutôt un dialogue romanesque. De plus, on s'étonne qu'un écrivain qui s'exprime en français ait un prénom anglo-saxon.
2) Maladroit : l'affrontement ferme le dialogue. Préférez la concession à l'opposition.
3) Attention ! Le personnage se place en position de lecteur alors que le sujet fait de chaque interlocuteur un écrivain.
4) Bonne idée. Cela donne du corps à votre personnage. Mais n'oubliez pas de souligner les titres !
5) Oui. Il faut toujours répondre à l'interlocuteur avant d'avancer ses propres arguments.

n'est pas de moi, mais j'aime cette formule ! Tu faisais référence à *L'Assommoir*, et bien[6], laisse moi te dire deux choses. D'une part, l'image que Zola nous donne du monde est trompeuse. Le Paris de son époque est plus artisan qu'ouvrier et parmi les artisans, certains réussissaient très bien ! D'autre part, je confesse que je me suis ennuyé en lisant ce roman. Je préfère, et de loin ![6], *La Curée* ! Rappelle-toi ce passage où Saccard, attablé à Montmartre, admire un Paris qui sera bientôt ravagé par les travaux haussmanniens. Cette page est sublime par sa poéticité[7].

JESSY : Le romancier qui reproduit fidèlement le monde nous aide non seulement à mieux le comprendre mais aussi à mieux nous comprendre[8]. La lecture du *Père Goriot*, roman de Balzac que tu as sans aucun doute lu toi aussi, m'a appris que nous sommes marqués par notre environnement. Le romancier décrit très longuement la pension Vauquer pour nous faire comprendre comment les personnages vont ensuite réagir : ils sont aussi sales que l'est la table de la salle à manger ! Depuis, je me demande quelle est ma part de liberté et quelle est ma part de prédestination[9]. De même, en lisant *Une Vie* de Guy de Maupassant[10], je me suis demandée comment j'aurais réagi si l'on m'avait mariée de force : aurais-je eu la faiblesse de Jeanne ou aurais-je cherché à m'émanciper ? En lisant des romans[11] qui regardent le monde avec une loupe, j'apprends à mieux me connaître.

HECTOR : Je ne suis pas d'accord avec toi[12] : les romans trop réalistes nous interdisent de nous poser des questions sur nous mêmes. Quand je lis *Une Vie*, je ne me sens pas concerné : je suis un homme, je ne vis pas au XIXe siècle... Que m'importent les problèmes de Jeanne ? Ils sont trop précis pour me toucher. En revanche, la lecture d'un poème comme *Aube* d'Arthur Rimbaud me bouleverse. Qui est celle que le poète a « embrassé » ? C'est en me posant cette question que je sonde mes sentiments... Et puis, ce poème ne m'apprend pas seulement à me connaître

6) Évitez ces formulations quelque peu familières.

7) Puisque vous avez le texte sous les yeux, il aurait été bienvenu de développer l'exemple. En quoi réside la poéticité de ce texte ? Un jugement de valeur qui n'est pas justifié risque de n'être pas très convaincant !

8) L'argument se tient, mais il y a une rupture de continuité avec l'argumentation qui précède. Votre dialogue est un dialogue de sourds !

9) Terme impropre.

10) L'énumération d'exemples, si pertinents soient-ils, ne remplace pas l'argumentation ! De plus, il est maladroit de s'en tenir au roman. Un exemple théâtral par exemple aurait été bienvenu.

11) À nouveau, vous oubliez que ce sont deux écrivains qui dialoguent.

12) Pour que le dialogue progresse, il faut apprécier les arguments de l'adversaire avant de les rejeter. C'est le seul moyen d'établir une logique et une cohérence dans le dialogue.

13) Il faudrait en donner un exemple !

14) Attention ! Ne vous en tenez pas à des impressions ou des jugements personnels. La qualité de votre travail tient à votre capacité à argumenter.

15) L'image est éclairante.

pour reprendre ton expression : il me fait rêver. Les personnifications se succèdent[13] et transfigurent le paysage !

JESSY : Pour ma part, je ne comprends rien à ces poèmes ! J'apprécie Verlaine et son art de rendre compte d'un paysage dans toutes ses nuances, mais Rimbaud et tous les poètes qui lui ont succédé me laissent froide[14] !

HECTOR : Laisse-moi te dire que tu ne comprends rien à la littérature ! La littérature, c'est de l'art ! Quand j'écris, je ne cherche pas à exprimer mes idées ou mes sentiments mais à créer une langue. C'est comme si je peignais un tableau abstrait, dont la force résiderait dans l'agencement des couleurs et des formes, dans le jeu des couleurs, et non dans la ressemblance avec le monde extérieur[15]. La littérature est un art à la fois musical et visuel. L'association des mots, de leur sens et de leur sonorité, suggère quelque chose de beaucoup plus beau que le monde réel ! Il n'y aurait aucun intérêt à lire si c'était pour retrouver tout ce qui nous ennuie dans le monde dans lequel nous vivons.

Sujet 64

Corpus 3, p. 301

À l'image de la Princesse de Clèves, vous êtes un héros de roman qui soupçonne une trahison amoureuse. Rédigez dans un monologue intérieur vos pensées tourmentées.

Qu'est-ce donc que cette montre ? je ne me souviens pas la lui avoir offerte... Jamais je n'aurais pensé que Benjamin était capable d'entrer seul dans un magasin pour faire un tel achat. Ce qui le passionne, ce sont les jeux vidéo, les jeux de rôle, comment aurait-il pu avoir l'idée d'acquérir une nouvelle montre ? Deviendrait-il coquet ? Ai-je été si aveugle ? Je vis avec cet homme depuis des années et je n'aurais pas su percevoir en lui ce désir de plaire et de soigner son apparence. Quel manque de lucidité ! quel aveuglement ! tu ne mérites pas le nom de femme, tu ne connais même pas l'homme de ta vie, tu ne sais pas l'écouter et changer avec lui. Quelle épouse indigne, quelle égoïste ! Vraiment, je ne suis pas à la hauteur... Il faut que je l'appelle tout de suite pour m'expliquer, lui parler, lui dire que je regrette...Tiens, il ne répond pas. Pourtant, à cette heure-ci, il répond toujours. Il ne m'a pas parlé de réunion prévue aujourd'hui ou de déplacement en province. Bizarre... Non, décidément, je n'ai que la voix mécanique et froide de sa messagerie.

Mais cesse de t'aveugler toi-même ! comment peux-tu être aussi naïve ? Bien sûr, tu as une rivale, bien sûr il a trouvé une femme plus digne d'être aimée. Comment en douter à présent ? Cette montre, c'est un cadeau, c'est certain, c'est même évident. À l'instant même, il est en train de la serrer dans ses bras, de lui souffler des mots doux au creux de l'oreille. Pire, peut-être l'a-t-il emmenée à l'hôtel, peut-être goûtent-ils ensemble au plaisir de l'adultère. Je l'imagine, confus d'avoir oublié ce matin sa belle montre chez lui, rougissant quand elle lui dit « je t'aime », paradant quand elle lui demande de lui raconter encore une histoire drôle. Oui, ce matin, à bien y réfléchir, il était très beau dans son costume noir à fines rayures ; il portait même la cravate que je préfère : la rose, celle en soie, un cadeau du début de notre relation... Pourquoi n'ai-je fait aucune remarque ? pourquoi ne pas lui avoir dit combien je le trouvais séduisant ? Pourquoi m'être contentée bêtement de lui dire « À tout à l'heure, ne rentre pas trop tard » ? Quelle platitude : après dix ans de vie commune, c'est tout ce que ma voix peut encore porter : des banalités routinières et triviales. Elles doivent rire les amoureuses célèbres : Ariane et son Solal, Mme de Clèves et son duc de Nemours, Phèdre et son bel Hippolyte. Elles au moins savaient aimer, dire leur amour ou le suggérer par des gestes d'une infinie finesse. Mais moi, je suis une femme grossière, une femme sans esprit, une femme sans raffinement. Comment ai-je pu croire qu'il m'aimerait toujours ?

Et elle ? qu'elle doit être belle... plus jeune que moi bien sûr, plus svelte, plus cultivée, plus ouverte. Bien sûr, curieuse de tout, avide d'apprendre d'un homme mûr, libre surtout. Pas d'enfant, pas de mari, pas de contraintes, pas d'intérieur à entretenir. Cette absence de pesanteur matérielle doit plaire à Benjamin, lui qui me répète qu'il aimerait que la vie ne soit faite que de plaisir et de liberté. Blonde bien sûr. Il a toujours aimé les blondes... moi, ce n'est pas pareil, il paraît que mes cheveux roux sont piquants et différents. Maigre consolation : ils ne m'auront guère servi, ils n'ont pas su le retenir. Que se disent-ils à cet instant ? que font-ils ? que projettent-ils ? Benjamin veut me quitter : il est sur le point de me l'annoncer. Ce soir, c'est le grand soir : « Chérie, il faut qu'on parle. Voilà, cela fait dix ans que nous vivons ensemble et je crois que notre couple s'essouffle. Nous n'avons plus de projet commun, nous ne trouvons plus de sujets de conversation, nous nous disputons à présent pour de misérables choses. Je crois que cela doit cesser. Tu as toujours dit que tu ne supportais pas la médiocrité et la routine. Eh bien, je crois que nous sommes tombés dans ces bassesses. Écoute-moi sans m'interrompre s'il te plaît. À mon avis, il serait plus judicieux de nous séparer : nous n'avons pas d'enfant, pas de projet d'avenir. Reprenons chacun notre liberté, reprenons une vie nouvelle. Nous sommes encore jeunes, je ne voudrais pas que tu aies des regrets et que tu penses que tu as gâché ta vie et ta jeunesse pour un médiocre. C'est décidé, je pars dès demain, Paul va m'héberger dans un premier temps, puis je prendrai un appartement en ville. N'essaie pas de me dissuader, ma décision est prise ». Comment pourrai-je supporter cela ? Comment tolérer autant de lâcheté ? Je ne veux pas que tu aies le sentiment d'avoir gâché ta vie... c'est un comble : je ne demande rien, moi ! Ou plutôt si : je veux que tout continue, que tout se déroule comme avant. Je changerai, je te le jure ! Je ferai un effort pour me rendre plus disponible, je ferai un effort pour m'intéresser à tes jeux de rôle, je ne râlerai plus quand il faudra aller chez tes parents. C'est promis, c'est juré !

Tu pleures ? Pauvre et pitoyable Adeline... Comment peux-tu être aussi injuste avec toi-même ? Ce n'est pas toi qui es en tort, ce n'est pas toi qui trompe Benjamin, ce n'est pas toi qui bafoue le serment de fidélité que vous vous êtes fait ! Cesse donc, tout de suite et ressaisis-toi... Oui, me ressaisir. Je dois y parvenir, je dois être digne. C'est vrai : ce n'est pas moi qui ai commis une faute, je ne dois pas être l'accusée mais l'accusatrice. « Accusé Benjamin, levez-vous ! vous allez devoir répondre d'un acte odieux, d'un acte de la plus haute gravité, d'un acte de haute trahison ! Comment avez-vous pu bafouer votre femme à ce point ? Comment avez-vous pu l'humilier si ouvertement ? Répondez accusé, répondez haut et fort s'il vous reste un peu d'honneur et de dignité ». Oui, je dois être l'accusatrice, oui je dois rester digne. Repense à Mme de Clèves : que fait-elle quand elle croit que Nemours a une maîtresse et qu'il l'a trahie ? Elle ne pleure pas, elle ne se lamente pas, elle ne geint pas. Non, digne et sage, elle se résout au malheur et en un trait décide de se guérir d'un homme qui est indigne d'elle. Sois une nouvelle Madame de Clèves ; aie la grandeur de ne pas t'abaisser, de ne pas t'humi-

lier, de ne pas supplier. Tu feindras l'indifférence, tu diras que tu ne peux supporter l'idée de vivre avec un être volage et faux, que tu te fais une bien plus haute idée de l'Amour. L'indignité et la bassesse ne sont pas pour toi. Trouve la force de t'en tenir à ces résolutions magnanimes...

Restez forte, ne pas céder... Mais si je me souviens bien, Mme de Clèves ne parvient pas à tenir les promesses qu'elle s'est faites à elle-même. N'est-elle pas contrainte d'avouer à son mari son amour adultère ? N'échoue-t-elle pas à tuer la passion qui enflamme son cœur ? Oui, c'est cela, elle échoue. Je dois chasser de mon esprit cet être de papier à la grandeur factice ! Pourquoi me contraindre à une telle épreuve ? Je ne suis pas une héroïne, moi ! Je ne veux pas être une femme malheureuse et tourmentée. Chassons de mon esprit ces pensées et ces images dévorantes. Benjamin, ne répond pas, Benjamin a une nouvelle montre, Benjamin est devenu coquet. Soit, gageons que tout cela est logique et explicable, qu'il cherche à me plaire et à me séduire à nouveau.

Reprenons le combiné, cette fois, il va répondre...

Chapitre 2

ÉCRITURE POÉTIQUE ET QUÊTE DU SENS DU MOYEN ÂGE À NOS JOURS

Sujet 65

Corpus 7, p. 309

Imaginez le monologue intérieur de la femme à qui s'adresse le poète, Pierre Reverdy (texte 2).

Analyse du sujet

Pour analyser précisément le sujet, nous allons établir la marche à suivre.

Forme. Votre texte doit prendre la forme d'un monologue*, romanesque (avec des guillemets, et éventuellement une proposition en incise pour indiquer qui parle) ou théâtral (didascalie avec le nom du personnage qui parle en majuscules, sans guillemets).

Situation d'énonciation :
- qui parle ? – « je », femme ;
- à qui ? – à elle-même ;
- quand ? – en 1918, au lendemain de la Grande Guerre ;
- de quoi ? – de quelque chose qui est susceptible de lui faire verser quelques larmes.

Registre*. Selon le thème que vous avez choisi, votre texte penchera davantage vers le lyrisme (il s'agit alors de faire partager un sentiment au lecteur, la nostalgie par exemple, en utilisant la première personne, le vocabulaire des sentiments, une ponctuation expressive) ou vers le pathétique (il s'agit d'émouvoir le lecteur, de le faire compatir au sort du personnage, grâce à l'emploi de la première personne, aux champs lexicaux de la douleur et de la mort, à une ponctuation expressive).

Idées. La femme qui est mise en scène de façon très elliptique dans ce poème est surtout caractérisée par le fait qu'elle regarde par la fenêtre. On peut y voir le symbole d'une distance entre ce qu'elle regarde, ce à quoi elle pense, et la pièce dans laquelle elle se trouve, sa situation actuelle. Son discours peut donc

être nostalgique, elle regrette un âge d'or révolu (évoqué par le « *Midi* » final, mis en évidence par la brièveté du vers). La pluie et les larmes, qui se confondent dans le poème, soulignent le fait que les pensées de la femme sont tristes.

Plan détaillé

Premier paragraphe. Il est consacré à la description de ce que la femme voit : elle observe la ville mouillée par la pluie, le reflet du soleil sur les gouttes d'eau, les nuages et la couleur du ciel.

Deuxième paragraphe. Insensiblement, elle en vient à évoquer le passé, l'avant-guerre, avec le registre* lyrique.

Troisième paragraphe. Elle en vient à exprimer ses regrets, fait le bilan de tout ce qu'elle a perdu, avec le registre* pathétique.

Quatrième paragraphe. En guise de conclusion, elle s'engage à profiter du temps présent. *Carpe diem.*

Sujet 66

Corpus 6, p. 307

Un journal publie des propos ironiques et injurieux envers un certain type de poésie jugée obscure ou incompréhensible, en concluant par ce vers de Boileau : « Ce que l'on conçoit bien s'énonce clairement ». Vous répondez à ces propos en faisant l'éloge de l'« obscurité » en poésie. Votre texte sera adressé au courrier des lecteurs du journal.

Sandrine 11,5/16
Devoir très bien construit : les arguments sont pertinents et clairement présentés. La forme est également respectée. Le seul reproche que l'on peut vous adresser concerne le traitement des exemples, qui restent souvent trop elliptiques.

Paris, le 10 décembre 2003.

DUPRÈS Françoise
24, avenue des Charmes
75016 Paris

Point Littérature
20, rue Victor-Hugo
77340 Pontault-Combault

Objet : éloge de l'obscurité en poésie (réponse à l'article, paru le 19 novembre 2003)[1].

Chers lecteurs[2],

J'écris cette lettre dans le but de vous prouver que l'obscurité en poésie est une bonne chose.

Tout d'abord, l'obscurité en poésie permet au poète d'acquérir toutes les libertés. Quelles sont-elles ?[3] Des libertés au niveau de la syntaxe. Prenons l'exemple du texte de du Bellay, *Les Regrets*[4] : nous pouvons voir que l'auteur fait des inversions de mots et intègre un rythme incantatoire comme une formule magique[5]. Le poète a aussi des libertés dans le vocabulaire. Connaissez-vous le célèbre poème de Rimbaud *Ma Bohème* ? Dans ce poème, que j'aime beaucoup, Rimbaud alterne le langage soutenu et le

1) La référence à l'article est trop floue (quel article ? quel auteur ? quel thème ?) ; quant à votre sujet, il est trop abstrait pour constituer l'objet d'un courrier.
2) Un courrier adressé à un journal s'adresse en général aux journalistes et non aux lecteurs. D'ailleurs, dès le deuxième paragraphe, vous vous adressez au journal et non aux lecteurs.
3) Bien. Multipliez ces procédés qui donnent du dynamisme et du naturel à votre propos.
4) Référence à revoir. *Les Regrets* constituent un recueil de poèmes.
5) Vous faites référence à un texte du corpus, vous n'avez donc pas jugé nécessaire de citer le texte, mais les lecteurs de *Point littérature* ne connaissent pas forcément ce poème !

langage familier, allant même jusqu'à employer des onomatopées. Je ne résiste pas au plaisir de vous citer quelques vers[6] :

« *J'allais sous le ciel, Muse ! et j'étais ton féal :*

Oh ! là là ! que d'amours splendides j'ai rêvées ! »

Le poète, que l'obscurité n'arrête pas, a aussi une grande liberté rythmique. Hugo exploite en toute liberté la musicalité des vers dans son poème *Réponse à un acte d'accusation* des *Contemplations* : il multiplie ainsi les enjambements* (vers 12-13), les rejets* (vers 14-15) ou contre-rejets* (vers 1-2)[7]. N'oublions pas Mallarmé, véritable musicien des mots, qui enfile les mots comme des perles pour créer des alliances sonores : « *Aboli bibelot d'inanité sonore* ». Ainsi, interdire aux poètes d'être obscurs, c'est les priver de liberté[8].

De plus, vous concluez avec Boileau[9] que « *[c]e qui se conçoit bien s'énonce clairement* », mais la poésie n'exprime-t-elle que ce qui se conçoit bien ? Il me semble que les poètes se penchent souvent sur les sentiments et les émotions qui, précisément, se conçoivent mal ! Si le poème de Rimbaud *Aube* n'est pas facile à comprendre, ce n'est pas forcément parce que la forme est obscure, mais parce que le poète nous fait part de sentiments complexes : sa difficulté à écrire et à trouver l'inspiration, sa difficulté à quitter l'enfance pour devenir adulte, sa difficulté à communiquer avec les femmes... Si tous les sentiments s'exprimaient clairement, les psychanalystes seraient tous au chômage ![10]. On peut donc dire que la poésie doit être obscure parce qu'elle s'intéresse à ce qui n'est pas clair[11].

Enfin, l'obscurité du poème, c'est la porte ouverte à nos interprétations. Un texte clair et didactique est immédiatement compréhensible et tout le monde le comprend de la même façon. Le lecteur ne peut pas le lire avec son cœur, le comprendre avec ses préoccupations, il ne peut que suivre le sens que lui impose l'auteur.

6) Oui ! N'hésitez pas à exploiter vos connaissances personnelles ou les textes étudiés en classe.

7) Même remarque que sur le poème de Du Bellay, voir 5.

8) Bonne phrase de conclusion partielle qui structure votre propos.

9) Attention ! Vous ne vous adressez plus aux lecteurs mais au journal. Ce changement d'énonciation n'a pas été préparé et est source de confusion.

10) Cette remarque, qui n'a rien de littéraire et fait plutôt référence au bon sens populaire, n'a pas sa place ici !

11) La conclusion partielle manque de clarté. Il faudrait la reformuler.

12) Les poèmes obscurs ne font pas seulement appel aux émotions mais également à la raison.
13) À nouveau, si vous aviez pensé que les lecteurs du journal ne connaissaient pas nécessairement ce poème, vous auriez cité le texte. Votre exemple eût eu plus de poids.
14) L'exemple mériterait d'être développé. Quel type de tableau pouvez-vous imaginer en lisant des poèmes comme *Le Bateau ivre* ou *Aube* ? Quelles images ces poèmes suscitent-ils ?

Au contraire, quand le poème est obscur, le lecteur doit participer activement à la construction du sens, grâce à ses émotions[12]. Dans *Alchimie du verbe*, Rimbaud nous invite à associer des lettres à des couleurs[13], et à imaginer un tableau en lisant ses poèmes[14]. L'obscurité du poème est donc notre espace de liberté.

Voici donc pourquoi je ne peux que m'insurger contre cet article qui vante la clarté, qui n'est pas à mes yeux une qualité poétique. Je préfère l'obscurité, où se rencontrent la liberté du poète et celle du lecteur.

F. Duprès

Sujet 67

Corpus 5, p. 311

Imaginez la réponse que Monsieur Prud'Homme adresserait au poète. Ce texte aura la forme d'une lettre et respectera le registre que Paul Verlaine prête à ce personnage.

Analyse du sujet

Forme. Votre écrit doit prendre la forme d'une lettre. Monsieur Prud'Homme étant maire, on peut penser que la lettre aura une tournure officielle.
Situation d'énonciation :
- qui parle ? – Monsieur Prud'Homme ;
- à qui ? – Verlaine ;
- de quoi ? – du poème écrit par Verlaine et intitulé « Monsieur Prud'Homme » ;
- quand ? – en 1870.

Registre*. D'après Verlaine, M. Prud'Homme nomme les poètes des « *fainéants barbus, mal peignés* », il emploie donc le registre* polémique.
Arguments. Attaque contre la folie des poètes ; revendication d'un mode de vie bourgeois et confortable ; déclaration d'amour à sa famille et à sa fille.

Proposition de sujet d'invention

Réjoui-sur-Seine, le 12/04/1870

Monsieur R.-H. Prud'Homme
Maire de Réjoui-sur-Seine
Place de la Mairie
77654 Réjoui-sur-Seine

Monsieur P. Verlaine
12, allée des Vanupié
75006 Paris

Objet : droit de réponse.

Monsieur,

Qui eût cru qu'un jour je dusse prendre ma plume pour m'adresser à un poète, un moins que rien ? J'ose espérer que ce n'est pas là un signe avant-coureur de la décadence de notre société. Mais enfin, Monsieur, vous m'attaquez, publiquement, et je me dois de laver mon honneur bafoué. Dans votre odieux poème, que vous avez eu l'audace de nommer « *Monsieur Prud'homme* », vous faites de moi un homme ridicule… Comment pouvez-vous manquer à ce point de jugement ? Je savais – qui peut l'ignorer ? – que les poètes étaient privés de toute raison, mais je n'avais pas encore mesuré l'ampleur de leur folie ! Que vous exposiez aux yeux de tous vos sentiments les plus intimes, avec une indécence sans égale, que vous

vous répandiez en plaintes toutes féminines, que vous vous refusiez à voir la beauté du monde comme il est, pour lui préférer les visions hallucinées de votre esprit malade, passe encore... Il suffit de protéger nos proches de la lecture de ces textes grossiers, vulgaires et insolents ! Mais que vous vous attaquiez, en ma personne, à la bourgeoisie toute entière, pilier de notre société et garante de notre stabilité, c'est ce que je ne puis souffrir !

Vous vous en prenez d'abord à mon confort, à mon mode de vie, pour lequel j'ai œuvré sans relâche et que je suis si fier d'offrir à ma famille. Je me gausse de votre jalousie, de votre envie ! J'ai en effet un superbe jardin : tout y est calme et serein. Rien ne vient y troubler mon repos. Mes fleurs même ont appris la discipline et poussent tout droit, sans ses disgracieuses oscillations que l'on voit parfois... Nulle mauvaise herbe pour oser troubler ce superbe agencement ! Ce jardin, presque un parc, est le seul endroit où je peux savourer le silence de la pensée. C'est ainsi que je rêve la petite société de Réjoui-sur-Scène. J'aimerais que tout s'y développe avec droiture et que tous les éléments perturbateurs soient éradiqués sans complaisance ! Alors nos esprits, que tourmentent encore tant de soucis, découvriraient une tranquillité bien méritée. Si vous avez, comme tous les poètes, une imagination débridée et malsaine, vous vous reconnaissez sans doute dans le chiendent que j'arrache avec délectation. Ce jardin est pour vous ce que vous ne serez jamais : l'ordre et la rigueur !

Loin de vous en tenir à ses premières inepties, vous vous moquez de mes attentions pour ma famille, en particulier pour ma fille. Je plains vos proches, que vous devez mépriser et contraindre de vivre dans la misère... Ma fille a toutes les satisfactions qu'une jeune fille de son âge peut souhaiter. Reconnaissant ma sagesse, elle suit en tout mes conseils. C'est ainsi qu'elle va épouser, le mois prochain, l'honorable monsieur Machin, qui est – vous l'ignorez évidemment puisque vous osez vous en prendre à lui ! – le propriétaire de la grande filature de coton installée sur les bords de la Seine. Cet homme, d'une grande richesse, je dois l'avouer, saura offrir à ma fille tout le confort dont elle peut rêver. Il saura aussi parfaire son éducation car il est d'une grande droiture. Vous pouvez m'en croire : je le connais depuis de longues années ! Juste-milieu en effet, il a toujours su faire campagne en ma faveur, me sachant un fervent ennemi du changement. Que pouvais-je espérer de mieux pour ma fille ? Si vous avez des enfants, je vous en conjure, oubliez vos folies et vos poèmes, et offrez-leur un avenir digne de ce nom ! Ne les sacrifiez pas pour quelques sonnets* ou autres bagatelles !

C'est pour que vous ou vos semblables ne veniez plus troubler l'ordre et l'harmonie de Réjoui-sur-Seine, c'est pour que vous perceviez que votre attitude est indéfendable, c'est pour l'avenir de vos enfants, qui, je le souhaite, rentreront peut-être un jour dans le rang et laveront votre nom de ses infamies, que je vous ai adressé ces quelques mots. Puissent-ils vous être utiles ! Mes sentiments envers vous m'interdisent de vous adresser de quelconques salutations,

Monsieur Prud'Homme

Sujet 68

Corpus 8, p. 311

Vous êtes un des Parisiens, contemporain de Victor Hugo, à qui s'adresse le poème Chanson. Vous répondez au poète qui vous accuse de ne pas vous révolter contre l'ordre impérial. Votre réponse montrera que ce poème vous a permis de prendre conscience de la nécessité de se révolter et remerciera le poète.

Analyse du sujet

Forme. Une lettre officielle.
Situation d'énonciation :
- qui parle ? – un Parisien contemporain de Hugo ;
- à qui ? – à Victor Hugo ;
- de quoi ? – de son attitude vis-à-vis du régime impérial et de sa gratitude à l'égard du poète ;
- quand ? – à la fin du XIXe siècle.

Registre*. Registre lyrique*.
Arguments. Le Parisien s'est laissé séduire par l'Empire car Napoléon III ressemblait à son oncle, le Grand Napoléon, le programme politique proposé était démagogique, donc séduisant de prime abord ; le Parisien remercie le poète car il a assumé sa fonction de guide politique, il lui a permis de retrouver sa dignité.

Proposition de sujet d'invention

Paris, vendredi 28 juin 1853.

Aube Fontenelle
27, boulevard de la Révolution
75020 Paris

Monsieur Victor Hugo
7, place des Vosges
75003 Paris

Monsieur Hugo,

Le rouge a coloré mes joues ! Mes yeux se sont embués de larmes ! Comment ai-je pu m'endormir à ce point ? Comment dormir quand tout s'écroule autour de soi ? Vos *Châtiments*, Monsieur le citoyen-poète, m'ont réveillée, m'ont tirée de ma torpeur indigne ! Moi, citoyenne parisienne et républicaine, j'avais renoncé à combattre l'inique ordre impérial qui nous est imposé ? Non, cela est du passé. Je me suis reconnue dans ce « *peuple des faubourg* » que vous fustigez dans votre poème *Chanson*. Oui, comme lui, j'ai préféré l'argent à la probité ; oui, comme lui,

j'ai préféré le joug à la liberté. Je m'en accuse et reçois vos châtiments avec sévérité. En 1830, j'étais pourtant sur les barricades : le violent soleil de juillet ne m'avait pas empêchée de sortir pour réclamer plus d'égalité ; en 1848, je hurlais « Mort à la monarchie ! » et acclamais la République. Pauvre République et pauvre Liberté : elles m'ont vue renoncer et plier face au régime impérial. Je suis de celles, je m'en accuse, qui ont cru que Louis-Napoléon Bonaparte était un brave homme. Comment ne pas s'y tromper ? Un même nom que son oncle ! un même glorieux passé militaire ! un même coup d'État... Mais non pour instaurer un même programme. Napoléon a percé sous Bonaparte, mais personne ne percera sous son médiocre neveu. Je le vois, je le sais à présent, mais trop tard ! Je me suis laissé séduire par un programme démagogique : « *Pain et travail* », promettait-il. « *Je suis le garant de la démocratie et de l'égalité* », clamait-il. Non, décidément, ce neveu-là n'est qu'un singe savant, une marionnette sans épaisseur. Qu'a-t-il fait depuis sa prise du pouvoir ? Tout pour les bourgeois, rien pour le peuple. Toujours plus ventrus, coquins et riches, les banquiers nous spolient ; toujours plus ivres, plus assoiffés de sang, les militaires nous tuent. Je n'étais pas boulevard Montmartre pour défendre ma liberté, la Liberté, mais je finirai sous la porte cochère si je ne me réveille pas...

C'est pourquoi, Monsieur Hugo, je me dois de vous remercier. Vous êtes un de ces rares hommes à avoir compris le sens du mot « poète ». Le poète est celui qui fabrique, celui qui fait, dit-on. Oui, mais vous, vous ne vous contentez pas d'être un faiseur de rimes, vous prétendez être un faiseur d'idées. Je crois, à votre instar, au devoir et au pouvoir politique de la poésie. Le poète doit être un mage, il est celui qui voit mieux que le peuple et lui indique la voie. Vous Monsieur Hugo, n'avez pas été long à réagir : vous avez immédiatement senti, vu, compris que ce misérable Bonaparte n'était qu'une pâle copie, un bourgeois médiocre et limité qui entendait gouverner la France avec les banquiers et les usuriers et non les idées. Dès décembre 52, vous étiez en route pour l'Angleterre, vous ne trembliez pas à l'idée de l'exil. Non, vous l'acceptiez avec grandeur et dignité ! La clairvoyance : voilà votre don et il fait de vous un vrai poète. Je m'entends : un vrai poète, c'est celui qui rappelle, qui martèle les valeurs de la République. « *Vérité* », « *Probité* », « *Gloire* », « *Liberté* » tonnez-vous dans votre poème *Chanson*. Combien vous avez raison, combien nous nous devons de respecter ces vertus démocratiques et républicaines pour lesquelles nos aïeux se sont battus ! Vous ai-je dit que mon grand-père avait pris la Bastille avec les sans-culottes ? Il racontait cet épisode, les yeux toujours et à jamais remplis de larmes : « *N'oublie jamais cela, Aube. La liberté n'est pas un acquis, c'est un droit qu'il faut reconquérir chaque jour* ». Voilà les paroles sensées que j'avais oubliées ! Voilà la soif d'égalité, de fraternité et de liberté qui m'avait quittée. Tel un grand-père, un père devrais-je dire, vous êtes venu, Poète, me les rappeler, me les crier à nouveau. Merci de ne pas être un de ces poètes qui trouvent un confortable refuge dans une tour d'ivoire. J'exècre ce Monsieur Gautier, qui est pourtant de vos amis, je crois. Dans la préface de son roman *Mademoiselle de Maupin*, il a cette formule à

laquelle je n'adhère pas : « *Tout ce qui est utile est laid* ». Parole bien dangereuse en vérité : elle ouvre la voie au retrait et au désengagement. Monsieur Gautier se trompe et vous avez raison. La vigueur de votre parole est salutaire : dans le « *vous* » accusateur de votre *Chanson*, je me suis reconnue et j'ai eu honte. J'ai pleuré et j'ai cru... cru qu'il fallait que j'agisse, cru qu'il fallait que je retrouve ma dignité. Par les impératifs aux accents vigoureux que vous lancez, je me suis sentie interpellée. Vous nous avez vus « *sublime* », dites-vous dans l'un de vos vers. Combien j'aimerais que de votre rocher anglais vous puissiez voir à nouveau cette image digne, grande et fière du peuple parisien. Comme en 89, comme en 30, comme en 48, nous nous devons de nous battre. Je veux être le personnage du magnifique tableau de votre ami Delacroix, *La Liberté guidant le peuple*, qui brandit ses poings et ses pistolets pour aller combattre l'injustice et la tyrannie. Vous êtes la Liberté, je veux être le Peuple.

Que les glaives se lèvent donc à présent ! Que les têtes se redressent ! Que de nouvelles aubes viennent ! Poète, citoyen, vous êtes cet œil qui regarde et réveille Caïn !

Aube Fontenelle

Chapitre 3

LE TEXTE THÉÂTRAL ET SA REPRÉSENTATION DU XVIIe SIÈCLE À NOS JOURS

Sujet 69

Corpus 9, p. 316

Vous projetez de mettre en scène* Tartuffe*. Vous réécrivez la scène d'exposition en supprimant le personnage de Madame Pernelle. Dans la rédaction de votre projet, vous consacrez un paragraphe au résumé de cette nouvelle scène et un paragraphe aux indications de jeu que vous souhaiteriez donner aux acteurs.

Analyse du sujet

Pour analyser précisément le sujet, nous allons établir la marche à suivre.

Forme. Vous devez écrire un « projet », mais on ne vous précise pas la forme qu'il doit adopter : vous êtes donc libre d'écrire une lettre, une déclaration d'intention sous forme de note écrite, …

Situation d'énonciation :

• qui parle ? – « je », metteur en scène ;

• à qui ? – aux producteurs ? au directeur du théâtre ? aux acteurs ? ;

• quand ? – aujourd'hui ;

• de quoi ? – de votre réécriture de la scène d'exposition* du *Tartuffe* et de la manière dont vous concevez le spectacle (direction d'acteur en particulier).

Registre*. Votre texte doit être à la fois didactique (phrases courtes, vocabulaire simple, implication du destinataire) puisque votre projet doit être clair, et lyrique (vocabulaire des sentiments, première personne, ponctuation expressive) puisque vous devez convaincre* l'administration du théâtre et les comédiens d'adhérer à votre vue du spectacle.

Idées :

• si l'on supprime Madame Pernelle, tous les personnages présents sur scène partagent la même haine de Tartuffe et défendent le même mode de vie. Ce n'est donc plus une scène de dispute ;

• pour la direction d'acteurs, pensez à associer à chaque personnage une gestuelle différente, en fonction de son caractère. Vous n'avez pas à inventer la personnalité des protagonistes, elle se déduit du texte de Molière, qu'il faut donc relire attentivement.

Plan détaillé

Premier paragraphe. Il s'agit de résumer la nouvelle scène d'exposition* du *Tartuffe*. On peut imaginer que tous les personnages commentent le départ de Madame Pernelle, qui vient de partir comme une furie. Ils se plaignent de l'attitude de plus en plus extrémiste de la mère d'Orgon. Elmire, plus mesurée, prend sa défense et, finalement, tous s'accordent pour accuser Tartuffe de tous leurs maux. Concert de critiques.

Deuxième paragraphe. Il est consacré aux consignes pour le jeu des acteurs :
• Dorine, même si elle a du mal à garder son rang, reste une servante – elle s'agite donc sur scène pour accomplir ses tâches ménagères ;
• Elmire, élégante et distinguée, incarne le luxe discret et n'a que des gestes mesurés, sans aucune vulgarité ;
• Damis – jeune homme à la mode, extraverti, décontracté – est mollement affalé sur un canapé, ce qui ne l'empêche pas de faire des grands gestes et de parler fort ;
• Mariane a la réserve des adolescentes, elle est rêveuse (rêve-t-elle de Valère ?) et regarde par la fenêtre, elle se moque de cette conversation, qui ne la concerne pas encore directement ;
• Cléante a toutes les caractéristiques du professeur intellectuel, un peu voûté, affublé de lunettes et muni d'un cartable.

Sujet 70

Corpus 11, p. 321

À la sortie d'une représentation de Roméo et Juliette, deux spectateurs contemporains débattent. L'un défend l'idée que le théâtre doit être spectaculaire ; l'autre, qu'il doit rester un spectacle suggestif. Écrivez ce dialogue.

Quentin 12/16
Des analyses fines qui font à la fois référence à l'intrigue et aux représentations théâtrales. Les enjeux du sujet sont bien cernés. En revanche, la rédaction pourrait encore être améliorée.

SPECTATEUR 1 – « J'adore *Roméo et Juliette* [1] »[2]

SPECTATEUR 2 – « J'aime beaucoup, moi aussi... mais... »

SPECTATEUR 1 – « Je savais qu'il y aurait un mais ! Mais quoi ? Il n'y a rien à redire ! Une belle tragédie[3], des amoureux transis, des combats, des familles rivales... bref un amour impossible. C'est magnifique, non ? »

SPECTATEUR 2 – « La mort. »

SPECTATEUR 1 – « La mort ? Écoute, si la mort te gêne ou te fait peur, va voir un psychiatre ! »[4]

SPECTATEUR 2 – « Mais non. Laisse-moi finir, veux-tu ? »

SPECTATEUR 1 – « D'accord, je suis tout ouïe. »

SPECTATEUR 2 – « Ce que je veux dire, c'est que la représentation de la mort sur scène me dérange. Tu as raison[5], *Roméo et Juliette* est une pièce magnifique, mais le fait qu'on les voit se donner la mort enlève toute la pureté des sentiments. »

SPECTATEUR 1 – « En quoi ? »[6]

SPECTATEUR 2 – « Eh bien pour moi, ils ont vécu leur histoire à l'abri de tous les regards. Pourquoi ne pas terminer comme cela avait commencé, en cachette ? »

SPECTATEUR 1 – « Au contraire, ils ont vécu leur histoire sous des centaines d'yeux : tu oublies le public[7] ! Nous les suivons tout au long de l'intrigue, les soutenons, pleurons pour eux.

1) Pensez à utiliser la ponctuation expressive pour dire votre enthousiasme. Ici un point d'exclamation aurait été le bien venu.
2) Attention à la présentation du dialogue : un dialogue théâtral ne comprend pas de guillemets.
3) Soyez plus précis : qu'est-ce qu'une « belle » tragédie ? Quels sont les critères qui permettent d'évaluer une tragédie ?
4) Les insultes ne font pas progresser le dialogue. Il faut plutôt écouter l'autre pour pouvoir lui répondre.
5) Oui. Le raisonnement concessif permet une meilleure progression du dialogue.
6) Bien. Vous introduisez des précisions avec naturel sans risquer de faire de trop longues répliques.
7) Oui. Vous ne vous en tenez pas à l'intrigue, vous prenez aussi en compte la spécificité du genre théâtral.

Je crois que le public est en droit de réclamer de les suivre jusqu'à leur mort, non ? »

SPECTATEUR 2 – « Je pense que les voir mourir met vraiment un terme à leur histoire. Le spectateur n'a plus la liberté d'imaginer que leur histoire se poursuit, dans un paradis céleste ou même terrestre, dans une cachette connue d'eux seuls… »

SPECTATEUR 1 – Mais le fait de les voir mourir nous montre qu'ils assument leur amour jusqu'au bout. »

SPECTATEUR 2 – « Certes, mais si la mort n'avait été que suggérée, les sentiments des spectateurs auraient été moins mis à l'épreuve, le public n'aurait pas été pris de dégoût devant toutes ces effusions de sang.

SPECTATEUR 1 – « Là est le génie de Shakespeare, faire jouer les émotions, comme si on te frappait avec une grande violence le visage. Les traces restent. C'est pareil avec les émotions : l'horreur éprouvée au moment du dénouement* se grave dans la mémoire du spectateur et le poursuit longtemps après la fin du spectacle. »

SPECTATEUR 2 – « Je pense qu'il a choisi la solution de facilité ! Dans *Phèdre*, tu ne vois pas Hippolyte mourir, et pourtant tu es bouleversé à l'annonce de son décès ! Tu ne vois que la douleur de son plus proche compagnon, Théramène, et tu compatis à sa souffrance, d'autant que le registre* épique t'amène à éprouver une grande admiration pour le héros qui vient de mourir. Le metteur en scène ne t'impose pas sa vision, il te laisse imaginer, les sentiments sont épurés ! »[8]

SPECTATEUR 1 – « Évidemment qu'il est impossible de voir Hippolyte mourir ! Un monstre marin arrive, dévore la moitié de ses compagnons, le cheval de notre valeureux héros prend peur et traîne le corps sur trois cents mètres !… »

SPECTATEUR 2 – « C'est pour cela que les sentiments sont plus purs. La violence n'est pas toujours nécessaire ! »[9]

SPECTATEUR 1 – « Crois-tu que le duel entre Mercutio et Tybalt ne soit pas nécessaire, dans *Roméo et Juliette* ? »

8) Qu'entendez-vous par là ? Expression à préciser.

9) Même si il n'y a pas de sang sur scène, il y a de la violence dans *Phèdre* : imaginez ce vieillard (Théramène) qui vient de perdre son protégé alors qu'il le sait innocent !

SPECTATEUR 2 – « Je le crois. »

SPECTATEUR 1 – « Mais il permet de dénoncer la haine qui détruit les Capulet et les Montaigu ! Il montre que la haine conduit à la mort ! »

SPECTATEUR 2 – « Les spectateurs ne sont pas aussi bêtes que tu sembles le dire ! Ils peuvent apprécier ce qui n'est que suggéré, ils peuvent comprendre les méfaits de la haine, sans voir un plateau jonché de cadavres. De plus, la violence est partout aujourd'hui, pourquoi en rajouter pendant les seuls moments où on peut lui échapper ? »[10]

SPECTATEUR 1 – « Pour pouvoir prendre du recul. D'habitude, on ne peut pas réfléchir sur la violence que l'on subit, on est aveuglé par ses sentiments, et l'on ne peut pas chercher les causes, analyser les conséquences de la violence. Au théâtre, on est protégé de la violence, donc on peut garder un regard critique. »

SPECTATEUR 2 – « Précisément, cette distance est plus grande quand la mort n'est que suggérée. Dans *Oscar et la dame en rose* de E.-E. Schmitt, tu suis l'histoire d'un enfant atteint du cancer, pensant dix jours, jusqu'à sa mort. Tu ne vois pas Oscar mourir, pourtant l'émotion est intense et tu ressors en aimant la vie un peu plus... »

SPECTATEUR 1 – « Je ne pense pas que *Roméo et Juliette* aurait eu le même impact et serait passé à la postérité si les deux amants n'étaient pas morts sur scène... »

SPECTATEUR 2 – « La critique[11] est plus douce à ton esprit si elle est sous-jacente... elle reste et s'incruste peu à peu dans ta tête. Si elle est trop violente, elle te marque un temps, puis tu l'oublies, car l'image est trop pesante. »

SPECTATEUR 1 – « Plus l'image est forte et violente, plus elle te marque, au contraire ! »

SPECTATEUR 2 – « Tu sais ? Je crois que nous ne serons jamais d'accord. À quoi bon poursuivre ce débat ? »[12]

10) Remarque juste. Vous pourriez parler d'une accoutumance par la télévision et le cinéma.

11) Il ne s'agit pas seulement de critique.

12) Fin trop abrupte. Il faudrait finir sur une reformulation élégante et efficace des deux thèses adverses.

Sujet 71

Corpus 12, p. 325

Les trois personnages font de l'honneur et du courage des valeurs absolues. À votre tour, faites un éloge lyrique d'une valeur qui vous semble fondamentale dans notre société moderne.

Guillaume 8/16
Vous traitez effectivement le sujet proposé, mais votre devoir présente deux graves défauts : d'une part, vous n'exploitez pas suffisamment les procédés d'écriture propres au lyrisme (ponctuation expressive par exemple) ; d'autre part, au lieu d'énumérer les libertés que vous revendiquez, il aurait fallu expliquer pourquoi ces libertés devaient être défendues.

Il existe une multitude de valeurs fondamentales[1] dans notre société moderne pour qu'elle se déroule du mieux possible. Pour moi, la liberté est l'une de ces valeurs fondamentales : je pense qu'elle est à la base du bon déroulement de la société. La liberté a de multiples visages[2].

Tout d'abord je pense[3] que la liberté de mouvement est importante car on peut circuler librement, où l'on souhaite, sans aucune contrainte. Celui qui vit dans un pays libre n'a besoin que d'un passeport et d'un billet de train ou d'avion pour suivre ses envies et réaliser ses rêves. Il peut parcourir la planète et s'arrêter où bon lui semble[4].

De plus, je trouve qu'il y a une autre liberté qui est importante, celle du corps. En effet chacun devrait être libre de faire ce qu'il veut de son corps, lorsqu'il est majeur. Par exemple, un individu pourrait choisir de se faire un tatouage ou un piercing, si cela lui plaît, sans que personne ne l'en empêche. Pour ma part, j'estime que la loi autorisant l'avortement a été un grand pas en avant pour la liberté des femmes car elles sont maintenant libres d'interrompre la grossesse si elles ne souhaitent pas avoir d'enfant ou si le fœtus est atteint d'une grave maladie, comme la trisomie par exemple[5].

Ensuite, je peux aussi citer[6] la liberté d'ex-

1) Maladroit. Vous faites de la liberté une valeur parmi d'autres, alors que vous pourriez lui accorder un statut d'exception et donner ainsi plus de poids à votre éloge.
2) Introduction un peu froide. Aucun procédé d'écriture pour traduire votre enthousiasme.
3) Il y a d'autres moyens pour exprimer ses opinions et sentiments que ce verbe que vous avez déjà employé au-dessus. Pensez aux noms et adjectifs évaluatifs ainsi qu'aux verbes et adverbes modalisateurs.
4) Développez votre exemple ! Donnez des éléments concrets, faites-nous rêver de lieux exceptionnels où la liberté de mouvement pourrait nous conduire.
5) « comme » et « par exemple » ont ici rigoureusement le même sens ; votre formulation est donc redondante et lourde.
6) Votre introduction partielle souligne le défaut de construction de votre travail : vous énumérez les différents visages de la liberté, mais vous n'expliquez pas pourquoi on doit la défendre, quelles sont ses limites…

pression qui dans notre société est une des choses les plus importantes. Contrairement à des régimes totalitaires où la censure persiste, en France, chacun peut exprimer ce qu'il veut, dévoiler ses opinions, sans craindre la censure ou l'emprisonnement. Les individus ne sont pas tous identiques, il n'y a donc pas de raison qu'il y ait une pensée unique.

J'estime que la base de la liberté est la démocratie[7], alors que le totalitarisme est le pire ennemi des libertés. Notre société a la chance de posséder le droit de vote, nous avons donc le droit de promouvoir les partis politiques qui nous semblent les plus performants et les idées ou projets qui nous tiennent particulièrement à cœur. Aller voter, c'est profiter de cette liberté que n'ont pas les pays où il n'y a qu'un seul candidat aux élections.

À mes yeux, la liberté de culte est essentielle dans notre société moderne. En effet, je trouve que c'est normal que chacun soit libre de choisir sa religion sans que personne ne l'en empêche ou ne lui impose une autre religion. Pensons à ce que la privation de cette liberté a donné pendant la Seconde Guerre mondiale ![8] La liberté de culte est donc liée à la tolérance qui doit venir de chaque individu, mais aussi de l'État.

En dernier lieu, je trouve que la liberté d'indépendance[9], c'est-à-dire le droit d'être autonome, de faire ce que l'on veut quand on veut, est la plus importante car elle regroupe toutes les autres. Elle s'oppose à l'esclavagisme car personne ne peut appartenir à quelqu'un d'autre, c'est une violation des droits de l'homme et du citoyen. Cependant il faut que soient respectées des lois et des règles qui préservent la liberté des autres.

Pour conclure, je dirais que la liberté est l'une des valeurs fondamentales de la république, de la démocratie, mais qu'elle ne peut aller seule, sans la justice et l'égalité[10].

7) Vous pourriez faire un effort pour employer des connecteurs logiques et ainsi donner une cohérence d'ensemble à votre texte. Ne donnez pas l'impression que les paragraphes sont juxtaposés les uns aux autres, sans ordre particulier.

8) Bien pour l'exclamative ! En revanche, si vous voulez que votre exemple soit efficace, que votre lecteur comprenne réellement les risques qu'il y a à bafouer la liberté religieuse, il faut développer l'exemple : parlez du port de l'étoile Jaune, de la destruction du ghetto de Varsovie, des camps de concentration.

9) Formule redondante et vague.

10) Pour un bel éloge de la liberté, consultez le poème d'Éluard, *Liberté*.

Sujet 72

Corpus 10, p. 318

Imaginez le discours que Racine tiendrait à Diderot pour défendre sa conception du théâtre et du langage poétique.

Analyse du sujet

Forme. Un discours (cette formulation est relativement vague).

Situation d'énonciation :

- qui parle ? – Racine ;
- à qui ? – Diderot ;
- de quoi ? – de sa conception du théâtre : souvenez-vous que Racine est un des représentants du théâtre classique ;
- quand ? – aucune date ne permettrait à Racine de s'adresser à Diderot, il s'agit d'un écrit atemporel ;

Registre*. Lyrique* lorsque Racine énonce avec enthousiasme sa conception du théâtre, polémique lorsqu'il condamne celle de Diderot. C'est le premier qui domine.

Arguments. Il faut respecter les règles pour séduire le public ; le dramaturge, contrairement à l'historien, n'est pas esclave du réel, mais de son public ; la langue théâtrale doit être poétique.

Proposition de sujet d'invention

Monsieur Diderot,

Vous m'attaquez dans *Le Paradoxe sur le comédien*, mais vous n'avez pas l'audace de revendiquer les propos injurieux que vous tenez sur mes vers, en particulier sur l'ouverture d'*Iphigénie*. Vous prêtez ces propos à un homme sans nom, « le premier ». Je n'aurai pas votre faiblesse et je souhaite vous répondre moi-même.

Je n'ai cessé de l'affirmer. Lorsque j'écris des pièces de théâtre, je n'ai qu'un seul objectif : plaire et toucher le spectateur. Tous mes efforts ne tendent que vers ce but unique. Il n'est pas si facile de plaire au public... Je pense que le médiocre succès qu'a rencontré votre *Fils Naturel* vous l'a bien fait comprendre. Pour séduire, il faut savoir obéir à des règles. Ainsi, il est bon de situer l'intrigue en un lieu unique. Cela résout le problème des décors, souvent laids et encombrants, et permet de souligner l'enfermement dont sont victimes les personnages. La sympathie du spectateur pour le sort de Britannicus et Junie, dans *Britannicus* – vous m'excuserez de cette précision mais la superficialité de vos critiques me laisse penser que vous n'avez pas lu toutes mes œuvres – est aiguisé par l'image terri-

fiante du palais de Néron, véritable prison où l'empereur règne sans partage. Pour captiver le spectateur, il faut aussi concentrer son attention sur la crise. Nul besoin de l'ennuyer avec la représentation de tous les épisodes qui précèdent l'instant crucial où le héros doit prendre une décision qui conduira inévitablement à sa perte. Si le public a rendu un hommage unanime à ma tragédie orientale, *Bajazet*, c'est parce que le respect de l'unité de temps créait un sentiment d'urgence, qui obligeait Bajazet, menacé de mort, à agir sans plus temporiser. Dès lors, les événements, sous les yeux des spectateurs fascinés, s'enchaînaient vers la mort inéluctable et tragique du héros. Le désir de plaire conduit aussi l'auteur dramatique à concentrer l'intrigue sur le sort d'un ou deux personnages principaux : celui d'Andromaque, poursuivie par un homme qu'elle n'aime pas, Pyrrhus, celui de Bérénice, qui aime Titus sans aimer l'empereur de Rome, celui de Phèdre, qui, poussée par Œnone et Vénus, commet des actions monstrueuses, ... Comment toucher un spectateur qui a le sentiment d'être perdu, qui ne parvient pas à comprendre qui sont les personnages qui se succèdent devant lui et quels sont leurs rapports ? Croyez-moi, l'unité d'action est encore plus importante que les autres ! La rigueur et le respect des règles sont les conditions *sine qua non* pour émouvoir le spectateur...

Vous m'accusez de n'être pas capable de faire parler nos rois, dont l'illustre Henri IV. Sur ce point, je suis entièrement d'accord avec vous. Quand j'écris des tragédies, je ne m'intéresse guère à l'Histoire, quand je remplis ma charge d'historien auprès de notre Roi, le très Illustre Louis, je ne pense pas en dramaturge. L'objet des tragédies n'est pas l'histoire récente de notre pays, la servitude au réel, c'est l'Antiquité, la mythologie, ou la Bible. Vous dites qu'il serait absurde d'imaginer que Henri IV puisse parler comme mon Agamemnon, mais le public trouverait tout aussi ridicule qu'Agamemnon se contente d'affirmer : « *Ils me tueront, rien n'est plus certain ; ils me tueront* ». Être vraisemblable, s'assurer que le public croie à ce qui est joué sur scène, ce n'est pas être esclave de la vérité, c'est se montrer conforme aux attentes du public. Or, le public connaît Agamemnon par sa lecture d'Homère, par sa connaissance des épopées antiques. Il ne peut donc croire qu'il s'exprime simplement. Vous confondez vraisemblance et réalisme, c'est là votre tort... Me permettrez-vous de vous conseiller la lecture de *La Poétique* d'Aristote ? Vous y trouverez des définitions tout à fait éclairantes et peut-être, en mettant les conseils de ce théoricien de génie en œuvre, pourrez-vous, à votre tour, écrire quelques tragédies dignes de ce nom ?

Enfin, je me vois contraint de vous signaler que vos critiques révèlent à la fois de graves lacunes dans vos connaissances et votre pratique dramaturgiques, mais également un manque de sens poétique. Comment rester insensible au charme de l'alexandrin* ? En prose, jamais Bérénice n'aurait fait douter Titus !

Pour jamais ! Ah, Seigneur, songez-vous en vous-même
Combien ce mot cruel est affreux quand on aime ?
Dans un mois, dans un an, comment souffrirons-nous,
Seigneur, que tant de Mers me séparent de vous ?

J'entends encore la voix de l'inimitable Champmeslé prononcer ces vers,

j'entends encore les pleurs du public, transporté par le caractère inexorable de ce «*jamais*», que seule la musique de l'alexandrin* et le déplacement de la césure* pouvaient faire retentir, bouleversé par les assonances* en [ou], soutenues par la rime, qui trahissent l'espoir toujours vivace de Bérénice que ce vous à qui elle s'adresse, renouvelle ses serments d'amour... La poésie de l'alexandrin* n'a peut-être pas la vigueur de la prose réaliste, mais elle a la force des émotions bridées par la rigueur des vers ! La poéticité des vers bannit toute vulgarité : nulle parole choquante, nulle réalité trop crue !

Ainsi, Monsieur, je défends un théâtre de la rigueur et de l'élégance, contre le réalisme médiocre que vous prônez au détriment du plaisir du spectateur !

Chapitre 4

LA QUESTION DE L'HOMME DANS LES GENRES DE L'ARGUMENTATION DU XVIe SIÈCLE À NOS JOURS

Sujet 73

Corpus 14, p. 333

À un ami qui vous écrit que la littérature n'a pas pour but d'apprendre à réfléchir mais de distraire et d'émouvoir, vous répondez que c'est elle, plus que les autres arts, qui donne une juste vue du monde. Votre lettre sera construite et s'appuiera sur des exemples précis empruntés aux textes du corpus et à votre expérience de lecteur.

Analyse du sujet

Forme. Vous devez écrire une lettre à un ami (lettre amicale). Il faut donc mentionner le lieu et la date en haut à droite, user d'une apostrophe initiale et d'une formule de prise de congé chaleureuses, puis signer la lettre d'un prénom ou éventuellement d'un surnom.

Situation d'énonciation :
• qui parle ? – c'est vous (« je ») qui écrivez la lettre ;
• à qui ? – à un ami (« tu ») ;
• de quoi ? – de la fonction critique, politique de la littérature et de sa supériorité sur les autres arts.
• quand ? – aujourd'hui.

Registre*. Le registre* lyrique doit être employé. Vous défendez en effet avec enthousiasme la littérature de combat, la littérature engagée. De plus, le registre* polémique peut apparaître si vous faites mention des opinions contraires de votre ami que vous ne partagez pas ou si vous dénigrez les autres arts, moins efficaces en matière de combat idéologique.

Idées. Vous devez soutenir l'idée que la fonction essentielle de la littérature est de défendre une cause, de mener un combat, c'est-à-dire soit de fustiger l'ordre social en place, soit de soutenir un projet, une idée. N'oubliez pas qu'il faut aussi développer l'idée d'une supériorité de la littérature sur les autres arts.

Plan détaillé

Entrée en matière. Après l'apostrophe initiale amicale, il faut interpeller votre ami et lui signifier votre désaccord en ce qui concerne les fonctions qu'il assigne (émouvoir et divertir) à la littérature. Vous introduisez l'idée que la vocation essentielle de l'écrivain est de mener les hommes au combat, c'est-à-dire de s'engager pour défendre une cause.

Argument 1. L'écrivain se doit d'être un citoyen exemplaire, qui ne peut par conséquent pas rester en retrait de la vie publique. Exemple : Zola fait paraître le fameux article intitulé *J'accuse* dans *L'Aurore* (numéro du 13 janvier 1898) afin de prendre la défense du capitaine Dreyfus, accusé, injustement selon Zola, de haute trahison. L'article interpelle le président de la République, Félix Faure, dénonce les faux-semblants et tonne en un cri polémique et combatif :
« *[…] C'est à vous, monsieur le Président, que je la crierai cette vérité, de toute la force de ma révolte d'honnête homme. […]*
La vérité d'abord sur le procès et sur la condamnation de Dreyfus.
Un homme néfaste a tout mené, a tout fait, c'est Paty de Clam. […] »

Argument 2. L'écrivain doit aider le peuple à se forger une opinion personnelle et critique. Il est ainsi un guide, un prophète qui a pour mission, pour vocation d'éclairer les consciences populaires. Exemple : dans le poème *Chanson* (I, X), tiré des *Châtiments*, Hugo invite le peuple endormi à se rebeller contre l'ordre impérial, corrompu et dégénéré :

Ô peuple des faubourgs, je vous ai vu sublime.
Aujourd'hui vous avez, serf grisé par le crime,
Plus d'argent dans la poche, au cœur moins de fierté.

Argument 3. La littérature, plus que les autres arts, propose des armes efficaces pour défendre une cause et rendre une argumentation persuasive (diversité des registres* – polémique, comique ; prise à parti directe – apostrophes, questions rhétoriques, …). Exemple : dans *Les Tragiques*, d'Aubigné représente Catherine de Médicis sous les traits d'une sorcière malfaisante et, en un geste déictique, l'apostrophe de façon véhémente :

En vain, Reine, tu as rempli une boutique,
De drogues du métier et ménage magique ;
En vain fais-tu amas dans les tais des défunts
De poix noire, de camphre à faire des parfums ;

La peinture ou la sculpture ne pourraient apostropher ainsi la cible visée. La musique ne pourrait que suggérer, non pas montrer.

Clausule de la lettre. Insister une dernière fois sur la dimension politique et révolutionnaire de la littérature. Formule de prise de congé, signature.

Sujet 74

Corpus 15, p. 335

Vous avez réuni des fables de différents auteurs en un recueil que vous souhaiteriez voir publier. Pour cela vous adressez une lettre à un éditeur pour lui montrer l'intérêt d'une telle publication. Rédigez cette lettre.

Diana 11/16
Écrit cohérent et bien argumenté. On vous reproche toutefois de ne pas développer les exemples, qui restent à l'état d'allusion le plus souvent.

À Paris, le 15 février 2004.

Desfontaines Marie
14, avenue du Général-De-Gaulle
75016 Paris

Monsieur le directeur[1]
des éditions *Lecture d'hier et d'aujourd'hui*
15, avenue du Général-Leclerc
75020 Paris

Objet : demande[2] d'édition.

Monsieur le directeur,

Voilà maintenant cinq ans que je m'intéresse à la poésie et plus particulièrement aux fables. J'ai donc[3] retenu beaucoup de fables et je les ai rassemblées dans un recueil. Aujourd'hui que j'ai largement satisfait mon plaisir personnel, j'aimerais pouvoir faire partager cette passion en publiant ce recueil. Laissez-moi vous convaincre* !

Je pense tout d'abord que le plus important est que cette forme de poésie s'adresse à toute sorte de public[4]. Elle peut amuser les enfants. Ainsi, *L'Ogre et la fée* de Hugo, se présente comme un conte de fée, avec un ogre amoureux d'une fée[5]. Mais elle peut aussi faire réfléchir les plus grands. La morale de cette fable nous dit : « *Adorez votre belle et soyez plein d'astuce* », elle invite donc les adultes à réfléchir aux stratégies de séduction. Je pense que ça[6] pourrait

1) Il faudrait lui donner un nom.

2) Vocabulaire imprécis. Détaillez l'objet de votre demande.

3) La conséquence n'est pas évidente. Parlez plutôt de plaisir.

4) Soyez plus explicite. Un éditeur veut vendre ses livres : un large public signifie de nombreux clients.

5) Développez l'exemple : quel est l'effet de ces personnages sur les lecteurs ? Ils font rêver et rire.

6) Attention au niveau de langue. Vous vous adressez à un éditeur, évitez les contractions orales.

également être un bon moyen de dialogue, entre les plus vieux, qui connaissent des classiques, comme « *La grenouille qui voulait se faire aussi grosse que le bœuf* », et la nouvelle génération, qui a soif d'apprendre. Je trouve cette image presque utopique, mais je voudrais que mon recueil puisse être le croquis de ce tableau[7].

Je pense aussi que la fable est la plus compréhensible et la moins ennuyeuse des formes de poésie. Elle est en effet très facile d'accès. Elle est brève, le discours est narratif, le vocabulaire employé simple et parfois même familier. Dans *L'Ogre et la fée*, Hugo joue avec l'expression familière « *croquer le marmot* », qu'il emploie à la fois au sens propre (l'ogre mange le fils de la fée dont il est amoureux) et au sens figuré (l'ogre attend le retour de la fée et il s'ennuie). Malgré cette simplicité, les fables restent versifiées et peuvent plaire aux amateurs de vers[8]. Ainsi, même les personnes n'aimant pas la poésie traditionnelle[9] peuvent prendre du plaisir à lire les fables.

Ensuite je pense[10] que les fables peuvent permettre d'instruire sur des faits importants, de façon détournée, sans ennuyer les jeunes. Ainsi, dans la fable *Les Deux coqs*, La Fontaine fait une satire de la guerre[11] en comparant la guerre de Troie et un combat de coqs. Cette fable informe aussi sur l'époque de La Fontaine. On peut en effet expliquer aux enfants qui se demandent pourquoi il se servait d'animaux, que c'était le moyen pour lui de parler plus librement en évitant la censure[12].

Ainsi, les fables ont un grand intérêt pour nous tous et elles sont encore trop méconnues, surtout des jeunes. Je vous demande donc d'étudier ma proposition. Je vous remercie de m'avoir lu et j'attends avec impatience la suite que vous voudrez bien donner à mon courrier.

Cordialement,

Marie Dupont

7) Jolie formule.

8) À développer ! Prenez des exemples précis : vous avez les textes du corpus sous les yeux.

9) Le terme est mal choisi. Les fables sont des poèmes traditionnels qui s'inspirent de l'Antiquité.

10) Variez les formules. Ne commencez pas tous les paragraphes par la même phrase.

11) Contestable. La Fontaine se moque surtout de la jalousie et de ses excès, et de l'orgueil.

12) Cela mériterait d'être développé avec un exemple de fable « politique », comme *Les Obsèques de la lionne*.

Sujet 75

Corpus 16, p. 338

Hector, contre la guerre, s'oppose à son père, Priam, et vient appuyer l'argumentation de sa femme, Andromaque. Écrivez le dialogue entre les deux hommes.

Jean-Baptiste 11/16
Le débat est argumenté et vous avez su exploiter les textes du corpus pour nourrir la critique de la guerre par Hector (cruauté, inutilité, ...). Toutefois, les arguments sont souvent insuffisamment développés. De plus, le dialogue devient, à la fin, trop polémique : les insultes remplacent alors l'argumentation ! La forme théâtrale n'est pas parfaitement maîtrisée. Il faut améliorer l'usage de la ponctuation expressive.

Hector[1], (*entrant d'un pas assuré et s'adressant directement à son père.*)

Non!! Mon père[2]. La première lâcheté, si vous lui donnez ce nom[3], est la première victoire d'un peuple. Le renoncement à la guerre est un signe de lucidité.

Andromaque, (*étonnée mais ravie.*)

Mon amour! Je suis tout à fait d'accord avec toi ![4]

Priam, (*fronçant les sourcils.*)

Fils ![5] N'appuis-tu pas ton père dans cette lutte pour sauver nos sujets ?[6]

Hector, (*pointant son père du doigt.*)

Vous êtes comme tous les hommes, vous voyez la guerre comme une réponse à tous les conflits. La guerre n'est autre chose pour les hommes[7] qu'un moyen de combler cette soif de sang qui nous anime : l'homme est de nature cruelle, sans pitié, il n'a pas, comme la femme[8], la conscience de répandre le mal.[9]

Priam, (*effrayé des paroles que vient de lui adresser Hector[10].*)

Que dis-tu là ? M'accuses-tu d'être cruel ? Crois-tu que faire couler le sang me comble de joie ? La guerre, je le sais, est le théâtre de nombreuses atrocités, mais je n'ai pas le choix[11].

1) Dans un dialogue théâtral, indiquez le nom des personnages en capitales. Cette remarque vaut pour l'ensemble du texte.
2) Une apostrophe se place entre virgules. Le point d'exclamation traduit une émotion de la part du locuteur. Il est donc inutile de la doubler.
3) Il faut indiquer le mot « lâcheté » entre guillemets puisqu'il s'agit d'un mot que Hector emprunte à Priam.
4) Le sujet ne précisait pas qu'Andromaque assistait à l'entretien, même s'il ne l'excluait pas. Soyez attentif aux consignes !
5) Vous auriez dû placer l'apostrophe entre virgules (Fils, ...).
6) L'argument mérite d'être développé. Indiquez pourquoi les Troyens sont menacés et précisez à quoi servira la guerre.
7) Formulation lourde. À remplacer par : « la guerre n'est qu'un moyen... ». Dans la mesure du possible, bannissez « chose » de votre vocabulaire.
8) Attention, « comme » ne doit pas être employé dans une phrase négative, il faut ici le remplacer par « contrairement à ».

Andromaque.

Si ! vous avez le choix !

Hector, (*haussant la voix.*)

Andromaque a raison, tu as le choix[12], on a toujours le choix : des négociations sont encore possibles. Accepteras-tu que les femmes ne voient pas leur mari rentrer à la maison et reçoivent comme seule consolation une lettre officielle leur annonçant qu'il est tombé avec honneur sur le champ de bataille ? Tout cela pour quoi ? Pour rien ! les guerres sont inutiles ! En tant que fils du roi, je me refuse à mener une nouvelle bataille.

Andromaque, (*attrapant Priam par le bras.*)

Voulez-vous que vos petits-enfants soient orphelins ?

Priam, (*élevant lui aussi la voix.*)

Voyons mes enfants ! Des négociations ne serviraient à rien ![13] Ce serait nous rabaisser, montrer notre infériorité ! Nous sommes des guerriers depuis des générations, nos armes sont nos valeurs, nous ne sommes pas des lâches qui fuient l'affrontement

Hector, (*s'approchant à son tour de Priam.*)

Non ![14] La guerre ne véhicule aucune valeur[15], elle permet aux hommes d'affirmer leur autorité, les hommes sont avides de pouvoir. Crois-tu que tes sujets et ceux de Ménélas sachent pourquoi ils se battent ?[16] Pourquoi tout ce sang versé ? Beaucoup d'hommes se sont battus pendant des années sans savoir pourquoi !

Priam, (*commençant à perdre son calme.*)

Non ! C'est faux ! Mes hommes savent pourquoi ils se battent : pour leur Roi et pour leur Ville, leur magnifique ville de Troie ! Troie la sublime ![17]

Hector

Tu ne crois pas toi-même à ce que tu dis, ce n'est pas possible ! Tu veux que je te dise la ridicule raison de cette guerre ? Une femme ! Oui, une femme ! Hélène, dont Pâris est tombé amoureux, mais qui n'est autre que l'épouse de Ménélas ! Tu voudrais que l'on meure, que l'on

9) Vous feriez moins de fautes de syntaxe si vous faisiez des phrases courtes mais bien construites !
10) Didascalie trop longue. Seule l'émotion, qui est une indication de jeu pour le comédien, doit être indiquée, pas ses causes.
11) Le choix d'un raisonnement concessif est judicieux. Il permet de faire progresser le débat et révèle une bonne écoute entre les personnages. Toutefois, il faudrait développer l'argument. Qu'est-ce qui contraint Priam à cette guerre : des raisons morales, politiques, stratégiques ?
12) Passage de la deuxième personne du pluriel, signe du respect filial d'Hector, à la seconde personne du singulier, méprisante, est cohérente avec la didascalie, qui révèle une tension croissante.
13) On aimerait que Priam explique davantage sa pensée. Pourquoi les négociations sont-elles inutiles ?
14) Même si le passage d'un raisonnement concessif à un raisonnement par opposition se justifie par la tension croissante, l'opposition systématique amène plus facilement aux insultes qu'au débat argumenté. Méfiez-vous !
15) Cette reprise d'un terme employé par Priam est absolument nécessaire pour marquer la cohérence du dialogue.
16) Ce nouvel argument est tout à fait valable, mais on comprend mal comment il s'articule avec le précédent. Il faut soigner l'enchaînement logique des arguments. Pour cela, employez davantage de connecteurs logiques.
17) Bien. La phrase nominale traduit bien l'enthousiasme de Priam.

tue pour une femme ! Père, je t'en conjure[18], ne vois-tu pas l'absurdité de la situation ?

Priam, (*troublé de ce qu'il vient d'entendre*[19].)

Tu divagues mon fils ![20]

Andromaque, (*retournant près d'Hector et le prenant par le bras. À Priam.*)

Hector a raison, cette guerre n'a pas lieu d'être. La guerre, qui est souvent le fruit de querelles inutiles, n'amène que souffrance et désolation, elle ne résout rien.

(*À Hector.*)

Viens, nous devons faire confiance à ton père, notre Roi. Je ne le crois pas assez cruel pour souhaiter que des innocents meurent alors qu'il pourrait établir la paix à Troie.

18) « Conjurer » signifierait ici « prier avec insistance », mais Hector n'adresse pas de prière à son père, seulement des reproches.
19) Cette didascalie est trop explicative.
20) Il n'y a plus d'argumentation, seulement des insultes ! Votre écrit d'invention doit rester argumentatif. Vous devez donc travailler à maintenir les conditions d'un dialogue rationnel.

Chapitre 5

VERS UN ESPACE CULTUREL EUROPÉEN : RENAISSANCE ET HUMANISME

Sujet 76

Corpus 18, p. 344

À la manière de Montaigne, décrivez ce qui serait, selon vous, le programme d'une éducation idéale.
NB. Il va de soi que votre texte sera écrit en français moderne.

Analyse du sujet

Pour traiter le sujet, la première chose à faire est de soigneusement relire le texte 3, de manière à identifier les procédés mis en œuvre par Montaigne pour présenter les caractéristiques de l'éducation idéale.
Pour analyser précisément le sujet, nous allons établir la « feuille de route ».

Forme. L'écrit doit prendre la forme d'un essai : il s'agit d'un texte argumentatif organisé en deux temps (refus de l'éducation telle qu'elle est pratiquée dans les établissements scolaires ; propositions pour une éducation idéale).

Situation d'énonciation :

- **qui parle ?** vous (usage du « je », recourt à de nombreux modalisateurs). Vous devez vous impliquer personnellement, comme le fait Montaigne ;
- **à qui ?** aucun interlocuteur explicite dans le texte de Montaigne, vous devez donc éviter la deuxième personne ;
- **de quoi ?** de l'éducation ;
- **quand ?** aujourd'hui.

Registre. Deux registres apparaissent dans le texte de Montaigne. Tout d'abord, dans la première partie du texte, il emploie un registre polémique, pour critiquer l'éducation en place. Ensuite, dans la seconde partie du texte, il emploie un registre didactique, afin de bien se faire comprendre. Dans cette perspective, n'oubliez pas d'utiliser des images et de citer des auteurs reconnus. Vous devez donc vous aussi recourir à deux registres différents.

Idées. Pour trouver des idées vous pouvez vous appuyer sur les textes du corpus et sur votre connaissance d'autres textes humanistes sur l'éducation : en effet, loin d'être démodés, ils posent des questions actuelles (quelles disciplines doit-on enseigner ? les classes sont-elles trop chargées ?...). De plus, vous pouvez vous appuyer sur votre observation du milieu scolaire.

Plan détaillé

L'essai comporte deux paragraphes : l'un consacré à l'éducation telle qu'elle est pratiquée aujourd'hui, l'autre à une éducation idéale.

Premier paragraphe. (au registre polémique). Je suis contre l'éducation pratiquée dans les lycées aujourd'hui, car :

- il y a trop de monde dans chaque classe ;
- il y a trop de matières différentes à étudier ;
- on n'a pas assez de temps pour soi.

Deuxième paragraphe. (au registre didactique). Voici mon programme d'éducation :

- un enseignement dispensé dans de petits groupes ;
- la possibilité de choisir quelques matières seulement ;
- plus de temps libre, avec un budget pour en profiter.

Sujet 77

Corpus 17, p. 341

Sous la forme d'un entretien, publié dans la presse écrite, entre un journaliste et Charles Baudelaire, vous imaginerez la défense que ce poète moderne pourrait faire du texte « étrange » et, plus généralement, de toute poésie dont le sujet n'est pas considéré comme convenable. Il se posera en digne héritier d'un Ronsard, adepte d'une poésie macabre.

Louise 14/16
Un travail qui respecte à la lettre les consignes. Des arguments pertinents et une très bonne maîtrise des procédés de la persuasion. Le texte produit est de grande qualité.

L. M. : Monsieur Baudelaire, votre dernier ouvrage vient de sortir et porte un titre énigmatique qu'il conviendrait d'éclaircir afin d'aider votre lectorat. Pouvez-vous donc expliquer ce choix de *Fleurs du Mal* ?[1]

C. B. : Je me doutais que ce titre allait laisser perplexe. Ce qui choque, c'est son manque de logique apparent. La fleur est en effet l'emblème, le symbole de la beauté dans notre culture et je l'ai associée à son exact contraire, le mal. Comment le mal peut-il être beau ? Voilà la question que vous vous posez, n'est-ce pas ?[2]

L. M. : Vous voyez juste et j'avoue avoir du mal à concilier ces deux termes. Le beau, c'est le bien, la pureté, la grâce et vous, vous nous proposez de peindre la « *débauche* », « *la catin* », « *le viol* » ou encore « *le poison* » pour ne citer que quelques-uns des termes que vous employez dans votre avis « *Au lecteur* »[3]. J'avoue qu'un de vos poèmes m'a tout particulièrement choquée, c'est « *Une Charogne* ». Quand j'ouvre un recueil de poèmes, c'est pour y voir la beauté, non la laideur.

C. B. : Mais quand la poésie cessera-t-elle d'être le sanctuaire du beau et de la morale ? Quand trouvera-t-elle enfin la liberté ? Si je vous entends bien, vous souhaiteriez que la

1. Bonne amorce. On entre directement dans le vif du sujet.

2. Bien pour l'implication du destinataire.

3. Références précises et savantes. Cela donne du poids au propos.

poésie ne soit qu'une idéalisation factice et illusoire de la vie ! Que la poésie soit bienséante ! Mais, pourquoi le poète serait-il un usurpateur, pourquoi leurrer le lecteur en lui faisant croire que la vie n'est peuplée que de héros magnanimes, que de femmes éternellement jeunes et fraîches ? Non, je ne peux être d'accord avec vous : la poésie doit se saisir de la vie, quitte à se salir ! Oui, vous serez un jour ce « *ventre putride* », cette « *horrible infection* » que je peins dans mon poème ![4]

L. M. : Mais votre sujet n'est pas bon, puisqu'il me répugne, me dégoûte, m'effraie. Je n'ai qu'une envie après avoir lu le titre du poème « *Une Charogne* », c'est de passer au poème suivant !

C. B. : C'est là que vous ne faites pas correctement votre travail de critique. La question à se poser n'est pas « Le sujet est-il bon ou mauvais ? » mais la vraie question est « Le poème est-il bon ou mauvais ? ». C'est une différence majeure, essentielle. Il n'y a pas de mauvais ou de bas sujets, ces nomenclatures rigides doivent disparaître. Parler de tout, sans entraves, quel rêve ! Oui, décidément, Hugo avait raison, il faut mettre au plus vite le « *bonnet rouge* » à la poésie. Les normes et les pudeurs petites bourgeoises doivent voler en éclats !

L. M. : Je dois en effet reconnaître que j'ai été séduite, malgré tout, par le charme de vos vers[5]. Finalement, c'est tout un ensemble de valeurs que vous demandez donc au lecteur de remettre en cause. Il devrait accepter la boue en poésie parce que vous en faites de l'or[6] ?

C. B. : *Vous commencez à comprendre*[7]. Être un bon poète, ce n'est pas parler des belles choses mais savoir transfigurer une réalité triviale, quotidienne ou morbide. Je ne me contente pas de décrire platement ma charogne pourrissante mais je lui donne une « carcasse superbe », j'en propose un tableau synesthésique. Mon poème réveille tous vos sens : les « *exhalaisons* » et les « *poisons* » vous incom-

4. Registre polémique approprié.

5. Le revirement du journaliste est un peu rapide et abrupt. Il a été mal préparé.

6. Mettez les termes entre guillemets ; ils sont de Baudelaire lui-même.

7. Recours habile à la flatterie.

modent, le « *bourdonn[ement] des mouches* » vous étourdit, le spectacle des « *larves* » qui grouillent sur le cadavre vous répugne ![8] Voilà, la poésie est là, dans la communion entre le texte et son lecteur et cette communion est possible car je suis un alchimiste : le laid, entre mes mains, devient sublime.

L. M. : C'est à une aventure bien audacieuse et déstabilisante que vous conviez le lecteur…[9] Il n'a pas l'habitude de cette brutalité, de cette violence verbale. Croyez-vous qu'il sera prêt à accepter une nouveauté aussi radicale ?

C. B. : Je le lui demande, mais je souhaite revenir sur un point. Vous me faites trop d'honneur en attribuant à mon poème « *Une Charogne* » le statut d'œuvre révolutionnaire. J'ai d'illustres prédécesseurs qui n'avaient pas répugné à se saisir du laid ou de sujets inconvenants. Prenez les poètes baroques, Jean-Baptiste Chassignet par exemple. Dans un de ses sonnets, il peignait déjà un « *corps rongé de vers* », un corps « *dénervé, dépoulpé* ». Et je ne parle pas de Ronsard. Agonisant, il peint dans ses *Derniers vers* son corps presque en décomposition et a en plus le mauvais goût de nous rappeler à tous que ce sera bientôt notre tour !

L. M. : Mais ce poème ronsardien a dû aussi choquer à son époque et a été taxée de mauvais goût…[10]

C. B. : Oui, les progrès de l'esprit humain sont désespérément lents. Au lieu de laisser s'épanouir cette poésie de la vie, cette poésie nécessairement violente, dérangeante donc, les normes classiques sont venues cadenasser, emprisonner l'imagination. On a banni toute violence langagière, toute description malséante. Quel a été le résultat ? La poésie de la fin du XVIIe siècle et du XVIIIe siècle n'est pas parvenue à trouver son souffle ; il a fallu attendre Hugo et ses compères pour voir la poésie revivre[11]. Ils ont osé mettre dans leurs vers des mots réputés bas « *mouchoir, lion, balai* », j'aime voir ressusciter ces mots ! Brider la création au nom

8. À nouveau, vous montrez une fine connaissance de la poésie baudelairienne.

9. Passage du plan personnel au plan collectif habile. L'argumentation va ainsi pouvoir trouver un nouveau souffle.

10. En êtes-vous sûre ? À la fin de la Renaissance, les esprits goûtent plus qu'à la fin du XIXe siècle les tableaux macabres.

11. Il est exact que Baudelaire a beaucoup admiré la poésie hugolienne même s'il s'en est détaché.

de la morale, c'est assurément la mener à sa perte et à une convention d'un banal terrifiant.

L. M. : *Vous savez qu'on demande l'interdiction de votre ouvrage*[12]. *Votre morale, je devrais plutôt dire, votre immoralité, choque les vertueux gardiens du bon goût.*

C. B. : Il sont ce que j'abhorre le plus : les défenseurs décrépits d'une société hypocrite !

Propos recueillis par Léa Montignac.

12. À nouveau, la conclusion arrive de manière un peu brutale.

Chapitre 6

LES RÉÉCRITURES DU XVIIe SIÈCLE À NOS JOURS

Sujet 78

Corpus 21, p. 354

Rédigez la parodie d'un texte de votre choix. Avant d'écrire cette parodie, vous proposerez, dans une très brève préface, les raisons de votre choix.

Analyse du sujet

Forme. Votre sujet d'invention doit se composer de deux parties bien distinctes. Tout d'abord, il vous faut rédiger une très courte préface. Pour la présentation de cette préface, pas de contraintes de présentation, si ce n'est la mention finale du nom de l'écrivain, auteur de la préface. La deuxième partie de votre travail sera l'écriture d'un passage parodique. Nulle consigne formelle ne peut être déduite de l'énoncé car vous êtes libre de parodier tout texte. Il peut donc appartenir à n'importe quel genre littéraire et votre parodie peut, elle aussi, adopter la forme littéraire que vous souhaitez.

Situation d'énonciation :
- dans la préface – Qui parle ? C'est vous (« je ») qui êtes le scripteur. À qui ? Au lecteur (« vous »). De quoi ? De votre choix d'écrire une scène parodique ;
- dans la parodie – la situation d'énonciation est fonction de votre choix.

Registre* :
- dans la préface – le registre* didactique doit être utilisé. Vous exposez votre choix d'un texte à parodier et le justifiez ;
- dans la parodie – aucun registre* n'est indiqué explicitement par le sujet mais puisque vous devez parodier un texte, c'est nécessairement le registre* comique qui doit apparaître. Vous devez donc chercher à susciter le rire par des jeux de mots, des situations décalées, un comique de geste, de répétition…

Idées. Tout d'abord, il vous faut choisir le texte que vous souhaitez parodier. Ensuite, il vous faut faire la liste des éléments que vous jugez susceptibles d'être parodiés dans le texte que vous avez choisi (situation outrée ou invraisemblable, usage trop abondant d'une ponctuation expressive, …). Dans votre préface, il faut avancer un ou deux arguments pour justifier votre choix. Dans le texte parodique, il vous faut grossir les traits d'écriture caractéristiques du texte que vous avez choisi de parodier.

Plan détaillé

1) Première partie de l'invention

Préface :

- énoncer son choix d'un texte – le dénouement* du drame romantique *Antony* d'Alexandre Dumas (1831).
- développer un ou deux arguments pour justifier son choix – usage trop abondant de la ponctuation expressive ; fin pathétique à souhait, jeu outré des comédiens.

2) Seconde partie de l'invention

Texte parodique. Traits d'écriture de la page parodique :

- surabondance de ponctuation expressive ;
- comique de gestes – agonie lente et spectaculaire de l'héroïne ;
- comique de situation – le mari d'Adèle s'impatiente derrière la porte de la chambre de son épouse ;
- surabondance d'un lexique amoureux pour rire de la passion fusionnelle et débordante qui unit Adèle et Antony au seuil de la mort.

Sujet 79

Corpus 19, p. 347

« C'est trop long d'attendre le matin. C'est trop long d'attendre d'être vieux... » (texte 2, l. 7). Continuez la réflexion d'Orphée d'Anouilh sur la vie et sur ses aspirations de jeune homme. Vous userez d'un ton élégiaque.

Nawal 11,5/16
Travail très satisfaisant. Les consignes de l'énoncé sont comprises ; le ton élégiaque est parfaitement maîtrisé. Cependant, on peut regretter que vous n'ayez pas davantage développé les aspirations d'Orphée : son discours ne devait pas se contenter d'être déploratif, il devait aussi proposer un projet d'avenir. Les aspirations du jeune Orphée auraient donc dû apparaître plus clairement.

« C'est trop long d'attendre le matin. C'est trop long d'attendre d'être vieux... Ho, le temps ! Que le temps passe vite... regarde ces heures et ces minutes qui s'envolent, regarde comme elles sont loin de nous à présent ![1] Combien de temps nous reste-t-il à vivre ? Demain matin ! Vois-tu ce que tu me demandes ? Laisser se faufiler ces milliers de secondes dont nous pourrions jouir... laisser ce Dieu « sinistre, effrayant et impossible » qu'est le temps, comme le dit Baudelaire[2], être maître ! Non ! Je t'aime trop pour le laisser s'enfuir[3]... il s'écoule doucement et nous devons partir avec lui, toi et moi ! Ho, oui mon Eurydice ! Le temps m'obsède ! Nous avons trop longtemps été séparés, la vie m'a torturé... Cependant, étrangement, l'idée m'est venue un soir, où je te pleurais, que peut-être tu reviendrais un jour... mais ce jour serait celui où je serai parti...[4] Quel démon a placé cette vision dans mon esprit ! Je passais alors mes journées entières assis dans mon fauteuil, les mains croisées, les yeux fixés sur l'horloge, sans entendre aucun bruit hormis le « tic-tac ». Et je me répétais alors inlassablement cette phrase de Baudelaire que j'aime tant : « le temps est un joueur avide, qui gagne à coup sûr, c'est la loi »[5]. Maintenant te voilà près de moi et tu voudrais que j'attende ! Attendre,

1) Bien pour le topos sur le temps qui passe et la fuite du temps.

2) Bonne référence culturelle. Elle est très appropriée ici.

3) Le verbe « partir » apparaît impropre. Préférez « disparaître » plutôt.

4) Peu clair. Formulation qui implique trop de répétitions.

5) De nouveau, votre référence à Baudelaire est pertinente.

encore et encore ! Mais que faut-il attendre enfin ? Attendre, je suis certain que c'est un mot inventé pour empêcher les hommes de profiter de leur vie, déjà trop courte[6]. Mon Eurydice ! Ho ! Combien de grands hommes ont réalisé leur petitesse bien avant moi. Châteaubriand et Salvador Dali avaient conscience eux aussi que le temps fuyait[7]...

Ainsi, mon amour, retiens ce simple vers de Lamartine : « Ainsi tout passe... hélas ! » Sache maintenant qu'il ne faut jamais attendre. Et pour cela, il faut saisir le jour présent. « Carpe diem » dit Horace, « Cueillez la fleur » écrivit Ronsard, une évidence valable pour tous de tout temps mais ô, combien difficile à mettre en œuvre ![8] Comprends-tu que puisque la vie est si courte et que la « clepsyde se vide » si rapidement, nous devons profiter de chaque instant ?[9] Il faut franchir chaque obstacle et non attendre devant, sinon jamais nous ne serons heureux. Ma chère Eurydice, je meurs d'envie de te regarder ! Tu es ce que j'aime le plus au monde, mon unique raison de vivre et tu me crois capable de ne point te regarder... Non ! Je ne résisterais pas ! Pourquoi sacrifier ce moment si doux ? je veux te voir. Même si tu disparais à nouveau, je reviendrais te retrouver car qu'est-ce qu'après tout que la port sinon la continuité d'une vie... ailleurs ? Mon amour, ici ou là-bas si nous sommes ensmeble, quelles différences ? Je ne sais que penser; Tout est flou en moi, comme des vagues qui se précipitent contre les parois de mon crâne. Mon esprit ressemble en ce moment au tableau le Gui de Munch[10]... Ho, je fléchis ! Eurydice, j'ai lu dernièrement que chaque être devait écouter son cœur et non son esprit... qu'il devait sans cesse dialoguer avec lui car c'est lui seul qui détenait la vérité de chaque âme... je vais écouter le mien[11]...

6) Très bon passage. Vous répondez bien au sujet.

7) Précisez encore davantage vos exemples. Les allusions à Chateaubriand et à Dali peuvent être pertinentes si vous citez des œuvres précises.

8) Bien pour ces références culturelles. Il s'agirait à présent de montrer comment Orphée entend cueillir l'existence.

9) Comment ? Par quelles occupations ?

10) Allusion picturale intéressante mais elle serait là aussi à expliciter.

11) Votre sujet d'invention répond très bien aux consignes formelles. En revanche, il aurait été intéressant de détailler les projets de vie d'Orphée.

Sujet 80

Corpus 20, p. 350

«Aurait-elle la force de s'empoisonner un jour ?». Écrivez un monologue délibératif dans lequel Renée (texte 4) se demande si elle doit mourir ou vivre. Votre travail fera au moins deux pages.

Analyse du sujet

Forme. Monologue délibératif.

Situation d'énonciation :

- qui parle ? – Renée ;
- à qui ? – à elle-même ;
- de quoi ? – de son avenir ;
- quand ? – dans les années 1870.

Registre*. Nul registre* ne vous est imposé. On peut cependant imaginer que Renée usera du registre pathétique* par moments.

Idées. Renée refuse de se donner la mort car elle a peur de la mort et craint l'enfer, elle veut continuer de profiter d'une vie de plaisirs, Renée veut s'amender ; Renée veut mourir car sa conscience serait soulagée, Renée ne veut plus se voir en monstre et subir l'influence maléfique de Saccard.

Proposition de sujet d'invention

RENÉE (*seule*)

Aurais-je la force de m'empoisonner un jour ? Saurais-je être une nouvelle Phèdre ? Si je voulais l'être, il faudrait que je me donne la mort, que je sois capable de me donner la mort... Aurais-je cette force ? Aurais-je ce courage ? Phèdre ne semble pas hésiter devant la mort : elle accepte d'affronter les atroces convulsions du poison. Quelle mort atroce que l'empoisonnement ! Que cette mort doit être lente... le ventre se déchire, les entrailles s'ouvrent, les boyaux se tordent, la gorge brûle. Mon corps, mon joli corps, se disloquerait et se déformerait dans les convulsions ! Ça jamais ! Ne plus porter mes robes soyeuses, ne plus soutenir le regard des hommes, ne plus pouvoir arborer la somptueuse rivière de diamants que Saccard m'a offerte récemment... Non, je m'y refuse. Vivons et rejetons ces pensées mortifères. Cette vision d'horreur et ces sensations de douleur atroce, je ne saurai jamais les affronter. Et après la mort du corps, que deviendra mon âme ? Où ira-t-elle ? Où errera-t-elle ? Au paradis ? En enfer ? Vu mon existence terrestre, je ne puis espérer vivre en repos dans l'au-delà. Aux yeux de la morale chrétienne, je suis perdue, je suis coupable. Femme incestueuse, femme adultère... Aucun homme n'hésitera à me lancer la première pierre. « Mauvaise femme »

crieront-ils, plein de rancœur et de mépris pour moi. Non vraiment, j'ai si peur de cet au-delà inconnu qu'il serait bête de s'y plonger avant l'heure. Mais, en même temps, mourir serait une délivrance. Imagine ma Renée, plus de remords, plus de pensées coupables... Quelle paix ! Cette paix à laquelle j'aspire et que je ne parviens plus à trouver aujourd'hui, peut-être que la mort l'apporte ! Je ne verrais alors plus Saccard, cette ombre maléfique qui rôde autour de moi et semble sans cesse me juger. Je n'étoufferais plus dans la serre : plus de suffocations, plus de poids oppressant sur mon cœur... Maxime ne viendra plus me tenter : ses mains efféminées ne souilleront plus mon corps. Je serais de nouveau pure et libre... Si j'étais sûre qu'elle apportait tant de douceur, je courrais vers cette mort, sans hésiter, sans peur. Sans peur... Mais je suis trop lâche pour décider de mourir... Trop lâche, ou plutôt moins bête que Phèdre. Pourquoi mettre fin ainsi à ses jours ? Pour sauver son honneur ! Vaine présomption ! Pourquoi a-t-elle dévoilé la vérité à Thésée ? Pour soulager sa conscience ! Quelle godiche ! Hippolyte était déjà mort, il fallait donc se taire et oublier cet incident... Il y a bien mieux à faire sur terre que de se donner la mort ! Ne commettons pas la même erreur que Phèdre. Je suis jeune, j'ai le droit de profiter de la vie, des plaisirs qu'elle apporte et qu'elle offre. Maxime m'aime, j'aime Maxime, nos rencontres dans la serre sont tendres et voluptueuses, mon cœur et mon corps s'en satisfont, pourquoi mettre sottement fin à tant de jouissance ? Fêtes et faste me tendent les bras. Saccard est riche, notre hôtel particulier du Parc Monceau ruisselle d'or, le tout Paris s'y presse. Franchement, je serai trop bête de vouloir m'enterrer ! J'ai le monde à mes pieds et je voudrais m'en retirer. Non, vraiment, la scène parisienne perdrait son soleil. Jouissons donc sans scrupules, jouissons sans limites car la vie s'arrêtera bien assez vite. Je suis jeune encore, belle encore, continuons de scintiller et de virevolter. Comment puis-je être si immorale ? Comment des discours aussi cyniques ne parviennent-ils pas à m'effrayer, à me toucher ? J'ai conscience de ma faute et je ne fais rien pour lutter contre mon vice ! Je vois la luxure et la débauche et je cours m'y vautrer ? Mais quel monstre suis-je ? Quelle femme suis-je ? Suis-je encore une femme d'ailleurs ? Une femme ne doit-elle pas avoir une conscience, ne doit-elle pas se fixer une droite conduite et s'y tenir ? Je dois me punir et délivrer le monde d'un monstre qui l'infecte. Trouvons un poignard ou trouvons un philtre foudroyant et tranchons, buvons, mourons ! La mort me délivrera et me rendra ma conscience. Je veux de nouveau être la pure enfant de mon père. Souviens-toi Renée quand tu jouais paisiblement dans ta chambre, chez ton père. Quel lieu apaisant ! Quelle présence réconfortante que celle de mon père. Comme il est droit et calme, comme j'aimerais lui ressembler... Il sait toujours où est le bien, où est le mal. Il me l'a enseigné, pourquoi n'ai-je pas su retenir cette leçon ? À présent, il est trop tard, je suis pourrie, je suis maudite. Nulle issue pour moi autre que la mort si je ne veux pas avoir à affronter le regard réprobateur de mon père. Viens mort, je t'en supplie, je t'en conjure, je t'implore, délivre-moi de mes remords ! Mais n'est-ce pas de nouveau un signe de lâcheté ? Mourir, n'est-ce pas renoncer à s'amender ? Oui, je divague, c'est vivre

qu'il faut choisir : vivre, pour me racheter, pour racheter mes péchés. Je dois changer de vie, je dois renoncer à Maxime, aux plaisirs, au monde. Pourquoi ne pas entrer dans les ordres ? Mon père me trouvera une bonne place dans un couvent : je passerai alors mes journées à prier, à faire le bien, à donner de l'amour. Je le puis, je le sais, je ne suis pas fondamentalement mauvaise. Non, j'ai été mal conseillée, mal entourée, mal mariée. C'est ce maudit Saccard qui est la cause de mes dérèglements et de mon détraquement. Maudite famille ! Depuis leur tante Dide, ils sont tous tarés ; depuis leur tante Dide, ils sont tous dégénérés ! Saccard préfère son or à mon corps, Saccard aime à manipuler les autres, Saccard n'est ni époux ni père. Il n'est qu'un perpétuel démissionnaire qui fuit ses responsabilités. Je ne dois plus me laisser corrompre, je ne dois plus me vautrer dans le stupre et la marbre. Vivons, mais vivons selon les lois morales. Quelle existence je me dessine là ! Quelle vie de monotonie et de contraintes je vois s'ouvrir devant moi ! La mort me paraît finalement bien plus douce ! Mourir me permettrait de fuir mes responsabilités. Je reposerais tranquillement, sous la terre, dans une boîte close et hermétique aux corruptions du monde ! Sourde aux rumeurs et aux tentations du monde, je serai apaisée. Oui, mort ! Viens à moi, délivre-moi, enlève-moi ! Je ne veux plus réfléchir, je ne veux plus affronter ma conscience, je ne veux plus me sentir coupable. Monstre tu es, monstre tu resteras. Allons Renée, il faut mourir ! Sois digne pour une fois ! Cours chercher un poignard ! Tu trancheras tes veines, tu partiras lentement vers la Paix. Mais s'ouvrir les veines, n'est-ce pas douloureux ? Tiens, voilà Maxime, demandons-lui conseil... Maxime, Maxime ! J'ai besoin de toi !

Partie 5

CORPUS DE TEXTES

Le personnage du roman du XVIIe siècle à nos jours

Corpus 1 Le réalisme

Texte 1 - Honoré de Balzac, *Le Père Goriot*, chapitre I, 1834
Texte 2 - Stendhal, *La Chartreuse de Parme*, I, 6, 1839
Texte 3 - Gustave Flaubert, *Madame Bovary, incipit*, 1857
Texte 4 - Émile Zola, *La Curée*, chapitre 2, 1872

■ Texte 1 - Honoré de Balzac, *Le Père Goriot*, chapitre I, 1834

Au début du roman, la pension Vauquer dans laquelle vit le héros, le père Goriot, est décrite.

Naturellement destiné à l'exploitation de la pension bourgeoise, le rez-de-chaussée se compose d'une première pièce éclairée par les deux croisées de la rue, et où l'on entre par une porte-fenêtre. Ce salon communique à une salle à manger qui est séparée de la cuisine par la cage d'un escalier dont les marches sont en bois et en carreaux mis en couleur et frottés. Rien n'est plus triste à voir que ce salon meublé de fauteuils et de chaises en étoffe de crin à raies alternativement mates et luisantes. Au milieu se trouve une table ronde à dessus de marbre Sainte-Anne, décorée de ce cabaret en porcelaine blanche ornée de filets d'or effacés à demi, que l'on rencontre partout aujourd'hui. Cette pièce, assez mal planchéiée, est lambrissée à hauteur d'appui. Le surplus des parois est tendu d'un papier verni représentant les principales scènes de Télémaque, et dont les classiques personnages sont coloriés. Le panneau d'entre les croisées grillagées offre aux pensionnaires le tableau du festin donné au fils d'Ulysse par Calypso. Depuis quarante ans cette peinture excite les plaisanteries des jeunes pensionnaires, qui se croient supérieurs à leur position en se moquant du dîner auquel la misère les condamne. La cheminée en pierre, dont le foyer toujours propre atteste qu'il ne s'y fait de feu que dans les grandes occasions, est ornée de deux vases pleins de fleurs artificielles, vieillies et encagées, qui accompagnent une pendule en marbre bleuâtre du plus mauvais goût. Cette première pièce exhale une odeur sans nom dans la langue, et qu'il faudrait appeler l'odeur de pension. Elle sent le renfermé, le moisi, le rance ; elle donne froid, elle est humide au nez, elle pénètre les vêtements ; elle a le goût d'une salle où l'on a dîné ; elle pue le service, l'office, l'hospice. Peut-être pourrait-elle se décrire si l'on inventait un procédé pour évaluer les quantités élémentaires et nauséabondes qu'y jettent les atmosphères catarrhales et sui generis de chaque pensionnaire, jeune ou vieux. Eh ! bien, malgré ces plates horreurs, si vous le compariez à la salle à manger, qui lui est contiguë, vous trouveriez ce salon élégant et parfumé comme doit l'être un boudoir.

■ Texte 2 - Stendhal, *La Chartreuse de Parme*, I, 6, 1839

La comtesse Gina Pietranera, pour oublier son amour pour Fabrice, se lie avec le Premier ministre de la cour de Parme, le puissant comte Mosca, qui est éperdument épris d'elle. Après avoir rencontré ce dernier à la Scala de Milan, la comtesse se retire à Grianta, où elle se livre à des longues rêveries.

La comtesse pensait souvent à l'auteur de tant de lettres aimables. Le jour où elle les recevait était agréable pour elle ; elle prenait sa barque et allait les lire dans les beaux sites du lac, à la *Pliniana*, à *Bélan*, au bois des *Sfondrata*. Ces lettres semblaient la consoler un peu de l'absence de Fabrice. Elle ne pouvait du moins refuser au comte d'être fort amoureux ; un mois ne s'était pas écoulé, qu'elle songeait à lui avec une amitié tendre. De son côté, le comte Mosca était presque de bonne foi quand il lui offrait de donner sa démission, de quitter le ministère, et de venir passer sa vie avec elle à Milan ou ailleurs. J'ai 400 000 francs, ajoutait-il, ce qui nous fera

toujours 15 000 livres de rente. De nouveau une loge, des chevaux ! etc., se disait la comtesse, c'étaient des rêves aimables. Les sublimes beautés des aspects du lac de Côme recommençaient à la charmer. Elle allait rêver sur ses bords à ce retour de vie brillante et singulière qui, contre toute apparence, redevenait possible pour elle. Elle se voyait sur le Corso, à Milan, heureuse et gaie comme au temps du vice-roi ; la jeunesse, ou du moins la vie active recommencerait pour moi !

Quelquefois son imagination ardente lui cachait les choses, mais jamais avec elle il n'y avait de ces illusions volontaires que donne la lâcheté. C'était surtout une femme de bonne foi avec elle-même. Si je suis un peu trop âgée pour faire des folies, se disait-elle, l'envie, qui se fait des illusions comme l'amour, peut empoisonner pour moi le séjour de Milan. Après la mort de mon mari, ma pauvreté noble eut du succès, ainsi que le refus de deux grandes fortunes. Mon pauvre petit comte Mosca n'a pas la vingtième partie de l'opulence que mettaient à mes pieds ces deux nigauds Limercati et Nani. La chétive pension de veuve péniblement obtenue, les gens congédiés, ce qui eut de l'éclat, la petite chambre au cinquième qui amenait vingt carrosses à la porte, tout cela forma jadis un spectacle singulier. Mais j'aurai des moments désagréables, quelque adresse que j'y mette, si, ne possédant toujours pour fortune que la pension de veuve, je reviens vivre à Milan avec la bonne petite aisance bourgeoise que peuvent nous donner les 15 000 livres qui resteront à Mosca après sa démission. Une puissante objection, dont l'envie se fera une arme terrible, c'est que le comte, quoique séparé de sa femme depuis longtemps, est marié. Cette séparation se sait à Parme, mais à Milan elle sera nouvelle, et on me l'attribuera. Ainsi, mon beau théâtre de la Scala, mon divin lac de Côme… adieu ! adieu !

Texte 3 - Gustave Flaubert, *Madame Bovary*, *incipit*, 1857

Nous étions à l'Étude, quand le Proviseur entra, suivi d'un nouveau habillé en bourgeois et d'un garçon de classe qui portait un grand pupitre. Ceux qui dormaient se réveillèrent, et chacun se leva comme surpris dans son travail.

Le Proviseur nous fit signe de nous rasseoir; puis, se tournant vers le maître d'études :

– Monsieur Roger, lui dit-il à demi-voix, voici un élève que je vous recommande, il entre en cinquième. Si son travail et sa conduite sont méritoires, il passera dans les grands, où l'appelle son âge.

Resté dans l'angle, derrière la porte, si bien qu'on l'apercevait à peine, le nouveau était un gars de la campagne, d'une quinzaine d'années environ, et plus haut de taille qu'aucun de nous tous. Il avait les cheveux coupés droit sur le front, comme un chantre de village, l'air raisonnable et fort embarrassé. Quoiqu'il ne fût pas large des épaules, son habit-veste de drap vert à boutons noirs devait le gêner aux entournures et laissait voir, par la fente des parements, des poignets rouges habitués à être nus. Ses jambes, en bas bleus, sortaient d'un. pantalon jaunâtre très tiré par les bretelles. Il était chaussé de souliers forts, mal cirés, garnis de clous.

On commença la récitation des leçons. Il les écouta de toutes ses oreilles, attentif comme au sermon, n'osant même croiser les cuisses, ni s'appuyer sur le coude, et, à deux heures, quand la cloche sonna, le maître d'études fut obligé de l'avertir, pour qu'il se mît avec nous dans les rangs.

Nous avions l'habitude, en entrant en classe, de jeter nos casquettes par terre, afin d'avoir ensuite nos mains plus libres; il fallait, dès le seuil de la porte, les lancer sous le banc, de façon à frapper contre la muraille en faisant beaucoup de poussière; c'était là le genre.

Mais, soit qu'il n'eût pas remarqué cette manœuvre ou qu'il n'eut osé s'y soumettre, la prière était finie que le nouveau tenait encore sa casquette sur ses deux genoux. C'était une de ces coiffures d'ordre composite, où l'on retrouve les éléments du bonnet à poil, du chapska, du chapeau rond, de la casquette de loutre et du bonnet de coton, une de ces pauvres choses, enfin, dont la laideur muette a des profondeurs d'expression comme le visage d'un imbécile. Ovoïde et renflée de baleines, elle commençait par trois boudins circulaires; puis s'alternaient, séparés par une bande rouge, des losanges de velours et de poils de lapin ; venait ensuite une façon de

sac qui se terminait par un polygone cartonné, couvert d'une broderie en soutache compliquée, et d'où pendait, au bout d'un long cordon trop mince, un petit croisillon de fils d'or, en manière de gland. Elle était neuve; la visière brillait.

Texte 4 - Émile Zola, *La Curée*, chapitre 2, 1872

Aristide Saccard est un jeune ambitieux, qui vient d'arriver à Paris et qui entend bien faire fortune en profitant des spéculations liées aux grands travaux d'Haussmann.

Ce spectacle des toits de Paris égaya Saccard. Au dessert, il fit apporter une bouteille de bourgogne. Il souriait à l'espace, il était d'une galanterie inusitée. Et ses regards amoureusement, redescendaient toujours sur cette mer vivante et pullulante, d'où sortait la voix profonde des foules. On était à l'automne ; la ville, sous le grand ciel pâle s'alanguissait, d'un gris doux et tendre, piqué çà et là de verdures sombres, qui ressemblaient à de larges feuilles de nénuphars nageant sur un lac ; le soleil se couchait dans un nuage rouge, et, tandis que les fonds s'emplissaient d'une brume légère, une poussière d'or, une rosée d'or tombait sur la rive droite de la ville, du côté de la Madeleine et des Tuileries. C'était comme le coin enchanté d'une cité des *Milles et Une Nuits*, aux arbres d'émeraude, aux toits de saphir, aux girouettes de rubis. Il vint un moment où le rayon qui glissait entre deux nuages, fut si resplendissant, que les maisons semblèrent flamber et se fondre comme un lingot d'or dans un creuset.

« Oh ! vois, dit Saccard, avec un rire d'enfant, il pleut des pièces de vingt francs dans Paris ! »

Angèle se mit à rire à son tour, en accusant ces pièces-là de n'être pas faciles à ramasser. Mais son mari s'était levé, et s'accoudant sur la rampe de la fenêtre :

C'est la colonne Vendôme, n'est-ce pas, qui brille là-bas ?... Ici, plus à droite, voilà la Madeleine... Un beau quartier, où il y a beaucoup à faire... Ah ! cette fois, tout va brûler ! Vois-tu ?... On dirait que le quartier bout dans l'alambic[1] de quelque chimiste. »

Sa voix devenait grave et émue. La comparaison qu'il avait trouvée parut le frapper beaucoup. Il avait bu du bourgogne, il s'oublia, il continua, étendant le bras pour montrer Paris à Angèle qui s'était également accoudée, à son côté :

« Oui, oui, j'ai bien dit, plus d'un quartier va fondre, et il restera de l'or aux doigts des gens qui chaufferont et remueront la cuve. Ce grand innocent de Paris ! vois donc comme il est immense et comme il s'endort doucement ! C'est bête, ces grandes villes ! Il ne se doute guère de l'armée de pioches qui l'attaquera un de ces beaux matins, et certains hôtels de la rue d'Anjou ne reluiraient pas si fort sous le soleil couchant, s'ils savaient qu'ils n'ont plus que trois ou quatre ans à vivre. »

Angèle croyait que son mari plaisantait. Il avait parfois le goût de la plaisanterie colossale et inquiétante. Elle riait, mais avec un vague effroi, de voir ce petit homme se dresser au-dessus du géant couché à ses pieds, et lui montrer le poing, en pinçant ironiquement les lèvres.

« On a déjà commencé, continua-t-il. Mais ce n'est qu'une misère. Regarde là-bas, du côté des Halles, on a coupé Paris en quatre... »

1. Appareil servant à la distillation.

Corpus 2 Le roman et l'Histoire

Texte 1 - Mme de La Fayette, *La Princesse de Clèves*, *incipit*, 1678
Texte 2 - Jules Vallès, *L'Insurgé*, chapitre 35, 1886
Texte 3 - Claude Simon, *La Route des Flandres*, II, 1960

Texte 1 - Mme de La Fayette, *La Princesse de Clèves*, *incipit*, 1678

La magnificence[1] et la galanterie[2] n'ont jamais paru en France avec tant d'éclat que dans les dernières années du règne de Henri second[3]. Ce prince était galant, bien fait et amoureux ; quoique sa passion pour Diane de Poitiers, Duchesse de Valentinois[4], eût commencé il y avait plus de vingt ans, elle n'en était pas moins violente, et il n'en donnait pas des témoignages moins éclatants.

Comme il réussissait admirablement dans tous les exercices du corps, il en faisait une de ses plus grandes occupations. C'étaient tous les jours des parties de chasse et de paume[5], des ballets, des courses de bagues[6], ou de semblables divertissements ; les couleurs et les chiffres[7] de Madame de Valentinois paraissaient partout, et elle paraissait elle-même avec tous les ajustements[8] que pouvait avoir Mademoiselle de La Marck, sa petite-fille, qui était alors à marier.

La présence de la Reine[9] autorisait la sienne. Cette princesse était belle, quoiqu'elle eût passé la première jeunesse ; elle aimait la grandeur, la magnificence et les plaisirs. Le Roi l'avait épousée lorsqu'il était encore Duc d'Orléans, et qu'il avait pour aîné le Dauphin[10], qui mourut à Tournon, prince que sa naissance et ses grandes qualités destinaient à remplir dignement la place du Roi François premier[11], son père.

L'humeur ambitieuse de la Reine lui faisait trouver une grande douceur à régner ; il semblait qu'elle souffrît sans peine l'attachement du Roi pour la Duchesse de Valentinois, et elle n'en témoignait aucune jalousie ; mais elle avait une si profonde dissimulation, qu'il était difficile de juger de ses sentiments, et la politique l'obligeait d'approcher cette duchesse de sa personne, afin d'en approcher aussi le Roi. Ce prince aimait le commerce[12] des femmes, même de celles dont il n'était pas amoureux : il demeurait tous les jours chez la Reine à l'heure du cercle[13], où

1. Faste, luxe.
2. Le mot a plusieurs sens. Il désigne d'abord la distinction, l'élégance dans les manières, puis les intrigues amoureuses.
3. Henri II (1519-1559), fils de François Ier et de Claude de France. Il épousa Catherine de Médicis en 1533, avec laquelle il eut dix enfants. Il fut mortellement blessé par un coup de lance lors d'un tournoi.
4. Diane de Poitiers : duchesse de Valentinois (1499-1566), favorite d'Henri II.
5. Sport qui est l'ancêtre du tennis.
6. Jeu qui consistait pour les participants, munis d'une lance et sur un cheval au galop, à enlever des anneaux suspendus à un poteau.
7. Les couleurs de Diane de Poitiers étaient le noir et le blanc ; par chiffres, on désigne l'entrelacement de lettres initiales dont on orne du linge, par exemple.
8. Parures.
9. Il s'agit de Catherine de Médicis (1519-1589), épouse du duc d'Orléans, qui devint le roi Henri II en 1547. Nommée régente à l'avènement de son fils Charles IX (qui succédait à son frère aîné François II), en 1560, elle manifesta un sens exceptionnel du politique et un goût prononcé pour le pouvoir. Elle essaya de concilier protestants et catholiques pendant les guerres de Religion, puis fut l'instigatrice des massacres de la Saint-Barthélemy en 1572. Elle favorisa les arts à la Cour de France en faisant venir de nombreux artistes d'Italie.
10. François, frère aîné du duc d'Orléans (futur Henri II), fils de François Ier et de Claude de France. Il mourut en 1536.
11. Roi de France (1494-1547) de 1515 à 1547. Ardent guerrier, fin politique, et homme de culture, il reçut à la cour des artistes italiens, tel Léonard de Vinci, pour y introduire le mouvement de la Renaissance. Il fit construire des châteaux, tels que Chambord ou Saint-Germain-en-Laye, et, par l'ordonnance de Villers-Cotterêts en 1539, imposa le français comme langue officielle du royaume.
12. Compagnie.
13. Société de femmes réunies autour de la reine pour le plaisir de la conversation.

tout ce qu'il y avait de plus beau et de mieux fait, de l'un et de l'autre sexe, ne manquait pas de se trouver.

Jamais Cour n'a eu tant de belles personnes et d'hommes admirablement bien faits ; et il semblait que la nature eût pris plaisir à placer ce qu'elle donne de plus beau, dans les plus grandes princesses et dans les plus grands princes.

Texte 2 - Jules Vallès, *L'Insurgé*, chapitre 35, 1886

Le héros-narrateur a participé activement à la Commune. Poursuivi par les armées versaillaises qui reprennent en main le pays, il est contraint à l'exil.

Voilà des semaines que j'attends, du fond de mon trou, une occasion de leur filer entre les doigts.

Leur échapperai-je ?... je ne crois pas.

Par deux fois, je me suis trahi. Des voisins ont pu voir sortir ma tête, blême comme celle d'un noyé.

Tant pis ! si l'on me prend, on me prendra !

Je suis en paix avec moi-même.

Je sais, maintenant, à force d'y avoir pensé dans le silence, l'?il fixé à l'horizon sur le poteau de Satory , notre crucifix à nous !, je sais que les fureurs des foules sont crimes d'honnêtes gens, et je ne suis plus inquiet pour ma mémoire, enfumée et encaillotée de sang.

Elle sera lavée par le temps, et mon nom restera affiché dans l'atelier des guerres sociales comme celui d'un ouvrier qui ne fut pas fainéant.

Mes rancunes sont mortes, j'ai eu mon jour.

Bien d'autres enfants ont été battus comme moi, bien d'autres bacheliers ont eu faim, qui sont arrivés au cimetière sans avoir leur jeunesse vengée.

Toi, tu as rassemblé tes misères et tes peines, et tu as amené ton peloton de recrues à cette révolte qui fut la grande fédération des douleurs.

De quoi te plains-tu ?...

C'est vrai. La Perquisition peut venir, les soldats peuvent charger leurs armes, je suis prêt.

. . . .

Je viens de passer un ruisseau qui est la frontière.

Ils ne m'auront pas ! Et je pourrai être avec le peuple encore, si le peuple est rejeté dans la rue et acculé dans la bataille.

Je regarde le ciel du côté où je sens Paris.

Il est d'un bleu cru, avec des nuées rouges. On dirait une grande blouse inondée de sang.

---

1. On entassait les prisonniers communards sur les docks du plateau de Satory.

Texte 3 - Claude Simon, *La Route des Flandres*, II, 1960

De Reixach, officier de l'armée française pendant la première guerre, tombe avec ses hommes (dont fait partie le narrateur) dans une embuscade.

[...] je pouvais les voir au fur et à mesure qu'ils tournaient à droite s'engageaient dans le chemin creux lui en tête de la colonne comme si ç'avait été le quatorze juillet un puis deux puis trois puis le premier peloton tout entier puis le deuxième les chevaux se suivaient tranquillement au pas on aurait dit ces chevaux-jupons avec lesquels jouaient autrefois les enfants des sortes d'animaux aquatiques flottant sur le ventre propulsés par d'invisibles pieds palmés glissant lentement l'un après l'autre avec leurs identiques encolures arrondies de pièces d'échecs leurs identiques cavaliers exténués aux identiques bustes voûtés dodelinant la moitié en train de dormir sans doute quoiqu'il fît jour depuis un bon moment le ciel tout rose de l'aurore la campagne comme molle encore à moitié endormie aussi, il y avait comme une sorte de vaporeuse moiteur il devait y avoir de la rosée des gouttes de cristal accrochées aux brins d'herbe que le soleil allait faire s'évaporer je pouvais facilement le reconnaître tout là-bas en tête à la

façon qu'il avait de se tenir très droit sur sa selle contrastant avec les autres silhouettes avachies comme si pour lui la fatigue n'existait pas, la moitié à peu près de l'escadron se trouvant engagée lorsqu'ils refluèrent vers le carrefour c'est-à-dire comme un accordéon comme sous la pression d'un invisible piston les repoussant, les derniers continuant toujours à avancer alors que la tête de la colonne semblait pour ainsi dire se rétracter le bruit ne parvenant qu'ensuite de sorte qu'il se passa un moment (peut-être une fraction de seconde mais apparemment plus) pendant lequel dans le silence total il y eut seulement ceci : les petits chevaux-jupons et leurs cavaliers rejetés en désordre les uns sur les autres exactement comme des pièces d'échecs s'abattant en chaîne le bruit lorsqu'il arriva avec ce léger décalage dans le temps sur l'image lui-même exactement semblable au son creux des pièces d'ivoire tambourinant tombant les unes après les autres sur le plateau de l'échiquier comme ceci : tac-tac-tac-tac-tac les rafales pressées se superposant s'entassant aurait-on dit puis au-dessus de nous les invisibles cordes de guitares pincées tissant l'invisible chaîne d'air froissé soyeux mortel [...].

Corpus 3 Le lyrisme romanesque

Texte 1 - Mme de La Fayette, *La Princesse de Clèves*, deuxième partie, 1678

Texte 2 - Jean-Jacques Rousseau, *La Nouvelle Héloïse*, troisième parie, lettre V de Julie, 1761

Texte 3 - François-René de Chateaubriand, *René*, 1802

Texte 4 - Albert Cohen, *Belle du Seigneur*, chapitre 2, 1968

■ **Texte 1** - Mme de La Fayette, *La Princesse de Clèves*, deuxième partie, 1678

Mme de Clèves a épousé M. de Clèves sans en être éprise. Au premier bal de la cour, elle s'éprend du duc de Nemours, mais femme d'honneur et de devoir, elle tente par tous les moyens de réprimer cet amour qu'elle juge coupable. Cependant, elle ne peut résister aux affres de la jalousie quand elle croit (à tort) que Nemours est épris d'une autre femme qu'elle.

Madame de Clèves lut cette lettre et la relut plusieurs fois, sans savoir néanmoins ce qu'elle avait lu. Elle voyait seulement que Monsieur de Nemours ne l'aimait pas comme elle l'avait pensé, et qu'il en aimait d'autres qu'il trompait comme elle. Quelle vue et quelle connaissance pour une personne de son humeur, qui avait une passion violente, qui venait d'en donner des marques à un homme qu'elle en jugeait indigne, et à un autre qu'elle maltraitait pour l'amour de lui ! Jamais affliction n'a été si piquante et si vive : il lui semblait que ce qui faisait l'aigreur de cette affliction était ce qui s'était passé dans cette journée, et que, si Monsieur de Nemours n'eût point eu lieu de croire qu'elle l'aimait, elle ne se fût pas souciée qu'il en eût aimé une autre. Mais elle se trompait elle-même ; et ce mal qu'elle trouvait si insupportable était la jalousie avec toutes les horreurs dont elle peut être accompagnée[1]. Elle voyait par cette lettre que Monsieur de Nemours avait une galanterie depuis longtemps. Elle trouvait que celle qui avait écrit la lettre avait de l'esprit et du mérite ; elle lui paraissait digne d'être aimée ; elle lui trouvait plus de courage qu'elle ne s'en trouvait à elle-même, et elle enviait la force qu'elle avait eue de cacher ses sentiments à Monsieur de Nemours. Elle voyait, par la fin de la lettre, que cette personne se croyait aimée ; elle pensait que la discrétion que ce prince lui avait fait paraître, et dont elle avait été si touchée, n'était peut-être que l'effet de la passion qu'il avait pour cette autre personne, à qui il craignait de déplaire. Enfin elle pensait tout[2] ce qui pouvait augmenter son affliction et son désespoir. Quels retours ne fit-elle point sur elle-même ! quelles réflexions sur les conseils que sa mère lui avait donnés ! Combien se repentit-elle de ne s'être pas opiniâtrée à se séparer du commerce du monde, malgré Monsieur de Clèves, ou de n'avoir pas suivi la pensée qu'elle avait eue de lui avouer l'inclination qu'elle avait pour Monsieur de Nemours ! Elle trouvait qu'elle aurait mieux fait de la découvrir à un mari dont elle connaissait la bonté, et qui aurait

1. La jalousie est un sentiment aliénant, surtout pour les précieuses.
2. Au XVIIe siècle, le verbe se construit avec un complément d'objet direct.

eu intérêt à la cacher, que de la laisser voir à un homme qui en était indigne, qui la trompait, qui la sacrifiait peut-être, et qui ne pensait à être aimé d'elle que par un sentiment d'orgueil et de vanité. Enfin, elle trouva que tous les maux qui lui pouvaient arriver, et toutes les extrémités où elle se pouvait porter, étaient moindres que d'avoir laissé voir à Monsieur de Nemours qu'elle l'aimait, et de connaître qu'il en aimait une autre. Tout ce qui la consolait était de penser au moins, qu'après cette connaissance, elle n'avait plus rien à craindre d'elle-même, et qu'elle serait entièrement guérie de l'inclination qu'elle avait pour ce prince.

Texte 2 - Jean-Jacques Rousseau, *La Nouvelle Héloïse*, troisième parie, lettre V de Julie, 1761

Julie, éprise de Saint-Preux malgré la désapprobation de ses parents, vient de perdre sa mère. Cet état la laisse désemparée et rongée par le remords.

Elle n'est plus. Mes yeux ont vu fermer les siens pour jamais ; ma bouche a reçu son dernier soupir ; mon nom fut le dernier mot qu'elle prononça ; son dernier regard fut tourné vers moi. Non, ce n'était pas la vie qu'elle semblait quitter, j'avais trop peu su la lui rendre chère ; c'était à moi seule qu'elle s'arrachait. Elle me voyait sans guide et sans espérance, accablée de mes malheurs et de mes fautes : mourir ne fut rien pour elle, et son cœur n'a gémi que d'abandonner sa fille dans cet état. Elle n'eut que trop de raison. Qu'avait-elle à regretter sur la terre ? Qu'est-ce qui pouvait ici-bas valoir à ses yeux le prix immortel de sa patience et de ses vertus qui l'attendait dans le ciel ? Que lui restait-il à faire au monde, sinon d'y pleurer mon opprobre ? Âme pure et chaste, digne épouse, et mère incomparable, tu vis maintenant au séjour de la gloire et de la félicité ; tu vis ; et moi, livrée au repentir et au désespoir, privée à jamais de tes soins, de tes conseils, de tes douces caresses, je suis morte au bonheur, à la paix, à l'innocence ; je ne sens plus que ta perte ; je ne vois plus que ma honte ; ma vie n'est plus que peine et douleur. Ma mère, ma tendre mère, hélas ! je suis bien plus morte que toi !

Mon Dieu ! quel transport égare une infortunée et lui fait oublier ses résolutions ? Où viens-je verser mes pleurs et pousser mes gémissements ? C'est le cruel qui les a causés que j'en rends le dépositaire ! C'est avec celui qui fait les malheurs de ma vie que j'ose les déplorer ! Oui, oui, barbare, partagez les tourments que vous me faites souffrir. Vous par qui je plongeai le couteau dans le sein maternel, gémissez des maux qui me viennent de vous, et sentez avec moi l'horreur d'un parricide qui fut votre ouvrage.

Texte 3 - François-René de Chateaubriand, *René*, 1802

Mais comment exprimer cette foule de sensations fugitives, que j'éprouvais dans mes promenades ? Les sons que rendent les passions dans le vide d'un cœur solitaire, ressemblent au murmure que les vents et les eaux font entendre dans le silence d'un désert : on en jouit, mais on ne peut les peindre.

L'automne me surprit au milieu de ces incertitudes : j'entrai avec ravissement dans les mois des tempêtes. Tantôt j'aurais voulu être un de ces guerriers errant au milieu des vents, des nuages et des fantômes ; tantôt j'enviais jusqu'au sort du pâtre que je voyais réchauffer ses mains à l'humble feu de broussailles qu'il avait allumé au coin d'un bois. J'écoutais ses chants mélancoliques, qui me rappelaient que dans tout pays, le chant naturel de l'homme est triste, lors même qu'il exprime le bonheur. Notre cœur est un instrument incomplet, une lyre où il manque des cordes, et où nous sommes forcés de rendre les accents de la joie sur le ton consacré aux soupirs.

Le jour je m'égarais sur de grandes bruyères terminées par des forêts. Qu'il fallait peu de chose à ma rêverie : une feuille séchée que le vent chassait devant moi, une cabane dont la fumée s'élevait dans la cime dépouillée des arbres, la mousse qui tremblait au souffle du nord sur le tronc d'un chêne, une roche écartée un étang désert où le jonc flétri murmurait ! Le clocher du hameau, s'élevant au loin dans la vallée, a souvent attiré mes regards ; souvent j'ai suivi des yeux les oiseaux de passage qui volaient au-dessus de ma tête. Je me figurais les bords ignorés, les climats lointains où ils se rendent ; j'aurais voulu être sur leurs ailes. Un secret instinct me

tourmentait ; je sentais que je n'étais moi-même qu'un voyageur ; mais une voix du ciel semblait me dire : « Homme, la saison de ta migration n'est pas encore venue ; attends que le vent de la mort se lève, alors tu déploieras ton vol vers ces régions inconnues que ton cœur demande. » Levez-vous vite, orages désirés, qui devez emporter René dans les espaces d'une autre vie ! Ainsi disant, je marchais à grands pas, le visage enflammé, le vent sifflant dans ma chevelure, ne sentant ni pluie ni frimas[1], enchanté, tourmenté, et comme possédé par le démon de mon cœur.

1. Vent.

■ **Texte 4 -** Albert Cohen, *Belle du Seigneur*, chapitre 2, 1968

Ariane, qui se croit seule, prend son bain en dialoguant avec elle-même, tandis que Solal l'espionne.

Entrée en fredonnant l'air de Mozart, elle s'approcha de la psyché, baisa sur la glace l'image de ses lèvres, s'y contempla. Après un soupir, elle alla s'étendre sur le lit, ouvrit le livre de Bergson, le feuilleta tout en dégustant des fondants au chocolat. Après quoi, elle se leva et se dirigea vers la salle de bains attenante à la chambre.

Grondements des eaux, divers petits rires, gazouillis incompréhensibles, puis un silence, suivi du choc d'un corps brusquement immergé, puis la voix aux inflexions dorées. Les rideaux écartés, il s'approcha de la porte entrebâillée de la salle de bain, écouta.

– J'adore l'eau trop chaude, attends chérie attends, on va en faire brûler sans qu'on s'en aperçoive, quand je suis gênée il paraît que je louche un peu pendant quelques secondes mais que c'est charmant, la Joconde a une tête de femme de ménage, je ne comprends pas pourquoi on fait tant de chichis pour cette bonne femme, est-ce que je vous dérange madame ? mais non pas du tout monsieur, seulement tournez-vous parce que je ne suis pas très visible en ce moment, à qui ai-je l'honneur monsieur ? je m'appelle Amundsen madame, vous êtes norvégien je suppose ? oui, madame, très bien très bien j'aime beaucoup la Norvège, y êtes-vous allée madame ? non mais je suis très attirée par votre pays les fjords les aurores boréales les phoques débonnaires et puis j'ai bu de l'huile de foie de morue dans mon enfance elle venait des îles Lofoten j'aimais beaucoup l'étiquette de la bouteille et votre prénom monsieur c'est quoi ? Éric madame, moi c'est Ariane, est-ce que vous êtes marié monsieur ? oui madame j'ai six enfants dont un petit nègre, très bien monsieur mes compliments à votre femme et est-ce que vous aimez les bêtes ?

Corpus 4 Les audaces du roman

Texte 1 - Denis Diderot, *Jacques le Fataliste*, *incipit*, 1778

Texte 2 - Louis-Ferdinand Céline, *Voyage au bout de la nuit*, 1932

Texte 3 - Michel Butor, *La Modification*, 1957

■ **Texte 1 -** Denis Diderot, *Jacques le Fataliste*, *incipit*, 1778

Comment s'étaient-ils rencontrés? Par hasard, comme tout le monde. Comment s'appelaient-ils? Que vous importe? D'où venaient-ils? Du lieu le plus prochain. Où allaient-ils? Est-ce que l'on sait où l'on va? Que disaient-ils? Le maître ne disait rien; et Jacques disait que son capitaine disait que tout ce qui nous arrive de bien et de mal ici-bas était écrit là-haut.

LE MAÎTRE : C'est un grand mot que cela.

JACQUES : Mon capitaine ajoutait que chaque balle qui partait d'un fusil avait son billet.

LE MAÎTRE : Et il avait raison…

Après une courte pause, Jacques s'écria : « Que le diable emporte le cabaretier et son cabaret !

LE MAÎTRE : Pourquoi donner au diable son prochain? Cela n'est pas chrétien.

JACQUES : C'est que, tandis que je m'enivre de son mauvais vin, j'oublie de mener nos chevaux à l'abreuvoir. Mon père s'en aperçoit; il se fâche. Je hoche de la tête; il prend un bâton et m'en frotte un peu durement les épaules. Un régiment passait pour aller au camp devant Fontenoy; de dépit je m'enrôle. Nous arrivons; la bataille se donne.

LE MAÎTRE : Et tu reçois la balle à ton adresse.

JACQUES : Vous l'avez deviné; un coup de feu au genou; et Dieu sait les bonnes et mauvaises aventures amenées par ce coup de feu. Elles se tiennent ni plus ni moins que les chaînons d'une gourmette. Sans ce coup de feu, par exemple, je crois que je n'aurais été amoureux de ma vie, ni boiteux.

LE MAÎTRE : Tu as donc été amoureux ?

JACQUES : Si je l'ai été !

LE MAÎTRE : Et cela par un coup de feu ?

JACQUES : Par un coup de feu.

LE MAÎTRE : Tu ne m'en as jamais dit un mot.

JACQUES : Je le crois bien.

LE MAÎTRE : Et pourquoi cela ?

JACQUES : C'est que cela ne pouvait être dit ni plus tôt ni plus tard.

LE MAÎTRE : Et le moment d'apprendre ces amours est-il venu ?

JACQUES : Qui le sait ?

LE MAÎTRE : À tout hasard, commence toujours... »

Jacques commença l'histoire de ses amours. C'était l'après-dîner: il faisait un temps lourd; son maître s'endormit. La nuit les surprit au milieu des champs; les voilà fourvoyés. Voilà le maître dans une colère terrible et tombant à grands coups de fouet sur son valet, et le pauvre diable disant à chaque coup : « Celui-là était apparemment encore écrit là-haut... »

Vous voyez, lecteur, que je suis en beau chemin, et qu'il ne tiendrait qu'à moi de vous faire attendre un an, deux ans, trois ans, le récit des amours de Jacques, en le séparant de son maître et en leur faisant courir à chacun tous les hasards qu'il me plairait. Qu'est-ce qui m'empêcherait de marier le maître et de le faire cocu ? d'embarquer Jacques pour les îles ? d'y conduire son maître ? de les ramener tous les deux en France sur le même vaisseau ? Qu'il est facile de faire des contes! Mais ils en seront quittes l'un et l'autre pour une mauvaise nuit, et vous pour ce délai.

L'aube du jour parut. Les voilà remontés sur leurs bêtes et poursuivant leur chemin. Et où allaient-ils ? Voilà la seconde fois que vous me faites cette question, et la seconde fois que je vous réponds: Qu'est-ce que cela vous fait ? Si j'entame le sujet de leur voyage, adieu les amours de Jacques... Ils allèrent quelque temps en silence. Lorsque chacun fut un peu remis de son chagrin, le maître dit à son valet : « Eh bien, Jacques, où en étions-nous de tes amours ?

■ **Texte 2 -** Louis-Ferdinand Céline, *Voyage au bout de la nuit*, 1932

Le héros-narrateur Bardamu souffre d'une profonde solitude existentielle alors qu'il déambule dans les rues de Rancy, une banlieue misérable dans laquelle il a décidé d'exercer ses fonctions de médecin.

Quand on arrive vers ces heures-là, en haut du pont Caulaincourt, on aperçoit, au-delà du grand lac de nuit qui est sur le cimetière, les premières lueurs de Rancy. C'est sur l'autre bord, Rancy. Faut faire tout le tour pour y arriver. C'est si loin ! Alors on dirait qu'on fait le tour de la nuit même, tellement il faut marcher de temps et des pas autour du cimetière pour arriver aux fortifications.

Et puis, ayant atteint la porte, à l'octroi, on passe encore devant le bureau moisi où végète le petit employé vert. C'est tout près alors. Les chiens de la zone sont à leur poste d'aboi. Sous le bec de gaz, il y a des fleurs quand même, celles de la marchande qui attend toujours là les morts qui passent d'un jour à l'autre, d'une heure à l'autre. Le cimetière, un autre encore, à côté, et puis le boulevard de la Révolte. Il monte avec toutes ses lampes, droit et large en plein dans la

nuit. Y a qu'à suivre, à gauche. C'était ma rue. Il n'y avait vraiment personne à rencontrer. Tout de même, j'aurais bien voulu avoir des chaussons pour qu'on m'entende pas du tout rentrer chez moi. J'y étais cependant pour rien, moi, si Bébert1 n'allait pas mieux du tout. J'avais fait mon possible. Rien à me reprocher. C'était pas de ma faute si on ne pouvait rien dans des cas comme ceux-là. Je suis parvenu jusque devant sa porte et, je le croyais, sans avoir été remarqué. Et puis, une fois monté, sans ouvrir les persiennes, j'ai regardé par les fentes pour voir s'il y avait toujours des gens à parler devant chez Bébert. Il en sortait encore quelques-uns des visiteurs, de la maison, mais ils n'avaient pas le même air qu'hier, les visiteurs. Une femme de ménage des environs, que je connaissais bien, pleurnichait en sortant. « On dirait décidément que ça va encore plus mal, que je me disais. En tout cas, ça va sûrement pas mieux… Peut-être qu'il est déjà passé, que je me disais. Puisqu'il y a en a une qui pleure déjà ! ». La journée était finie.

Je cherchais quand même si j'y étais pour rien dans tout ça. C'était froid et silencieux chez moi. Comme une petite nuit dans un coin de la grande, exprès pour moi tout seul.

De temps en temps montaient des bruits de pas et l'écho entrait de plus en plus fort dans ma chambre, bourdonnait, s'estompait… Silence. Je regardais encore s'il se passait quelque chose dehors, en face. Rien qu'en moi que ça se passait, à me poser toujours la même question.

J'ai fini par m'endormir sur la question, dans ma nuit à moi, ce cercueil, tellement j'étais fatigué de marcher et de ne trouver rien.

---

1. Ami du narrateur que ce dernier tente de sauver en le soignant.

Texte 3 - Michel Butor, *La Modification*, 1957

Ce roman, écrit essentiellement à la deuxième personne du pluriel, décrit le voyage d'un homme dans le train Paris-Rome, alors qu'il compte rejoindre sa maîtresse. Au cours du trajet, on découvre ses pensées et ses sentiments.

Qui a demandé qu'on éteigne ? Qui a voulu cette veilleuse ? La lumière était dure et brûlante, mais les objets qu'elle éclairait présentaient du moins une surface dure à laquelle vous aviez l'impression de pouvoir vous appuyer, vous accrocher, avec quoi vous tentiez de vous constituer un rempart contre cette infiltration contagieuse qui se met à faire trembler de plus en plus de pièce de cette machine extérieure, de cette cuirasse métallique dont vous-même jusqu'à présent ne soupçonniez pas la minceur, la fragilité,

tandis que ce bleu qui reste comme suspendu dans l'air, qui donne l'impression qu'il le faut traverser pour voir, ce bleu aidé de ce perpétuel tremblement, de ce bruit, de ces respirations devinées, restitue les objets à leur incertitude originelle, non point vus crûment mais reconstitués à partir d'indices, de telle sorte qu'ils vous regardent autant que vous les regardez,

vous restituant vous-même à cette tranquille terreur, à cette émotion primitive où s'affirme avec tant de puissance et de hauteur, au-dessus des ruines de tant de mensonges, la passion de l'existence et de la vérité.

Écriture poétique et quête du sens du Moyen Âge à nos jours

Corpus 5 Paul Verlaine

Texte 1 - Paul Verlaine, *Après trois ans*, « Melancholia », in *Poèmes saturniens*, 1866
Texte 2 - Paul Verlaine, *Mon rêve familier*, « Melancholia », in *Poèmes saturniens*, 1866
Texte 3 - Paul Verlaine, *Promenade sentimentale*, « *Eaux fortes* », in *Poèmes saturniens*, 1866
Texte 4 - Paul Verlaine, *Monsieur Prud'Homme*, « *Eaux fortes* », in *Poèmes saturniens*, 1866

■ **Texte 1** - Paul Verlaine, *Après trois ans*, « Melancholia », in *Poèmes saturniens*, 1866

Ayant poussé la porte étroite qui chancelle,
Je me suis promené dans le petit jardin
Qu'éclairait doucement le soleil du matin,
Pailletant chaque fleur d'une humide étincelle.

Rien n'a changé. J'ai tout revu : l'humble tonnelle
De vigne folle avec les chaises de rotin…
Le jet d'eau fait toujours son murmure argentin
Et le vieux tremble sa plainte sempiternelle.

Les roses comme avant palpitent ; comme avant,
Les grands lys orgueilleux se balancent au vent.
Chaque alouette qui va et vient m'est connue.

Même j'ai retrouvé debout la Velléda
Dont le plâtre s'écaille au bout de l'avenue,
– Grêle, parmi l'odeur fade du réséda.

■ **Texte 2** - Paul Verlaine, *Mon rêve familier*, « Melancholia », in *Poèmes saturniens*, 1866

Je fais souvent ce rêve étrange et pénétrant
D'une femme inconnue, et que j'aime, et qui m'aime
Et qui n'est, chaque fois, ni tout à fait la même
Ni tout à fait une autre, et m'aime et me comprend.

Car elle me comprend, et mon cœur, transparent
Pour elle seule, hélas ! cesse d'être un problème
Pour elle seule, et les moiteurs de mon front blême,
Elle seule les sait rafraîchir, en pleurant.

Est-elle brune, blonde ou rousse ? – Je l'ignore.
Son nom ? Je me souviens qu'il est doux et sonore
Comme ceux des aimés que la Vie exila.

Son regard est pareil au regard des statues,
Et, pour sa voix, lointaine, et calme, et grave, elle a
L'inflexion des voix chères qui se sont tues.

■ **Texte 3** - Paul Verlaine, *Promenade sentimentale*, « Eaux fortes », in *Poèmes saturniens*, 1866

Le couchant dardait ses rayons suprêmes
Et le vent berçait les nénuphars blêmes ;
Les grands nénuphars entre les roseaux
Tristement luisaient sur les calmes eaux.

Moi j'errais tout seul, promenant ma plaie
Au long de l'étang, parmi la saulaie
Où la brume vague évoquait un grand
Fantôme laiteux se désespérant
Et pleurant avec la voix des sarcelles
Qui se rappelaient en battant des ailes
Parmi la saulaie où j'errais tout seul
Promenant ma plaie ; et l'épais linceul
Des ténèbres vint noyer les suprêmes
Rayons du couchant dans ses ondes blêmes
Et les nénuphars, parmi les roseaux,
Les grands nénuphars sur les calmes eaux.

■ **Texte 4 -** Paul Verlaine, *Monsieur Prud'Homme*, « Eaux fortes », in *Poèmes saturniens*, 1866

Il est grave : il est maire et père de famille.
Son faux-col engloutit son oreille. Ses yeux
Dans un rêve sans fin flottent insoucieux,
Et le printemps en fleur sur ses pantoufles brille.

Que lui fait l'astre d'or, que lui fait la charmille
Où l'oiseau chante à l'ombre, et que lui font les cieux,
Et les prés verts et les gazons silencieux ?
Monsieur Prud'Homme songe à marier sa fille,

Avec monsieur Machin, un jeune homme cossu.
Il est juste-milieu, botaniste et pansu.
Quant aux faiseurs de vers, ces vauriens, ces maroufles,

Ces fainéants barbus, mal peignés, il les a
Plus en horreur que son éternel coryza,
Et le printemps en fleur brille sur ses pantoufles.

Corpus 6 L'obscurité en poésie

Texte 1 - Joachim Du Bellay, *Sonnet XII*, in *Les Regrets*, 1558

Texte 2 - Victor Hugo, *Réponse à un acte d'accusation*, v. 61-80, in *Les Contemplations*, 1856

Texte 3 - Stéphane Mallarmé, *Sonnet IV*, « Plusieurs sonnets », in *Poésies*, 1868

Texte 4 - Arthur Rimbaud, *Alchimie du verbe*, in *Une Saison en enfer*, 1872

■ **Texte 1 -** Joachim Du Bellay, *Sonnet XII*, in *Les Regrets*, 1558

Vu le soin ménager[1] dont travaillé je suis[2],
Vu l'importun souci qui sans fin me tourmente,
Et vu tant de regrets desquels je me lamente,
Tu t'ébahis[3] souvent comment chanter je puis.
Je ne chante, Magny[4], je pleure mes ennuis,
Ou, pour le dire mieux, en pleurant je les chante,
Si bien qu'en les chantant, souvent je les enchante :
Voilà pourquoi, Magny, je chante jours et nuits.
Ainsi chante l'ouvrier[5] en faisant son ouvrage,
Ainsi le laboureur faisant son labourage,
Ainsi le pèlerin regrettant sa maison,
Ainsi l'aventurier en songeant à sa dame,
Ainsi le marinier en tirant à la rame,
Ainsi le prisonnier maudissant sa prison.

1. Le souci que donnent les tracas quotidiens. 2. Dont je suis tourmenté. 3. Tu t'étonnes. 4. Poète français, ami du poète Du Bellay. 5. Le mot est compté pour deux syllabes et non trois. C'est une synérèse.

Texte 2 - Victor Hugo, *Réponse à un acte d'accusation*, v. 61-80, in *Les Contemplations*, 1856

Les adversaires de Victor Hugo l'accusaient d'avoir malmené le vers français par ses audaces romantiques. Le poète répond à cette accusation en se moquant des critiques de ceux qui faisaient de lui un « révolutionnaire » de la langue.

Alors, brigand, je vins ; je décriai : Pourquoi
Ceux-ci toujours devant, ceux-là toujours derrière[1] ?
Et sur l'Académie, aïeule et douairière,
Cachant sous ses jupons les tropes[2] effarés,
Et sur les bataillons d'alexandrins carrés,
Je fis souffler un vent révolutionnaire.
Je mis un bonnet rouge au vieux dictionnaire.
Plus de mot sénateur[3] ! plus de mot roturier !
Je fis une tempête au fond de l'encrier,
Et je mêlai, parmi les ombres débordées,
Au peuple noir des mots l'essaim blanc des idées ;
Et je dis : Pas de mot où l'idée au vol pur
Ne puisse se poser, tout humide d'azur !
Discours affreux ! – Syllepse, hypallage, litote[4],
Frémirent ; je montai sur la borne Aristote[5],
Et déclarai les mots égaux, libres, majeurs.
Tous les envahisseurs et tous les ravageurs,
Tous ces tigres, les Huns, les Scythes et les Daces[6],
N'étaient que des toutous après de mes audaces ;
Je bondis hors du cercle et brisai le compas.

1. Il s'agit des mots nobles et des mots bas.
2. Les figures de style.
3. « Sénateur » connote ici la noblesse et le conservatisme.
4. Figures de style très prisées dans la poésie classique.
5. Philosophe grec (384 av. J.-C. – 322 av. J.-C.).
6. Peuples conquérants désignés au vers précédent comme « envahisseurs » et « ravageurs ».

Texte 3 - Stéphane Mallarmé, *Sonnet IV*, « Plusieurs sonnets », in *Poésies*, 1868

Ses purs ongles très haut dédiant leur onyx,
L'Angoisse, ce minuit, soutient, lampadophore[1],
Maint rêve vespéral[2] brûlé par le Phénix
Que ne recueille pas de cinéraire amphore[3]

Sur les crédences[4], au salon vide : nul ptyx,
Aboli bibelot d'inanité sonore,
(Car le Maître est allé puiser des pleurs au Styx[5]
Avec ce seul objet dont le Néant s'honore).

Mais proche la croisée au nord vacante, un or
Agonise selon peut-être le décor
Des licornes ruant du feu contre une nixe[6],

Elle, défunte nue en le miroir, encor
Que, dans l'oubli fermé par le cadre, se fixe
De scintillations sitôt le septuor.

1. Qui porte des flambeaux.
2. Du soir.
3. Vase destiné à recueillir les cendres des morts.
4. Buffet.
5. Fleuve des enfers, selon la mythologie latine.
6. Génie ou nymphe des eaux, dans les légendes germaniques.

Texte 4 - Arthur Rimbaud, *Alchimie*[1] *du verbe*[2], in *Une Saison en enfer*, 1872

À moi. L'histoire d'une de mes folies.

Depuis longtemps je me vantais de posséder tous les paysages possibles, et trouvais dérisoires les célébrités de la peinture et de la poésie moderne.

J'aimais les peintures idiotes, dessus de portes, décors, toiles de saltimbanques, enseignes, enluminures populaires ; la littérature démodée, latin d'église, livres érotiques sans orthographe, romans de nos aïeules, contes de fées, petits livres de l'enfance, opéras vieux, refrains niais, rhythme[3] naïfs.

Je rêvais croisades, voyages de découvertes dont on n'a pas de relations, républiques sans histoires, guerres de religion étouffées, révolutions de mœurs, déplacements de races et de continents : je croyais à tous les enchantements.

J'inventai la couleur des voyelles ! – À noir, E blanc, I rouge, 0 bleu, U vert. – Je réglai la forme et le mouvement de chaque consonne, et, avec des rythmes instinctifs, je me flattai d'inventer un verbe poétique accessible, un jour ou l'autre, à tous les sens. je réservais la traduction.

Ce fut d'abord une étude. J'écrivais des silences, des nuits, je notais l'inexprimable. Je fixai les vertiges.

1. Science occulte qui se donne pour objectif de trouver le secret de transformer les métaux en or.
2. Le « verbe » est ici « le langage ».
3. C'est l'orthographe courante du mot « rythme » à l'époque où écrit Rimbaud.

Corpus 7 La pluie

Texte 1 - Francis Carco, *Variations sur la pluie : histoire d'eau*, in *Instincts*, 1911

Texte 2 - Pierre Reverdy, *En face*, « Plupart du temps », I, in *Les Ardoises du toit*, 1918

Texte 3 - Guillaume Apollinaire, *Il pleut*, in *Calligrammes*, 1918

Texte 4 - Guillaume Apollinaire, *Pluie*, in *Poèmes épistolaires*, 1920

Texte 1 - Francis Carco, *Variations sur la pluie : histoire d'eau*, in *Instincts*, 1911

La fraîcheur vive du boulevard pourri d'automne. Les larges feuilles des platanes dégringolent. C'est un écroulement imprévu et bizarre dans la lumière croisée des lampes à arc. Il tombe une petite pluie menue, serrée que le vent incline parfois sur les visages. La nuit est parfumée de l'odeur des feuillages gâtés : elle sent encore l'œillet, la poudre, le fard et le caoutchouc des imperméables.

Texte 2 - Pierre Reverdy, *En face*, « Plupart du temps », I, in *Les Ardoises du toit*, 1918

Au bord du toit
Un nuage danse
Trois gouttes d'eau pendent à
la gouttière
Trois étoiles
Des diamants
Et vos yeux brillants qui regardent
Le soleil derrière la vitre
Midi

■ **Texte 3 -** Guillaume Apollinaire, *Il pleut*, in *Calligrammes*, 1918

Il pleut des voix de femmes comme si elles étaient mortes même dans le souvenir
C'est vous aussi qu'il pleut merveilleuses rencontres de ma vie ô gouttelettes
Et ces nuages cabrés se prennent à hennir tout un univers de villes auriculaires
Écoute s'il pleut tandis que le regret et le dédain pleurent une ancienne musique
Écoute tomber les liens qui te retiennent en haut et en bas.

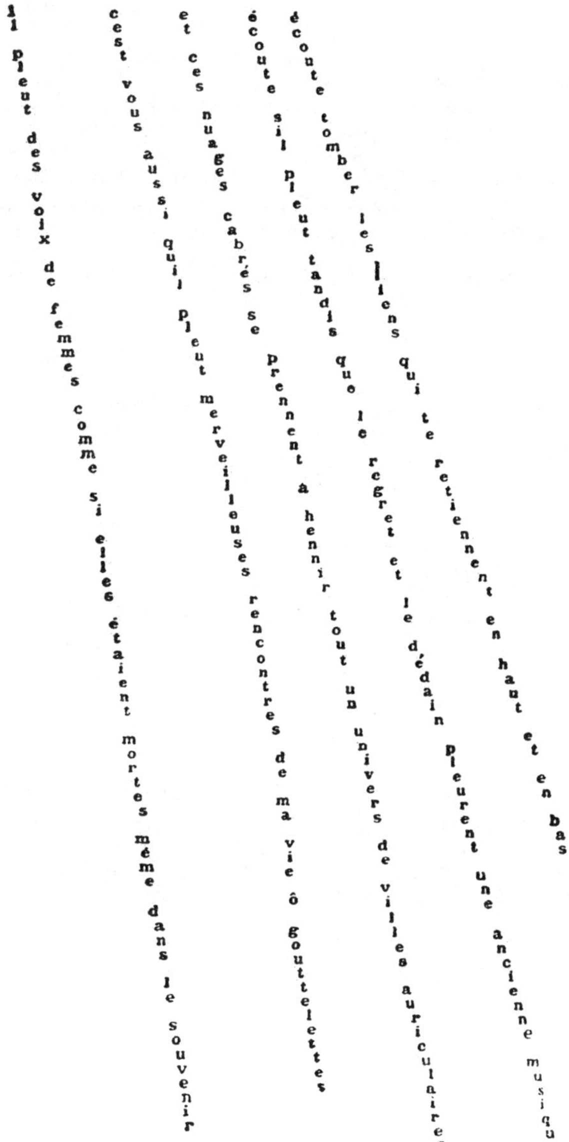

Texte 4 - Guillaume Apollinaire, *Pluie*, in *Poèmes épistolaires*, 1920

La pluie argente mes beaux rêves
Ce long après-midi d'hiver
Le ciel darde ses petits glaives
Dont le reflet est gris et vert

Nîmes aux ruelles dormantes
Qu'entourent de longs boulevards
Les cafés y sont pleins de tantes
Et de vieux officiers bavards

Soupé de la Maison Carrée
Mais la fontaine est de mon goût
J'aime la pierre à teinte ambrée
Lorsque le soleil luit partout

Mais c'est au temple de Diane
(Ô liberté de mes rognons
Faites qu'enfin mon cul se tanne)
Que je relis des compagnons

Les inscriptions anciennes
Je les aime mon cher André
Engravant ces pierres romaines
Roses dans le jour gris cendré

Corpus 8 La poésie engagée

Texte 1 - Agrippa d'Aubigné, *Misères*, in *Les Tragiques*, 1616
Texte 2 - Jean de La Fontaine, *Les Obsèques de la lionne*, in *Fables*, VIII, 1668
Texte 3 - Victor Hugo, *Chanson*, in *Les Châtiments*, 1852
Texte 4 - Paul Éluard, *Liberté*, « Poésie et vérité », in *Au rendez-vous allemand*, 1945

Texte 1 - Agrippa d'Aubigné, *Misères*, in *Les Tragiques*, 1616

Le poète propose un portrait de Catherine de Médicis.

Mais, quand l'embrasement de la mi-morte France
À souffler tous les coins requiert sa diligence,
La diligente au mal, paresseuse à tout bien,
Pour bien faire craint tout, pour nuire ne craint rien.
C'est la peste de l'air, l'Erynne[1] envenimée,
Elle infecte le ciel par la noire fumée
Qui sort de ses naseaux ; elle halène[2] les fleurs :
Les fleurs perdent d'un coup la vie et les couleurs ;
Son toucher est mortel, la pestifère tue
Les pays tous entiers de basilique vue[3] ;
Elle change en discord l'accord des éléments.
En paisible minuit, on oit[4] ses hurlements,
Ses sifflements, ses cris, alors que l'enragée
Tourne la terre en cendre, et en sang l'eau changée.
Elle s'ameute avec les sorciers enchanteurs,
Compagne des démons, compagnons imposteurs,
Murmurant l'exorcisme et les noires prières.

1. Divinité infernale, exécutrice de la vengeance des dieux.
2. Respire le parfum.
3. D'une vue meurtrière.
4. Entend.

La nuit elle se vautre aux hideux cimentières,
Elle trouble le ciel, elle arrête les eaux,
Ayant sacrifié tourtres et pigeonneaux
Et dérobé le temps que la lune obscurcie
Souffre de son murmure ; elle attire et convie
Les serpents en un rond sur les fosses des morts,
Déterre sans effroi les effoyables corps,
Puis, remplissant les os de la force des diables,
Les fait jaillir en pieds, terreux, épouvantables,
Oit leur voix enrouée, et des obscurs propos
Des démons imagine un travail[5] sans repos ;
Idolâtrant Satan et sa théologie,
Interroge en tremblant sur le fil de sa vie
Ces organes hideux ; lors mêle de leurs tais
La poudre avec du lait, pour les conduire en paix.
Les enfants innocents ont prêté leurs moelles,
Leurs graisses et leur suc à fournir des chandelles,
Et, pour faire trotter les esprits aux tombeaux,
On offre à Belzébuth[6] leurs innocentes peaux.
En vain, Reine, tu as rempli une boutique
De drogues du métier et ménage magique ;
En vain fais-tu amas dans les tais des défunts
De poix noire[7], de camphre à faire tes parfums ;
Tu y brûles en vain cyprès et mandragore,
La ciguë, la rue et le blanc hellébore[8],
La tête d'un chat roux, d'un céraste[9] la peau,
D'un chat-huant le fiel, la langue d'un corbeau,
De la chauve-souris le sang, et de la louve
Le lait chaudement pris sur le point qu'elle trouve
Sa tanière volée et son fruit emporté,
Le nombril frais coupé à l'enfant avorté,
Le cœur d'un vieil crapaud, le foie d'un dipsade,
Les yeux d'un basilic, la dent d'un chien malade
Et la bave qu'il rend en contemplant les flots,
La queue du poisson, ancre des matelots,
Contre lequel en vain, vent et voile s'essaient,
Le vierge parchemin, le palais de frésaie :
Tant d'étranges moyens tu recherches en vain,
Tu en as de plus propres en ta fatale main.

5. Torture.
6. Diable.
7. Matière visqueuse à base de résine ou de goudron de bois.
8. Noms de plantes.
9. Vipères à cornes.

Texte 2 - Jean de La Fontaine, *Les Obsèques de la lionne*, in *Fables*, VIII, 1668

La femme du Lion mourut ;
Aussitôt chacun accourut
Pour s'acquitter envers le Prince
De certains compliments de consolation,
Qui sont surcroît d'affliction[1].
Il fit avertir sa Province[2]
Que les obsèques se feraient
Un tel jour, en tel lieu ; ses Prévôts[3] y seraient
Pour régler la cérémonie[4],

1. Qui augmentent l'affliction.
2. Le territoire sur lequel il règne.
3. Officier auxquels on confie toutes sortes de charges, par exemple la surveillance d'une cérémonie.
4. Assistance.

Et pour placer la compagnie.
Jugez si chacun s'y trouva.
Le Prince aux cris s'abandonna,
Et tout son antre en résonna.
Les Lions n'ont point d'autre temple[5].
On entendit à son exemple
Rugir en leurs patois[6] Messieurs les Courtisans.
Je définis la cour un pays où les gens,
Tristes, gais, prêts à tout, à tout indifférents,
Sont ce qu'il plaît au Prince, ou s'ils ne peuvent l'être,
Tâchent au moins de le paraître,
Peuple caméléon, peuple singe du maître ;
On dirait qu'un esprit anime mille corps ;
C'est bien là que les gens sont de simples ressorts.
Pour revenir à notre affaire
Le Cerf ne pleura point, comment eût-il pu faire ?
Cette mort le vengeait ; la Reine avait jadis
Étranglé sa femme et son fils.
Bref il ne pleura point. Un flatteur l'alla dire,
Et soutint qu'il l'avait vu rire.
La colère du Roi, comme dit Salomon[7],
Est terrible, et surtout celle du Roi Lion :
Mais ce Cerf n'avait pas accoutumé de lire.
Le Monarque lui dit : « Chétif hôte des bois
Tu ris, tu ne suis pas ces gémissantes voix.
Nous n'appliquerons point sur tes membres profanes
Nos sacrés ongles ; venez Loups,
Vengez la Reine, immolez tous
Ce traître à ses augustes mânes. »
Le Cerf reprit alors : « Sire, le temps de pleurs
Est passé ; la douleur est ici superflue.
Votre digne moitié couchée entre des fleurs,
Tout près d'ici m'est apparue ;
Et je l'ai d'abord reconnue.
« Ami, m'a-t-elle dit, garde que ce convoi,
« Quand je vais chez les Dieux, ne t'oblige à des larmes.
« Aux Champs Élysiens[8] j'ai goûté mille charmes,
« Conversant avec ceux qui sont saints comme moi.
« Laisse agir quelque temps le désespoir du Roi.
« J'y prends plaisir. » À peine on eut ouï la chose,
Qu'on se mit à crier : « Miracle, apothéose. »
Le Cerf eut un présent, bien loin d'être puni.

Amusez les Rois par des songes,
Flattez-les, payez-les d'agréables mensonges,
Quelque indignation dont leur cœur soit rempli,
Ils goberont l'appât, vous serez leur ami.

5. Terme neutre supposé n'appartenir à aucune religion.
6. Présentation ironique des diverses langues parlées par les animaux, mais aussi des façons de parler à la cour.
7. Roi d'Israël.
8. Séjour des morts dans le monde antique.

Texte 3 - Victor Hugo, *Chanson*, in *Les Châtiments*, 1852

Courtisans ! attablés dans la splendide orgie,
La bouche par le rire et la soif élargie,
Vous célébrer César[1], très bon, très grand, très pur ;
Le chypre à pleine coupe et la honte à plein verre… –

1. Terme ironique pour désigner Napoléon.

Mangez, moi je préfère,
Vérité, ton pain dur.

Boursier qui tonds le peuple, usurier qui le triches,
Gais soupeurs de Chevet[2], ventrus, coquins et riches,
Amis de Fould le juif et de Maupas le grec,
Laissez le pauvre en pleurs sous la porte cochère,
Engraissez-vous, vivez, et faites bonne chère… –
Mangez, moi je préfère,
Probité, ton pain sec.

L'opprobre est une lèpre et le crime une dartre.
Soldats qui revenez du boulevard Montmatre,
Le vin, au sang mêlé, jaillit sur vos habits ;
Chantez ! la table emplit l'École militaire,
Le festin fume, on trinque, on boit, on roule à terre[3]… –
Mangez, moi je préfère,
Ô Gloire, ton pain bis.

Ô peuple des faubourgs, je vous ai vu sublime.
Aujourd'hui vous avez, serf[4] grisé par la crime,
Plus d'argent dans la poche, au cœur moins de fierté.
On va, chaîne au cou, rire et boire à la barrière.
Et vive l'empereur ! et vive le salaire !… –
Mangez, moi je préfère,
Ton pain noir, Liberté !

2. Restaurant à la mode sous le Second Empire.
3. Lieux d'évasion de la rebellion populaire.
4. Esclave.

Texte 4 - Paul Éluard, *Liberté*, « Poésie et vérité », in *Au rendez-vous allemand*, 1945

Sur mes cahiers d'écolier
Sur mon pupitre et les arbres
Sur le sable sur la neige
J'écris ton nom

Sur toutes les pages lues
Sur toutes les pages blanches
Pierre sang papier ou cendre
J'écris ton nom

Sur les images dorées
Sur les armes des guerriers
Sur la couronne des rois
J'écris ton nom

Sur la jungle et le désert
Sur les nids sur les genêts
Sur l'écho de mon enfance
J'écris ton nom

Sur les merveilles des nuits
sur le pain blanc des journées
Sur les saisons fiancées
J'écris ton nom

Sur tous mes chiffons d'azur
Sur l'étang soleil moisi
Sur le lac d'une vivante
J'écris ton nom

Sur les champs sur l'horizon
Sur les ailes des oiseaux
Et sur le moulin des ombres
J'écris ton nom

Sur chaque bouffée d'aurore
Sur la mer sur les bateaux
Sur la montagne démente
J'écris ton nom

Sur la mousse des nuages
Sur les sueurs de l'orage
Sur la pluie épaisse et fade
J'écris ton nom
(…)

Sur la vitre des surprises
Sur les lèvres attentives
Bien au-dessus du silence
J'écris ton nom

Sur mes refuges détruits
Sur mes phares écroulés
Sur les murs de mon ennui
J'écris ton nom

Sur l'absence sans désirs
Sur la solitude nue
Sur les marches de la mort
J'écris ton nom

Sur la santé revenue
Sur le risque disparu
Sur l'espoir sans souvenir
J'écris ton nom

Et par le pouvoir d'un mot
Je recommence ma vie
Je suis né pour te connaître
Pour te nommer
Liberté.

Le texte théâtral et sa représentation du XVIIe siècle à nos jours

Corpus 9 Les scènes d'exposition

Texte 1 - Molière, *Le Tartuffe*, acte I, scène 1 (extrait), 1667
Texte 2 - Pierre de Marivaux, *Les Caprices de Marianne*, acte I, scène 1 (extrait), 1833
Texte 3 - Samuel Beckett, *Fin de partie*, acte I, scène 1 (extrait), 1957

■ **Texte 1** - Molière, *Le Tartuffe*, acte I, scène 1 (extrait), 1667

Madame Pernelle, mère d'Orgon, se met en colère contre toute sa famille.

MADAME PERNELLE
Allons, Flipote, allons, que d'eux je me délivre.
ELMIRE – Vous marchez d'un tel pas qu'on a peine à vous suivre.
MADAME PERNELLE
Laissez, ma bru[1], laissez, ne venez pas plus loin :
Ce sont toutes façons dont je n'ai pas besoin.
ELMIRE
De ce que l'on doit envers vous on s'acquitte.
Mais, ma mère, d'où vient que vous sortez si vite ?
MADAME PERNELLE
C'est que je ne puis voir tout ce ménage-ci,
Et que de me complaire on ne prend nul souci.
Oui, je sors de chez vous fort mal édifiée :
Dans toutes mes leçons j'y suis contrariée,
On n'y respecte rien, chacun y parle haut,
Et c'est tout justement la cour du roi Pétaud[2].
DORINE
Si...
MADAME PERNELLE
Vous êtes, mamie, une fille suivante
Un peu trop forte en gueule, et fort impertinente :
Vous vous mêlez sur tout de dire votre avis.
DAMIS
Mais...
MADAME PERNELLE
Vous êtes un sot en trois lettres, mon fils ;
C'est moi qui vous le dis, qui suis votre grand-mère.
Et j'ai prédit cent fois à mon fils, votre père,
Que vous preniez tout l'air d'un méchant garnement,
Et ne lui donneriez jamais que du tourment.
MARIANE
Je crois...
MADAME PERNELLE
Mon Dieu, sa sœur, vous faites la discrète.
Et vous n'y touchez pas, tant vous semblez doucette.
Mais il n'est, comme on dit, pire eau que l'eau qui dort,
Et vous menez sous chape un train que je hais fort.
ELMIRE
Mais, ma mère...

1. Belle-fille. 2. Chef sans autorité de la corporation des mendiants.

MADAME PERNELLE
Ma bru, qu'il ne vous en déplaise,
Votre conduite en tout est tout à fait mauvaise ;
Vous devriez leur mettre un bon exemple aux yeux,
Et leur défunte mère en usait beaucoup mieux.
Vous êtes dépensière ; et cet état me blesse,
Que vous alliez vêtue ainsi qu'une princesse
Quiconque à son mari veut plaire seulement,
Ma bru, n'a pas besoin de tant d'ajustement.
CLÉANTE
Mais, Madame, après tout...
MADAME PERNELLE
Pour vous, monsieur son frère,
Je vous estime fort, vous aime et vous révère ;
Mais enfin, si j'étais de mon fils, son époux,
Je vous prierais bien fort de n'entrer point chez nous.
Sans cesse vous prêchez des maximes de vivre
Qui par d'honnêtes gens ne se doivent point suivre.
Je vous parle un peu franc ; mais c'est là mon humeur,
Et je ne mâche point ce que j'ai sur le cœur.
DAMIS
Votre monsieur Tartuffe est bienheureux sans doute...
MADAME PERNELLE
C'est un homme de bien, qu'il faut que l'on écoute ;
Et je ne puis souffrir sans me mettre en courroux
De le voir querellé par un fou comme vous.
DAMIS – Quoi ? je souffrirai, moi, qu'un cagot de critique[3]
Vienne usurper céans un pouvoir tyrannique,
Et que nous ne puissions à rien nous divertir
Si ce beau monsieur-là n'y daigne consentir ?

3. Faux dévot qui a la critique facile.

Texte 2 - Pierre de Marivaux, *Les Caprices de Marianne*, acte I, scène 1 (extrait),1833

Une rue devant la maison de Claudio.
Marianne sortant de chez elle, un livre de messe à la main, Ciuta l'aborde.

CIUTA – Ma belle dame, puis-je vous dire un mot ?

MARIANNE – Que me voulez-vous ?

CIUTA – Un jeune homme de cette ville est éperdument amoureux de vous ; depuis un mois entier il cherche vainement l'occasion de vous l'apprendre. Son nom est Cœlio ; il est d'une noble famille et d'une figure distinguée.

MARIANNE – En voilà assez. Dites à celui qui vous envoie qu'il perd son temps et sa peine, et que s'il a l'audace de me faire entendre une seconde fois un pareil langage, j'en instruirai mon mari. *Elle sort.*

CŒLIO, *entrant* – Eh bien ! Ciuta, qu'a-t-elle dit ?

CIUTA – Plus dévote et plus orgueilleuse que jamais. Elle instruira son mari, dit-elle, si on la poursuit plus longtemps.

CŒLIO – Ah ! malheureux que je suis, je n'ai plus qu'à mourir. Ah ! la plus cruelle de toutes les femmes ! Et que me conseilles-tu, Ciuta ? quelle ressource puis-je encore trouver ?

CIUTA – Je vous conseille d'abord de sortir d'ici, car voici son mari qui la suit.

Texte 3 - Samuel Beckett, *Fin de partie*, acte I, scène 1 (extrait),1957

Intérieur sans meubles.
Lumière grisâtre.
Aux murs de droite et de gauche, vers le fond, deux petites fenêtres haut perchées, rideaux fermés.
Porte à l'avant-scène à droite. Accroché au mur, près de la porte, un tableau retourné.
À l'avant-scène à gauche, recouvertes d'un vieux drap, deux poubelles l'une contre l'autre.
Au centre, recouvert d'un vieux drap, assis dans un fauteuil à roulettes, Hamm.
Immobile à côté du fauteuil, Clov le regarde. Teint très rouge.

Il va se mettre sous la fenêtre à gauche. Démarche raide et vacillante. Il regarde la fenêtre à gauche, la tête rejetée en arrière. Il tourne la tête, regarde la fenêtre à droite. Il va se mettre sous la fenêtre à droite. Il regarde la fenêtre à droite, la tête rejetée en arrière. Il tourne la tête et regarde la fenêtre à gauche. Il sort, revient aussitôt avec un escabeau, l'installe sous la fenêtre à gauche, monte dessus, tire le rideau. Il descend de l'escabeau, fait six pas vers la fenêtre à droite, retourne prendre l'escabeau, l'installe sous la fenêtre à droite, monte dessus, tire le rideau. Il descend de l'escabeau, fait trois pas vers la fenêtre à gauche, retourne prendre l'escabeau, l'installe sous la fenêtre à gauche, monte dessus, regarde par la fenêtre. Rire bref. Il descend de l'escabeau, fait un pas vers la fenêtre à droite, retourne prendre l'escabeau, l'installe sous la fenêtre à droite, monte dessus, regarde par la fenêtre. Rire bref. Il descend de l'escabeau, va vers les poubelles, retourne prendre l'escabeau, le prend, se ravise, le lâche, va aux poubelles, enlève le drap qui les recouvre, le plie soigneusement et le met sur le bras. Il soulève un couvercle, se penche et regarde dans la poubelle. Rire bref. Il rabat le couvercle. Même jeu avec l'autre poubelle. Il va vers Hamm, enlève le drap qui le recouvre, le plie soigneusement et le met sur le bras. En robe de chambre, coiffé d'une calotte en feutre, un grand mouchoir taché de sang étalé sur le visage, un sifflet pendu au cou, un plaid sur les genoux, d'épaisses chaussettes aux pieds, Hamm semble dormir. Clov le regarde. Rire bref. Il va à la porte, s'arrête, se retourne, contemple la scène, se tourne vers la salle.

CLOV *(regard fixe, voix blanche)* – Fini, c'est fini, ça va finir, ça va peut-être finir. *(Un temps)*

Corpus 10 Naturel et convention au théâtre

Texte 1 - Jean Racine, *Iphigénie*, acte I, scène 1, 1674
Texte 2 - Eugène Ionesco, *Le Roi se meurt*, 1962
Texte 3 - Denis Diderot, *Le Paradoxe sur le comédien*, 1773
Texte 4 - Denis Diderot, *Les Bijoux indiscrets*, 1748
Texte 5 - Michel Vinaver, *Morceau 1*, in *Dissident, il va sans dire*, 1974

Texte 1 - Jean Racine, *Iphigénie*, acte I, scène 1, 1674

AGAMEMNON – Oui, c'est Agamemnon, c'est ton roi qui t'éveille.
Viens, reconnais la voix qui frappe ton oreille.
ARCAS – Avez-vous dans les airs entendu quelque bruit ?
Les vents nous auraient-ils exaucés cette nuit[1] ?
Mais tout dort, et l'armée, et les vents, et Neptune.
AGAMEMNON – Heureux qui, satisfait de son humble fortune,
Libre du joug superbe où je suis attaché,
Vit dans l'état obscur où les Dieux l'ont caché !
ARCAS – Et depuis quand, Seigneur, tenez-vous ce langage ?
Comblé de tant d'honneurs, par quel secret outrage
Les Dieux, à vos désirs toujours si complaisants,
Vous font-ils méconnaître et haïr leurs présents ?
Roi, père, époux heureux, fils du puissant Atrée,
Vous possédez des Grecs la plus riche contrée.
Du sang de Jupiter issu de tous côtés,
L'hymen vous lie encore aux Dieux dont vous sortez.

1. La flotte grecque attend que le vent se lève pour se diriger vers Troie.

Texte 2 - Eugène Ionesco, *Le Roi se meurt*, 1962

Dans un pays indéterminé, menacé par la ruine, un roi à l'agonie s'accroche à ses possessions délabrées. Ses deux reines l'entourent : Marie, aimante et douce, Marguerite, implacable.
Salle du trône, vaguement délabrée, vaguement gothique. Au milieu du plateau, contre le mur du fond, quelques marches menant au trône du Roi. De part et d'autre de la scène, sur le devant, deux trônes plus petits qui sont ceux des deux Reines, ses épouses.

LE MÉDECIN, *s'inclinant humblement et mielleusement.* – Je me permets de souhaiter le bonjour à Votre Majesté. Ainsi que mes meilleurs vœux.

MARGUERITE – Ce n'est plus qu'une formule creuse.

LE ROI, *à Marie, puis à Marguerite.* – Bonjour, Marie. Bonjour, Marguerite. Toujours là ? je veux dire, tu es déjà là ! Comment ça va ? Moi, ça ne va pas ! Je ne sais pas très bien ce que j'ai, mes membres sont un peu engourdis, j'ai eu mal à me lever, j'ai mal aux pieds ! Je vais changer de pantoufles. J'ai peut-être grandi ! J'ai mal dormi, cette terre qui craque, ces frontières qui reculent, ce bétail qui beugle, ces sirènes qui hurlent, il y a vraiment trop de bruit. Il faudra tout de même que j'y mette bon ordre. On va tâcher d'arranger cela. Aïe, mes côtes ! *(Au Docteur.)* Bonjour, Docteur. Est-ce un lumbago ? *(Aux autres.)* J'attends un ingénieur... étranger. Les nôtres ne valent plus rien. Cela leur est égal. D'ailleurs, nous n'en avons pas. Pourquoi a-t-on fermé l'École Polytechnique ? Ah, oui ! Elle est tombée dans le trou. Pourquoi en bâtir d'autres puisqu'elles tombent dans le trou, toutes. J'ai mal à la tête, par-dessus le marché. Et ces nuages... J'avais interdit les nuages. Nuages ! Assez de pluie. Je dis : assez. Assez de pluie. Je dis : assez. Ah ! Tout de même. Il recommence. Idiot de nuage. Il n'en finit plus celui-là avec ces gouttes à retardement. On dirait un vieux pisseux. *(Juliette.)* Qu'as-tu à me regarder ? Tu es bien rouge aujourd'hui. C'est plein de toiles d'araignées dans ma chambre à coucher. Va donc les nettoyer.

JULIETTE – Je les ai enlevées toutes pendant que Votre Majesté dormait encore. Je ne sais d'où ça vient. Elles n'arrêtent pas de repousser.

LE MÉDECIN, *à Marguerite.* – Vous voyez, Majesté. Cela se confirme de plus en plus. [...]

LE ROI – Qu'avez-vous tous à me regarder ainsi ? Est-ce qu'il y a quelque chose d'anormal ? Il n'y a plus rien d'anormal puisque l'anormal est devenu habituel. Ainsi, tout s'arrange.

MARIE, *se précipitant vers le Roi.* – Mon Roi, vous boitez.

LE ROI, *faisant deux ou trois pas en boitant légèrement.* – Je boite ? je ne boite pas. Je boite un peu.

MARIE – Vous avez mal, je vais vous soutenir.

LE ROI – Je n'ai pas mal. Pourquoi aurais-je mal ? Si un tout petit peu. Ce n'est rien. Je n'ai pas besoin d'être soutenu. Pourtant, j'aime que tu me soutiennes.

MARGUERITE, *se dirigeant vers le Roi.* – Sire, je dois vous mettre au courant.

MARIE – Non, taisez-vous.

MARGUERITE, *à Marie.* – Taisez-vous.

MARIE, *au Roi.* – Ce n'est pas vrai ce qu'elle dit.

LE ROI – Au courant de quoi ? Qu'est-ce qui n'est pas vrai ? Marie, pourquoi cet air désolé ? Que vous arrive-t-il ?

MARGUERITE, *au Roi.* – Sire, on doit vous annoncer que vous allez mourir.

LE MÉDECIN – Hélas, oui, Majesté.

LE ROI – Mais je le sais, bien sûr. Nous le savons tous. Vous me le rappellerez quand il sera temps. Quelle manie avez-vous, Marguerite, de m'entretenir de choses désagréables dès le lever du soleil.

Texte 3 - Denis Diderot, *Le Paradoxe sur le comédien*, 1773

Dans Le Paradoxe sur le comédien, Diderot fait dialoguer deux interlocuteurs, dont le premier est en quelque sorte le porte-parole de l'auteur. Ils abordent les problèmes du jeu de l'acteur et de la création dramatique.

LE PREMIER – Connaissez-vous une situation plus semblable à celle d'Agamemnon dans la première scène *d'Iphigénie* que la situation de Henri IV lorsque, obsédé de terreurs qui n'étaient que trop fondées, il disait à ses familiers : « Ils me tueront, rien n'est plus certain ; ils me tueront » ? Supposez que cet excellent homme, ce grand et malheureux monarque, tournenté la nuit de ce pressentiment funeste, se lève et s'en aille frapper à la porte de Sully, son ministre et son ami ; croyez-vous qu'il y eût un poète assez absurde pour faire dire à Henri :
Oui, c'est Henri, c'est ton roi qui t'éveille ;
Viens, reconnais la voix qui frappe ton oreille... et faire répondre à Sully :
C'est vous-même, seigneur ! Quel important besoin

Vous a fait devancer l'aurore de si loin ?
À peine un faible jour vous éclaire et me guide,
Vos yeux seuls et les miens sont ouverts !...

LE SECOND – C'était peut-être là le vrai langage d'Agamemnon.

LE PREMIER – Pas plus que celui de Henri IV. C'est celui d'Homère, c'est celui de Racine, c'est celui de la poésie ; et ce langage pompeux ne peut être employé que par des êtres inconnus, et parlé par ces bouches poétiques avec un ton poétique.

■ **Texte 4 -** Denis Diderot, *Les Bijoux indiscrets*, 1748

La narratrice imagine qu'elle propose à un étranger qui ne connaît rien au théâtre de l'emmener dans une loge de théâtre et de lui faire croire que le spectacle sur la scène est réel et qu'il voit une scène de la cour.

« Si vous voulez, je vous rendrai témoin de tout ce qui se passera. » Il accepte ma proposition et je le mène dans une loge grillée, d'où il voit le théâtre qu'il prend pour le palais du sultan. Croyez-vous que, malgré tout le sérieux que j'affecterais, l'illusion de cet homme durât un instant ? ne conviendrez-vous pas au contraire qu'à la démarche empesée des acteurs, à la bizarrerie de leurs vêtements, à l'extravagance de leurs gestes, à l'emphase d'un langage singulier, rimé, cadencé, et à mille autres dissonances qui le frapperont, il doit m'éclater au nez dès la première scène et me déclarer ou que je me joue de lui ou que le prince et toute sa cour extravaguent ?

■ **Texte 5 -** Michel Vinaver, *Morceau 1*, in *Dissident, il va sans dire*, 1974

HÉLÈNE – Elles sont dans la poche de mon manteau.

PHILIPPE – Non ni sur le meuble.

HÉLÈNE – Tu es gentil.

PHILIPPE – Parce que tu l'as laissée en double-file ?

HÉLÈNE – Alors je les ai peut-être oubliées sur la voiture.

PHILIPPE – Un jour on va te la voler.

HÉLÈNE – Tu ne t'es pas présenté ?

PHILIPPE. Mais si.

HÉLÈNE – Je n'ai pas eu le courage j'ai tourné je ne sais combien de fois autour du bloc d'immeubles ça devient de plus en plus difficile.

PHILIPPE – Je vais aller te la garer.

HÉLÈNE – Encore un an et tu pourras passer ton permis.

PHILIPPE – Oui.

HÉLÈNE – C'est un nouveau chandail ?

PHILIPPE – Oui.

HÉLÈNE – Je me demande d'où vient l'argent.

PHILIPPE – On se les refile tu sais.

HÉLÈNE – Mais quelqu'un l'a acheté.

PHILIPPE – Les affaires circulent.

HÉLÈNE – Mais c'est à qui ?

PHILIPPE – Toi et ton sens de la propriété.

HÉLÈNE – Les choses appartiennent à quelqu'un *(Philippe sort : Hélène prépare une soupe en sachet ; Philippe entre)*. Je me demande si tu me dis la vérité.

PHILIPPE – Je devais être crevé ça arrive j'ai pas entendu.

HÉLÈNE – Je t'avais mis le réveil pour huit heures.

PHILIPPE – Et tu m'avais préparé le café.

HÉLÈNE – Mais c'est que tu t'en moques moi ça me sidère.

PHILIPPE – Combien de fois déjà je me suis présenté ? Pour quel résultat ?

HÉLÈNE – C'est bon ? Velouté de lentilles une nouvelle variété je m'étais dit qu'on allait l'essayer ça te plait ? Oui ? Il suffit d'une fois Philippe et ça peut être la bonne ton père a répondu à une annonce et dix-huit ans après il y est encore il y a fait son chemin.

PHILIPPE – Bonsoir maman.

HÉLÈNE – Où vas-tu ?

Noir.

Corpus 11 Le dénouement

Texte 1 - William Shakespeare, *Roméo et Juliette*, acte V, scène 2, 1595
Texte 2 - Théophile de Viau, *Pyrame et Thisbé*, acte V, scène 2, 1621
Texte 3 - Jean Racine, *Phèdre*, acte V, scène 7, 1677
Texte 4 - Victor Hugo, *Hernani*, acte V, scène 6, 1830

■ Texte 1 - William Shakespeare, *Roméo et Juliette*, acte V, scène 2, 1595

Roméo et Juliette, mariés secrètement, contre la volonté de leur famille, ont projeté de s'enfuir de Vérone. À cet effet, Juliette a avalé un philtre, qui lui donne l'apparence de la mort. Roméo n'a pas été prévenu du subterfuge. Quand il arrive sur le lieu du rendez-vous, il découvre le corps inanimé de Juliette, qu'il croit morte. Désespéré, il se donne la mort… À cet instant, Juliette se réveille.

JULIETTE – Qu'est-ce là ? Une coupe
Est serré dans la main de mon cher amour.
Le poison fut, je vois, sa fin prématurée.
Avare ! tu as tout bu
Et tu n'as pas laissé même une goutte amie
Pour me venir en aide après ?
Je veux baiser tes lèvres ; un peu de poison
Peut-être y est-il encore suspendu
Qui me ranimerait en me faisant mourir
Elle l'embrasse.
Tes lèvres sont chaudes !
Entrent des hommes du guet avec le page de Paris.

PREMIER HOMME DU GUET – Allons, conduis-nous, l'enfant ; de quel côté ?

JULIETTE – Ah, le bruit ?
Alors il faut faire vite.
Toi poignard chéri !
Elle saisit le poignard de Roméo.
C'est ici ton fourreau,
Repose, laisse-moi mourir.
Elle tombe sur le corps de Roméo.

Texte 2 - Théophile de Viau, *Pyrame et Thisbé*, acte V, scène 2, 1621

Pyrame et Thisbé s'aiment contre la volonté de leur famille. Les deux amants ont projeté de fuir. Par erreur, Pyrame croit Thisbé morte et, désespéré, se suicide. Thisbé découvre alors le cadavre de son amant.

THISBÉ – Quoi ? je respire encore et regardant Pyrame
Trépassé devant moi je n'ai point perdu l'âme !
Je vois que ce rocher s'est éclaté de deuil
Pour répandre des pleurs, pour m'ouvrir un cercueil ;
Ce ruisseau fuit d'horreur qu'il a de mon injure,
Il en est sans repos, ses rives sans verdure,
Même au lieu de donner de la rosée aux fleurs,
L'aurore à ce matin n'a versé que des pleurs,
Et cet arbre touché d'un désespoir visible,
A bien trouvé du sang dans son tronc insensible,
Son fruit en a changé, la Lune en a blêmi,
Et la terre a sué du sang qu'il a vomi.
Bel arbre, puisqu'au monde après moi tu demeures
Pour mieux faire paraître au ciel tes rouges mûres,
Et lui montrer le tort qu'il a fait à mes vœux,
Fais comme moi, de grâce, arrache tes cheveux,
Ouvre-toi l'estomac et fais couler à force
Cette sanglante humeur par toute ton écorce.
Mais que me sert ton deuil ? Rameaux, prés verdissants,
Qu'à soulager mon mal vous êtes impuissants !
Quand bien vous en mourriez on voit la destinée
Ramener votre vie en ramenant l'année :
Une fois tous les ans nous vous voyons mourir,
Une fois tous les ans nous vous voyons fleurir,
Mais mon Pyrame est mort sans espoir qu'il retourne
De ces pâles manoirs où son esprit séjourne.
Depuis que le Soleil nous voit naître et finir
Le premier des défunts est encor à venir,
Et quand les Dieux demain me le feraient revivre,
Je me suis résolue aujourd'hui de le suivre.
J'ai trop d'impatience, et puisque le destin
De nos corps amoureux fait son cruel butin,
Avant que le plaisir que méritaient nos flammes,
Dans leurs embrassements ait pu mêler nos âmes,
Nous les joindrons là-bas et par nos saints accords,
Ne feront qu'un esprit de l'ombre de deux corps ;
Et puisqu'à mon sujet sa belle âme sommeille
Mon esprit innocent lui rendra la pareille ;
Toutefois je ne puis sans mourir doublement ;
Pyrame s'est tué d'un soupçon seulement,
Son amitié fidèle un peu trop violente,
D'autant qu'à ce devoir il me voyait trop lente,
Pour avoir soupçonné que je ne l'aimais pas,
Il ne s'est pu guérir de moins que du trépas.
Que donc ton bras sur moi davantage demeure,
Ô mort ! et s'il se peut que plus que lui je meure,
Que je sente à la fois, poison, flammes et fers !
Sus, qui me vient ouvrir la porte des Enfers ?
Ha ! voici le poignard qui du sang de son maître
S'est souillé lâchement ; il en rougit le traître !
Exécrable bourreau, si tu te veux laver
Du crime commencé, tu n'as qu'à l'achever,
Enfonce là-dedans, rends-toi plus rude et pousse
Des feux avec ta lame ! hélas ! elle est trop douce.
Je ne pouvais mourir d'un coup plus gracieux,
Ni pour un autre objet haïr celui des Cieux.

Texte 3 - Jean Racine, *Phèdre*, acte V, scène 7, 1677

Phèdre aime son beau-fils, Hippolyte, d'un amour incestueux et adultère. Pour se sauver, elle accuse faussement Hippolyte de son crime auprès de Thésée, son mari. Prise de remords, elle décide de se donner la mort.

PHÈDRE – Les moments me sont chers, écoutez-moi, Thésée,
C'est moi qui sur ce Fils chaste et respectueux
Osai jeter un œil profane, incestueux.
Le Ciel mit dans mon sein une flamme funeste.
La détestable Œnone a conduit tout le reste.
Elle a craint qu'Hippolyte instruit de ma fureur
Ne découvrît un feu qui lui faisait horreur.
La Perfide abusant de ma faiblesse extrême,
S'est hâtée à vos yeux de l'accuser lui-même.
Elle s'en est punie, et fuyant mon courroux
A cherché dans les flots un supplice trop doux.
Le fer aurait déjà tranché ma destinée.
Mais je laissais gémir la vertu soupçonnée.
J'ai voulu, devant vous exposants mes remords,
Par un chemin plus lent descendre chez les Morts.
J'ai pris, j'ai fait couler dans mes brûlantes veines
Un poison que Médée apporta dans Athènes.
Déjà jusqu'à mon cœur le venin parvenu ;
Dans ce cœur expirant jette un froid inconnu ;
Déjà je ne vois plus qu'à travers un nuage
Et le Ciel et l'Époux que ma présence outrage.
Et la Mort à mes yeux dérobant la clarté
Rend au jour, qu'ils souillaient, toute sa pureté.

PANOPE – Elle expire, Seigneur.

Texte 4 - Victor Hugo, *Hernani*, acte V, scène 6, 1830

Hernani et Doña Sol viennent de se marier. Mais Don Ruy Gomez, l'oncle de Doña Sol, a conclu un pacte avec Hernani : quand il sonnera du cor, il signifiera à Hernani que l'heure de sa mort est venue.

DON RUY GOMEZ, *à Hernani.* – Il faut mourir.

DOÑA SOL, *toujours pendue au bras d'Hernani.*
– Don Juan, lorsque j'aurai parlé,
Tout ce que tu voudras, tu le feras.
Elle lui arrache la fiole.
Je l'ai.
Elle élève la fiole aux yeux d'Hernani et du vieillard étonné.

DON RUY GOMEZ – Puisque je n'ai céans affaire qu'à deux femmes,
Don Juan, il faut qu'ailleurs j'aille chercher des âmes.
Tu fais de beaux serments par le sang dont tu sors,
Et je vais à ton père en parler chez les morts !
– Adieu !...
Il fait quelques pas pour sortir, Hernani le retient.

HERNANI – Duc, arrêtez.
À doña Sol.
Hélàs ! je t'en conjure,
Veux-tu me voir faussaire, et félon, et parjure ?
Veux-tu que partout j'aille avec la trahison
Écrite sur le front ? Par pitié, ce poison,
Rends-le-moi ! Par l'amour, par notre âme immortelle...

DOÑA SOL, *sombre.* – Tu veux ?
Elle boit.

Tiens maintenant.
DON RUY GOMEZ, *à part.* – Ah ! c'était donc pour elle !
DOÑA SOL, *rendant à Hernani la fiole à demi vidée.*
– Prends, te dis-je.
HERNANI, *à don Ruy.* – Vois-tu, misérable vieillard ?
DOÑA SOL – Ne te plains pas de moi, je t'ai gardé à part.
HERNANI, *prenant la fiole.*
– Dieu !
DOÑA SOL – Tu ne m'aurais pas ainsi laissé la mienne,
Toi !... Tu n'as pas le cœur d'une épouse chrétienne,
Tu ne sais pas aimer comme aime une Silva.
Mais j'ai bu la première et suis tranquille. – Va !
Bois si tu veux !
HERNANI – Hélas ! qu'as-tu fait, malheureuse ?
DOÑA SOL – C'est toi qui l'as voulu.
HERNANI – C'est une mort affreuse !
DOÑA SOL – Non. – Pourquoi donc ?
HERNANI – Ce philtre[1] au sépulcre conduit.
DOÑA SOL – Devions-nous pas dormir ensemble cette nuit ?
Qu'importe dans quel lit !
HERNANI – Mon père, tu te venges
Sur moi qui t'oubliais !
Il porte la fiole à sa bouche.
DOÑA SOL, se jetant sur lui. – Ciel ! des douleurs étranges !...
Ah ! jette loin de toi ce philtre !... ma raison
S'égare. – Arrête ! hélas ! mon don Juan ! ce poison
Est vivant, ce poison dans le cœur fait éclore
Une hydre[2] à mille dents qui ronge et qui dévore !
Oh ! je ne savais pas qu'on souffrît à ce point !
Qu'est-ce donc que cela ? c'est du feu ! ne bois point !
Oh ! tu souffrirais trop !
HERNANI, *à don Ruy.* – Ah ! ton âme est cruelle !
Pouvais-tu pas choisir d'autre poison pour elle ?
Il boit et jette la fiole.
DOÑA SOL – Que fais-tu ?
HERNANI – Qu'as-tu fait ?
DOÑA SOL – Viens, ô mon jeune amant,
Dans mes bras.
Ils s'asseyent l'un près de l'autre.
N'est-ce pas qu'on souffre horriblement ?
HERNANI – Non.
DOÑA SOL – Voilà notre nuit de noces commencée !
Je suis bien pâle, dis, pour une fiancée ?
HERNANI – Ah !
DON RUY GOMEZ – La fatalité s'accomplit.
HERNANI – Désespoir !
Ô tourment ! doña Sol souffrir, et moi le voir !
DOÑA SOL – Calme-toi. Je suis mieux. – Vers des clartés nouvelles
Nous allons tout à l'heure ensemble ouvrir nos ailes.
Partons d'un vol égal vers un monde meilleur.
Un baiser seulement, un baiser !
Ils s'embrassent.

1. Breuvage.
2. Serpent fabuleux à plusieurs têtes ; celles-ci repoussaient sitôt coupées. Ici, le terme évoque la douleur lancinante provoquée par le poison.

DON RUY GOMEZ –
Ô douleur !

HERNANI, *d'une voix affaiblie.* –
Oh ! béni soit le ciel qui m'a fait une vie
D'abîmes entourée et de spectres suivie,
Mais qui permet que, las d'un si rude chemin,
Je puisse m'endormir, ma bouche sur ta main !

DON RUY GOMEZ – Qu'ils sont heureux !

HERNANI, *d'une voix de plus en plus faible.* –
Viens… viens… doña Sol, tout est sombre…
Souffres-tu ?

DOÑA SOL, *d'une voix également éteinte.* –
Rien, plus rien.

HERNANI – Vois-tu des feux dans l'ombre ?

DOÑA SOL – Pas encore.
HERNANI, *avec un soupir.* – Voici…
Il tombe.

DON RUY GOMEZ, *soulevant sa tête qui retombe.* –
Mort !

DOÑA SOL, *échevelée et se dressant à demi sur son séant.* –
Mort ! non pas !… nous dormons.
Il dort ! c'est mon époux, vois-tu, nous nous aimons,
Nous sommes couchés là. C'est notre nuit de noce.
D'une voix qui s'éteint.
Ne le réveillez pas, seigneur duc de Mendoce…
Il est las.
Elle retourne la figure d'Hernani.
Mon amour, tiens-toi vers moi tourné.
Plus près… plus près encor…
Elle retombe.

DON RUY GOMEZ – Morte !… Oh ! je suis damné !…
Il se tue.

Corpus 12 Plume et panache

Texte 1 - Pierre Corneille, *Le Cid*, acte IV, scène 3, v. 1256-1328, 1637

Texte 2 - Victor Hugo, *Hernani*, acte III, scène 6, v. 1132-1182, 1830

Texte 3 - Edmond Rostand, *Cyrano de Bergerac*, acte V, scène 6, v. 2250-fin, 1897

■ Texte 1 - Pierre Corneille, *Le Cid*, acte IV, scène 3, v. 1256-1328, 1637

Rodrigue raconte au Roi comment il a vaincu les Maures…

Sous moi donc cette troupe s'avance
Et porte sur le front une mâle assurance.
Nous partîmes cinq cents, mais par un prompt renfort
Nous nous vîmes trois mille en arrivant au port,
Tant à nous voir marcher avec un tel visage
Les plus épouvantés reprenaient leur courage !
J'en cache les deux tiers, aussitôt qu'arrivés,
Dans le fond des vaisseaux qui lors furent trouvés ;

Le reste, dont le nombre augmentait à toute heure,
Brûlant d'impatience autour de moi demeure,
Se couche contre terre, et sans faire aucun bruit,
Passe une bonne part d'une si belle nuit.
Par mon commandement la garde en fait de même
Et se tenant cachée, aide à mon stratagème
Et je feins hardiment d'avoir reçu de vous
L'ordre qu'on me voit suivre et que je donne à tous.
Cette obscure clarté qui tombe des étoiles
Enfin avec le flux nous fait voir trente voiles ;
L'onde enfle dessous et d'un commun effort
Les Mores et la mer montent jusques au port.
On les laisse passer, tout leur paraît tranquille :
Point de soldats au port, point aux murs de la ville.
Notre profond silence abusant leurs esprits,
Ils n'osent plus douter de nous avoir surpris ;
Ils abordent sans peur, ils ancrent, ils descendent
Et courent livrer aux mains qui les attendent.
Nous nous levons alors et tous en même temps
Poussons jusques au ciel mille cris éclatants.
Les nôtres, à ces cris, de nos vaisseaux répondent ;
Ils paraissent armés, les Mores se confondent,
L'épouvante les prend à demi descendus ;
Avant que de combattre, ils s'estiment perdus.
Ils couraient au pillage et rencontrent la guerre ;
Nous les pressons sur l'eau, nous les pressons sur terre
Et nous faisons courir des ruisseaux de leur sang,
Avant qu'aucun résiste ou reprenne son rang.
Mais bientôt, malgré nous, leurs princes les rallient ;
Leur courage renaît et leurs terreurs s'oublient :
La honte de mourir sans avoir combattu
Arrête leur désordre et leur rend leur vertu.
Contre nous de pied ferme ils tirent leurs alfanges[1] ;
De notre sang au leur font d'horribles mélanges
Et la terre et le fleuve et leur flotte et le port
Sont des champs de carnage où triomphe la mort.
Ô combien d'actions, combien d'exploits célèbres
Sont demeurés sans gloire au milieu des ténèbres,
Où chacun, seul témoin des grands coups qu'il donnait,
Ne pouvait discerner où le sort inclinait !
J'allais de tous côtés encourager les nôtres,
Faire avancer les unes, et soutenir les autres,
Ranger ceux qui venaient, les pousser à leur tour
Et ne l'ai pu savoir jusques au point du jour.
Mais enfin sa clarté montre notre avantage :
Le More voit sa perte et perd soudain courage
Et voyant un renfort qui nous vient secourir,
L'ardeur de vaincre cède à la peur de mourir.
Ils gagnent leurs vaisseaux, ils en coupent les câbles,
Poussent jusques aux cieux des cris épouvantables,
Font retraite en tumulte, et sans considérer
Si leurs rois avec eux peuvent se retirer.
Pour souffrir ce devoir leur frayeur est trop forte :
Le flux les apporta, le reflux les remporte,
Cependant que leurs rois, engagés parmi tous
Et quelque peu des leurs, tous percés de nos coups,
Disputent vaillamment et vendent bien leur vie.
À se rendre moi-même en vain je les convie :
Le cimeterre au poing ils ne m'écoutent pas,

1. Sabre oriental à large lame recourbée.

Mais voyant à leurs pieds tomber tous leurs soldats
Et que seuls désormais en vain ils se défendent,
Ils demandent le chef : je me nomme, ils se rendent.
Je vous les envoyai tous deux en même temps
Et le combat cessa faute de combattants.
C'est de cette façon que, pour votre service…

■ **Texte 2 -** Victor Hugo, *Hernani*, acte III, scène 6, v. 1132-1182, 1830

Don Carlos, roi d'Espagne, se rend chez Don Ruy Gomez pour que ce dernier lui livre Hernani, un brigand.

DON CARLOS, *radouci*. – Ah ! tu t'amendes ! – Va
Chercher mon prisonnier.

Le duc croise le bras, baisse la tête et reste quelques moments rêveurs. Le roi et doña Sol l'observent en silence et agités d'émotions contraires. Enfin le duc relève son front, va au roi, lui prend la main, et le mène à pas lents devant le plus ancien des portraits, celui qui commence la galerie à droite du spectateur.

DON RUY GOMEZ, *montrant au roi le vieux portrait*. – Celui-ci, des Silva
C'est l'aîné, c'est l'aïeul, l'ancêtre, le grand homme !
Don Silvius[1], qui fut trois fois consul de Rome.
Passant au portrait suivant.
Voici don Galceran de Silva, l'autre Cid !
On lui garde à Toro, près de Valladolid[2],
Une châsse dorée[3] où brûlent mille cierges.
Il affranchit Léon du tribut des cent vierges[4] !
Passant à un autre.
– Don Blas, – qui, de lui-même et dans sa bonne foi,
S'exila pour avoir mal conseillé le roi.
À un autre.
– Christoval ! – Au combat d'Escalona[5], don Sanche[6],
Le roi, fuyait à pied, et sur sa plume blanche
Tous les coups s'acharnaient ; il cria : Christoval !
Christoval prit la plume et donna son cheval.
À un autre.
– Don Jorge, – qui paya la rançon de Ramire[7],
Roi d'Aragon.

DON CARLOS, *croisant les bras et le regardant de la tête aux pieds*. – Pardieu ! don Ruy, je vous admire ! Continuez !

DON RUY GOMEZ, *passant à un autre*. – Voici Ruy Gomez de Silva,
Grand maître de Saint-Jacque et de Calatrava[8].
Son armure géante irait mal à nos tailles ;
Il prit trois cents drapeaux, gagna trente batailles,
Conquit au roi Motril, Antequera, Suez,
Nijar[9], et mourut pauvre. – Altesse, saluez !
Il s'incline, se découvre et passe à un autre. – Le roi l'écoute avec une impatience et une colère toujours croissantes.
Près de lui, Gil, son fils, cher aux âmes loyales.
Sa main pour un serment valait les mains royales.

1. En latinisant le nom de Silva, Hugo donne une origine mythique à la famille de don Ruy. Diérèse (Sil-vi-us).
2. Villes de la province de León au nord-ouest de l'Espagne.
3. Coffre où l'on garde les reliques d'un saint.
4. La province de León devait livrer cent jeunes filles à ses vainqueurs musulmans.
5. Village de la province de Tolède au centre de l'Espagne.
7. Plusieurs souverains espagnols ont porté ce nom du IXe au XIe siècle et se sont illustrés dans la lutte contre les Maures.
8. Deux ordres de chevalerie fondés respectivement en 1175 et 1158.
9. Villes d'Andalousie au sud de l'Espagne ; elles furent reprises aux musulmans lors de la reconquête aux XIIIe et XIVe siècles.

À un autre.
– Don Gaspar, de Mendoce et de Silva l'honneur !
Toute noble maison tient à Silva, seigneur.
Sandoval tour à tour nous craint ou nous épouse.
Manrique nous envie et Lara nous jalouse.
Alencastre[10] nous hait. Nous touchons à la fois
Du pied à tous les ducs, du front à tous les rois !

DON CARLOS – Vous raillez-vous ?...

DON RUY GOMEZ, *allant à d'autres portraits.*
– Voilà don Vasquez, dit le Sage ;
Don Jayme, dit le Fort. Un jour, sur son passage,
Il arrêta Zamet[11] et cent Maures tous seul.
J'en passe, et des meilleurs.

Sur un geste de colère du roi, il passe un grand nombre de tableaux, et vient tout de suite aux trois derniers portraits à gauche du spectateur.

Voici mon noble aïeul.
Il vécut soixante ans, gardant la foi jurée,
Même aux juifs[12].
À l'avant-dernier.
Ce vieillard, cette tête sacrée,
C'est mon père. Il fut grand, quoiqu'il vînt le dernier.
Les Maures de Grenade avaient fait prisonnier
Le comte Alvar Giron, son ami. Mais mon père
Prit pour l'aller chercher six cents hommes de guerre ;
Il fit tailler en pierre un comte Alvar Giron
Qu'à sa suite il traîna, jurant par son patron[13]
De ne point reculer que le comte de pierre
Ne tournât front lui-même et n'allât en arrière.
Il combattit, puis vint au comte et le sauva.

DON CARLOS – Mon prisonnier !

DON RUY GOMEZ – C'était un Gomez de Silva !
Voilà donc ce qu'on dit quand dans cette demeure
On voit tous ces héros.

DON CARLOS – Mon prisonnier sur l'heure !

DON RUY GOMEZ – *Il s'incline profondément devant le roi, lui prend la main et le mène devant le dernier portrait, celui qui sert de porte à la cachette où il a fait entrer Hernani. Doña Sol le suit des yeux avec anxiété. – Attente et silence dans l'assistance.*
Ce portrait, c'est le mien. – Roi don Carlos, merci ! –
Car vous voulez qu'on dise en le voyant ici :
« Ce dernier, digne fils d'une race si haute
Fut un traître et vendit la tête de son hôte ! »
Joie de doña Sol. Mouvement de stupeur dans les assistants. – Le roi, déconcerté, s'éloigne avec colère, puis reste quelques instants silencieux, les lèvres tremblantes et l'œil enflammé.

---

10. Noms de grandes familles de la noblesse espagnole.
11. Émir arabe qui régna en Espagne au VIIIe siècle.
12. Les Rrois catholiques pratiquèrent une politique de répression à l'égard des juifs ; ceux-ci furent contraints à la conversion ou à l'exil à partir de 1492.
13. Saint protecteur.

■ **Texte 3 -** Edmond Rostand, *Cyrano de Bergerac*, acte V, scène 6, v. 2250-fin, 1897

Cyrano, blessé à mort, se rend une dernière fois chez Roxane, qu'il a aimée toute sa vie secrètement.

CYRANO, *est secoué d'un grand frisson et se lève brusquement.* – Pas là ! non ! pas dans ce fauteuil !
On veut s'élancer vers lui.
Ne me soutenez pas ! Personne !
Il va s'adosser à l'arbre.
Rien que l'arbre !
Silence.
Elle vient. Je me sens déjà botté de marbre,
Ganté de plomb !
Il se raidit.
Oh ! mais !... puisqu'elle est en chemin,
Je l'attendrai debout,
Il tire l'épée.
et l'épée à la main !

LE BRET – Cyrano !

ROXANE, *défaillante.* – Cyrano !
Tous reculent épouvantés.

CYRANO – Je crois qu'elle regarde...
Qu'elle ose regarder mon nez, cette Camarde !
Il lève son épée.
Que dites-vous ?... C'est inutile ?... Je le sais !
Mais on ne se bat pas dans l'espoir du succès !
Non ! non ! c'est bien plus beau lorsque c'est inutile !
– Qu'est-ce que c'est que tous ceux-là ? – Vous êtes mille ?
Ah ! je vous reconnais, tous mes vieux ennemis !
Le Mensonge ?
Il frappe de son épée le vide.
Tiens, tiens ! – Ha ! ah ! les Compromis,
Les préjugés, les Lâchetés !...
Il frappe.
Que je pactise ?
Jamais, jamais ! – Ah ! te voilà, toi, la Sottise !
– Je sais bien qu'à la fin vous me mettrez à bas ;
N'importe : je me bats ! je me bats ! je me bats !
Il fait des moulinets immenses et s'arrête haletant.
Oui, vous m'arrachez tout, le laurier et la rose !
Arrachez ! Il y a malgré vous quelque chose
Que j'emporte, et ce soir, quand j'entrerai chez Dieu,
Mon salut balaiera largement le seuil bleu,
Quelque chose que sans un pli, sans une tache,
J'emporte malgré vous,
Il s'élance l'épée haute.
et c'est...
L'épée s'échappe de ses mains, il chancelle, tombe dans les bras de Le Bret et de Ragueneau.

ROXANE, *se penchant sur lui et lui baisant le front.* – C'est ?...

CYRANO, *rouvre les yeux, la reconnaît et dit en souriant.* – Mon panache.

La question de l'Homme dans les genres de l'argumentation

Corpus 13 La Barbe bleue

Texte - Charles Perrault, *La Barbe bleue*, in *Les Contes*, 1697

Il était une fois un homme qui avait de belles maisons à la Ville et à la Campagne, de la vaisselle d'or et d'argent, des meubles en broderie, et des carrosses tout dorés, mais par malheur cet homme avait la Barbe bleue : cela le rendait si laid et si terrible, qu'il n'était ni femme ni fille qui ne s'enfuît de devant lui. Une de ses Voisines, Dame de qualité, avait deux filles parfaitement belles. Il lui en demanda une en Mariage, et lui laissa le choix de celle qu'elle voudrait lui donner. Elles n'en voulaient point toutes deux, et se le renvoyaient l'une à l'autre, ne pouvant se résoudre à prendre un homme qui eût la barbe bleue. Ce qui les dégoûtait encore, c'est qu'il avait déjà épousé plusieurs femmes, et qu'on ne savait ce que ces femmes étaient devenues. La Barbe bleue, pour faire connaissance, les mena avec leur Mère, et trois ou quatre de leurs meilleures amies, et quelques jeunes gens du voisinage, à une de ses maisons de Campagne, où l'on demeura huit jours entiers. Ce n'était que promenades, que parties de chasse et de pêche, que danses et festins, que collations : on ne dormait point, et on passait toute la nuit à se faire des malices les uns aux autres ; enfin tout alla si bien, que la Cadette commença à trouver que le Maître du logis n'avait plus la barbe si bleue, et que c'était un fort honnête homme. Dès qu'on fut de retour à la Ville, le Mariage se conclut. Au bout d'un mois la Barbe bleue dit à sa femme qu'il était obligé de faire un voyage en Province, de six semaines au moins, pour une affaire de conséquence ; qu'il la priait de se bien divertir pendant son absence, qu'elle fît venir ses bonnes amies, qu'elle les menât à la Campagne si elle voulait, que partout elle fît bonne chère. « Voilà, lui dit-il, les clefs des deux grands garde-meubles, voilà celles de la vaisselle d'or et d'argent qui ne sert pas tous les jours, voilà celles de mes coffres-forts, où est mon or et mon argent, celles des cassettes où sont mes pierreries, et voilà le passe-partout de tous les appartements. Pour cette petite clef-ci, c'est la clef du cabinet au bout de la grande galerie de l'appartement bas : ouvrez tout, allez partout, mais pour ce petit cabinet, je vous défends d'y entrer, et je vous le défends de telle sorte, que s'il vous arrive de l'ouvrir, il n'y a rien que vous ne deviez attendre de ma colère. » Elle promit d'observer exactement tout ce qui lui venait d'être ordonné ; et lui, après l'avoir embrassée, il monte dans son carrosse, et part pour son voyage. Les voisines et les bonnes amies n'attendirent pas qu'on les envoyât quérir pour aller chez la jeune Mariée, tant elles avaient d'impatience de voir toutes les richesses de sa Maison, n'ayant osé y venir pendant que le Mari y était, à cause de sa Barbe bleue qui leur faisait peur. Les voilà aussitôt à parcourir les chambres, les cabinets, les garde-robes, toutes plus belles et plus riches les unes que les autres. Elles montèrent ensuite aux garde-meubles, où elles ne pouvaient assez admirer le nombre et la beauté des tapisseries, des lits, des sofas, des cabinets, des guéridons, des tables et des miroirs, où l'on se voyait depuis les pieds jusqu'à la tête, et dont les bordures, les unes de glace, les autres d'argent et de vermeil doré, étaient les plus belles et les plus magnifiques qu'on eût jamais vues. Elles ne cessaient d'exagérer et d'envier le bonheur de leur amie, qui cependant ne se divertissait point à voir toutes ces richesses, à cause de l'impatience qu'elle avait d'aller ouvrir le cabi-

net de l'appartement bas. Elle fut si pressée de sa curiosité, que sans considérer qu'il était malhonnête de quitter sa compagnie, elle y descendit par un petit escalier dérobé, et avec tant de précipitation, qu'elle pensa se rompre le cou deux ou trois fois. Étant arrivée à la porte du cabinet, elle s'y arrêta quelque temps, songeant à la défense que son Mari lui avait faite, et considérant qu'il pourrait lui arriver malheur d'avoir été désobéissante ; mais la tentation était si forte qu'elle ne put la surmonter : elle prit donc la petite clef, et ouvrit en tremblant la porte du cabinet. D'abord elle ne vit rien, parce que les fenêtres étaient fermées ; après quelques moments elle commença à voir que le plancher était tout couvert de sang caillé, et que dans ce sang se miraient les corps de plusieurs femmes mortes et attachées le long des murs (c'était toutes les femmes que la Barbe bleue avait épousées et qu'il avait égorgées l'une après l'autre). Elle pensa mourir de peur, et la clef du cabinet qu'elle venait de retirer de la serrure lui tomba de la main. Après avoir un peu repris ses esprits, elle ramassa la clef, referma la porte, et monta à sa chambre pour se remettre un peu ; mais elle n'en pouvait venir à bout, tant elle était émue. Ayant remarqué que la clef du cabinet était tachée de sang, elle l'essuya deux ou trois fois, mais le sang ne s'en allait point ; elle eut beau la laver, et même la frotter avec du sablon et avec du grès, il y demeura toujours du sang, car la clef était Fée, et il n'y avait pas moyen de la nettoyer tout à fait : quand on ôtait le sang d'un côté, il revenait de l'autre. La Barbe bleue revint de son voyage dès le soir même, et dit qu'il avait reçu des Lettres dans le chemin, qui lui avaient appris que l'affaire pour laquelle il était parti venait d'être terminée à son avantage. Sa femme fit tout ce qu'elle put pour lui témoigner qu'elle était ravie de son prompt retour. Le lendemain il lui redemanda les clefs, et elle les lui donna, mais d'une main si tremblante, qu'il devina sans peine tout ce qui s'était passé. « D'où vient, lui dit-il, que la clef du cabinet n'est point avec les autres ? – Il faut, dit-elle, que je l'aie laissée là-haut sur ma table. – Ne manquez pas, dit la Barbe bleue, de me la donner tantôt. » Après plusieurs remises, il fallut apporter la clef. La Barbe bleue, l'ayant considérée, dit à sa femme : « Pourquoi y a-t-il du sang sur cette clef ? – Je n'en sais rien, répondit la pauvre femme, plus pâle que la mort. – Vous n'en savez rien, reprit la Barbe bleue, je le sais bien, moi, vous avez voulu entrer dans le cabinet ! Hé bien, Madame, vous y entrerez, et irez prendre votre place auprès des Dames que vous y avez vues. » Elle se jeta aux pieds de son Mari, en pleurant et en lui demandant pardon, avec toutes les marques d'un vrai repentir de n'avoir pas été obéissante. Elle aurait attendri un rocher, belle et affligée comme elle était ; mais la Barbe bleue avait le cœur plus dur qu'un rocher. « Il faut mourir, Madame, lui dit-il, et tout à l'heure. – Puisqu'il faut mourir, répondit-elle, en le regardant les yeux baignés de larmes, donnez-moi un peu de temps pour prier Dieu. – Je vous donne un demi-quart d'heure, reprit la Barbe bleue, mais pas un moment davantage. » Lorsqu'elle fut seule, elle appela sa sœur, et lui dit : « Ma sœur Anne (car elle s'appelait ainsi), monte, je te prie, sur le haut de la Tour, pour voir si mes frères ne viennent point ; ils m'ont promis qu'ils me viendraient voir aujourd'hui, et si tu les vois, fais-leur signe de se hâter. » La sœur Anne monta sur le haut de la Tour, et la pauvre affligée lui criait de temps en temps : « Anne, ma sœur Anne, ne vois-tu rien venir ? » Et la sœur Anne lui répondait : « Je ne vois rien que le Soleil qui poudroie, et l'herbe qui verdoie. » Cependant la Barbe bleue, tenant un grand coutelas à sa main, criait de toute sa force à sa femme : « Descends vite, ou je monterai là-haut. – Encore un moment, s'il vous plaît », lui répondait sa femme ; et aussitôt elle criait tout bas : « Anne, ma sœur Anne, ne vois-tu rien venir ? » Et la sœur Anne répondait : « Je ne vois rien que le Soleil qui poudroie, et l'herbe qui verdoie. » « Descends donc vite, criait la Barbe bleue, ou je monterai là-haut. – Je m'en vais » répondait sa femme, et puis elle criait : « Anne, ma sœur Anne, ne vois-tu rien venir ? – Je vois, répondit la sœur Anne, une grosse poussière qui vient de ce côté-ci. – Sont-ce mes frères ? – Hélas ! non ma sœur, c'est un Troupeau de Moutons. – Ne veux-tu pas descendre ? criait la Barbe bleue. –

Encore un moment », répondait sa femme, et puis elle criait : « Anne, ma sœur Anne, ne vois-tu rien venir ? – Je vois, répondit-elle, deux Cavaliers qui viennent de ce côté-ci, mais ils sont bien loin encore… Dieu soit loué, s'écria-t-elle un moment après, ce sont mes frères, je leur fais signe tant que je puis de se hâter. » La Barbe bleue se mit à crier si fort que toute la maison en trembla. La pauvre femme descendit, et alla se jeter à ses pieds toute épleurée et toute échevelée. « Cela ne sert de rien, dit la Barbe bleue, il faut mourir. » Puis la prenant d'une main par les cheveux, et de l'autre levant le coutelas en l'air, il allait lui abattre la tête. La pauvre femme se tournant vers lui, et le regardant avec des yeux mourants, le pria de lui donner un petit moment pour se recueillir. « Non, non, dit-il, recommande-toi bien à Dieu », et levant son bras… Dans ce moment on heurta si fort à la porte, que la Barbe bleue s'arrêta tout court : on ouvrit, et aussitôt on vit entrer deux Cavaliers, qui mettant l'épée à la main, coururent droit à la Barbe bleue. Il reconnut que c'était les frères de sa femme, l'un Dragon et l'autre Mousquetaire, de sorte qu'il s'enfuit aussitôt pour se sauver ; mais les deux frères le poursuivirent de si près, qu'ils l'attrapèrent avant qu'il pût gagner le perron. Ils lui passèrent leur épée au travers du corps, et le laissèrent mort. La pauvre femme était presque aussi morte que son Mari, et n'avait pas la force de se lever pour embrasser ses Frères. Il se trouva que la Barbe bleue n'avait point d'héritiers, et qu'ainsi sa femme demeura maîtresse de tous ses biens. Elle en employa une partie à marier sa sœur Anne avec un jeune Gentilhomme, dont elle était aimée depuis longtemps ; une autre partie à acheter des Charges de Capitaine à ses deux frères ; et le reste à se marier elle-même à un fort honnête homme, qui lui fit oublier le mauvais temps qu'elle avait passé avec la Barbe bleue.

Moralité

La curiosité malgré tous ses attraits,
Coûte souvent bien des regrets ;
On en voit tous lesjours mille exemples paraître.
C'est, n'en déplaise au sexe, un plaisir bien léger ;
Dès qu'on le prend il cesse d'être,
Et toujours il coûte trop cher.

Autre moralité

Pour peu qu'on ait l'esprit sensé,
Et que du Monde on sache le grimoire,
On voit bientôt que cette histoire
Est un conte du temps passé ;
Il n'est plus d'Époux si terrible,
Ni qui demande l'impossible,
Fût-il malcontent et jaloux.
Près de sa femme on le voit filer doux ;
Et de quelque couleur que sa barbe puisse être,
On a peine à juger qui des deux est le maître.

Corpus 14 L'amour propre

Texte 1 - Blaise Pascal, *L'Amour-propre*, fragment 743, in *Pensées*, 1670
Texte 2 - Jean de La Fontaine, *La Fille*, in *Fables*, VII, 4, 1678
Texte 3 - François de La Rochefoucauld, *Maximes*, 1664
Texte 4 - Honoré de Balzac, *Le Bal de Sceaux*, 1829

■ Texte 1 - Blaise Pascal, *L'Amour-propre*, fragment 743, in *Pensées*, 1670

La nature de l'amour-propre[1] et de ce moi humain est de n'aimer que soi et de ne considérer que soi. Mais que fera-t-il ? Il ne saurait empêcher que cet objet qu'il aime ne soit plein de défauts et de misères : il veut être grand, et il se voit petit ; il veut être heureux, et il se voit misérable ; il veut être parfait, et il se voit plein d'imperfections ; il veut être l'objet de l'amour et de l'estime des hommes, et il voit que ses défauts ne méritent que leur aversion[2] et leur mépris. Cet embarras où il se trouve produit en lui la plus injuste et la plus criminelle passion qu'il soit possible de s'imaginer, car il conçoit une haine mortelle contre cette vérité qui le reprend, et qui le convainc de ses défauts. Il désirerait de l'anéantir, et, ne pouvant la détruire en elle-même, il la détruit, autant qu'il peut, dans sa connaissance et dans celle des autres ; c'est-à-dire qu'il met tout son soin à couvrir ses défauts et aux autres et à soi-même, et qu'il ne peut souffrir qu'on les lui fasse voir, ni qu'on les voie.
[...]

L'homme n'est donc que déguisement, que mensonge et hypocrisie, et en soi-même et à l'égard des autres. Il ne veut pas qu'on lui dise la vérité, il évite de la dire aux autres, et toutes ces dispositions, si éloignées de la justice et de la raison, ont une racine naturelle dans son cœur.

1. Orgueil.
2. Haine.

■ Texte 2 - Jean de La Fontaine, *La Fille*, in *Fables*, VII, 4, 1678

Certaine fille un peu trop fière
Prétendait trouver un mari
Jeune, bien fait, beau, d'agréable manière,
Point froid et point jaloux : notez ces deux points-ci.
Cette fille voulait aussi
Qu'il eût du bien, de la naissance[1],
De l'esprit, enfin tout. Mais qui peut tout avoir ?
Le destin se montra soigneux de la pourvoir[2] :
Il vint des partis d'importance.
La belle les trouva trop chétifs de moitié.
« Quoi, moi ? quoi, ces gens-là ? l'on radote, je pense.
À moi les proposer ! hélas, ils font pitié :
Voyez un peu la belle espèce ! »
L'un n'avait en l'esprit nulle délicatesse ;
L'un n'avait le nez fait de cette façon-là ;
C'était ceci, c'était cela,
C'était tout ; car les précieuses[3]
Font dessus tout les dédaigneuses,

1. Qu'il fût noble. – 2. Veilla à lui donner satisfaction.
3. La Préciosité est un courant intellectuel et mondain du XVIIe siècle réunissant des femmes à la recherche de raffinement tant dans la pensée que dans leurs rapports aux autres, tout spécialement dans le domaine de l'amour. Les excès de certaines ont souvent été tournés en dérision, en particulier par Molière dans *Les Précieuses ridicules*.

Après les bons partis, les médiocres gens
Vinrent se mettre sur les rangs.
Elle de se moquer. « Ah ! vraiment, je suis bonne
De leur ouvrir les portes ! ils pensent que je suis
Fort en peine de ma personne.
Grâce à Dieu, je passe les nuits
Sans chagrin, quoiqu'en solitude. »
La belle se sut gré[4] de tous ces sentiments.
L'âge la fit déchoir : adieu tous les amants.
Un an se passe et deux avec inquiétude.
Le chagrin[5] vint ensuite : elle sent chaque jour
Déloger quelques Ris[6], quelques Jeux, puis l'Amour ;
Puis ses traits[7] choquer et déplaire ;
Puis cent sortes de fards. Ses soins ne purent faire
Qu'elle échappât au Temps, cet insigne larron :
Les ruines d'une maison
Se peuvent réparer ; que n'est cet avantage
Pour les ruines du visage !
Sa préciosité changea lors de langage.
Son miroir lui disait : Prenez vite un mari.
Je ne sais quel désir le lui disait aussi ;
Le désir peut loger chez une précieuse.
Celle-ci fit un choix qu'on n'aurait jamais cru,
Se trouvant à la fin tout aise et tout heureuse
De rencontrer un malotru.

4. Se glorifia. 5. L'ennui.
6. Rires. 7. Les traits de son visage, comme ses traits d'esprit.

Texte 3 - François de la Rochefoucauld, *Maximes*, 1664

L'amour-propre est l'amour de soi-même, et de toutes choses pour soi ; il rend les hommes idolâtres d'eux-mêmes, et les rendrait les tyrans des autres si la fortune leur en donnait les moyens ; il ne se repose jamais hors de soi, et ne s'arrête dans les sujets étrangers que comme les abeilles sur les fleurs, pour en tirer ce qui lui est propre. Rien n'est si impétueux que ses désirs, rien de si caché que ses desseins, rien de si habile que ses conduites ; ses souplesses ne se peuvent représenter, ses transformations passent celles des métamorphoses, et ses raffinements ceux de la chimie. On ne peut sonder la profondeur, ni percer les ténèbres de ses abimes. Là il est à couvert des yeux les plus pénétrants ; il y fait mille insensibles tours et retours. Là il est souvent invisible à lui-même, il y conçoit, il y nourrit, et il y élève, sans le savoir, un grand nombre d'affections et de haines ; il en forme de si monstrueuses que, lorsqu'il les a mises au jour, il les méconnaît, ou il ne peut se résoudre à les avouer. De cette nuit qui le couvre naissent les ridicules persuasions qu'il a de lui-même ; de là viennent ses erreurs, ses ignorances, ses grossièretés et ses niaiseries sur son sujet ; de là vient qu'il croit que ses sentiments sont morts lorsqu'ils ne sont qu'endormis, qu'il s'imagine n'avoir plus envie de courir dès qu'il se repose, et qu'il pense avoir perdu tous les goûts qu'il a rassasiés. Mais cette obscurité épaisse, qui le cache à lui-même, n'empêche pas qu'il ne voie parfaitement ce qui est hors de lui, en quoi il est semblable à nos yeux, qui découvrent tout, et sont aveugles seulement pour eux-mêmes.

Texte 4 - Honoré de Balzac, *Le Bal de Sceaux*, 1829

On eût dit que, semblable à l'une de ces princesses des *Mille et un Jours*[1], Émilie fût assez riche, assez belle pour avoir le droit de choisir parmi tous les princes du monde ; ses objections étaient plus bouffones les unes que les autres : l'un avait les jambes trop grosses ou les genoux cagneux,

1. Recueil de contes persans imités des *Milles et une Nuits*, parus au début du XVIIe siècle.

l'autre était myope, celui-ci s'appelait Durand, celui-là boitait, presque tous lui semblaient trop gras. Plus vive, plus charmante, plus gaie que jamais après avoir rejeté deux ou trois prétendus, elle s'élançait dans les fêtes de l'hiver et courait aux bals où ses yeux perçants examinaient les célébrités du jour, où elle se plaisait à exciter des demandes qu'elle rejetait toujours. La nature lui avait donné en profusion les avantages nécessaires à ce rôle de Célimène[2]. Grande et svelte, Émilie de Fontaine possédait une démarche imposante ou folâtre, à son gré. Son col[3] un peu long lui permettait de prendre de charmantes attitudes de dédain et d'impertinence. Elle s'était fait un fécond répertoire de ces airs de tête et de ces gestes féminins qui expliquent si cruellement ou si heureusement les demi-mots et les sourires. De beaux cheveux noirs, des sourcils très fournis et fortement arqués prêtaient à sa physionomie une expression de fierté que la coquetterie autant que son miroir lui apprirent à rendre terrible ou à tempérer par la fixité ou par la douceur de son regard, par l'immobilité ou par les légères inflexions de ses lèvres, par la froideur ou la grâce de son sourire. Quand Émilie voulait s'emparer d'un cœur, sa voix pure ne manquait pas de mélodie ; mais elle pouvait aussi lui imprimer une sorte de clarté brève quand elle entreprenait de paralyser la langue indiscrète d'un cavalier. Sa figure blanche et son front d'albâtre étaient semblables à la surface limpide d'un lac qui tour à tour se ride sous l'effort d'une brise ou reprend sa sérénité joyeuse quand l'air se calme. Plus d'un jeune homme en proie à ses dédains l'accusa de jouer la comédie ; mais elle se justifiait en inspirant aux médisants le désir de lui plaire et les soumettant aux dédains de sa coquetterie. Parmi les jeunes filles à la mode, nulle mieux qu'elle ne savait prendre un air de hauteur en recevant le salut d'un homme de talent, ou déployer cette politesse insultante qui fait de nos égaux des inférieurs, et déverser son impertinence sur tous ceux qui essayaient de marcher de pair avec elle. Elle semblait, partout où elle se trouvait, recevoir plutôt des hommages que des compliments, et même chez une princesse, sa tournure et ses airs eussent converti le fauteuil sur lequel elle se serait assise en un trône impérial.

2. Célimène est le personnage principal du *Misanthrope* de Molière.
3. Cou.

Corpus 15 Les fables

Texte 1 - Jean de La Fontaine, *À mon seigneur le Dauphin*, in *Fables*, 1668
Texte 2 - Jean de La Fontaine, *La Jeune veuve*, in *Fables*, VI, 21, 1668
Texte 3 - Jean de La Fontaine, *Les Deux coqs*, in *Fables*, VII, 12, 1668
Texte 4 - Victor Hugo, *L'Ogre et la fée*, in *Toute la lyre*, 1861

Texte 1 - Jean de La Fontaine, *À mon seigneur le Dauphin*, in *Fables*, 1668

Je chante les Héros dont Ésope est le Père :
Troupe de qui l'Histoire, encor que mensongère,
Contient des vérités qui servent de leçons.
Tout parle en mon Ouvrage, et même les Poissons :
Ce qu'ils disent s'adresse à tous tant que nous sommes.
Je me sers d'Animaux pour instruire les Hommes.
ILLUSTRE REJETON D'UN PRINCE aimé des Cieux[1],
Sur qui le Monde entier a maintenant les yeux,
Et qui, faisant fléchir les plus superbes Têtes,
Comptera désormais ses jours par ses conquêtes,
Quelque autre te dira d'une plus forte voix
Les faits de tes Aïeux et les vertus des Rois.
Je vais t'entretenir de moindres Aventures,
Te tracer en ces vers de légères peintures :
Et si de t'agréer je n'emporte le prix,
J'aurai du moins l'honneur de l'avoir entrepris.

1. La Fontaine adresse son recueil au Dauphin, fils du roi.

■ **Texte 2 -** Jean de La Fontaine, *La Jeune veuve*, in *Fables*, VI, 21, 1668

La perte d'un Époux ne va point sans soupirs.
On fait beaucoup de bruit, et puis on se console.
Sut les ailes du Temps la Tristesse s'envole ;
Le Temps ramène les plaisirs.
Entre la Veuve d'une année
Et la Veuve d'une journée
La différence est grande : on ne croirait jamais
Que ce fût la même personne.
L'une fait fuir les Gens, et l'autre a mille attraits.
Aux soupirs vrais ou faux celle-là s'abandonne ;
C'est toujours même note, et pareil entretien :
On dit qu'on est inconsolable ;
On le dit, mais il n'en est rien ;
Comme on verra par cette Fable,
Ou plutôt par la vérité.
L'Époux d'une jeune Beauté
Partait pour l'autre monde. À ses côtés sa Femme
Lui criait : « Attends-moi, je te suis ; et mon âme
Aussi bien que la tienne, est prête à s'envoler. »
Le Mari fit seul le voyage.
La Belle avait un Père, homme prudent et sage :
Il laissa le torrent couler.
À la fin, pour la consoler,
« Ma fille, lui dit-il, c'est trop verser de larmes :
Qu'a besoin le Défunt que vous noyiez vos charmes ?
Puisqu'il est des Vivants, ne songez plus aux Morts.
Je ne dis pas que tout à l'heure
Une condition meilleure
Change en des noces ces transports ;
Mais après certain temps souffrez qu'on vous propose
Un Époux beau, bien fait, jeune, et tout autre chose
Que le Défunt. – Ah ! dit-elle aussitôt,
Un Cloître[1] est l'Époux qu'il me faut. »
Le Père lui laissa digérer sa disgrâce.
Un mois de la sorte se passe.
L'autre mois, on l'emploie à changer tous les jours
Quelque chose à l'habit, au linge, à la coiffure.
Le deuil enfin sert de parure,
En attendant d'autres atours.
Toute la bande des Amours
Revient au Colombier : les Jeux, les Ris[2], la Danse,
Ont aussi leur tour à la fin.
On se plonge soir et matin
Dans la Fontaine de jouvence[3].
Le Père ne craint plus ce Défunt tant chéri ;
Mais comme il ne parlait de rien à notre Belle :
« Où donc est le jeune Mari
Que vous m'avez promis ? » dit-elle.

1. Couvent de religieuses.
2. Rires.
3. Jeunesse.

■ **Texte 3 -** Jean de La Fontaine, *Les Deux coqs*, in *Fables*, VII, 12, 1668

Deux Coqs vivaient en paix ; une Poule survint,
Et voilà la guerre allumée.
Amour, tu perdis Troie[1] et c'est de toi que vint
Cette querelle envenimée,

1. La guerre de Troie commença par l'enlèvement de la belle Hélène par Pâris.

Où du sang des Dieux même on vit le Xanthe[2] teint.
Longtemps entre nos Coqs le combat se maintint.
Le bruit s'en répandit par tout le voisinage.
La gent qui porte crête au spectacle accourut.
Plus d'une Hélène au beau plumage
Fut le prix du vainqueur ; le vaincu disparut.
Il alla se cacher au fond de sa retraite,
Pleura sa gloire et ses amours,
Ses amours qu'un rival tout fier de sa défaite
Possédait à ses yeux. Il voyait tous les jours
Cet objet rallumer sa haine et son courage.
Il aiguisait son bec, battait l'air et ses flancs,
Et s'exerçant contre les vents
S'armait d'une jalouse rage.
Il n'en eut pas besoin. Son vainqueur sur les toits
S'alla percher, et chanter sa victoire.
Un Vautour entendit sa voix :
Adieu les amours et la gloire.
Tout cet orgueil périt sous l'ongle du Vautour.
Enfin, par un fatal retour,
Son rival autour de la Poule
S'en revint faire le coquet :
Je laisse à penser quel caquet[3].
Car il eut des femmes en foule ;
La Fortune se plaît à faire de ces coups.
Tout vainqueur insolent à sa perte travaille.
Défions-nous du sort, et prenons garde à nous,
Après le gain d'une bataille.

2. Fleuve des enfers dans la mythologie grecque.
3. Bruit que font les poules (employé négativement pour un bavardage).

■ **Texte 4 -** Victor Hugo, *L'Ogre et la fée*, in *Toute la lyre*, 1861

Un brave ogre des bois, natif de Moscovie,
Était fort amoureux d'une fée, et l'envie
Qu'il avait d'épouser cette dame s'accrut
Au point de rendre fou ce pauvre cœur tout brut ;
L'ogre, un beau jour d'hiver, peigne sa peau velue,
Se présente au palais de la fée, et salue,
Et s'annonce à l'huissier comme prince Ogrousky.
La fée avait un fils, on ne sait pas de qui.
Elle était, ce jour-là, sortie, et quant au mioche,
Bel enfant blond, nourri de crème et de brioche.
Don fait par quelque Ulysse à cette Calypso
Il était sous la porte et jouait au cerceau.
On laissa l'ogre et lui tout seuls dans l'antichambre.
Comment passer le temps quand il neige, en décembe
Et quand on n'a personne avec qui dire un mot ?
L'ogre se mit alors à croquer le marmot[1]
C'est très simple. Pourtant c'est aller un peu vite,
Même lorsqu'on est ogre et qu'on est Moscovite,
Que de gober ainsi les mioches du prochain.
Le bâillement d'un ogre est frère de la faim.
Quand la dame rentra, plus d'enfant ; on s'informe.
La fée avise l'ogre avec sa bouche énorme :
« As-tu vu, cria-t-elle, un bel enfant que j'ai ? »
Le bon ogre naïf lui dit « je l'ai mangé. »

1. Enfant. L'expression « croquer le marmot » s'utilise habituellement au sens figuré pour signifier « patienter en s'ennuyant ».

Or c'était maladroit. Vous qui cherchez à plaire,
Jugez ce que devint l'ogre devant la mère
Furieuse qu'il eût soupé de son dauphin[2].
Que l'exemple vous serve ; aimez, mais soyez fin ;
Adorez votre belle et soyez plein d'astuce ;
N'allez pas lui manger, comme cet ogre russe,
Son enfant, ou marcher sur la patte à son chien...

2. Héritier royal, désigne ici l'enfant de la fée.

Corpus 16 La critique de la guerre

Texte 1 - Jean de La Bruyère, *Les Caractères ou les mœurs de ce siècle*, 1696
Texte 2 - Voltaire, *Candide*, 1759
Texte 3 - Damilaville, article « Paix », in *Encyclopédie*, 1761
Texte 4 - Jean Giraudoux, *La Guerre de Troie n'aura pas lieu*, acte I, scène 6, 1935

Texte 1 - Jean de La Bruyère, *Les Caractères ou les mœurs de ce siècle*, 1696

Que si l'on vous disait que tous les chats d'un grand pays se sont assemblés par milliers dans une plaine, et qu'après avoir miaulé tout leur saoul, ils se sont jetés avec fureur les uns sur les autres et ont joué ensemble de la dent et de la griffe ; que de cette mêlée il est demeuré de part et d'autre neuf à dix mille chats sur place, qui ont infecté l'air à dix lieues de par leur puanteur, ne diriez-vous pas : « Voilà le plus abominable sabbat dont on ait jamais ouï parler » ? Et, si les loups en faisaient de même, quels hurlements, quelle boucherie ! Et si les uns et les autres vous disaient qu'ils aiment la gloire, concluriez-vous de ce discours qu'ils la mettent à se trouver à ce beau rendez-vous, à détruire ainsi et anéantir leur propre espèce ? ou, après l'avoir conclu, ne ririez-vous pas de tout votre cœur de l'ingénuité de ces pauvres bêtes ?

Vous avez déjà, en animaux raisonnables, et pour vous distinguer de ceux qui ne se servent que de leurs dents et de leurs ongles, imaginé les lances, les piques, les dards, les sabres, les cimeterres[1], et à mon gré fort judicieusement : eu avec vos seules mains que pouviez-vous faire les uns aux autres que vous arracher les cheveux, vous égratigner le visage, ou tout au plus vous arracher les yeux de la tête. Au lieu que vous voilà munis d'instruments commodes, qui vous servent à vous faire réciproquement de larges plaies d'où peut couler votre sang jusqu'à la dernière goutte sans que vous puissiez craindre d'en échapper ; mais comme vous devenez d'année à autre plus raisonnables, vous avez enchéri sur cette nouvelle manière de vous exterminer : vous avez de petits globes qui vous tuent d'un coup s'ils peuvent seulement vous atteindre à la tête ou à la poitrine ; vous en avez d'autres plus pesants et plus massifs qui vous coupent en deux parts et qui vous éventrent, sans compter ceux qui, tombant sur vos toits, enfoncent les planchers, vont du grenier à la cave, en enlèvent les voûtes et font sauter en l'air avec vos maisons vos femmes qui sont en couches, l'enfant et la nourrice ; et c'est là encore où gît la gloire, elle aime le remue-ménage, et elle est personne d'un grand fracas.

1. Sabre oriental à large lame recourbée.

Texte 2 - Voltaire, *Candide*, 1759

Rien n'était si beau, si leste, si brillant, si bien ordonné que les deux armées. Les trompettes, les fifres, les hautbois, les tambours, les canons, formaient une harmonie telle qu'il n'y en eut jamais en enfer. Les canons renversèrent d'abord à peu près six mille hommes de chaque côté ; ensuite la mousqueterie ôta du meilleur des mondes environ neuf à dix mille coquins qui en infectaient la surface. La baïonnette fut aussi la raison suffisante de la mort de quelques milliers d'hommes. Le tout pouvait bien se monter à une trentaine de mille âmes. Candide, qui tremblait comme un philosophe, se cacha du mieux qu'il put pendant cette boucherie héroïque.

Enfin, tandis que les deux rois faisaient chanter des *Te Deum*, chacun dans son camp, il prit le parti d'aller raisonner ailleurs des effets et des causes. Il passa par-dessus des tas de morts et de mourants, et gagna d'abord un village voisin ; il était en cendres : c'était un village abare que les Bulgare avaient brûlé, selon les lois du droit public. Ici des vieillards criblés de coups regardaient mourir leurs femmes égorgées, qui tenaient leurs enfants à leurs mamelles sanglantes ; là des filles, éventrées après avoir assouvi les besoins naturels de quelques héros, rendaient les derniers soupirs ; d'autres, à demi brûlées, criaient qu'on achevât de leur donner la mort. Des cervelles étaient répandues sur la terre à côté de bras et de jambes coupés.

Candide s'enfuit au plus vite dans un autre village : il appartenait à des Bulgares, et les héros abares l'avaient traité de même. Candide, toujours marchant sur des membres palpitants, ou à travers des ruines, arriva enfin hors du théâtre de la guerre, portant quelques petites provisions dans son bissac, et n'oubliant jamais mademoiselle Cunégonde.

■ **Texte 3 -** Damilaville, article « Paix », in *Encyclopédie*, 1761

La guerre est un fruit de la dépravation des hommes ; c'est une maladie convulsive et violente du corps politique, il n'est en santé, c'est-à-dire dans son état naturel que lorsqu'il jouit de la paix ; c'est elle qui donne de la vigueur aux empires ; elle maintient l'ordre parmi les citoyens ; elle laisse aux lois la force qui leur est nécessaire ; elle favorise la population, l'agriculture et le commerce ; en un mot elle procure aux peuples le bonheur qui est le but de toute société. La guerre au contraire dépeuple les États ; elle y fait régner le désordre ; les lois sont forcées de se taire à la vue de la licence qu'elle introduit ; elle rend incertaines la liberté et la propriété des citoyens ; elle trouble et fait négliger le commerce ; les terres deviennent incultes et abandonnées. Jamais les triomphes les plus éclatants ne peuvent dédommager une nation de la perte d'une multitude de ses membres que la guerre sacrifie ; ses victoires même lui font des plaies profondes que la paix seule peut guérir.

Si la raison gouvernait les hommes, si elle avait sur les chefs des nations l'empire qui lui est dû, on ne les verrait point se livrer inconsidérément aux fureurs de la guerre, ils ne marqueraient point cet acharnement qui caractérise les bêtes féroces. Attentifs à conserver une tranquillité de qui dépend leur bonheur, ils ne saisiraient point toutes les occasions de troubler celle des autres ; satisfaits des biens que la nature a distribués à tous ses enfants, ils ne regarderaient point avec envie ceux qu'elle a accordés à d'autres peuples ; les souverains sentiraient que des conquêtes payées du sang de leurs sujets, ne vident jamais le prix qu'elles ont coûté. Mais par une fatalité déplorable, les nations vivent entre elles dans une défiance réciproque ; perpétuellement occupées à repousser les entreprises injustes des autres, ou à en former elles-mêmes, les prétextes les plus frivoles leur mettent les armes à la main, et l'on croirait qu'elles ont une volonté permanente de se priver des avantages que la Providence ou l'industrie leur ont procurés. Les passions aveugles des princes les portent à étendre les bornes de leurs États ; peu occupés du bien de leurs sujets, ils ne cherchent qu'à grossir le nombre des hommes qu'ils rendent malheureux. Ces passions allumées ou entretenues par des ministres ambitieux, ou par des guerriers dont la profession est incompatible avec le repos, ont eu dans tous les âges les effets les plus funestes pour l'humanité. L'histoire ne nous fournit que des exemples de paix violées, de guerres injustes et cruelles, de champs dévastés, de villes réduites en cendres. L'épuisement seul semble forcer les princes à la paix ; ils s'aperçoivent toujours trop tard que le sang du citoyen s'est mêlé à celui de l'ennemi ; ce carnage inutile n'a servi qu'à cimenter l'édifice chimérique de la gloire du conquérant et de ses guerriers turbulents ; le bonheur de ses peuples est la première victime qui est immolée à son caprice ou aux vues intéressées de ses courtisans.

■ **Texte 4 -** Jean Giraudoux, *La Guerre de Troie n'aura pas lieu*, acte I, scène 6, 1935

Les Troyens hésitent : doivent-ils rendre Hélène, que Pâris, fils du roi, a enlevé aux Grecs, et ainsi éviter la guerre ou affronter courageusement leurs ennemis de toujours ?

PRIAM – [...] Mais savez-vous pourquoi vous êtes là, toutes si belles et si vaillantes ? C'est parce que vos maris et vos pères et vos aïeux furent des guerriers. S'ils avaient été paresseux aux armes, s'ils n'avaient pas su que cette occupation terne et stupide qu'est la vie se justifie soudain et s'illumine par le mépris que les hommes ont d'elle, c'est vous qui seriez lâches et réclameriez la guerre. Il n'y a pas deux façons de se rendre immortel ici-bas, c'est d'oublier qu'on est mortel.

ANDROMAQUE – Oh ! justement, Père, vous le savez bien ! Ce sont les braves qui meurent à la guerre. Pour ne pas y être tué, il faut un grand hasard ou une grande habileté. Il faut avoir courbé la tête ou s'être agenouillé au moins une fois devant le danger. Les soldats qui défilent sous les arcs de triomphe sont ceux qui on déserté la mort. Comment un pays pourrait-il gagner dans son honneur et dans sa force en les perdant tous les deux ?

PRIAM – Ma fille, la première lâcheté est la première ride d'un peuple.

ANDROMAQUE – Où est la pire lâcheté ? Paraître lâche vis-à-vis des autres et assurer la paix ? Ou être lâche vis-à-vis de soi-même et provoquer la guerre ?

DEMOKOS – La lâcheté est de ne pas préférer toute mort à la mort pour son pays.

HECUBE – J'attendais la poésie à ce tournant. Elle n'en manque pas une.

ANDROMAQUE – On meurt toujours pour son pays ! Quand on a vécu en lui digne, actif, sage, c'est pour lui aussi qu'on meurt. Les tués ne sont pas tranquilles sous la terre, Priam. Ils ne se fondent pas en elle pour le repos et l'aménagement éternel. Ils ne deviennent pas sa glèbe, sa chair. Quand on retrouve dans le sol une ossature humaine, il y a toujours une épée près d'elle. C'est un os de la terre, un os stérile. C'est un guerrier.

HECUBE – Ou alors que les vieillards soient les seuls guerriers. Tout un pays est le pays de la jeunesse. Il meurt quand la jeunesse meurt.

DEMOKOS – Vous nous ennuyez avec votre jeunesse. Elle sera vieillesse dans trente ans.

Vers un espace européen : Renaissances et humanisme (1res L)

Corpus 17 Renaissance poétique

Texte 1 - Pierre de Ronsard, *Sonnet XII*, in *Les Amours*, 1553
Texte 2 - Louise Labé, *Sonnet VIII*, « Je vis, je meurs », in *Sonnets*, 1555
Texte 3 - Joachim du Bellay, « Las, où est maintenant ce mépris de fortune... », in *Les Regrets*, 1558
Texte 4 - Pierre de Ronsard, « Je n'ai plus que les os », in *Derniers vers*, 1586
Annexe - Charles Baudelaire, « Une Charogne », in *Les Fleurs du Mal*, 1857

Texte 1 - Pierre de Ronsard, *Sonnet XII*, in *Les Amours*, 1553

J'espère et crains, je me tais et supplie
Or je suis glace, et ores un feu chaud[1],
J'admire tout, et de rien ne me chaut[2],
Je me délace[3], et puis je me relie.
Rien ne me plaît sinon ce qui m'ennuie[4] :
Je suis vaillant, et le cœur me défaut[5],
J'ai l'espoir bas, j'ai le courage haut,
Je doute Amour, et si je le défie[6].
Plus je me pique, et plus je suis rétif[7],
J'aime être libre, et veux être captif,
Cent fois je meurs, cent fois je prends naissance.
Un Prométhée en passions je suis,
Et pour aimer[8] perdant toute puissance,
Ne pouvant rien je fais ce que je puis.

1. Tantôt je suis glace, tantôt je suis un feu chaud.
2. Je contemple tout avec émerveillement et je suis indifférent à tout.
3. Je romps mes liens.
4 . Ce qui me met au supplice.
5. Défaille.
6. Je redoute Amour et pourtant je le défie.
7. Récalcitrant.
8. Parce que j'aime.

Texte 2 - Louise Labé, *Sonnet VIII*, « Je vis, je meurs », in *Sonnets*, 1555

Je vis, je meurs ; je me brûle et me noie ;
J'ai chaud extrême en endurant froidure :
La vie m'est et trop molle et trop dure.
J'ai grands ennuis entremêlés de joie.

Tout à un coup je ris et je larmoie,
Et en plaisir maint grief tourment j'endure ;
Mon bien s'en va, et à jamais il dure ;
Tout en un coup je sèche et je verdoie.

Ainsi Amour inconstamment me mène ;
Et, quand je pense avoir plus de douleur,
Sans y penser je me trouve hors de peine.

Puis, quand je crois ma joie être certaine,
Et être au haut de mon désiré heur,
Il me remet en mon premier malheur.

Texte 3 - Joachim du Bellay, « Las, où est maintenant ce mépris de fortune… », in *Les Regrets*, 1558

Las, où est maintenant ce mépris de Fortune ?
Où est ce cœur vainqueur de toute adversité,
Cet honnête désir de l'immortalité,
Et cette honnête flamme au peuple non commune ?

Où sont ces doux plaisirs qu'au soir sous la nuit brune
Les Muses me donnaient, alors qu'en liberté
Dessus le vert tapis d'un rivage écarté
Je les menais danser aux rayons de la Lune ?

Maintenant la Fortune est maîtresse de moi,
Et mon cœur, qui soulait être maître de soi,
Est serf de mille maux et regrets qui m'ennuient.

De la postérité je n'ai plus de souci,
Cette divine ardeur, je ne l'ai plus aussi,
Et les Muses de moi, comme étranges, s'enfuient.

Texte 4 - Pierre de Ronsard, « Je n'ai plus que les os », in *Derniers vers*, 1586

Je n'ai plus que les os, un squelette je semble,
Décharné, dénervé, démusclé, dépoulpé,
Que le trait de la mort sans pardon a frappé ;
Je n'ose voir mes bras que de peur je ne tremble.

Apollon et son fils, deux grands maîtres ensemble,
Ne me sauraient guérir, leur métier m'a trompé.
Adieu, plaisant soleil, mon œil est étoupé,
Mon corps s'en va descendre où tout se désassemble.

Quel ami me voyant en ce point dépouillé
Ne remporte au logis un œil triste et mouillé,
Me consolant au lit et me baisant la face,

En essuyant mes yeux par la mort endormis ?
Adieu, chers compagnons, adieu, mes chers amis,
Je m'en vais le premier vous préparer la place.

Annexe - Baudelaire, « Une Charogne », in *Les Fleurs du Mal*, 1857.

Rappelez-vous l'objet que nous vîmes, mon âme,
Ce beau matin d'été si doux :
Au détour d'un sentier une charogne infâme
Sur un lit semé de cailloux,

Les jambes en l'air, comme une femme lubrique,
Brûlante et suant les poisons,
Ouvrait d'une façon nonchalante et cynique
Son ventre plein d'exhalaisons.

Le soleil rayonnait sur cette pourriture,
Comme afin de la cuire à point,
Et de rendre au centuple à la grande nature
Tout ce qu'ensemble elle avait joint ;

Et le ciel regardait la carcasse superbe
Comme une fleur s'épanouir.
La puanteur était si forte, que sur l'herbe
Vous crûtes vous évanouir.

Les mouches bourdonnaient sur ce ventre putride,
D'où sortaient de noirs bataillons
De larves, qui coulaient comme un épais liquide
Le long de ces vivants haillons.

Tout cela descendait, montait comme une vague,
Ou s'élançait en pétillant ;
On eût dit que le corps, enflé d'un souffle vague,
Vivait en se multipliant.

Et ce monde rendait une étrange musique,
Comme l'eau courante et le vent,
Ou le grain qu'un vanneur d'un mouvement rythmique
Agite et tourne dans son van.

Les formes s'effaçaient et n'étaient plus qu'un rêve,
Une ébauche lente à venir,
Sur la toile oubliée, et que l'artiste achève
Seulement par le souvenir.

Derrière les rochers une chienne inquiète
Nous regardait d'un oeil fâché,
Épiant le moment de reprendre au squelette
Le morceau qu'elle avait lâché.

Et pourtant vous serez semblable à cette ordure,
À cette horrible infection,
Étoile de mes yeux, soleil de ma nature,
Vous, mon ange et ma passion !

Oui ! telle vous serez, ô reine des grâces,
Après les derniers sacrements,
Quand vous irez, sous l'herbe et les floraisons grasses.
Moisir parmi les ossements.

Alors, ô ma beauté ! dites à la vermine
Qui vous mangera de baisers,
Que j'ai gardé la forme et l'essence divine
De mes amours décomposés !

Corpus 18 L'Éducation humaniste

Texte 1 - Rabelais, *Gargantua*, chapitre XXI, 1534

Texte 2 - Rabelais, *Gargantua*, chapitre XXIII, 1534

Texte 3 - Montaigne, « De l'institution des enfants », in *Les Essais*, I, 26, 1580-1595

Texte 1 - Rabelais, *Gargantua*, chapitre XXI, 1534

Quand Ponocrates prend en charge l'éducation de Gargantua, il s'étonne de ce qu'il n'a encore rien appris. Il lui demande donc de se comporter comme il le faisait avec ses anciens maîtres, les sophistes, pour mieux comprendre les raisons de l'ignorance de son élève.

Il s'éveillait entre huit et neuf heures, fût jour ou non ; ainsi l'avaient ordonné ses régents antiques alléguant ce que dit David : Vanum est vobis ante lucem surgere[1].

Puis se gambayait, penadait et paillardait parmi le lit[2] quelque temps pour mieux ébaudir ses esprits animaux[3] ; et s'habillait selon la saison, mais volontiers portait-il une grande et longue robe de grosse frise[4] fourrée de renards ; après se peignait du peigne d'Almain[5], c'était des quatre doigts et le pouce, car ses précepteurs disaient que soi autrement peigner, laver et nettoyer était perdre temps en ce monde.

Puis fientait, pissait, rendait sa gorge, rotait, pétait, bâillait, crachait, toussait, sanglotait, éternuait et se morvait en archidiacre, et déjeunait pour abattre la rosée et mauvais air : belles tripes frites, belles charbonnades, beaux jambons, belles cabirotades[6] et force soupes de prime[7]. [...]

Après avoir bien à point déjeuné, allait à l'église, et lui portait-on dans un grand panier un gros bréviaire empantouflé, pesant, tant en graisse qu'en fermoirs et parchemin, peu plus peu moins, onze quintaux six livres. Là oyait vingt et six ou trente messes. Cependant venait son diseur d'heures[8] en place, empaletoqué comme une huppe, et très bien antidoté son haleine à force sirop vignolat[9] ; avec icelui marmonnait toutes ces kyrielles, et tant curieusement les épluchait qu'il n'en tombait un seul grain en terre. Au partir de l'église, on lui amenait sur une traîne de bœufs un farat de patenôtres de Saint-Claude[10], aussi grosses chacune qu'est le moule d'un bonnet ; et, se promenant par les cloîtres, galeries ou jardin, en disait plus que seize ermites. Puis étudiait quelque méchante demi-heure, les yeux assis sur son livre ; mais (comme dit le comique[11]) son âme était en la cuisine.

Pissant donc plein urinal, s'asseyait à table, et parce qu'il était naturellement flegmatique, commençait son repas par quelques douzaine de jambons, de langues de bœuf fumées, de boutargues, d'andouilles, et tels autres avant-coureurs de vin. Cependant quatre de ses gens lui jetaient en la bouche, l'un après l'autre, continûment, moutarde à pleines palerées. Puis buvait un horrifique trait de vin blanc pour lui soulager les rognons. Après, mangeait selon la saison, viandes à son appétit, et lors cessait de manger quand le ventre lui tirait. À boire n'avait point fin ni canon[12], car il disait que les mètes[13] et bornes de boires étaient quand, la personne buvant, le liège de ses pantoufles enflait en haut d'un demi-pied.

1. *Psaume 127* : « Il est vain de se lever avant le jour ».
2. Gambadait, bondissait, se roulait sur le lit.
3. Selon la physiologie de l'époque, il s'agissait de petits corps contenus dans les nerfs, destinés à animer les membres.
4. Laine grossière.
5. Théologien du début du XVIe siècle, professeur à la Sorbonne.
6. Viande rôtie.
7. Soupe dans laquelle les moines trempaient du pain, après la messe de prime (celle de 6 heures du matin).
8. Celui qui est affecté pour lire le livre de prières.
9. Ayant purifié son haleine avec force vin.
10. Un tas de chapelets de Saint-Claude (ville du Jura).
11. L'auteur de comédies Térence.
12. Règles.
13. Limites.

Texte 2 - Rabelais, *Gargantua*, chapitre XXIII, 1534

Gargantua, une fois purgé de ses mauvaises habitudes, peut enfin s'adonner à l'enseignement de son nouveau maître.

S'éveillait donc Gargantua environ quatre heures du matin. Cependant qu'on le frottait, lui était lue quelque pagine de la divine Écriture hautement et clairement, avec prononciation compétente à la matière, et à ce était commis un jeune page, natif de Basché, nommé Anagnostes[14]. Selon le propos et argument de cette leçon souventes fois s'adonnait à révérer, adorer, prier et supplier le bon Dieu, duquel la lecture montrait la majesté et jugements merveilleux. Puis allait ès lieux secrets faire excrétion des digestions naturelles. Là son précepteur répétait ce qui avait été lu, lui exposant les points plus obscurs et difficiles. Eux retournant, considéraient l'état du ciel : si tel était comme l'avaient noté au soir précédent, et quels signes entrait le soleil, aussi la lune, pour icelle journée. Ce fait, était habillé, peigné, testonné[15], accoutré et parfumé, durant lequel temps on lui répétait les leçons du jour d'avant. Lui-même les disait par cœur, et y fondait quelques cas pratiques et concernant l'état humain lesquels ils étendaient aucunes fois jusque deux ou trois heures, mais ordinairement cessaient lorsqu'il était du tout habillé. Puis par trois bonnes heures lui était faite lecture.

Ce fait, essaient hors[16], toujours conférant des propos de la lecture, et se déportaient[17] ès Bracque[18] ou ès prés, et jouaient à la balle, à la paume, à la pile trigone[19], galantement s'exerçant les corps comme ils avaient les âmes auparavant exercé. Tout leur jeu n'était qu'en liberté, car ils laissaient la partie quand leur plaisait et cessaient ordinairement lorsque suaient parmi le corps ou étaient autrement las. Adonc étaient très bien essuyés et frottés, changeaient de chemise et, doucement se promenant, allaient voir si le dîner était prêt. Là attendant, récitaient clairement et éloquentement quelques sentences retenues de la leçon.

Cependant, Monsieur l'Appétit venait, et par bonne opportunité s'asseyaient à table. Au commencement du repas était lue quelque histoire plaisante des anciennes prouesses, jusqu'à ce qu'il eût pris son vin. Lors (si bon semblait) on continuait la lecture ou commençaient à deviser joyeusement ensemble, parlant, pour les premiers mois de la vertu, propriété efficace et nature de tout ce que leur était servi à table ; du pain, du vin, de l'eau, du sel, des viandes, poissons, fruits, herbes, racines, et de l'apprêt d'icelles. [...] Après devisaient des leçons lues au matin, et parachevant leur repas par quelque confection de cotoniat[20], se curaient les dents avec un trou de lentisque[21], se lavaient les mains et les yeux de belle eau fraîche, et rendaient grâce à Dieu par quelques beaux cantiques faits à la louange de la munificence et bénignité divine.

Ce fait, on apportait des cartes, non pour jouer, mais pour y apprendre mille petites gentillesses et inventions nouvelles, lesquelles toutes issaient[22] d'arithmétique.

14. Lecteur (nom calqué sur le grec).
15. Coiffé.
16. Allaient dehors.
17. Faisaient du sport.
18. Au jeu de paume.
19. Jeu de balle qui se joue à trois.
20. Pâte de coing.
21. Brindille de pistachier.
22. Venaient de.

Texte 3 - Montaigne, « De l'institution des enfants », in *Les Essais*, I, 26, 1580-1595

Pour tout ceci, je ne veux pas qu'on emprisonne ce garçon. Je ne veux pas qu'on l'abandonne à l'humeur mélancolique d'un furieux maître d'école. Je ne veux pas corrompre son esprit à le tenir à la géhenne[23] et au travail à la mode des autres, quatorze ou quinze heures par jour, comme un portefaix. Ni ne trouverais bon, quand par quelque complexion solitaire et mélancolique, on le verrait adonné d'une application trop indiscrète à l'étude des livres, qu'on le la lui nourrît, cela les rend ineptes à la conversation civile et les détourne de meilleurs occupations. Et combien ai-je vu de mon temps, d'hommes abêtis par téméraire avidité de science ? Carnéade[24] s'en trouva si affolé, qu'il n'eut plus le loisir de se faire le poil et les ongles. Ni ne veux gâter ses mœurs généreuses par l'incivilité et barbarie d'autrui. La sagesse française a été anciennement en proverbe, pour une sagesse qui prenait de bonne heure, et n'avait guère de tenue. À la vérité, nous voyons encore qu'il n'est rien de si gentil que les petits enfants en France ; mais ordinairement ils trompent l'espérance qu'on en a conçue, et, hommes faits, on n'y voit aucune excellence. J'ai ouï tenir à gens d'entendement que ces collèges où on les envoie, de quoi ils ont foison, les abrutissent ainsi.

Au nôtre, un cabinet, un jardin, la table et le lit, la solitude, la compagnie, le matin et le vêpre[25], toutes les heures lui seront une, toutes places lui seront étude ; car la philosophie, qui, comme formatrice des jugements et des mœurs, sera sa principale leçon, a ce privilège de se mêler partout. Isocrate[26] l'orateur, étant prié en un festin de parler de son art, chacun trouve qu'il eut raison de répondre : « Il n'est pas maintenant de ce que je sais faire ; et ce de quoi il est maintenant question, je ne le sais pas faire ». Car de présenter des harangues ou des disputes de rhétoriques à une compagnie assemblée pour rire et faire bonne chère ce serait un mélange de trop mauvais accord. Et autant en pourrait-on dire de toutes les autres sciences. Mais quant à la philosophie, en la partie où elle traite de l'homme et de ses devoirs et offices, ç'a été le jugement commun de tous les sages, que, pour la douceur de sa conversation, elle ne devait être refusée ni aux festins, ni aux jeux. [...] Ainsi, sans doute, il chômera moins que les autres. Mais comme les pas que nous employons à nous promener dans une galerie, quoiqu'il y en ait trois fois autant, ne nous lassent pas comme ceux que nous mettons à quelque chemin desseigné, aussi notre leçon, se passant comme par rencontre[27], sans obligation de temps et de lieu, et se mêlant à toutes nos actions, se coulera sans se faire sentir. Les jeux mêmes et les exercices seront une bonne partie de l'étude ; la course, la lutte, la musique, la danse, la chasse, le maniement des chevaux et des armes. Je veux que la bienséance extérieure[28], et l'entregent[29], et la disposition de la personne, se façonne quant et quant à l'âme. Ce n'est pas une âme, ce n'est pas un corps qu'on dresse, c'est un homme ; il n'en faut pas faire à deux. Et, comme dit Platon, il ne faut pas les dresser l'un sans l'autre, mais les conduire également, comme un couple de chevaux, attelés à un même timon.

23. Prison.
24. Philosophe grec.
25. Soir.
26. Orateur athénien du Ve siècle avant J.-C.
27. Par hasard.
28. Apparence.
29. Relations sociales

Les réécritures du XVIIe à nos jours (1res L)

Corpus 19 Le mythe d'Orphée et d'Eurydice

Texte 1 - Virgile, chant IV, v. 464-527, in *Géorgiques*, 29 av. J.-C
Texte 2 - Jean Anouilh, *Eurydice*, acte II (extrait), 1958
Texte 3 - Jean Cocteau, *Orphée* (texte intégral du script), 1950
Document iconographique - Nicolas Poussin, *Orphée et Eurydice*, v. 1655

Texte 1 - Virgile, chant IV, v. 464-527, in *Géorgiques*, 29 av. J.-C

Orphée a obtenu des dieux l'autorisation d'aller aux Enfers rechercher son épouse morte, Eurydice.

Orphée, confiant sa douleur à sa lyre fidèle, se tenait sur la rive solitaire, et c'est toi, tendre épouse, qu'il chantait au lever du jour, toi qu'il chantait encore au retour de la nuit.
Les gorges mêmes du Ténare[1], entrée profonde du royaume de Pluton[2], ces bois sombres où règne l'horreur des ténèbres, il les franchit, il aborda les mânes et leur roi redoutable, et ces cœurs qui ne savent point s'attendrir aux prières des humains. On voyait, touchés de ses accords, accourir du fond de l'Érèbe[3] les ombres légères et les fantômes privés de la lumière, aussi nombreux que ces milliers d'oiseaux qui se cachent dans le feuillage, quand le soir ou une pluie d'orage les chasse des montagnes : mères, époux, héros magnanimes qui ont fourni la carrière de la vie, enfants, jeunes filles mortes avant l'hyménée, jeunes gens portés sur le bûcher sous les yeux de leurs parents. Tous, le noir limon et les affreux roseaux du Cocyte les emprisonnent, et le Styx[4], en coulant neuf fois autour d'eux, les enferme pour jamais. Le Tartare[5] lui-même, séjour profond de la mort, et les Euménides[6] aux cheveux hérissés de noirs serpents, furent émus par les chants d'Orphée ; la triple gueule de Cerbère[7] resta béante, et la roue d'Ixion[8], que n'agitait plus le vent, cessa de tourner.
Déjà il revenait ; il avait échappé à tous les périls. Eurydice, rendue à son amour, remontait avec lui vers les régions terrestres : elle le suivait (telle était la condition imposée par Proserpine[9]), quand un délire soudain s'empara de l'aveugle amant (faute bien pardonnable, si les mânes savaient pardonner) ; il s'arrête presque aux portes de la lumière ; oubliant sa parole, vaincu par son amour, il se retourne, il regarde sa chère Eurydice. C'en est fait ; tout le fruit de tant de peines s'évanouit, le pacte conclu avec l'impitoyable tyran est rompu et trois fois un bruit horrible retentit dans les marais de l'Averne : « Ah ! malheureuse ! s'écria Eurydice, qui donc te perd, cher Orphée, et me perd en même temps ? Quel funeste délire ! Voilà qu'une seconde fois les cruels destins m'entraînent en arrière et, sur mes yeux éteints, l'éternel sommeil s'appesantit. Adieu, adieu encore ! je me sens emportée au sein d'une nuit profonde, je tends vers toi mes mains défaillantes : hélas ! je ne suis plus à toi. » Elle dit, et tout à coup disparaît à ses regards, comme une légère vapeur qui se dissipe dans les airs. En vain Orphée veut saisir cette ombre, en vain il veut lui dire mille tendres paroles ; il ne la revit plus, le cocher de l'enfer ne lui permit plus de franchir le marais qui le séparait d'Eurydice. Que faire ? Où porter ses pas, après

1. Entrée légendaire des Enfers, de même que l'Averne.
2. Dieu des enfers.
3. Ténèbres des Enfers.
4. Fleuves des Enfers.
5. Partie la plus noire des Enfers.
6. Divinités de la vengeance.
7. Chien à trois têtes chargé de garder l'entrée du royaume de Pluton.
8. Ixion, pour avoir tenté d'abuser de Junon, était condamné à tourner éternellement attaché à une roue enflammée.
9. Épouse de Pluton.

s'être deux fois vu ravir son épouse ? Par quels pleurs, par quels accents fléchira-t-il encore les mânes et les divinités infernales ? Déjà froide, Eurydice vaguait sur la barque du Styx. On dit que durant sept mois entiers, au pied d'un rocher escarpé, sur les rives désertes du Strymon, Orphée versa des pleurs et fit retentir les antres glacés du récit de ses malheurs ; sa voix attendrissait les tigres ; il attirait les chênes mêmes par la douceur de ses chants. Telle, à l'ombre d'un peuplier, la plaintive Philomèle[10] déplore la perte de ses petits, qu'un laboureur inhumain a guettés et arrachés encore sans plumes de leur nid. Elle passe la nuit à gémir et, perchée sur la même branche, recommence sans cesse son chant lamentable, remplissant tous les lieux d'alentour de ses accents douloureux. Ni l'amour ni l'hymen ne purent séduire le cœur d'Orphée. Seul, il errait à travers les glaces hyperboréennes, sur les rives neigeuses du Tanaïs, dans les plaines du Riphée que couvrent d'éternels frimas, pleurant Eurydice et les faveurs inutiles de Pluton. Irritées de ses mépris, les femmes de Thrace, au milieu des mystères sacrés et des orgies nocturnes de Bacchus, le mirent en pièces et dispersèrent au loin dans les campagnes ses membres déchirés. Et même alors que sa tête, séparée de son cou aussi blanc que le marbre, roulait emportée par les rapides tourbillons de l'Hèbre, sa voix expirante et sa langue glacée appelaient encore Eurydice. « Ah ! malheureuse Eurydice ! », disait son âme en s'exhalant, et l'écho tout le long de la rive répétait : « Eurydice ! Eurydice ! »

10. Le rossignol.

Texte 2 - Jean Anouilh, *Eurydice*, acte II (extrait), 1958

EURYDICE *s'est levée, elle crie.* – Mon chéri !

ORPHÉE – Ah ! non, je ne veux plus de mots ! assez. Nous sommes poissés de mots depuis hier. Maintenant, il faut que je regarde.

EURYDICE *s'est jetée contre lui, elle le tient à bras-le-corps* – Attends, attends, s'il te plaît. Ce qu'il faut, c'est sortir de la nuit. C'est bientôt le matin. Attends. Tout va redevenir simple. Ils vont nous apporter du café, des tartines…

ORPHÉE – C'est trop long d'attendre le matin. C'est trop long d'attendre d'être vieux…

EURYDICE *le tient embrassé ; la tête dans son dos, elle supplie.* – Oh ! s'il te plaît, mon chéri, ne te retourne pas, ne me regarde pas… À quoi bon ? Laisse-moi vivre… Tu es terrible, tu sais, terrible comme les anges. Tu crois que tout le monde avance, fort et clair comme toi, en faisant fuir les ombres de chaque côté de la route… Il y en a qui n'ont qu'une toute petite lumière hésitante que le vent gifle. Et les ombres s'allongent, nous poussent, nous tirent, nous font tomber… Oh ! s'il te plaît, ne me regarde pas, mon chéri, ne me regarde pas encore… Je ne suis peut-être pas celle que tu voulais que je sois. Celle que tu avais inventée dans le bonheur du premier jour… Mais tu me sens, n'est-ce pas, contre toi ? Je suis là, je suis chaude, je suis douce et je t'aime. Je te donnerai tous les bonheurs que je peux te donner. Mais ne me demande pas plus que je ne peux, contente-toi… Ne me regarde pas. Laisse-moi vivre… Dis, je t'en prie… J'ai tellement envie de vivre…

ORPHÉE *crie.* – Vivre, vivre ! Comme ta mère et son amant, peut-être, avec des attendrissements, des sourires, des indulgences et puis de bons repas, après lesquels on fait l'amour et tout s'arrange. Ah ! non. Je t'aime trop pour vivre !
Il s'est retourné, ils sont l'un en face de l'autre maintenant, séparés par un épouvantable silence. Il demande enfin sourdement.
Il t'a tenue contre lui, ce gros homme ? Il t'a touchée avec ses mains pleines de bagues ?

EURYDICE – Oui.

ORPHÉE – Depuis quand es-tu maîtresse ?

EURYDICE *lui répond maintenant avec la même avidité à se déchirer.* – Depuis un an.

ORPHÉE – C'est vrai que tu étais avec lui avant-hier ?

EURYDICE – Oui, la veille du jour où je t'ai rencontré, il est venu me chercher le soir après le spectacle. Il m'a fait un chantage. Il me faisait un chantage chaque fois.

DULAC, *entre soudain.* – Avoue que ce jour-là tu m'as suivi de bon cœur, petite menteuse.

EURYDICE *s'arrache des bras d'Orphée, court à lui.* – De bon cœur ? de bon cœur ? je crachais chaque fois que tu m'embrassais.

Texte 3 - Jean Cocteau, *Orphée* (texte intégral du script), 1950

HEURTEBISE – Méfiez-vous, votre femme approche.

ORPHÉE – Encore !

HEURTEBISE – Ne la poussez pas à bout.

EURYDICE *(derrière la porte)*[1] – Je peux entrer ?

HEURTEBISE *(à Orphée)* – Fermez les yeux une minute.
(Il crie :) – Oui. Entrez ! – *On voit Eurydice qui entre par la porte du jardin et s'approche de la voiture.*

HEURTEBISE – Votre mari écoutait les cours de la Bourse. Montez derrière. – *Heurtebise ouvre la portière arrière. Eurydice monte. On entend la radio. Hertebise monte auprès d'Eurydice. Elle est assise juste derrière Orphée.*

EURYDICE – Je te dérange ?

ORPHÉE – Je prenais mes postes[2] ici pour ne pas te déranger à la maison.

EURYDICE – C'est un bruit qui fait peur – *Elle approche son visage du visage d'Orphée jusqu'à frôler sa joue.*

HEURTEBISE – Ne commettez pas d'imprudences.

EURYDICE – Quelles imprudences ? Orphée ne me voit pas et je touche sa joue. C'est merveilleux. – *Brusquement la radio, qu'Orphée tripote, parle :*

LA RADIO – ... font vingt-deux. Trois fois. Deux et deux font vingt deux. Trois fois... *Orphée regarde en l'air. Son regard rencontre le rétroviseur. Il voit Eurydice. Elle disparaît.*

HEURTEBISE *(cri)* – Le rétroviseur !

ORPHÉE *(cri)* – Eurydice ! – *Orphée et Heurtebise descendent de la voiture. Les tambours commencent.*

HEURTEBISE – C'était fatal.

ORPHÉE – Il le fallait ! Il le fallait, Heurtebise ! J'en ai assez des demi-mesures et des arrangements ! On ne s'arrange pas, Heurtebise. Il faut le drame !
Il faut aller jusqu'au bout ! – *On entend les tambours, des cris scandant : Cé-geste ! Cé-geste ! Cé-geste ! Orphée s'élance vers la porte.*

HEURTEBISE – Orphée ! Orphée ! *(Il essaie de le calmer.)* – *L'appareil cadre la porte ouverte et Orphée qui s'élance dans le jardin. On entend secouer et frapper le porche, sur la route. Des pierres tombent autour d'Orphée et brisent des vitres.*

ORPHÉE *(criant vers Heurtebise)* – Des pierres ! Des pierres ! On fera son buste avec. – *L'appareil cadre l'angle gauche du garage et du porche. Heurtebise s'y élance.*

HEURTEBISE – Ne restez pas dehors ! *(Les pierres le frôlent.) Orphée se colle au mur du porche près de Heurtebise.*

ORPHÉE – Les voilà ! Je les attendais, les salopards.

1. Eurydice a été renversée par des motocyclistes ; Orphée et Heurtebise l'ont arrachée au royaume des morts, mais Orphée doit attendre pour la regarder.
2. Orphée cherche à capter des messages radiographiques qu'il croit envoyés par la princesse.

■ **Document iconographique -** Nicolas Poussin, *Orphée et Eurydice*, v. 1655

Corpus 20 Le mythe de Phèdre

Texte 1 - Sénèque, *Phèdre*, v. 875-900, Ier siècle après J.-C.
Texte 2 - Jean Racine, *Phèdre*, acte IV, scène 1, v. 1001-1034, 1677
Texte 3 - Pradon, *Phèdre et Hippolyte*, acte III, scène 4, 1677
Texte 4 - Émile Zola, *La Curée*, chapitre V, 1871

■ **Texte 1 -** Sénèque, *Phèdre*, v. 875-900, Ier siècle après J.-C.

Phèdre, mariée à Thésée, accuse faussement Hippolyte, son beau-fils, de l'avoir violée.

PHÈDRE – Hélas !
Par ton sceptre emblème de ta toute-puissance, Thésée, superbe Thésée,
Par l'avenir de nos fils
Par ton retour à la vie et par ma fin prochaine
Je t'en supplie, laisse-moi libre de mourir !

THÉSÉE – Quelle est donc cette raison impérieuse ?

PHÈDRE – Si je t'en donne la raison, ma mort n'aura plus de raison d'être.

THÉSÉE – Personne n'en saura rien à part moi, évidemment.

PHÈDRE – Une femme honnête redoute de parler à son époux
Même s'il est seul à l'entendre.

THÉSÉE – Parle ! Ton secret sera en sécurité au fond de mon cœur.

PHÈDRE – Quand on veut que les aures ne parlent pas
Le mieux est de se taire soi-même.

THÉSÉE – Je t'ôterai tous les moyens de mourir.

PHÈDRE – La mort ne se refuse jamais à celui qui la cherche.

THÉSÉE – Avoue-moi cette faute que ta mort devrait expier.

PHÈDRE – Ma faute est de vivre.

THÉSÉE – Regarde, je pleure,
N'es-tu pas attendrie par mes larmes ?

PHÈDRE – Une bien belle mort !
Partir au milieu de ses parents en pleurs !

THÉSÉE – Elle s'entête !
Alors, la vieille là, qu'on l'attache[1] !
Sous les coups elle parlera, la nourrice.
Elle dira tout ce que l'autre s'obstine à taire.
Qu'on l'enchaîne ! Frappez !
Sous la violence des coups elle crachera son secret.

PHÈDRE – Arrête ! C'est moi qui parlerai.

THÉSÉE – Pourquoi ? Pourquoi ce visage défait ? Pourquoi détournes-tu la tête ?
Pourquoi ce regard noyé ? Ces sanglots derrière le voile.
Dont tu as recouvert ton visage ?

PHÈDRE – Toi ! Toi, père des dieux ! Je te prends à témoin !
Et toi aussi, disque étincelant à la pure lumière
Soleil, ma famille est née de ton aurore !
Il a voulu me séduire,
J'ai résisté à ses paroles caressantes.
Il m'a menacée de son épée,
Je n'ai pas failli.
Mais mon corps a dû céder à sa violence,
Maintenant mon sang rachètera l'honneur flétri.

THÉSÉE – Qui est-ce ? parle !
Qui m'a déshonoré ?

PHÈDRE – Celui auquel tu ne songes pas.

THÉSÉE – J'exige de savoir qui c'est.

PHÈDRE – Cette épée te répondra.
Terrifié par mes cris, il l'a laissée en s'enfuyant
Craignant de voir accourir les gens
Cet homme, le violeur.

THÉSÉE – Horreur ! Qu'est-ce que j'entrevois ?
Un monstre se dresse devant mes yeux
Un monstre de sang royal.
Dans l'ivoire, ciselées,
Brillent les armes des rois d'Athènes !
Mais lui, où s'est-il échappé ?

PHÈDRE – Nos esclaves l'ont vu fuir à toutes jambes en une course éperdue [...]

1. Thésée parle de la nourrice de Phèdre.

Texte 2 - Jean Racine, *Phèdre*, acte IV, scène 1, v. 1001-1034, 1677

Chez Racine, c'est Oenone, la nourrice de Phèdre, qui accuse faussement Hippolyte.

THÉSÉE – Ah ! Qu'est-ce que j'entends ? Un traître, un téméraire
Préparait cet outrage à l'honneur de son père ?
Avec quelle rigueur, Destin, tu me poursuis !
Je ne sais où je vais, je ne sais où je suis.
Ô tendresse ! Ô bonté trop mal récompensée !
Projet audacieux ! détestable pensée !
Pour parvenir au but de ses noires amours,
L'insolent de la force empruntait le secours.
J'ai reconnu le fer, instrument de sa rage,
Ce fer dont je l'armai pour un plus noble usage.
Tous les liens du sang n'ont pu le retenir !
Et Phèdre différait à le faire punir !
Le silence de Phèdre épargnait le coupable !

ŒNONE – Phèdre épargnait plutôt un père déplorable.
Honteuse du dessein d'un amant furieux,
Et du feu criminel qu'il a pris dans ses yeux,
Phèdre mourait, Seigneur, et sa main meurtrière
Éteignait de ses yeux l'innocente lumière.
J'ai vu lever le bras, j'ai couru la sauver.
Moi seule à votre amour j'ai su la conserver ;
Et plaignant à la fois son trouble et vos alarmes,
J'ai servi malgré moi d'interprète à ses larmes.

THÉSÉE – Le perfide ! Il n'a pu s'empêcher de pâlir.
De crainte en m'abordant je l'ai vu tressaillir.
Je me suis étonné de son peu d'allégresse.
Ses froids embrassements ont glacé ma tendresse.
Mais ce coupable amour dont il est dévoré,
Dans Athènes déjà s'était-il déclaré ?

ŒNONE – Seigneur, souvenez-vous des plaintes de la reine.
Un amour criminel causa toute sa haine.

THÉSÉE – Et ce feu dans Trézène a donc recommencé ?

ŒNONE – Je vous ai dit, Seigneur, tout ce qui s'est passé.
C'est trop laisser la reine à sa douleur mortelle.
Souffrez que je vous quitte et me range auprès d'elle.

Texte 3 - Pradon, *Phèdre et Hippolyte*, acte III, scène 4, 1677

Phèdre, fiancée à Thésée, a appris l'amour d'Aricie pour Hippolyte. Elle convoque celui-ci sous le prétexte de lui proposer la main de la jeune Hélène et lui tend un piège.

PHÈDRE – C'est par l'ordre d'un père
Que j'exige de vous un aveu nécessaire ;
Et puisque vous pouvez le faire en liberté,
Je vous demande au moins de la sinçérité.
Pour moi, vous le savez, son auguste hyménée
Fera voir ma fortune à la sienne enchaînée ;
Thésée a mes serments, et je l'épouse enfin,
Je cède à mon étoile, et subis mon destin ;
Mais, Seigneur, nous voulons apprendre l'un et l'autre,
Quand nous donnons nos cœurs, si vous gardez le vôtre,
Et si l'Hymen pour vous avait quelques appas,
Seigneur, la jeune Hélène…

HIPPOLYTE – Ah ne m'en parlez pas,
Madame, je hais trop le joug de l'Hyménée,
Je ne souffrirai point que mon âme enchaînée
Par d'éternels liens gémisse sous le poids
D'un Hymen, qui nous rend l'esclave de ses lois ;
Notre âme au même objet pour jamais attachée
Que par la seule mort n'en peut être arrachée,
Et cette jeune Hélène avec tous ses appas
Si j'en crois à mon cœur, ne le touchera pas.

PHÈDRE – Vous êtes donc, Seigneur, toujours fier, inflexible
À l'Amour, à l'Hymen, votre cœur insensible
En dédaigne le joug, chérit sa liberté,
Et puisqu'un si grand cœur refuse avec fierté
La plus grande beauté de l'Europe et d'Asie,
Je n'ose vous parler d'Aeglé, ni d'Aricie.

HIPPOLYTE – Madame, Hélène est belle, et peut se faire aimer,
Mais les yeuy d'Aricie auraient de quoi charmer…

PHÈDRE – Aux charmes d'Aricie il n'est rien d'impossible,
Mais par bonheur, Seigneur, vous êtes insensible,

Vous avez de bons yeux pour en voir tout le prix,
Mais enfin votre cœur n'en fut jamais épris.
Oui, je vous applaudis de votre indifférence,
Elle va me permettre une illustre alliance
Qui doit unir la Crète au Royaume d'Argos,
Et qui fera dans peu ma paix avec Minos.

HIPPOLYTE – Quoi, Madame ?

PHÈDRE – Seigneur, je prétends, et j'espère
Unir dans peu de jours Aricie à mon frère.

HIPPOLYTE – Vous, Madame ?

PHÈDRE – Oui, moi. Quel intérêt, Seigneur,
Prenez-vous à l'hymen...

HIPPOLYTE – L'intérêt de mon cœur,
Madame, et vous verrez peut-être votre frère
Me payer de son sang ce dessein téméraire.
Je périrai plutôt avant ce coup fatal...

PHÈDRE – Que dites-vous ? ah, Dieux !

HIPPOLYTE – Que je suis son rival,
Que j'en fis un secret, que j'adore Aricie,
Et qu'à me l'arracher il y va de la vie,
Je n'en fais plus mystère, et je saurai si bien...

PHÈDRE – Je connais ton secret, ingrat, apprends le mien :
Ton heureuse imprudence et ton ardeur fatale
M'ont enfin malgré toi découvert ma rivale.
Tremble, je la connais ; Phèdre, dans son malheur,
Lui fera voir dans peu sa rivale en fureur,
Car dans mon désespoir et ma douleur extrême,
Je rougirais, ingrat, de dire que je t'aime.

HIPPOLYTE – Moi, Madame ?

PHÈDRE – Oui, toi, c'en est fait pour jamais ;
Je t'aimais, il est vray, barbare, et je te hais...

Texte 4 - Émile Zola, *La Curée*, chapitre v, 1871

Renée, épouse de Saccard, a commis l'adultère et l'inceste avec Maxime, son beau-fils.

Un soir, ils allèrent ensemble au Théâtre-Italien. Ils n'avaient seulement pas regardé l'affiche. Ils voulaient voir une grande tragédienne italienne, la Ristori, qui faisait alors courir tout Paris, et à laquelle la mode leur commandait de s'intéresser. On donnait Phèdre[1]. Il se rappelait assez son répertoire classique, elle savait assez d'italien pour suivre la pièce. Et même ce drame leur causa une émotion particulière, dans cette langue étrangère dont les sonorités leur semblaient, par moments, un simple accompagnement d'orchestre soutenant la mimique des acteurs. Hippolyte était un grand garçon pâle, très médiocre, qui pleurait son rôle.

« Quel godiche ! » murmurait Maxime.

Mais la Ristori, avec ses fortes épaules secouées par les sanglots, avec sa face tragique et ses gros bras, remuait profondément Renée. Phèdre était du sang de Pasiphaé[2], et elle se demandait de quel sang elle pouvait être, elle, l'incestueuse des temps nouveaux. Elle ne voyait de la pièce que cette grande femme traînant sur les planches le crime antique. Au premier acte, quand Phèdre fait à Œnone la confidence de sa tendresse criminelle ; au second, lorsqu'elle se déclare, toute brûlante, à Hippolyte ; et, plus tard, au quatrième, lorsque le retour de Thésée l'accable, et qu'elle se maudit, dans une crise de fureur sombre, elle emplissait la salle d'un tel cri de passion fauve, d'un tel besoin de volupté surhumaine, que la jeune femme sentait passer sur sa chair chaque frisson de son désir et de ses remords.

« Attends, murmurait Maxime à son oreille, tu vas entendre le récit de Théramène[3]. Il a une bonne tête le vieux ! »

Et il murmura d'une voix creuse :
À peine nous sortions des portes de Trézène,
Il était sur son char…

Mais Renée, quand le vieux parla, ne regarda plus, n'écouta plus. Le lustre l'aveuglait, des chaleurs étouffantes lui venaient de toutes ces faces pâles tendues vers la scène. Le monologue continuait, interminable. Elle était dans la serre, sous les feuillages ardents, et elle rêvait que son mari entrait, la surprenait aux bras de son fils. Elle souffrait horriblement, elle perdait connaissance, quand le dernier râle de Phèdre, repentante et mourant dans les convulsions du poison, lui fit rouvrir les yeux. La toile tombait. Aurait-elle la force de s'empoisonner, un jour ? Comme son drame était mesquin et honteux à côté de l'épopée antique ! Et tandis que Maxime lui nouait sous le menton sa sortie de théâtre, elle entendait encore gronder derrière elle cette rude voix de la Ristori, à laquelle répondait le murmure complaisant d'Œnone.

Dans le coupé, le jeune homme causa tout seul, il trouvait en général la tragédie « assommante », et préférait les pièces des Bouffes. Cependant *Phèdre* était « corsée ». Il s'y était intéressé, parce que… Et il serra la main de Renée, pour compléter sa pensée. Puis une idée drôle lui passa par la tête, et il céda à l'envie de faire un mot :

« C'est moi, murmura-t-il, qui avais raison de ne pas m'approcher de la mer, à Trouville. »

1. *Phèdre*, de Racine, traduite en italien, fut jouée à Paris à plusieurs reprises, avec, dans le rôle de Phèdre, Adélaïde Ristori, célèbre actrice italienne.
2. Mère de Phèdre.
3. Confident d'Hippolyte.

Corpus 21 Parodier des scènes de théâtre

Texte 1 - William Shakespeare, *Macbeth*, acte I, scène 7, 1599
Texte 2 - William Shakespeare, *Le Songe d'une nuit d'été*, acte V, scène 1, 1600
Texte 3 - Théophile de Viau, *Pyrame et Thisbé*, acte V, scène 2, 1621
Texte 4 - Alfred Jarry, *Ubu roi*, acte I, scène 1, 1896

Texte 1 - William Shakespeare, *Macbeth*, acte I, scène 7, 1599

Des sorcières ont annoncé à Macbeth qu'il serait roi. Pour que cette prophétie s'accomplisse, Macbeth n'a qu'à tuer le roi Duncan…

MACBETH – Nous n'irons pas plus loin dans cette affaire.
Il vient de m'honorer et j'ai acquis
Auprès des gens les plus divers un renom d'or
Qu'il sied porter dans la fraîcheur de son éclat,
Non rejeter si vite.

LADY MACBETH – Était-elle donc ivre,
L'espérance dans laquelle vous vous drapiez ?
A-t-elle dormi depuis lors ? S'éveille-t-elle
À cette heure pour regarder, livide et verte,
Ses hardiesses de la veille ? Désormais
Je saurai ce que vaut ton amour. As-tu peur
De te montrer en courage et en acte
Le même qu'en désir ? Voudrais-tu posséder
Ce qui fait à tes yeux l'ornement de la vie
Et, à tes yeux encore, vivre comme un lâche,
Laissant « je n'ose » faire suite à « je voudrais »
Comme le pauvre chat de l'adage
[Qui aime le poisson, mais craint de se mouiller] ?

MACBETH – Paix, je te prie ;
Car tout ce qui convient à un homme, je l'ose :
Qui ose plus est inhumain.

LADY MACBETH – Quel monstre, alors,
Vous a poussé à me confier cette entreprise ?
C'est lorsque vous l'osiez que vous étiez un homme,
Et maintenant si votre audace allait plus outre,
Vous seriez plus homme d'autant. Ni temps ni lieu,
Pour lors, n'étaient propices : vous les vouliez faire ;
Ils se sont faits d'eux-mêmes, et leur convenance
Vous défait ! J'ai donné le sein, je sais combien
Il est doux de chérir un enfant qu'on allaite,
Mais j'eusse, au moment même qu'il me souriait,
À sa tendre gencive arraché mon têton
Et fait jaillir sa cervelle, si je l'avais
Juré comme vous l'avait fait en cette affaire.

MACBETH – Et si nous échouons ?

LADY MACBETH – Nous, échouer ? Bandez
À cran la corde de votre courage
Et nous n'échouerons point. Quand Duncan dormira
(Du sommeil où la rude étape de ce jour
Ne peut que l'abîmer), j'abrutirai si bien
De ripaille et de soûlerie ses chambellans
Que leur mémoire, la gardienne du cerveau,
Ne sera plus qu'une fumée, et le siège
De leur raison un alambic. Mais une fois
Leur nature imbibée et vautrée, comme morte,
Dans un sommeil de porc, que ne pourrons-nous faire,
Vous et moi, aux dépens de Duncan sans défense ?
Et que ne pourrons-nous, ensuite, inscrire au compte
De ses éponges d'officiers, pour qu'ils endossent
Notre fière tuerie ?

MACBETH – N'enfante que des fils,
Car ta trempe indomptée ne convient qu'à des mâles !
Tiendra-t-on pas pour chose sûre,
Quand nous aurons marqué de sang les endormis
Qui partagent sa chambre et usé de leurs dagues,
Que c'est leur œuvre ?

LADY MACBETH – Qui l'oserait mettre en doute
Lorsque nous rugirons de douleur et d'alarme
Sur son trépas ?

MACBETH – Je suis résolu ; je veux tendre
Toutes mes facultés pour ce terrible exploit.
Viens, dupons notre monde par un air rieur :
La fausseté de cœur veut un masque trompeur.

Ils sortent

Texte 2 - William Shakespeare, *Le Songe d'une nuit d'été*, acte V, scène 1, 1600

Pyrame et Thisbé s'aiment contre la volonté de leur famille. Ils s'enfuient. Pyrame arrive au lieu de rendez-vous et découvre le manteau ensanglanté de Thisbé, qu'il croit alors morte.

PYRAME – Douce lune, merci pour tes rayons ensoleillés ;
Merci, lune luisante qui sais si bien briller,
Grâce à tes gracieux radieux rayons d'or
J'aurai vue sur le vrai visage de Thisbé.
Mais arrête, ô douleur !
Regarde, pauvre cœur,
Ah ! quel malheur épouvantable !

Voyez-vous, mes yeux ?
Se peut-il ? Il se peut !
Ô mon petit poulet ! Ô mon chéri !
Que vois-je ? ton manteau
Neuf, tout couvert de sang !
Ô cruelles Furies !
Venez, c'est par ici !
Venez, ô Destinées,
Tranchez-moi ces années !
Détruisez, massacrez, étouffez, concluez !

THÉSÉE – Cette explosion et la mort d'un ami cher, voilà presque de quoi attrister tout un homme.

HIPPOLYTE – Que le diable emporte mon cœur si je ne plains cet homme.

PYRAME – Ô nature, pourquoi créas-tu les lions
Puisque c'est un lion vil qui a défloré
Mon adorée qui est, non, non, non qui était
La plus exquise dame
Qui jamais ait vécu, aimé et regardé.
À moi, larmes, consumez-moi,
Hors du fourreau, mon glaive,
Et vite perce-moi
Mon téton de Pyrame,
Bien sûr, le téton gauche,
Où le cœur fait hop, hop !

Il se poignarde et va choir dans la tombe.

C'est ainsi, c'est ainsi
Que je me suis occis,
Maintenant je suis mort,
Je suis évanoui,
Mon âme est en plein ciel ;
Langue, tu perds ton miel,
Ô lune, prends ton vol !

Le Clair de Lune sort.

Maintenant meurs, meurs, meurs,
Meurs mais meurs donc !

Il se voile le visage.

DÉMÉTRUS – C'est un mort qui mord encore.

LYSANDRE – Bien que mort, il ne veut pas en démordre.

THÉSÉE – Le chirurgien y mettra bon ordre, s'il le fait revenir à soi.

HIPPOLYTA – Comment se fait-il que le Clair de Lune soit parti avant que Thisbé de retour retrouve son amant ?

THÉSÉE – Elle le retrouvera à la lumière des étoiles. La voilà qui vient, et l'explosion de ses sentiments fera la fin de la pièce.

Rentre Thisbé.

HIPPOLYTA – J'ai l'impression que pour Pyrame-là son explosion ne sera pas longue. J'espère bien qu'elle sera brève.

DÉMÉTRIUS – De Pyrame ou de Thisbé, lequel est le meilleur ? Un fétu ferait pencher la balance ; lui comme homme, Dieu nous protège, elle comme femme, Dieu nous bénisse !

LYSANDRE – Elle l'a déjà découvert de ses yeux doux.

Thisbé découvre Pyrame dans la tombe.

DÉMÉTRIUS – Voilà ce qu'elle veut dire et ce qu'elle dit…

THISBÉ – Tu dors, ô mon amour ?
Eh! quoi, ô mon pigeon, tu es mort pour toujours ?
Ô Pyrame, debout !

Elle découvre son visage.

Parle, parle, pilombe,
Ou est-ce que la tombe

Doit couvrir tes yeux doux,
Et tes lèvres de lys
Et ce nez de cerise,
Tes joues de jaune primevère
Qui s'en allèrent, s'en allèrent…
Amants, venez gémir,
Ses yeux verts de poireau ne peuvent pas finir.

Elle pleure.

Vous, Sœurs qui êtes Trois
Venez, venez à moi,
Avec vos mains pâles comme le lait.
Dans le sang trempez-les
Car vous avez tranché
De vos ciseaux son fil de soie.
Ma langue, plus un mot,
Épée fidèle, viens, à toi de parler haut,
Viens-t'en rougir mon sein,
Le rougir comme il faut.

Elle cherche l'épée de Pyrame et, ne la trouvant pas, se poignarde avec le fourreau .

Et puis, adieu, amis,
Ainsi Thisbé finit,
Adieu, adieu, adieu !

Elle tombe sur le corps de Pyrame.
Entre le Lion, le Clair de Lune et le Mur, qui tirent le rideau devant la tombe de Ninus.

THÉSÉE – Il reste le Clair de Lune et le Lion pour enterrer les morts.

DÉMÉTRIUS – Oui, et le Mur aussi.

Texte 3 - Théophile de Viau, *Pyrame et Thisbé*, acte V, scène 2, 1621

Thisbé vient de découvrir le corps de Pyrame…

Quoi ? je respire encore et regardant Pyrame
Trépassé devant moi je n'ai point perdu l'âme !
Je vois que ce rocher s'est éclaté de deuil
Pour répandre des pleurs, pour m'ouvrir un cercueil ;
Ce ruisseau fuit d'horreur qu'il a de mon injure,
Il en est sans repos, ses rives sans verdure,
Même au lieu de donner de la rosée aux fleurs,
L'Aurore à ce matin n'a versé que des pleurs,
Et cet arbre touché d'un désespoir visible,
A bien trouvé du sang dans son tronc insensible,
Son fruit en a changé, la Lune en a blêmi,
Et la terre a sué du sang qu'il a vomi.
Bel arbre, puisqu'au monde après moi tu demeures
Pour mieux faire paraître au ciel tes rouges mûres,
Et lui montrer le tort qu'il a fait à mes vœux,
Fais comme moi, de grâce, arrache tes cheveux,
Ouvre-toi l'estomac et fais couler à force
Cette sanglante humeur par toute ton écorce.
Mais que me sert ton deuil ? Rameaux, prés verdissants,
Qu'à soulager mon mal vous êtes impuissants !
Quand bien vous en mourriez on voit la destinée
Ramener votre vie en ramenant l'année :
Une fois tous les ans nous vous voyons mourir,
Une fois tous les ans, nous vous voyons fleurir,
Mais mon Pyrame est mort sans espoir qu'il retourne
De ces pâles manoirs où son esprit séjourne.
Depuis que le Soleil nous voit naître et finir
Le premier des défunts est encor à venir,
Et quand les Dieux demain me le feraient revivre,
Je me suis résolue aujourd'hui de le suivre.

J'ai trop d'impatience, et puisque le destin
De nos corps amoureux fait son cruel butin,
Avant que le plaisir que méritaient nos flammes,
Dans leurs embrassements ait pu mêler nos âmes,
Nous les joindrons là-bas et par nos saints accords,
Ne feront qu'un esprit de l'ombre de deux corps ;
Et puisqu'à mon sujet sa belle âme sommeille
Mon esprit innocent lui rendra la pareille ;
Toutefois je ne puis sans mourir doublement ;
Pyrame s'est tué d'un soupçon seulement,
Son amitié fidèle un peu trop violente,
D'autant qu'à ce devoir il me voyait trop lente,
Pour avoir soupçonné que je ne l'aimais pas,
Il ne s'est pu guérir de moins que du trépas.
Que donc ton bras sur moi davantage demeure,
Ô mort ! et s'il se peut que plus que lui je meure,
Que je sente à la fois, poison, flammes et fers !
Sus, qui me vient ouvrir la porte des Enfers ?
Ha ! voici le poignard qui du sang de son maître
S'est souillé lâchement ; il en rougit le traître !
Exécrable bourreau, si tu te veux laver
Du crime commencé, tu n'as qu'à l'achever,
Enfonce là-dedans, rends-toi plus rude et pousse
Des feux avec ta lame ! hélas ! elle est trop douce.
Je ne pouvais mourir d'un coup plus gracieux,
Ni pour un autre objet haïr celui des Cieux.

Texte 4 - Alfred Jarry, *Ubu roi*, acte I, scène 1, 1896

Père Ubu rêve de pouvoir…

PÈRE UBU – Merdre !

MÈRE UBU – Oh ! Voilà du joli, Père Ubu, vous estes un fort grand voyou.

PÈRE UBU – Que ne vous assom'je, Mère Ubu !

MÈRE UBU – Ce n'est pas moi, Père Ubu, c'est un autre qu'il faudrait assassiner.

PÈRE UBU – De par ma chandelle verte, je ne comprends pas.

MÈRE UBU – Comment, Père Ubu, vous estes content de votre sort ?

PÈRE UBU – De par ma chandelle verte, merdre, madame, certes oui, je suis content. On le serait à moins : capitaine des dragons, officier de confiance du roi Venceslas, décoré de l'ordre de l'Aigle Rouge de Pologne et ancien roi d'Aragon, que voulez-vous de mieux ?

MÈRE UBU – Comment ! après avoir été roi d'Aragon, vous vous contentez de mener aux revues une cinquantaine d'estafiers armés de coupe-choux, quand vous pourriez faire succéder sur votre fiole[1] la couronne de Pologne à celle d'Aragon ?

PÈRE UBU – Ah ! Mère Ubu, je ne comprends rien de ce que tu dis.

MÈRE UBU – Tu est si bête !

PÈRE UBU – De par ma chandelle verte, le roi Venceslas est encore bien vivant ; et même en admettant qu'il meure, n'a-t-il pas des légions d'enfants ?

MÈRE UBU – Qui t'empêche de massacrer toute la famille et de te mettre à leur place ?

1. Tête (familier).

Lexique

A

Alexandrin : vers de 12 syllabes. Alexandrin brisé : un seul alexandrin forme plusieurs répliques dans un texte de théâtre.

Allégorie : termes désignant des réalités concrètes (une colombe) pour désigner un thème abstrait (la paix).

Allitération : répétition d'un même son consonantique (ex. : « *Pour qui sont ces serpents qui sifflent sur nos têtes* », Racine).

Anaphore : répétition d'un même mot ou groupe de mots en début de phrases ou de vers (ex. : « *Rome unique objet de mon ressentiment/Rome à qui ton bras vient d'immoler mon amant* », Corneille).

Antithèse : opposition au niveau du sens (ex. : « *Il se veut grand, il se voit petit* », Pascal).

Aparté : brève réplique qu'un personnage s'adresse à lui-même.

Apologue : court récit allégorique à visée morale. Il a une double fonction : plaire et instruire.

Assonance : répétition d'un même son vocalique.

Autobiographique : récit en prose qu'un auteur fait lui-même de sa vie passée, en mettant l'accent sur l'analyse de sa personnalité.

B – C

Bienséance : règle du théâtre classique qui interdit de représenter tout ce qui pourrait choquer le public (duels, violence, sexe, réalité quotidienne).

Biographie : récit de vie.

Césure : pause au milieu du vers. Les mots placés avant la césure sont mis en valeur.

Chiasme : figure d'opposition qui suit un schéma ABBA.

Comparaison : mise en relation d'un comparé et d'un comparant par un outil de comparaison (ex. : « *La terre est bleue comme une orange* », Éluard).

Convaincre : montrer le bien fondé d'une idée par un ensemble d'arguments.

D

Délibérer : envisager l'avenir pour prendre une décision (questions rhétoriques, structure binaire, emploi du futur).

Dénouement : scène finale qui vient clore l'intrigue théâtrale.

Destinataire : personne à qui une lettre ou un discours est adressé.

Didascalie : dans un texte théâtral, passage qui n'est pas prononcé par un personnage (liste des personnages, mouvement, décors).

E – F

Enjambement : la phrase déborde la mesure du vers (ex. : « *Ma seule étoile est morte et mon luth constellé/Porte le soleil noir de la Mélancolie* », Nerval)

Essai : texte théorique dans lequel un auteur défend une idée.

Fable : apologue en vers. Dans un commentaire, il faut consacrer un axe à montrer comment le récit est rendu vivant (l'art du récit) et un, à étudier la portée morale de la fable (la leçon).

G – H – J

Gradation : énumération de termes au sémantisme croissant (« *C'est un roc, c'est un pic, c'est un cap* », Rostand)

Hémistiche : moitié d'alexandrin.

Hyperbole : emploi de termes exagérés (ex. : « *les plus belles et les plus magnifiques qu'on eût jamais vues* », Perrault).

Journal intime : récit de vie, rédigé au jour le jour.

M – O – P

Mémoires : autobiographie qui met l'accent sur l'analyse du contexte historique plus que sur l'analyse de la personnalité.

Métaphore : comparaison sans outil de comparaison (ex. : « *les herbes de ton rire* », Éluard).

Monologue : longue réplique prononcée par un personnage seul sur la scène.

Oxymore : termes de sens contraire directement accolés (ex. : « *Cette obscure clarté* », Corneille).

Parataxe : union de deux propositions sans terme de liaison (ex. : « *Elle chante. Quelques fois, elle joue, elle rit.* » Duras).

Paratexte : information qui se trouve autour du texte (titre, auteur, date).

Parodie : imitation moqueuse d'une œuvre.

Personnification : figure de style qui attribue des qualités humaines à des choses (« *L'Habitude venait me prendre dans ses bras* », Proust).

Persuader : utiliser des procédés rhétoriques pour qu'un texte argumentatif séduise le lecteur (implication du locuteur : P1, exclamatives, vocabulaire évaluatif ; implication du destinataire : P2, interrogatives, apostrophes).

Portrait : description d'un personnage.

R

Rejet : le dernier mot de la phrase est rejeté sur le vers suivant (« *la main sur sa poitrine/Tranquille* », Rimbaud).

Registre : effet produit par un texte sur le lecteur.
- **comique** : faire rire le destinataire (comique de mots, de gestes, de caractère, de répétition, de situation).
- **didactique** : expliquer quelque chose au lecteur (phrases courtes, lexique simple et clair, objectivité, présent de vérité générale, questions rhétoriques qui vérifient que le destinataire a compris le propos).
- **épique** : susciter l'admiration pour un héros qui se dépasse (champ lexical de la guerre ou du combat, personnages présentés comme des héros (comparaison avec des dieux, force spectaculaire, …), hyperboles, pluriels.
- **fantastique** : susciter la peur (personnages inquiétants, décor inquiétant, événements inquiétants (intrusion inattendue d'un phénomène bizarre dans le monde quotidien), champ lexical de la peur).
- **lyrique** : faire partager un sentiment intime au lecteur ; « je », vocabulaire des sentiments (il faut préciser le sentiment en fonction du texte) ; ponctuation expressive (phrases exclamatives qui traduisent un sentiment fort).
- **pathétique** : susciter la pitié pour un personnage dans une situation douloureuse (situation douloureuse, champ de lexical de la souffrance, « je », ponctuation expressive : phrases interrogatives qui traduisent le désarroi et phrases exclamatives qui soulignent la souffrance).
- **polémique** : susciter la colère ou la révolte contre une personne ou une idée (vocabulaire dépréciatif, « je », « tu », « vous », apostrophes, hyperboles, ponctuation expressive : phrases interrogatives qui interpellent la cible, phrases exclamatives qui traduisent la colère du locuteur).
- **réaliste** : donner une impression de réalité (abondance d'adjectifs qualificatifs pour une description minutieuse, énumération, vocabulaire spécifique au milieu décrit, discours direct).
- **satirique** : susciter le mépris contre une personne ou une idée, il s'agit de critiquer par le rire (ironie, humour noir).
- **tragique** : susciter la pitié pour un héros écrasé par son destin (champ lexical de la mort, champ lexical de la fatalité, intervention des dieux, niveau de langue soutenu, ponctuation expressive : phrases interrogatives qui traduisent le désarroi et phrases exclamatives qui soulignent la souffrance).

Réplique : au théâtre, parole prononcée par un personnage.

S – T

Scène d'exposition : première scène d'une pièce de théâtre. Pour un commentaire, consacrez un axe à la valeur informative de la scène et un, à réfléchir sur les procédés d'animation. Pour la scène de dénouement, consacrez un axe au bilan (sort réservé à chaque personnage, clôture de l'intrigue) et un, à réfléchir aux moyens d'impressionner le spectateur.

Sonnet : forme poétique fixe composée de deux quatrains et de deux tercets.

Stichomythies : rapide échange verbal, dans lequel les personnages se répondent vers à vers.

Texte-source : texte de référence dans le cadre des réécritures.

Tirade : au théâtre, longue réplique prononcée par un personnage qui n'est pas seul sur scène.

Couverture : Marc & Yvette
Maquette intérieure : Cathy Fleury
Édition : Marguerite Cardoso
N° éditeur : 10210275 – JPM sa – Décembre 2014
Achevé d'imprimer en ITALIE par GRAFICA VENETA